答案就在问题之中

［印］克里希那穆提　著

邵金荣　译

九州出版社　全国百佳图书出版单位

图书在版编目（CIP）数据

答案就在问题之中 / （印）克里希那穆提著 ；邵金荣译. -- 北京 ：九州出版社，2019.4（2024.4重印）
（克里希那穆提集）
ISBN 978-7-5108-8087-2

Ⅰ. ①答… Ⅱ. ①克… ②邵… Ⅲ. ①克里希那穆提
(Jiddu Krishnamurti 1895-1986)－文集 Ⅳ.
①B351.5-53

中国版本图书馆CIP数据核字(2019)第099615号

Copyright© 1991-1992 Krishnamurti Foundation of America
Krishnamurti Foundation of America,
P.O.Box 1560, Ojia, California 93024 USA
E-mail: kfa@ kfa.org. Website: www.kfa.org
For more information about J.Krishnamurti, please visit: www.jkrishnamurti.org

著作权合同登记号：图字 01-2019-3866

答案就在问题之中

作　　者	［印］克里希那穆提 著　　邵金荣 译
责任编辑	李文君
出版发行	九州出版社
地　　址	北京市西城区阜外大街甲 35 号（100037）
发行电话	(010)68992190/3/5/6
网　　址	www.jiuzhoupress.com
电子信箱	jiuzhou@jiuzhoupress.com
印　　刷	三河市东方印刷有限公司
开　　本	880 毫米×1230 毫米 32 开
印　　张	15.375
字　　数	450 千字
版　　次	2019 年 8 月第 1 版
印　　次	2024 年 4 月第 3 次印刷
书　　号	978-7-5108-8087-2
定　　价	78.00 元

目录

出版前言

《克里希那穆提集》英文版由美国克里希那穆提基金会编辑出版，收录了克里希那穆提1933年至1967年间（38岁至72岁）在世界各地的重要演说和现场答问等内容，按时间顺序结集为17册，并根据相关内容为每一册拟定了书名。

1933年至1967年这35年间，是克里希那穆提思想丰富展现的重要阶段，因此，可以说这套作品集是克氏最具代表性的系列著作，已经包括了他的全部思想，对于了解和研究他的思想历程和内涵，具有十分重要的价值。为此，九州出版社将之引进翻译出版。

英文版编者只是拟了书名，中文版编者又根据讲话内容，为每一篇原文拟定了标题。同时，对于英文版编者所拟的书名，有的也做出了适当的调整，以便读者更好地把握讲话的主旨。

克里希那穆提系列作品得到台湾著名作家胡因梦女士倾情推荐，

在此谨表谢忱。

　　需要了解更多克氏相关信息的读者可登录 www.jkrishnamurti.org，或"克里希那穆提冥思坊"的微博: http://weibo.com/jkmeditationstudio，以及微信公众账号"克里希那穆提冥思坊"，微信号: Krishnamurti_KMS。

九州出版社

英文版序言

克里希那穆提1895年出生于印度南部的一个婆罗门家庭。十四岁时，他被时为"通神学会"主席的安妮·贝赞特宣称为即将到来的"世界导师"。通神学会是强调全世界宗教统一的一个国际组织。贝赞特夫人收养了这个男孩，并把他带到英国，他在那里接受教育，并为他即将承担的角色做准备。1911年，一个新的世界性组织成立了，克里希那穆提成为其首脑，这个组织的唯一目的是为了让其会员做好准备，以迎接世界导师的到来。在对他自己以及加诸其身的使命质疑了多年之后，1929年，克里希那穆提解散了这个组织，并且说：

真理是无路之国，无论通过任何道路，借助任何宗教、任何派别，你都不可能接近真理。真理是无限的、无条件的，通过任何一条道路都无法趋近，它不能被组织；我们也不应该建立任何组织，来带领或强迫人们走哪一条特定的道路。我只关心使人类绝对地、无条件地自由。

克里希那穆提走遍世界，以私人身份进行演讲，一直持续到他九十岁高龄，走到生命的尽头为止。他摒弃所有的精神和心理权威，包括他自己，这是他演讲的基调。他主要关注的内容之一，是社会结构及其对个体的制约作用。他的讲话和著作，重点关注阻挡清晰洞察的心理障碍。在关系的镜子中，我们每个人都可以了解自身意识的内容，这个意识为全人类所共有。我们可以做到这一点，不是通过分析，而是以一种直接的方式，在这一点上克里希那穆提有详尽的阐述。在观察这个内容的过程中，我们发现自己内心存在着观察者和被观察之物的划分。他指出，这种划分阻碍了直接的洞察，而这正是人类冲突的根源所在。

克里希那穆提的核心观点，自 1929 年之后从未动摇，但是他毕生都在努力使自己的语言更加简洁和清晰。他的阐述中有一种变化。每年他都会为他的主题使用新的词语和新的方法，并引入有着细微变化的不同含义。

由于他讲话的主题无所不包，这套《选集》具有引人入胜的吸引力。任何一年的讲话，都无法涵盖他视野的整个范围，但是从这些选集中，你可以发现若干特定主题都有相当详尽的阐述。他在这些讲话中，为日后若干年内使用的许多概念打下了基础。

《选集》收录了克里希那穆提早年出版的讲话、讨论、对某些问题的回答和著作，涵盖的时间范围从 1933 年直到 1967 年。这套选集是他教诲的真实记录，取自逐字逐句的速记报告和录音资料。

美国克里希那穆提基金会，作为加利福尼亚的一个慈善基金会，其使命包括出版和发布克里希那穆提的著作、影片、录像带和录音资料。《选集》的出版即是其中的活动之一。

PART 01

阿姆斯特丹，1955 年

不受俗世纷扰才能发现真理

我站在这里，往往被认为是要宣扬东方的思想，或者我所言之物必要苦苦挣扎才能领悟得到。其实，你不必做什么挣扎，如果说相互理解是你我共同的心愿，我认为，先去除头脑中的定论才最为重要。至于我们在此所探讨的究竟源自东方还是西方，我实在难以作答，总不能因为我的皮肤恰好是棕色，就被认为是在西方宣讲印度的思想吧。对于全人类共有的问题，我认为不必做东、西之分，关键要全面审视它，不应只囿于某个特殊的角度。对于这些问题，如果我们按照西方人的思维，或者像受制于某些传统、理念和信仰的印度人那样，势必会阻碍我们理解生活的全貌。所以，在我看来，重要的不是做什么假设，引用哪个结论，或将生活构建于某个理念之上，重要的是如何摆脱假设和信仰的束缚，如何不在我们累积和所有业已学得的知识面前固步自封。当然，要理解这些，我们必须在思想上无所束缚，不受任何先前的定论所负累，不为任何信仰所威压。因为如果我们思想上是自由的，能不受各种外在情境的影响，那我们自然能理解生活中即将而来的挑战，无论这是什么样的挑战。

对于这个必须以一种全新方式才能应对的挑战，人人都在关注，对吧？不只是我们这些身在欧洲的人，也包括来自亚洲和印度的人们。面对这个挑战，面对这个当前的危机，我们必须做出回应，当然，要全面统观才行，不能只是片面地回应——即不能从自己是基督徒、佛教徒、印度教徒、共产主义者、天主教徒、新教徒或其他你所致力的角度。面对这样的挑战，如果我们只从个人的角度出发，势必遭遇挫败，因为对我们这些思想上受束缚的基督徒、佛教徒或印度教徒来说，这个挑战太大、太艰巨。所以，在我看来，在挑战面前首要的是解放思想，在不受任何制约和结论左右的情况下出发，如果不能放弃结论和前提，我们就会和先前一样，根据自身的局限来回应挑战。所以，如果我们确实是严肃而认真地对待这个问题的话，关键要问问自己是否能去除思想上的枷锁，不追求将自己融入所谓更为美好和崇高的模式——例如梦想着成为一位共产主义者、社会主义者，或天主教徒等那类人。我们大多关心如何让自己适应更崇高的思想模式；但是，我们就不能问问自己是否真能在思想上不受束缚吗？依我看，如果我们真是在认真看待这个问题的话，会发现上述所提问题其实才是最为根本的问题。当前，面对生活中这个异常艰巨的挑战，身为基督徒、共产主义者、印度教徒或佛教徒等的我们，都没有放弃各自的身份。也正因如此，冲突、痛苦和困惑总是挥之不去。我个人的反应也一样有失妥当，未能从充分而全面的角度去看待这个问题，内心饱受冲突和痛苦的折磨。意识到这些折磨，人们自然会求诸政治、宗教或经济，努力寻找一个更为美好和崇高的行为模式，但是，从本质而言，思想依然是不自由的。

所以，我们的问题不是在众多政治和宗教团体中找出谁能提供更好的模式，我们也不能像大多数人那样因为困惑不解就逃回过去——逃回到已知的、道听途说来的，或者书中所呈现的"过去"，这么做都是在无限追求一种更为美好和崇高的思想模式并甘心受其制约，对吧？我们现在所讨论的与之完全不同——我们在讨论"思想有没有可能获得自由，获得彻底的解放"。从呱呱落地到告别人世，我们的思想无时无刻不受到制约；我们的思想被环境、社会、宗教、教育以及来自生活、道德、社会、种族和所有其他各种紧张与压力共同塑造。思想已然如此塑造，我们却尝试用它去感应新鲜事物，结果可想而知，一定是难以达到完美，总是生出挫败、负疚和痛苦的感觉。正因为如此，我们才要追问"思想是否真能摆脱所有的束缚"，对吧？在我看来，这确实是个非常重大的问题。

如果我们真能满怀热切之情，不只是现在或者暂时，而是如能永葆那份热忱并去探究思想是否摆脱所有的束缚，一贯以认真的态度，那我们一定会发现问题的解决之道。我认为书本、哲学、领袖或宗师都帮不了我们，我们每个人都必须自己去发现思想是否能够获得解放。

有些人会说"当然做不到"，有些人可能说"这有何难"。这两种表态都意义不大，不是吗？因为我接受这个或那个的时候，这种接受行为本身就是受到制约的表现。然而，如果我作为一个独立个体——如果确实存在这样一个独立个体的话——如果我作为一个这样的人去自我找寻，去热切地探寻思想是否真能在意识和无意识两个层面彻底摆脱制约，那则是自我认知的开始。

我不知道自己能否让思想无所制约；这种可能性我无法断言，也不想找出最终的结果，对待生活原本就应如此，不是吗？已然遭到思想的束缚，这种思想或来自民族主义，或来自某种特殊宗教，或来自古代或现代的某种特殊信念——头脑一旦受到束缚，找出何谓"真相"显然就不可能了。

不管信仰什么，头脑都会受限于那个信仰；不论经历过什么，头脑都会受制于那种经历——这样的头脑又怎会具有探究和理解的能力呢？它只能在自身所局限的范围内打转。因此，如果真是认真对待这件事的话——当然每时每刻都要持有认真的态度——那我们所有的人都一定问问自己："这样的头脑有没有可能摆脱所有的束缚呢？"

这种束缚到底意味着什么？它的本质是什么？为什么头脑如此乐于适应这种特殊设计的模式——如某个国家、团体或宗教所特有的模式呢？其实，只要"我"或者说"自我"是重要的，就会存在某种形式的制约。

因为，"自我"有各种表现形态，只要制约存在，这个自我便会以"我"或者"你"的方式存在。如果我自认为是印度教徒，这种想法本身就源于感觉自我重要。

只要我认定自己属于某一特殊的民族，这种认同本身就会赋予自我重要的意识。只要我把自己与某个特殊的财产、名字、家族等联系起来，那种联系本身也是在鼓励"我"，而"我"恰恰是所有束缚的中心。因此，如果我们致力于探究头脑是否能从所有束缚中解脱出来，当然在意识上，就一定不会与任何宗教、民族团体有认同感；就一定会挣脱所有束缚。哪里存在认同感和附庸感，哪里就没有爱。

仅仅拒绝某种理念，拒绝去某个教堂，拒绝追随某个宗教或挣脱其他束缚，这些都不是在自由心境下的所为。但是，要找出拒绝的前因后果，深入挖掘有关拒绝的问题，则需要一定的警觉意识，不能接受任何权威。要了解自我，了解意识和潜意识里完全的自我，而不只是片面的自我，我就必须去探究，去弄清楚所有与自己相关的特点，一步一步找出来——但是，这个过程并不遵循什么模式或者哲学思想，或者依靠领袖的指引。在这个过程里做任何假设，都不可能开启自我探索之旅。假设自己只是环境的产物，自我探索将自行终结；假设自己身上附有某个精神实体，比如上帝的形象，或其他向往的角色，一旦萌生类似的假设，便会阻滞更为深入的自我探索。

认识自己，即是头脑摆脱束缚的开始。假定和权威，不论源自过去还是现在，只要它们以任何形式存在，都会阻止我们彻底而深入地了解自己。但是，头脑却害怕放手所有的权威，害怕去探索，因为害怕难以随心所愿。所以，头脑在乎的是结果，而不是通过探索去发现，去认识，这也是为什么我们固守权威、宗教、心理或哲学思想的缘故。由于害怕，我们要求高人指点，希望拥有权威，找寻到救世主，通过各种方式激励自己。这样一来，头脑就丧失了独自承受和尝试去找出真相的能力。但是，人必须要依靠自己，完完全全地依靠自己，才会发现何为真相，这也是为什么我们不应隶属于任何团体的原因，头脑只有不受俗世纷扰才能发现真理——这种独立于世俗之外的含义与孤独或孤立截然不同，孤立只是某种反抗和防卫的手段而已。

若头脑愿意深入探究如何认识自我，且在探究的过程中摒弃了所有权威、宗教、救世主以及追随者——这样的头脑就能够发现事实真相。但是，要做到那样何其艰难，我们大多数人只要想想都会胆寒。从世俗的眼光来看，抛开强加在我们身上的各种束缚，从众多宗教、教堂和信仰中抽身出来，那是厌弃和抵制社会的行为，对吧？一个人只有完全置身世外，不再为社会捆缚住手脚——这样的人才能发现什么是上帝，什么是真理，光是反复强调个人信不信上帝或真理其实没有多大意义。你既可以被塑造得不信仰上帝，被周围的境况同化，也可以被塑造成相信上帝的人；信不信上帝实际没什么区别；这两种头脑都是被束缚的。但是若要发现何为真理、有无上帝，头脑必须摆脱束缚，完全地摆脱掉，完全不受以往经历一丝一毫的束缚。

不受制约是必要的。时代不同，对制约的理解也应不同且富有创造性，不能只以旧有的方式看待制约。一个社会，如果对集体或个人的新挑战毫无回应，这必然是个腐朽的社会。如果要创造一个全新的世界，全新的社会，在我看来，我们必须拥有自由的头脑，但要实现这一点，首先我们必须真正地认识自我。不要说"所有这些都被如此这般地评说过了。我们永远也找不出完的自我到底是什么样。"恰恰相反，我倒认为人是能够发现自我的。只是为了发现，当然，头脑必须处于清明澄澈的状态才行。因为我们究竟怎么样已然是事实了，无外乎猜疑嫉妒、艳羡他人、傲慢无礼、野心勃勃。可无论怎样，我们观察社会时，还是应该抛却谴责之念的。谴责本身就是在以另一种形式阻止我们看到"事实真相"。如果人能理解自我发展的全过程，就一定不会去认同、谴责或妄加评判，而只会留有一种意识，在这种意识中没有选择——只有观察。但是，所有这些都是说起来容易，做起来艰难。我们所有的道德观、社会以及教育都在引导我们比较、指责和判断。每当评判时，就意味着探索和洞察的过程结束了。随着关系向前发展和推进，人们开始发现这个自我的为人处世的方式。

在人类所有的关系中，重要的是不只是倾听并随之接受或拒绝，而是观察我们在其间的思维过程。关系即镜子，从中我们可照见真实的自己。如果放弃谴责或比较，我们很可能会深入体察到意识活动的全过程，只有那时才能产生根本性的革命——不是共产主义者的变革或你期待发生的改变，这场革命是真正在根本意义上的重建秩序。一个将自己从所有束缚中解脱出来的人，也是完全觉知的人——这样的人是一个具有宗教情怀的人；而不是仅去偏听盲从之人。只有这样具有宗教情怀的人才有能力在世界上引发一场革命。当然，那是对我们所有人而言都具有重大意义的事情——不是以一个信仰替换另一个，加入这个或那个团体，放弃一个宗教转而追随另外的宗教，从一个牢笼逃出又被困在另一个。作为人，我们都面对各种复杂繁多的问题，这些问题只能在认识自己的过程中得以解答，只有这样具有宗教情怀的人——他们是自由的，不受限制的——才能创造一个全新的社会。

几个问题已经被分别提出来了。在考虑这些问题的时候，重要的是要牢记生活并不提供答案。如果只是为找寻答案，那么你永远也找不到，你所能找到的，也只是适合你的解决办法而已。这个办法不管你喜欢还是厌恶，拒绝抑或接受，那都不是答案，它只是反映你个人的某些特殊喜好或厌恶罢了。但是，如果你不寻求答案，只关注问题本身，认真研究它，答案却会在问题本身显现。我们遭受着折磨，我们的生活因矛盾丛生而一片混乱，我们想要结束这种混乱，想找到解决问题的办法；所以，我们总是在找寻答案。或许根本就没有答案，只是我们固执地认定可以通过这种方法解决问题罢了。

但话又说回来，如果我们不寻找答案——要找到答案极其困难，则意味着去耐心地研究整个问题，不怀任何谴责之念，没有接受或拒绝之意地，只是去研究，耐心地将事情向前推进——然后，在事态的发展中，你将发现问题本身会折射出种种神奇的事情。要做到这点，头脑必须不受制约，也决不能选择立场。

提问者：*显然，我们是环境的产物，是按照自己受教养的方式来对外物做出反应的。我们有可能打破背景的藩篱，生活在和谐的状态吗？*

克氏：当我们说自己显然是环境产物的时候，我怀疑我们是否真的这样想。或者，这只是我们爱挂着嘴边的话而已，实际上并没多大意义吗？当我们说自己是环境产物的时候，我们是否心口一致，心里也这样认为呢？我们是各种文化因素共同作用的结果，这其中包括基督教传统、意识和潜意识、文化、文明、战争、仇视以及强加在我们身上的各种信仰，这一点你真意识到了吗？或者说，你是不是只排斥所受影响的某些部分，如那些让人不悦和棘手的，你都弃之不顾，而那些令人高兴、对你有益，给你支撑和力量的部分，你才一贯坚守，对吧？但是，如果你意识到自己是环境的产物，就必须对所有可能受到的影响都了然于胸，不仅有你拒绝的部分，也包括那些你坚持不放、让你感觉欣喜的部分。

所以说，是不是真的意识到了自己是环境的产物呢？如果意识到了，那自我矛盾的感觉又缘何而来呢？这个问题你懂吗？我们在内心难免纠结与困惑，环境赋予了我们一定的价值观和标准，个人的欲望、理想和信念又牵引我们走向不同的方向。当然，矛盾是环境的一部分，无法从中分离。看看我们周围的环境——包括宗教、教育、社会道德观、商业价值观、传统、信仰、教堂和政府对我们的干预、整个历史进程：这些都是表面的束缚，还包括在潜意识里对那些表面束缚做出的内在回应。

当人们意识到所有这些，还会存在矛盾吗？或者说，产生矛盾是因为我只是意识到环境的某些影响，并假定自己在某种程度上受到了束缚，因此才在内心平生了冲突之感吗？

如果因为没有遵循某种特定的思想和道德模式而产生负罪感，那显然是在心里面有矛盾；罪恶感的本质就是矛盾。我拥有某些价值观，先不论这它们是外在强加的还是自觉培养的，只要接受了那些价值观，就无可避免会产生矛盾感。但是，矛盾的根源在环境，这点大家都懂吧？在时间、环境和经验的三重作用下，头脑必定产生无法调和的矛盾。只要头脑试图融入某种特殊的思维、道德和信仰模式，这种模式本身必然引发冲突。当我们说"怎样才能摆脱自我矛盾"时，答案只有一个——从创造模式的思维中跳出来。那么，是不是只要这样做，头脑就可能从自我矛盾中解脱出来呢？

如果要我说，请不要轻易给出否定的答案——或许你真应该考虑下这个问题，对这个问题深入探讨一番。先前一席话是你前所未闻的，可能你首先的反应是："哼，胡说八道"，之后把问题抛在脑后。但是，如果你愿意去了解，愿意去深切地倾听，你就会认识到，只要头脑是所有思维的中心，总试图因循某种模式，矛盾就会如影随形。如果只依照那种模式思考，暂且也可能不会有矛盾；但是，一旦思维偏离原来的轨迹，完全脱离那样的模式，矛盾必定产生。

因此，"人如何才能走出自我矛盾的状态呢"这种提法显然错了，"如何让头脑不受环境的影响"才是应该问的。头脑是环境的产物。只要头脑还在同环境抗争，试图改变环境，从环境中逃离，那么，这种逃离行为本身就是自相矛盾的，就会有挣扎。但是，如果头脑处于观察的状态，意识到头脑本身就是环境的产物，那么头脑就会沉静下来，然后，就不再与自身苦斗。头脑沉静下来，就会走出环境施予的影响。

或许，你愿意花点心思来思考这个问题——不接受，不拒绝，而是探求当下所讲之事的真相；如果反对真相，抵制真相，真相就会隐藏起来。头脑的本质就是否定真相，就是受制于环境，难道不是吗？——头脑是时间的产物，是数个世纪的传统、恐惧、希望、灵感及压力共同作用的结果。这样的头脑完全没有自主性，让这样的头脑拒绝和接受，只会造成头脑进一步受限。但是，如果头脑意识到它是完全受限的，那它在意识里和潜意识里就会沉静下来，在这种沉静的状态下，头脑就会摆脱束缚，矛盾也会随后消失。

何谓与环境对立，何谓与其完全融合？对此，我们很难做理性的分析和言语的描述。人只有做到完全了解自己，才会与周遭和谐共处。而认识自己是无法通过分析得来的，因为出现问题的时候，谁是分析者呢？显然，分析者自身也脱离不开他所在的环境；他所做的分析因而也是环境影响的结果。

因此，重要的不是如何抹除自我矛盾，而是理解头脑是如何受环境影响的全过程。这种理解只能在关系中，在我们的日常生活中展开，从中认识到头脑在没有谴责之念的状态下是如何反应、观察、注视和意识的。之后你将看到让头脑不受束缚是如何艰难，因为头脑已经认定了如此多的事件，已经存储了如此多的断言、价值观和信念。当头脑在没有评价、谴责和比较之中持续意识到这点的时候，头脑就踏上了理解自我形成之路的起点，因此会变得沉静。真理，只有在头脑沉静的状态下，才会悄然来临。

（阿姆斯特丹的第一次公开演讲，1955 年 5 月 17 日）

被动接受权威是荒谬的

在我看来，最难做的事情之一就是心平气和地去听别人怎么说。我们大多数人在倾听他人时都没能做到全情关注。我此处用"（全情）专注"，是指头脑不独为某一个特殊事物所占据的状态。我们当中观点多、善推论、有阅历的人不在少数，在倾听他人时难免凭借个人的癖好和思维习惯来判定。所以，要听懂另外一个人讲话的实质是很难的。我们的观点、信仰和阅历，都会阻止和转移我们的注意力，进而曲解他人的本意。但是，如果我们能抛开个人观点、结论以及各种嗜好，只是专注地聆听，或许相互间的理解就不难做到。

毕竟，恕我直言，你们来这儿是为了弄懂我都在讲些什么。所以说，你们得听明白我讲话的真正含义，而不是仅仅印证你对我所讲之事可能持有的观点。你可以有自己的观点，如果你非要那么做的话，但我要提醒一点，那就是观点应该形成于倾听之后。在我看来，我所讲的真的并不是什么观点，否则势必激化矛盾，因为观点不同就代表着意见不合。在事实面前，我认为你不能轻言论断，一会儿说这件事应该这样看，一会儿又说那样。

所以，我认为重要的是倾听，是在不妄下断言的情况下耐心地倾听事情的由来，而不是任自己在各种观点之间摇摆不定。当然，结论无论披上什么外衣都是观点，都会束缚头脑，而我们要探讨的事情并不需要观点支撑。相反，为了让所探求之物清晰可现，我们必须试探性地、小心翼翼地靠近它才行，与此同时，我们不能做任何假想，也不应下任何结论。可以想象，我们大多数人都很难做到这一点；因为我们凡事都想向前推进，谁都不想在原地滞留——（这样做）或是为了给自己的信仰寻找依据，或是为了强化这一信仰，或是想通过辩论提高个人的修养。

所以，我要指出的是，如果日后还是陷入了争端，出现用一种观点批驳另一种的情况，那这些讲话其实对你并没发挥作用，也不具任何意义。你们和我，难道就不能一起去努力发现事实真相吗？为了实现这一终极目标，我们在某种程度而言必须要思维活跃、目的明确，仅仅累积一个个观点是不够的。

今晚，我们要讨论一下如何让头脑富于创造性，也就是说，去探讨如何让头脑彻底摆脱禁忌、制约、恐惧及社会压力，从而不再遭受遏抑或避免机械式的发挥功能。但问题是，我们能找到创新思维的方式吗？依我看，这个问题不论暂时或长远来看都是最为根本的。因为我们显然都是缺乏创意的；我们只是重复惯常的思维模式，尽管可能也取得了进步，但仍然缺乏独创性。

我所说的富于创造性并不仅仅意指自我表达——如写诗或作画，我想用创造性来表达一种全然不同的事物。创造性、事实真相、上帝或随便你怎么给它命名，正如我们所知道的，必须是种心理状态，在这种心态下没有重复，没有随记忆而来的浮想联翩。上帝或真理，一定是全新的、从未经历过的，并非记忆、知识和经历的产物。因为如果是知识的产物，那就只是某种推测、欲望、愿望，这些都不能成为真理和实在之物。真相一定是超乎想象、无以言表的全新之物，终将发现这一真相的头脑必定不受制约，因此才是真正意义上的独立个体。

很明显，我们都不是真正独立意义上的人。我们可能每个人都是不同名、不同姓，喜好不同，居所有别，银行账号不一样，都各有自己的家庭，处世风格上千差万别，宗教信仰也大相径庭——但是，这些差异都不足以将我们区分开来，因为我们的头脑是相同的，都是在特定环境下，社会、文化和宗教因素共同作用的结果；只要与其中任何一个因素关联密切，在其直接影响下，显然，头脑便不再单纯、无邪。而若要发现事实真相，头脑澄明、简单则是必需的。

所以说，关于人类能否让头脑卸下影响、传统和信仰这些重负的问题，我们何不一起去探个究竟呢？对我而言，生活的唯一目的好像就是去找出事实真相。如果你愿意和我共同踏上发现之旅，我认为，首要的是找出顺从权威的根源。我们每时每刻都在按规矩做事，不是吗？我们终其一生、一心只想这么做——包括我们的教育、道德规范、宗教法令——也都是如此训诫我们，宗教教义也基本没有脱离这样的窠臼。当然，一味顺服，头脑必然是僵化、滞后的。所以，我们必须解决这样几个问题：我们能找到遵从思想的根源吗？是什么让头脑顺服于特定的社会和文化模式呢？我们都不敢逾越常规，对吧？因为差不多我们每个人都心存畏惧，缘于这种畏惧之感，我们创立了权威——即宗教权威和领袖权威——并想以此求得安全和稳妥之感；这种感觉也许更多的是内在和心理层面，而并非身体上的；缘于此，我们又创立了社会，希冀通过社会让人们找到内心的安全感。

这就是事实，心理上认同的事实，无需再去辩论和争辩的事实。具体点儿就是，我想要安全感，心理和内在的安全感，我想确信——确信自己大获成功，有所成就，心想事成。所以，为了实现目标，为了到达成功的彼岸，为了有所成就，我就必须拥有权威。

如果要让这些讲话真的值得一听的话，请允许我建议你们在倾听时同时也检视自己的头脑。讲话的主题，所用的词语，仅仅是在描述你头脑所处的某种状态；仅仅去听这些话语是没有什么意义的。但是在倾听的过程中，人如果能审视自己并且意识到自己头脑运行状况的话，这种对于倾听的描述将别有一番意义。我希望，如果我可以给诸位提个醒儿的话，你们现在正在这样做，而不仅仅是听取我选用的词语。

我们人人都想要获得安全感——在我们与他人的交往中，在恋爱里，在信仰当中，在经历世事时；我们想要安全、确信、毫无疑问。当然，那是在剖析权威，不是吗？——在解构权威；找出头脑创造权威的原因。你可能拒绝某个社会、某位领袖或者某个宗教的权威；但与此同时你自己也创造了另一个权威。之后，你自己的人生阅历和社会知识，就会取而代之地引导你。因为，头脑总是寻求确定感，它无法生活在不确定的状态之中。因此，它又会陷入总是寻求安全感，并由此创造权威的怪圈之中。

这就是我们建立社会的基础，不是吗？包括社会的文化、知识和宗教。从本质而言，社会是基于权威建立的——如传统的权威，牧师的权威，教堂或专家的权威。我们变得受制于专家，因为我们凡事都想确信无疑。但话说回来，如果我们真的要发现事实真相，而不只是无聊地重复上帝或真理这样的词语——要真想有所发现，头脑则一定要处于事无定论的状态中才行，对吧？换句话说，就是头脑一定要摒弃权威的概念。对我们大多数人来说，要做到这样是非常难的，因为我们从孩提时就被教导要有信仰，不能放弃某种形式的依赖；即使领袖、导师、老师、牧师都失败了，我们也将创立一个自认为真实的个人形象——而那个形象其实只是反映了我们某种特定形式的制约而已。

因此，对我而言，只要头脑是社会塑造和控制的结果——不仅包括社会环境、教育和文化这些因素，还包括权威、信仰和顺服所有这些概念——这样塑造而来的头脑显然只会模仿和重复，不具有创造性，是不可能发现何为事实真相的。这样一来，问题就不再是如何才能富于创造性，而是变成我们能否理解恐惧的整个过程了——即害怕邻居们的闲言碎语，唯恐出差错、丢钱财，害怕形只影单、让身边的人失望，担心在这儿失意、在那儿也不得志。其实，只要心存恐惧，不管它以什么形式存在，就会让头脑变得依赖权威，这样的头脑显然是丧失了追索和探查能力的，是不可能放下所有去探索什么才是真正富有创造性的。

因此，重要的是问问自己，我们每个人都问问自己：是否真的已无所羁绊，不能只是口头上说自己已无所束缚就行了。事实上，我们并没有放手一切。或许你在身体上与他人是分离的，容貌、姓名和家人也各不相同；但是，头脑就内部思想而言基本上是一致的——同样都难逃社会的制约；从这点来看，你们都不是真正意义上的独立个人。人，只有不被社会的条框所钳制、在摆脱了种种束缚以后，才能以自由的心境去发现什么是真实，什么是上帝，当然如此。否则，我们所做的一切都只是在重现灾难；否则，那场能带来一个全新社会的变革将永远不会到来。对我来说，唯一重要的事情就是掀起那样一场革命——而不是应该追随什么样的社会、什么样的团体、什么样的宗教，或者纠缠于是什么让所有人都变得如此幼稚和不成熟的问题。对我来说，重要的是自己去发现头脑能否完全摆脱习俗、创痛和信仰的束缚，在自由的状态下发现何为真实。唯有那样，我们才会变得富于创造性。

现在，还有几个问题有待解答。在这之前，我们不妨先弄明白所谓问题的具体含义是什么。出现问题了，一定是心里想着要有所成就、如已所愿或高人一等的时候。事情本是如此，却硬要变成另外一种状况。相貌丑陋，偏偏巴望着自己身体和内在变得双重俊美。当一心想着怎样才能有所成就或出人头地的时候，问题就不可避免地发生，因为一旦那样做了，紧接着就会出现"如何才能做得到"的问题。所以，我们总在制造问题，因为我们满脑子想的都是怎样才能离自己所期望的再近一点儿——怎样才能抵达所期盼的终极或终点，怎样才能驶向快乐和理想的彼岸。

但是，我认为可以用一种别样的方式来看待这个问题，也就是说，不先从"何为事实真相"再到其他，而是依然从"何为事实真相"出发，但却另辟蹊径，不沿着任何预想的道路前进。"事实真相"就是：人是贪婪而善妒的，总有这样或那样的激情和贪欲，这样的"事实真相"难道就意识不到吗？我们难道就不能从这样的"事实真相"出发，但却不带改变它的念想吗？一旦动了那样的念想，你就会问题缠身。然而，从"事实真相"出发却并非在制造问题。

我希望我阐释得还算清楚。我们认识到自己的本质，如果我们真的意识到的话；之后我们着手去改变这样的本质；我们想把这样的本质改变得迥然不同；这样一来，冲突和问题等等就会纷至沓来。但是，如果我们首先认识到了自己的本质或曰真相，此后却并不去想将之做任何改变——如果我们观察它，与之共处，理解它，那么就不会出现任何问题。

因此，在回答这些问题时我们所关心的，不是为了改变而如何开始，而是理解事实真相究竟是什么。如果我理解了真相，问题就不复存在了。事实并不会制造问题，只有对某个事实所持的观点才会。

提问者：没有教堂会有宗教吗？

克氏：什么是宗教？什么是事实，而非理想？当我们说自己是虔诚的，说自己属于某个宗教的时候，我们真正要表达什么意思？其实，我们是在说自己拥护某些教义，追随某些信念，相信某些结论，甘愿受某些制约。对我们来说，宗教不过如此而已。自己或者去教堂，或者不去；或者信奉基督教，或者放弃基督教加入其他某个宗教派别，继而相信另一套信仰，参加另外一个体系的宗教礼仪，相应地遵从某些教义、信条等等。这就是真实存在的事实。那我要问了，这是宗教吗？若一个人所信仰的是某一特殊社会各种指令和制约的结果，这样的头脑还能发现什么是上帝吗？或者，一个被训练去质疑一切的头脑还能发现上帝吗？

当然，属于任何宗教的头脑——也就是属于任何特殊信仰形式的头脑，在某种宗教仪式的促动下，会自然接纳其教义，相信其所宣扬的各种救世主——当然，这样的头脑是做不到虔心信教的。重复某些词语、去教堂集会可能还行，为人也可能算得上端庄、正派；但是，这样的头脑当然不能等同于虔诚。属于某个宗教——如印度教、佛教、基督教或任何一个愿意追随的宗教，那只是在遵从那个宗教而已，是受自己所在的环境，身边的传统、权威，以及内心的恐惧和期盼被拯救等愿望综合作用的结果。这样的头脑并非在虔心信教。但是，去理解头脑接受信仰的整个过程，同时找出头脑服从于某种思想模式和教义的原因——显然是因为恐惧——能在心理和思想上同步意识到所有这些束缚，并做到从中得以摆脱；这样的头脑才称得上是笃信宗教的。

当然，美德是必要的，可以避免头脑陷于混乱；但是，美德却未必引领人们了解真相。秩序是必需的，美德赋予秩序。但是，头脑必须超越美德和道德。若只做道德和顺服的奴隶，接受教堂或任何形式的权威——当然，这样的头脑是没有能力发现真相和上帝的。

请不要我说什么就是什么，被动接受实在荒谬，因为这样一来，我所讲的就会成为另外一种形式的权威。但是，如果你探究我讲话的要义，仔细留意自己头脑的变化，体悟它为何顺服，恐惧之感因何而来，为了求得心理的安全感，自己又因此依赖上了多少数不清的信仰——如果能意识到这一切，那么，显然不必费什么力气，所有这些令你困扰的问题就会被一并放下。这样的头脑，说实在的，才是在反抗社会，这样的头脑，才真正有能力掀起一场宗教革命——不是政治改革或经济变革，那些都称不上什么革命。一场真正的革命是源自头脑的——这样的头脑从俗世社会中解脱出来，因此而获得的自由绝不是仅披上一件不同的外衣而已。只有当头脑因洞悉这一切而不再听任各种束缚的时候，真正的革命才会来临。只有这样的头脑才能创造一个不同的世界，因为唯有这样的头脑才能接纳那个真相。

提问者：我如何才能抵得住纷扰的诱惑呢？

克氏：有人问："我如何才能在干扰面前保持定力，不缴械投降呢？"换句话说，他要专心致志于某件事，他又心烦意乱，无法专注；他想知道如何能抵制这种状态。

现在我想问，有注意力分散这样的事吗？当然，所谓注意力受到分散显然是因为自己醉心于某事，否则就不会分心去追随了。既然感兴趣，那为什么要谴责"注意力分散"这种状态呢？话说回来，如果能够不把这种行为看作是"散漫"，而把它认定是正在通过思考而求索，持续关注这种状态，并感知由此产生的每一点思绪——不把它视为惯常行为，而是意识到由此而来的每个想法——那么，就不会有任何散漫，随后也就无所谓抵抗了。

所以，更为重要的是理解为什么抵制，而不是如何才能变得专注。我们耗费如此多的精力进行抵制；终其一生都消耗在抗拒、防御和期求之中——受困于"那样散漫、这样专注"，"这样正确、那样错误"的想法，在抗拒和防守之中，不知觉间就筑起了一堵抵制外物的心墙，自己的整个人生也都虚掷于此，在不断的抗拒、抵触、散漫和专注中度过。然而，如果我们能学会观察并意识到所有的这些想法，不将这个过程称作散漫，不断言"这个好、那个坏"，而只是观察在这一过程中所产生的每个想法，那么，头脑就会始终处于思考的状态，矛盾交锋的战场就无从形成，不同的愿望和想法间厮杀或搏斗的场景也就不会呈现。

毕竟，思想无论多么崇高、广博和深邃，总是受到制约的。思考是对记忆的反应。因此，将思想分割成不关注和感兴趣难免让人匪夷所思。思维的整个过程都是受限的，思想都是不自由的。如果仔细观察，你会认识到所有思想基本上都是基于制约的事实。思想是记忆、反应的结果；思想是无意识间形成的。我向你问起某事，你的记忆回应我，你读过某本书，此后重复书的内容。

所以，如果深入挖掘思维的问题，你会发现思考和思想从来都不是自由所为。要寻得自由，除非思想终止——但这并不意味着头脑进入空白的状态，相反，要认识到所有的思想都是反应，是对记忆的回应，是无意识所为，则需要最高层次的智慧。要发现全新之物，头脑必须非常沉静，完全静止下来，没有一点儿起伏才行。思想永远发现不了任何新事物；因为思想是对过去的折射，是时光、岁月和无数个逝去昨日堆积的结果。

了解到所有这些，意识到所有这些，思想就会变得沉静。然后，新事物就可能来到我们身边，这种新事物不再仅是思想本身的折射，对之我们从未体验过，也想象不出。

提问者: 为了应对这个混乱不堪的世界，我的孩子应该接受什么样的教育呢？

克氏: 这可真是个大问题，不是吗？几分钟之内恐怕解答不完。但是，或许我们可以先简单谈谈，之后再做深入探讨。

问题不是孩子该接受什么样的教育，而是教育者需要接受教育，父母需要接受教育。

（台下传来轻轻的笑声）不，请不要笑，这可不是什么讨巧的话，为了博你们开心一笑才说的。我们难道不需要全新的教育方式吗？——记忆力能赋予孩子以技巧，这种技巧可以帮他们找到工作、维持生计，但是，真正的教育不只是锻炼记忆力，真正的教育将赋予孩子们真正的智慧，而智慧就是理解这整个过程，理解生活的全部过程，而不只是生活的一个片段。

所以，问题是，我们，作为成年人，真的能帮助孩子在自由的、完全自由的心境下成长吗？这并不是说允许他随心所欲地做事；而是说，自己在理解自由内涵的前提下也能帮孩子理解什么是自由吗？

现在，我们的教育只是在教孩子一步步走向规范，帮助孩子去遵从一种特定的社会模式，在这样的社会中，他将获得一份工作，让人心生敬仰，有宗教信仰，服从社会法规，至死都努力奋争。我们并没有帮他在内心获得自由，从而助他在年岁渐长时有能力面对生活里的所有纷繁复杂——也就是说，帮助他有能力去思考，而不是教他去思考什么。为了做到这一点，教育者自身必须有能力将自己从所有的权威、恐惧、民族归属的事件和各种形式的信仰和传统的桎梏中解放出来，只有这样，孩子在他的帮助下，在他智慧的引导下，才能理解自由是什么，质疑是什么，以及如何去探索和发现。

但你看，我们不想要这样的社会；我们也不想要一个不同的社会。我们想要的只是旧有社会的复制版，只是它的改良版，将它变得稍好一点儿、完美一点儿就足矣。我们想要孩子完全地服从，根本不用去思考，不用去觉知，也无需内心澄澈——因为如果他于内在如此清醒，那对我们所有业已建立的价值观就会构成威胁。因此，真正牵涉在这个问题之中的是，如何把教育带到教育者面前。你和我——因为我们，包括天下所有的父母、教育者和全社会——你和我怎样能帮我们自己变得心智澄明？这样一来，孩子也可能会自由地思考问题，意思是拥有沉思和静默的头脑，我们通过这样的头脑去辨识并助推新事物的形成。

这真是一个非常根本的问题。为什么我们非要接受教育？只是为了一份工作？只是为了接受天主教、新教、共产主义或者印度教吗？只是为了遵从一个特殊的传统，去适应某份工作吗？或者说，教育是全然不同的吗？——不是锻炼记忆力，而是理解的过程。理解并不能通过分析得来；只有当头脑非常沉静、不受搅扰、不再追求功名也因此没有遭遇阻抑，对失败无所畏惧的状态下，理解才会来到。只有在那时，头脑才是沉静的，只有在那时，才有可能理解并拥有智慧。这样的教育是正确的教育，从这种教育中当然会紧随而来其他一些事情。

但是，我们当中很少的一些人才对所有那些感兴趣。如果你有一个孩子，你想让他有一份工作，这就是你所关心的全部——他的未来会怎样。是应该让这个孩子继承你所拥有的一切——包括你的家产、价值观、信念、传统——还是必须让他自由地长大，从而自己找到事实真相呢？如果你自己不想着继承，如果你能自由地探求，自由地发现何为真相，那么，只有在这种情况下，真相才会除去面纱。

　　　　（阿姆斯特丹的第二次公开演讲，1955 年 5 月 19 日）

只有从集体中解脱才能发现实相

我认为，今天来到这个地方，明智之举就是相对抛开自己的偏见，不要以为这只是位来自亚洲的印度人在分享他的思想。毕竟，思想王国里不设分水岭，思想是不分国界的；只要是我们的问题，不论它在亚洲、印度，还是欧洲，其实都并无二致。但令人遗憾的是，为了图方便，我们把问题按地域做了划分，好像它们根植于亚洲和欧洲似的；但事实上，我们共同面对的只是问题而已。如果我们想要解决问题，全面而非片面地理解问题，深入耐心、孜孜不倦地探究这些问题的话，我们首先必须理解我们每个人都面对的诸多问题。因此，如果要我提建议，我认为明智的是平心静气地思索眼下探讨之事，暂时不把自己与国籍、宗教信仰，甚至是过往经历联系起来。

在我看来，必须要进行一场彻底的革命——不能只是变革，变革层出不穷，变革之路永无尽头。面对一次重大的危机——正如我们现在一样——我认为重要的是，自己在头脑、心中以及对待人生的根本态度上进行一场革命。任何外在压力、周围环境、纯粹的经济改革、宗教信仰上的转变都无法掀起那场革命，诸如此类的这些调整都算不上是革命；充其量不过是对我们所在社会的持续性改良。

如果要弄清楚我们当前所面对的这个巨大的挑战，在我看来，目前尤为必要，或许无论什么时候都很必要的，就是全情投入，倾注我们全部身心来看待这件事，不以一个印度教徒，一个坚持某种信仰和迷信思想的人的角度，而是以一个抛却所有偏见、国别差异及宗教信仰的人的角度。我认为，重要的是我们不应只满足于普通的革新，所谓革新不过是对环境和压力的外在调整；显然，这样的调整无法造就一个全新的世界，让生活其中的人们和睦相处。所以，重要的是不再去想变不变革——包括政治、经济、社会或你期待的变革——而是与此同时，在内心开展一场彻底的革命。

这样的革命只能在宗教意义上发生。也就是说，只有当人真正具有宗教情怀的时候，才会发起这样的革命。经济变革只是某个层面的革新。任何社会变革也只是碎片化的、彼此割裂的，都不是彻底的革命。所以，我们必须清楚地认识到：这个问题属于每个个人，而不是某个团体或某个民族，如荷兰人的——显然，这场革命必须始自每个个人。真正的宗教从来都不是集体性的，它必定是单个个体历经努力和探索以后获得解放和自由的结果。上帝注定不能为所有人一道发现。

探索中出现任何集体行为都只是一种受限的反应，对实相的探寻只能由个人承担，我认为理解这一点非常重要，因为我们总在考虑集体会做何反应。"这个对大家、对公众来说太难了"，这不是我们常说的吗？——为了保持现状，为了避免自己发生翻天覆地的变化，我们不是找尽所有的借口了吗？我们找借口，对吧？为了无限期地延迟那场革命，避免自己完全置身于集体之外，我们找了无数的托词。

如果你、我能主动跳出集体主义思维，不把自己看作是荷兰人、基督徒、佛教徒或印度教徒，这个问题就会迎刃而解，我们也会洗心革面，迎来一场彻底的革命，唯有如此，最高形式的革命才会显现。让自己与集体分离是极为艰难的，我们有哪一个不是害怕独自担当，害怕被视为异类，害怕公众和闲言碎语呢？为了摆脱恐惧，我们有无数种自我防卫的方法。

为了掀起一场革命，在根本意义上彻底发生变化，关键不就是探讨头脑如何变化吗？毕竟，我们可都是靠它来思考问题的——被教化了数个世纪，头脑是时间累积的结果，是种种经历和记忆的存储库。我们凭借这样的头脑，本质上受到制约的头脑，去尝试解答自己在生活中遇到的种种问题，后果可想而知。也就是说，我们的头脑是环境塑造而成的，是永远没有自由的，思维的进程实际是意识和潜意识里对自己无数经历的反应，我们希望凭借这样的头脑来解决我们的问题。因此，在我看来，了解自己非常重要，了解自己就是我们正在探讨的彻底革命的开始。

毕竟，如果不了解自己在想什么，不清楚自己思想的源起，不懂得自己的思维方式——表现在外和内心深处的，以及下意识的种种伤痛、希望、恐惧和挫折——如果觉知不到所有这些的话，那么，无论自己想什么、做什么，其实都意义不大。了解自我构成的全部需要专注、耐心和不断去觉知，对于我们这些真正用心并致力于解答无数疑问的人来说，了解自己的思维方式，知道自己如何才能彻底冲破内心的束缚和外界施与的指令及教条是非常必要的。只有了解自己，我们才能自由地思考并探寻到实相。

要实现这些，需要摆脱所有的权威，对吧？——要不追随、不模仿，不在内心顺服。现在，可以说我们的全部思想和整个身心，基本上都是服从、训练和塑造的结果。缘于对差异、孤立和探索的深深恐惧，我们依从传统、适应环境、接受教诲。就内心而言，我们追求稳妥，渴望成功，希望和正确比肩，因此建立了各种权威和思维模式。因为本性上我们害怕单独行动，所以跟风模仿、表面顺服。

这种单独和超脱，当然，与集体并不是相对立的关系。如果我们能够坚守立场，可能就有能力辅助集体。但是，如果我们只是集体的一部分，显然就只能变革，只能在集体的架构下做些改变。因为我们知道集体的全部含义，要真正成为个体就是要完全独立于集体之外，这样的个体才有能力为集体带来改变。

我认为记住这点非常重要，我们大多对所谓的群众、集体和团体都很关心。很明显，团体是无法改造自己的——历来如此。只有能把自己从团体和集体中解脱出来的个人，才有能力带来彻底的改变；只有追求实相的人，才能彻底解脱自己，那样的人也必是一位真正具有宗教情怀的人——但这跟有信仰、去教堂、接受教义不同。人，只有从集体中解脱，才能发现什么是实相，而找到实相是异常困难的，因为头脑折射出的无外乎自己相信的宗教、上帝和真理。

　　所以，重要的是理解自我形成的整个过程，了解什么是我，什么是自我，什么是思想者；因为一个人如果能全面关注自己生活的整个过程，就可以把自己从集体和团体中解放出来，从而成为独立的个体。这样的个体与集体并不对立——对立只是存乎于头脑中的想法。随着头脑理解意识和潜意识里自我运行的进程，我们就会领悟到一种全然不同的状态——既不存在于集体，亦不是与整体分离。独立的个体已经超越了这两种状态，因而可以理解实相。独立的个体在不与集体相悖的状态下追寻真理，才是真正具有革命性。

　　在我看来，当务之急是真正具有革命性。独立的个体具有创造性，有能力给我们创造一个全新的世界。我们不论在哪里生活，这儿也好，印度、美国、俄罗斯也罢，面对的问题都是相同的：都属于全人类，都祈望自己开心、幸福，都想自己能深入洞悉世事万物，不仅仅满足于生活的浮光掠影，都想非常深入地去探讨，去发现什么是终极、永远和未知。但是，如果我们一味服从，则根本无法寻得终极之物。

　　这也是为什么在我看来重要的是，我们中间应该有一些真正满怀热切之心的人，他们不止是好奇心使然或一时兴起才来凑凑热闹，而是真正发自内心地想要改变全世界，给我们所有人都带来幸福与和平。因此，我认为非常重要的是我们应该停止集体主义思想，应该像独立个体组成的人类那样——不做某些教义和信念的复读机——而是自己去发现，去问询，去探索什么是实相，什么是上帝。

随着一步步接近实相，我们的所有问题终将被化解。否则，我们的问题就会丛生，人类就会遭逢更多的战争、苦痛和悲伤。恫吓之下，我们可能会有片刻的安宁。但是，如果我们是独立个体，具有那个词所隐含的特质：追求实相——只有理解自己意识和潜意识里的所有思维活动时才能发现实相——我们就有可能推动这样的革命，一场唯一能让人类更加幸福的革命。

提问者：*在荷兰有许多友善之人。为了世界充满和平我们能真正做些什么呢？*

克氏：你为什么单说荷兰人友好呢？（大笑着）你难道不认为友好人士遍布全天下吗？

但你要知道，和平不因善意而生；它与善意根本互不相干，和平不是战争的终止。和平是一种心态；是不必费力追索便能成就某事，和平否认野心，和平意味着从此不再醉心功成名就。在我们看来，和平只是两场战争之间的间隔和间歇。或许，缘于氢弹骇人的威慑力，我们会有某种意义上的和平。但可以肯定，那并不是和平。只有不存在民族和领土割裂的时候，在否认种族存在优劣的时候，当宗教不再划分为基督教、印度教、佛教或伊斯兰教的时候，和平才会降临。

只有当你作为独立的个体，且致力于和平的时候，和平才会真正到来。但这并不是说你把自己归于某个组织，为了和平的到来而在组织内外努力奋斗；如果那样，尽管世界由此创生，也只能被称作处于某种和平模式，这与持久的和平自然大相径庭。毕竟，一个有野心、爱争斗、好竞争、易施虐的人怎么可能——这样的人怎么可能给世界带来和平呢？你可能会说："如果放下野心我会怎样？会不朽吗？我一定要放弃争斗吗？"看看我们眼前的世界，之所以充满战乱和动荡，正是因为我们野心勃勃，因为我们在功名利禄的引诱下彼此苦斗与倾轧。

所以我认为，如果我们真能理解什么是怀有平常心的生活，什么是放弃孜孜以求成功的生活——在生意场、校园，或家庭等各种情境下——如果我们能真能理解野心的心理构成，以及与之相关的所有内涵，那么，我们就会放弃这件了无意义的事情。野心勃勃的人从来都不是快乐的人，他总是担心遭遇挫败，心头萦绕着因奋争而来的苦痛，这样的人不可能创造出和平的世界。那些相信某个教派的人——比如把它划分为共产主义、天主教、新教、印度教的人，因为分属于不同的教派，他们看世界难免褊狭而纠结——其内心无法宁静，就不能为世界带来和平。而身心一致之人，他们理解这种与整体的分裂及其所有腐败的特征——只有这样的人才能招引和平的莅临。

但是我们都不甘心放弃心中的希望、幻想和信念。我们都想带着它们共同奔向和谐的世界。我们期待先毁弃旧有的，之后再创造出和谐的。所以你看，和平的到来遥遥无期。要想创造一个充满祥和的世界，我们唯有理解自己的头脑，唯有淡然平静、无所希求、清心寡欲，唯有放弃力争有所作为的想法。

提问者：死后会有来生吗？

克氏：我知道你对这个问题远比前一个问题更感兴趣！我们对死为什么如此感兴趣？我们对生的话题兴味索然，但对如何死去，以及死后是否有来生的问题全都饶有兴趣。

如果你愿意，真的愿意，那我们不妨来深入探讨下这个问题；这可是个大问题。要理解这个问题的所有含义，我们必须采取非常谨慎而明智的态度。如果你声称"死后还有来生"是大量阅读后得出的结论，或者因为直觉使然、心向往之而这么说，即使对这种说法你只是相信一点点，你都不可能再理性地看待这个问题。当然，想弄懂这个问题，你必须重新来过，以探究和质疑的心态，在心里对自己说："我不知道，但我想知道"——决不能在心里继续思量死后生命能否延续。我这么说，当然是很易于理解的。

我认为，迈向找出关于死亡和死后真相的第一步，也是处理任何问题，尤其是人类共有问题的唯一方式——就是说："我不知道，但我想知道"。说出这句话其实很难——因为我们大多数人都涉猎广泛。我们有如此多的欲求、希望、憧憬和恐惧，早就预设了很多的结论和信仰，这么做其实是在告诉自己生命会以某种形式延续，死后生命依然存在。因此，我们早已预想了身故后的情形；你对死亡心存恐惧的程度即表明你认为死亡所应有的样态。

所以，要发现事情的真相，首要的是必须先抛开你对于死亡的认识，这很重要，对吧？毕竟，死亡是未知的，为了了解死亡，人必须在生的时候走进死亡。请听好。我们必须在自己还能呼吸、能思考和能行动的时候进入我们称为死亡的状态之中。否则，如果你死了——因为疾病或意外——你就会失去意识，无法理解此后会是如何一番景象。但是，当生命还在的时候，积极调动所有觉知去全面了解有关死亡的问题，则需要超凡的体能、智慧和探索的勇气。

首先，是什么我们让对死亡感到恐惧呢？当然，是害怕生命终结，害怕生命从此不再，对吧？我或者生命走到终点，或者希望生活继续。当这个被称作身体、有机体、生理机制的东西，因为各种疾病、变故或其他原因走向死亡的时候，就会产生"我"无以为继的恐惧。这个"我"是各种品质、美德、特性、经历、情感、价值观以及我所珍视和汇集的种种记忆——所有这些共同构成的，当然。这个"我"因为将自己认同为财产、房屋、家庭、朋友、妻子、丈夫、阅历，由此形成了某些价值观，那个"我"想去处理某些事情，想有所成就，想拥有无数美好或忧伤的记忆——那个"我"说："我感到害怕，我想确信生命会以何种形式持续。"

由此可见，在这种无一丝断裂的生命持续中，其实是难以有所创新的，对吧？要有所创新，持续之中要有所中断才行。也就是说，如果"我"只是无数个昨日汇聚的结果，在未来仍以相同的模式持续存在，那就是在因循某种思维模式，延续记忆而已。这样的持续在时间范畴里显然发现不了什么可以超越时间。头脑在时间的框架下思考——时间即指昨天、今天和明天——这样的头脑想象不出如果没有明天会是什么样子。因此，它说"我一定得坚持这样"。这样的头脑只能从时间的角度思考；总是恐惧死亡，因为死亡可能造成惯常事物的中断。

"死后有无来生"的问题真是非常幼稚，对吧？人如果能了解自己，即"我"的整个成长进程的话，死后能否重生的问题就无足轻重了。除了一连串堆积的记忆之外，"我"还有什么呢？这一点请务必清楚。这个"我"只是记忆、价值观和经历捆绑一起的组合体。这个"我"想要延续不止。你可能说这个"我"不是唯一的——在"我"里还有一个精神实体。如果"我"里存在精神实体的话，那个精神则会不死，它是永恒的，超越时间的；人们对之构思不出，想象不得，它不知何为恐惧。但是，我们却忧心忡忡，作为时间产物的"我"终将要跟时间说再会，这着实让我们恐惧。只要"我"跳不出时间、死亡和恐惧的概念，就不可能发现什么超乎时间之外。

遗憾的是，对于死后是否有来生的问题，我们都想要"是"还是"不是"这类泾渭分明的答案。我想指出的是，要求给予确切答案的想法实在是不成熟，生活里没有"是"与"否"这类明确的答案。生活要求我们极其敏锐，需要运用洞察力和探索之心去发现超越死亡是怎样一种状态。可能你会问：即使有这样的状态，那又怎样？你不还是一样悲惨，一样不幸，为了实现自己的心愿，不还是要在矛盾和痛苦中挣扎吗？如此云云。但是，如果你理解自我，理解"我"形成的整个过程，让头脑从左思右想和自我束缚中解放出来，进入沉静的状态，你会发现死亡的问题并没多大意义。死亡是生命的一部分。如果我们关注生，就不会有死的疑问。生命并非终点和起点的问题。如果害怕死亡，或急于知道死后如何，就不会理解生的意义。

所有这些都需要极度成熟而全面的思考。但是我们太缺乏耐心，过分急切，想立刻得到答案，却不想坐下来去探讨，也丢不开书本和某种权威，没有从自身展开探索。然而，为了洞悉我们意识的多个层面，最终发现实相，我们不仅需要耐心和真正的努力，还要对自己的目的坚持不懈。

提问者：我们习惯于祈祷。我听有人说冥想，这是东方人比较热衷的，其实是一种祈祷，对吧？

克氏：先不去管东方人常常喜欢怎么做。我们不妨先比对下冥想和祈祷，并找出两者间的差异。

我们祈祷是为了什么？——从根本意义而言，祈祷不就是我们为了抵达自认为更高的境界而祈求、哀求或提出要求吗？我被某个问题困扰，我难过、痛苦，祈祷问题得到解决，祈祷发现问题的意义和重要性。我陷入困境，因焦虑而身心俱疲；于是，我祈祷。或者说，我请求、要求、乞求、哀求。结果显而易见，问题总会得到回应。于是，我们将之归因于某种超凡崇高的事物，我们称之为神祇降临。但事实果真如此吗？这是不是深层潜意识的回应呢？

请不要对此不屑一顾，认为我只是在重复心理分析层面的一些事情，我们是在试图探寻。当然，神必定是全然超越于个人的忧虑、伤痛、挫折和祈望之上的。上帝，或曰真理，必定是完全在时间之外、超乎想象的，而受到限制和折磨的头脑对之也无从知晓。但是，如果我们理解什么是忧伤以及忧伤的成因，就不会去祈求，理解忧伤便会成为进入冥想的起点。

祈祷与冥想全然不同。祈祷是重复一些话语让头脑趋于平静。如果你这么做，头脑显然会变得沉静。在那份宁静之中可能会有某些回应，某些痛苦也可能会缓解。但是，痛苦会再度袭来；因为你还没有完全探明和领会令你忧伤之事。所以，关键的是你为何痛苦，而不是你是否应该祈祷。遭受痛苦之人急切要找到解决之道，盼望缓解痛苦、终止忧伤，所以去求助他人——可能是医生、牧师，也可能是某位超凡神灵。但是，忧伤仍然没有从最根本处被根除，任何可能的解决之道都不可能来自最崇高的神；解决问题的方法必定来自集体无意识的最深处，或者来自自身。

理解忧伤即是冥想的开始。不理解忧伤、欲望、争斗，不理解为实现抱负和获得成功而付出的所有努力——不理解自我，或者说"我"发展的整个进程——忧伤就无法避免。可能，你去教堂，只是跪拜着反复祈祷你想要的，但是，只要"自我"这个忧伤的种子你没有理解，重复这些词语就是在自我臆想。与之相反，如果尝试去理解忧伤形成的过程，只是观察——不带任何谴责之念和评价之心——透过关系之镜观察我们所有的话语、手势、态度，以及价值观，头脑就会越发深入地去探讨整个问题。这样的过程就是冥想。

但是，冥想没有体系之谈。如果你依据某个体系冥想，那只是在追随另一种思维模式，这样你将难逃那种模式必然引发的后果。但是，如果你能意识到每一点思想的波动，每种感觉的起伏，能覆盖意识的各个层面，你就会领悟到冥想所带来的头脑的宁静，在这种状态下，没有任何运动，唯有绝对的宁静——这份宁静并非死亡，只有在那样宁静的状态，人们才有能力接纳恒久的事物。

（阿姆斯特丹的第三次公开演讲，1955 年 5 月 22 日）

依赖他人不能获得幸福

我认为，如果我们每个人都能认真探究追寻的目标，或许我们努力发现终极目标的行为本身就会意义非凡。我们大都孜孜以求，这么做或是因为内心曾受过挫折，或是为了逃避日复一日平淡的生活，或是想借此躲避现实的各种难题。在我看来，追寻的目标决定我们求索的深度。但遗憾的是，我们大都非常浅见；对于如何突破思维的桎梏才能深入抵达最根本的层面都非常模糊。

所以，我认为弄清楚自己追寻的目标很重要，我们人人都应如此，同时还要明白自己为什么这样做；这种求索背后的动机、意图和目的何在。我认为，随着求索的目标和目的渐渐明晰，我们可能会发现，人人都会发现，怎样才可以非常深入地认识自己。我们大多数人，我感觉都不够深刻，看起来好像在努力奋斗，实际上都没能超越显现于外的快乐和痛苦。如果我们能超越这个层面，或许就会领悟到追寻本身可能就是一种阻碍。

我们在追求什么？我们当中快乐的人不多，沮丧的人却不少，或者说是被许多欲望在驱使着前行。我认为，对于我们大多数人而言，求索都是建立在某些挫折和痛苦之上的，我们多方尝试，期待在不同层面实现自己的理想。然而，一旦发现希望无法企及，就会心生挫败之感——这种感觉不仅体现在与人的交往当中、个人的言行举止方面，还存在于我们的情感体验里。因为遇到挫折，我们千方百计摆脱厄运；结果，往往造化弄人，我们接连遭遇一个又一个阻挠，碰到一个又一个障碍，总是挣扎在"试图实现个人抱负、想让自己快乐起来"的怪圈之中。

所以，我们上下求索——可能声称自己在追求真理，追求上帝或心中的理想——实际上是在实现自我价值，因而势必停留在非常肤浅的层面，能够深刻地认识到这一点我认为非常重要。要探求到非同寻常的结果，我们必须更深入地认识自己。如果求索只是因为曾遭遇过挫折，希望找到答案，并且唯此才能让自己心下快慰，那我们则无法深刻地认识自己。所以我认为，重要的是找出所有人都期盼、追求和探索的目标，这个目标决定我们发现的结果。如果没有挫折，没有悲伤，只是感觉逍遥无忧，仿佛去了可以远离所有纷扰的避难所，这样寻得的结果势必流于肤浅、转瞬即逝、微不足道。

那么，是否我们每个人都能发现追寻的目标和目的呢？我们是在追寻的过程中获得知识、积累经验的，对吧？依据累积和汇聚的结果，我们形成各自的人生阅历，那些阅历进而引导我们此后的人生。但是，所有这些阅历本质上都基于我们需要安全感的心理，以种种方式或是存在于现实生活，或是存在于虚拟的世界，或是在缥缈的天堂；我们的头脑不仅需要，还一直在寻觅和努力开辟一个让自己躲避所有纷扰的所在，在迂回寻觅的过程中难免有挫折；伴随挫折就会有忧伤。

现在我要问的是，是否存在我们所追求的安全感呢？为了获得安全感，我们去追寻，去求索；甚至不惜建立一种文化、一个社会，因为这样做至少可以保障我们身体上的安全，我们也可能因此从财产、思想和关系等事物中找到某种安全感；但是，果真有什么可以被称作安全感吗？世事烦扰真的可以完全摆脱吗？安全感是不是我们大多数人历经千难万险也在孜孜以求的，只是被冠以了不同的术语和字眼呢？追求安全感历来总是以失败收场。但是，我们大多数人却从来没有探问过："是否存在安全感？是否有不受任何纷扰的状态？"深入观察自己，我们发现安全感的确是我们大多数人所期望的；我们希冀通过各种方式——如自己的信念、理想，与他人、财产、家庭的依附关系和交往状况等，为自己创造安全感。

那么，头脑中存在安全感和永恒感吗？毕竟，这个头脑是时间的产物，是无数个世纪的教育、引导和变化相融合的结果，它产生于时间，甘愿受时间的摆布——这样的头脑能发现恒久的状态吗？或者说，头脑一定总是处于倏忽而逝的状态中吗？

我认为，重要的是深入探究这个问题，并且认识到我们大多数人虽然都在不懈追求，但对自己所要何物却模糊不清的事实。相较于目标，追寻的动机更为重要；如果动机是为了寻得安全感、恒久感，头脑就会自设阻碍，让人遭遇挫败，变得痛苦而忧伤。随着我们进一步寻求解脱，寻求逃避痛苦的出口，更多的悲苦也会随之而来。以上所言就是我们的状态，是我们每天都在体验的复杂现状。然而，如果我们能将探索的目光停留在自身，能从查验自身做起并挖掘追寻和挣扎的动机，那么，或许我们就会找到正确的解决之道。好比累积知识——知识可能会给予一定程度的安全感，但头脑若填满了知识，显然是无法领悟到什么超越于它之外的。

所以，重要的是弄清楚我们在追寻什么，为什么追寻，以及查明所有这些追寻是否有尽头。追寻意味着付出努力，对吧？——不停的探问意味着不断去发现。要做到体察到任何事物，是不是只要努力就够了呢？此处我用"任何事物"这个词，意味着这既非头脑自己构想，也非思想的投射，它超越了头脑的所思所想。所以，我们每个人都设法弄清楚追求是否有尽头，这点很重要。我们追求得越多，压力越大，付出的努力就越多，也更容易让自己陷入要不要探索的两难境地，进而遭遇更多的挫折。

让我们仔细考虑下这个问题。不要说"如果我们不去追求会怎样？"如果是受动机驱使，追求的结果自然由动机而定，这种结果受到限制，无疑会让我们深陷其中的挫折和悲伤。我们可能放弃这样的追求吗？是否存在恒久不变的状态呢？转变是挣扎，是冲突；我们的生活就是如此。生活中的争斗、冲突、矛盾、敌视、挫折和痛苦能否走向终结？对于我们每个人来说，重要的不就是和谐地生活吗？——切记，探究能否进入和谐状态时，我们一定要放弃头脑中的幻象或意象。

这也是为什么认识自己是如此重要的原因——这种认识书本中找不到，仅凭道听途说或聆听几场讲座学不来，它是不加选择地持续觉知和观察头脑思索的内容，观察所有的反应，在各种关系中保持警觉，这样的话，我们求索的过程、做事的动机、恐惧的原因，以及所遭遇的挫折就会全部显现。如果我们对自己思维的根源、动机，以及下意识的动力一无所知，我们的思想势必浅薄和微不足道。你可能的确有自己的价值观，尽管并不深刻；也口口声声说自己相信上帝、追求真理等等；但是，如果你不真正了解自己的头脑、动机、追求和潜意识的驱动力——这些都会在关系之镜中清晰呈现——那么，你所感受的就只有痛苦和悲伤。

我认为，要严肃对待观察的过程。严肃并不是完全投身于某个观点、信仰和教义，严肃也不同于沉溺于某种嗜好。严肃是指能够意识到头脑中所想——但并不试图扭曲，而只是观察——如同观察镜子中的自己；如实反映自己的相貌一样。同样的道理，如果我们能这样透过关系之镜和日常活动的镜像观察自己的思想、情感和整个身心，就不会看到任何形式的挫败。只有我们追求自我价值实现时，才注定遭遇挫折，因为实现抱负意味着自我追求和自我夸耀，也就是"我"或"自己"的膨胀，这是悲伤的根源。去理解"我"和"自我"包含的所有内涵，理解自我意识的所有层面，以及它所累积起来的喜欢和厌恶的知识——不加评判、没有谴责之念地意识到所有这些，这才是真正在严肃看待这个过程。

凭借这份严肃，头脑可以突破自身的局限。毕竟，我们想去发现的目标比头脑的构想更为宏大，它超越于头脑之外，不仅仅是思想的投射，对吧？如果我们能够理解思维——存在于你、我自身的思维，理解它所有的微妙、幻象及各种推动力——伴随那种理解而来的就是受限行为的终结。

唯有当头脑不再怀有动机，它才可能静默下来。一旦处于那种静默，头脑无法构想的事实就会随之呈现。

提问者： 一个人如果脑子被各种各样的问题填得满满的，他下意识地就会不分昼夜地忙于一些非解决不可的现实问题。只有自我意识沉静下来，他才会觉察到这些问题不过是自己的幻想。由于速见成效的心情太过迫切，我们几乎没有时间让头脑沉静。对此，您能给个切实可行的建议吗？

克氏： 先生，你所谓"切实可行的建议"指什么？是应该立即去做什么？是为了营造让头脑沉静的氛围应该采用什么方法吗？话说回来，如果你采用某个方法，那个方法就会产生一个结果；但是，那个结果生成于那种方法，并非你自己的发现，也是你平日与外界接触时没有意识到的。一个方法自会衍生一个结果，这点大家都能理解。不论这个方法你会实践到什么程度，持续多久，结果终将由这个方式和方法而定，并非是你自己的发现；是你欲冲出这个满是混乱和悲伤世界的过程中强行施与头脑的。

因此，当工作繁忙、日夜为生计奔波劳碌时，我们最应该做的是什么呢？首先问问自己，人一天到晚，一定总是要忙着处理事务和生计吗？或者问问，一天当中有没有不这么忙碌的片刻呢？我认为，闲暇的片刻比忙忙碌碌的时间更为重要。找出头脑都被什么占据了更为重要，对吧？如果总是忙碌不堪，下意识也被那些事情所占据——这其实不可能——那么，显然不会有捕捉新发现的空间和静谧了。幸运的是，我们大多数人都并没有因自己的事情而忙得团团转，有时候我们也会刺探和觉察自己的内心。我认为这样的片刻比忙碌的那些时间更重要；如果允许那样的片刻存在于我们的生活，它们就会逐渐去引导和管理我们的公共事务和日常生活。

但话说回来，有意识的头脑被占得满满的，哪有什么时间去做深入的思考呢？可是，有意识的头脑并不是头脑的全部，还包括无意识的部分。有意识的头脑能探究至无意识的部分吗？换句话说，有意识的头脑，这部分想去探究和分析——它能探究到无意识的深度吗？或者说，有意识的头脑要在无意识间领会某些暗示和征兆，是不是必须要沉静下来呢？无意识和有意识的差异非常大吗？或者说，头脑既是有意识的，也是无意识的吗？头脑的全部，如我们所知，包括无意识和有意识两部分，是受到教化和制约的，其中不乏来自文化、传统和记忆的各种无理要求。或许，我们所有问题的解决之道可能都远在思想的范畴之外，根本不在范畴之内；为了发现如何解决我们生活方式和平日奋斗中的所遇到的问题，当然，头脑，不管是有意识还是无意识的部分，都必须完全沉静下来，对吧？

刚才提问者的意思是：如果自己忙得没有一丝闲暇该怎么办？当然，他并不会那么忙碌——间或也有娱乐自己的时间。如果他开始每天给自己一些时间，哪怕五分钟、十分钟、半个小时，去反思自己经历的这些事，那种反思会带给他更多的时间去思考和深入探究。因此，我认为，头脑只被浅见琐事占据的意义不大。有意义更为重大的事情——那就是，发现头脑是如何运行的，找出自己的思维方式、做事的动机和动力、记忆、传统以及头脑为何所困。我们即使忙于生计也可以这样做——如此这般，我们就会完全意识到自己的独特之处。此后，头脑就可能完全静默下来，发现超越于自己的思想之外的东西。

提问者：我一生都将幸福依托在某个或某些人身上。我怎样才能不依附他人、独立过活呢？

克氏：我们为什么要靠他人获得幸福呢？是因为我们自身空虚，指望他人能填补这份空虚吗？那份空虚、寂寞，那种力所不能及的感觉，可以通过什么克服掉吗？如果某种方法、能力和观点果真解决了你的苦楚，你就会依赖上那个观点和方法。现在，我可能正依靠某个人，因为我感觉空虚、寂寞——感觉完全被孤立——于是去依赖某个人。如果我用某种方法克服掉了对他人的依赖，就会转而依赖那种方法。我只是将某个人替换成了某个方法而已。

因此，在这种状况下重要的是发现空虚意味着什么。毕竟，我们依靠某人去获得幸福是因为自己不开心。我不知道爱为何物，所以才依赖爱我的人。现在，对这份空虚，这种完全孤立和孤单的感觉，我彻底了解了吗？我们能直面这一切吗？或者，我们总是因为害怕这种感觉，所以才要远远地逃开吗？那种逃离孤独的过程本身就是依赖。逃离现状会制造依赖感，进而带来不幸和悲伤，对这一事实，你能领悟到吗？你能理解依赖他人以求幸福是因为自己内在的空虚吗？事实就是这样——我空虚，所以我依赖，依赖则制造痛苦。以任何方式逃离空虚——不论是放弃人、想法、信仰，或者上帝、冥想等，都根本解决不了问题。从现存的事实中逃离是没用的，之所以这样做是因为自身存在不足感，以及内在的贫弱。只去领会这样的事实，并同那个事实共存——领悟到任何一点改变都只是另一种形式的依赖——只有领悟于此，自由才会显现。

毕竟，不论你如何经验丰富、知识渊博，又如何有信仰、有思想，如果你仔细观察，总会发现头脑原来竟是空虚的。你可能把它填得满满的，思想活动从未间断，也不乏消遣和喜爱之事；但是，一旦你以某种形式终止思想活动，你就会意识到头脑原是空空如也。现在，你能与那份空虚同在吗？头脑能面对那份空虚，那个事实，并与其同在吗？这是非常困难的，头脑已经习惯于分散注意力，受训要远离"现状"：打开收音机、拿起书本、与人交谈、去教堂——这些活动都会让头脑游离于自己原本空空如也的这一关键事实之外。然而，无论怎样努力去掩盖这样的事实，头脑自身仍是空虚的。一旦意识到这样的事实，头脑还能继续停留于那种状态，无论如何也不做任何改变吗？

我认为，我们大多意识到了，可能只是偶尔，因为我们大部分时间都非常忙碌、活跃——但是，我认为我们时不时地还是意识到头脑空虚这一事实了。意识到以后，我们对那份空虚感觉恐惧。然而，我们却从未探查那种空虚，没有深入其中，从根本上探究；不仅如此，我们还为之恐慌，恨不能逃得越远越好，并且还将之冠以"空虚""可怕"的名字；这样做本身就是在头脑中制造回应、恐惧、躲避和逃离。现在，头脑能不再躲避，不再为之命名，不赋予自己诸如"空虚"的意义，抹去让我们快乐和痛苦的记忆吗？

意识到那份空虚后，头脑能不能只是观察它，不为之命名，不从中逃离，不妄加评判，只是与它共存呢？因为，只有在那种情况下才是头脑在思考。那时，不存在观察状况的观察者；没有对之品评的评判人；所有的只是空无一物的状态——这种状态一方面我们确实相当熟悉，一方面我们又纷纷躲避，巴不得通过各种方式，如做事、膜拜、祷告、求知、幻想和享乐，把脑子填得满满的。但是，当所有的刺激、幻想、恐惧、逃避都停止，你无以名状当时的情形，因而也不再评判的时候，观察者与被观察者之间还会有什么不同吗？头脑描述并评价当时的状况，实际创造了评判者和观察者。但是，当头脑不再赋予它某个术语和名称，不再对其品评和判断时，就不存在什么观察者，只剩下我们称之为"空无"的状态。

这或许听起来颇为抽象。但是，如果你愿意顺着我的思路，我深信你一定会发现一种或许可以称作空无的状态，这种状态不会引发内心的恐慌，也不会生出掩盖的企图，真的要有所发现，你就不会惊慌失措，也不会遮遮掩掩。如果不再描述和评价这种状况，还会感觉空虚吗？我们是因为空虚而意识到自己贫弱，所以才想有个依靠，对吧？是因为自己感觉不幸福，所以才变得颐指气使、依恋他人的，不是吗？如果你不再为这种状况贴标签，不冠之以名，不对之主观评判——那么，所探明的这种状态是空虚呢？还是全然不同的状态呢？如果以执着之心探查这种状态，你会发现根本就没得依靠，不论是人、事，还是信仰、经验和传统，它们都靠不住。领悟到这一点，超越在空虚之上的创新之物就会显现——这种创新来源于生活，并不是才学和能力上的，是对现实的创新，是超越了恐惧、各种欲求和幻觉之后迎来的全新世界。

提问者：进化将帮助我们发现上帝吗？

克氏：我不明白你所说的进化和上帝是什么意思？但我认为这个问题相当重要，值得我们探讨，因为我们大多按照时间思考问题——时间就是距离、间歇，好比存在于现在的我和理想中的我之间的差距。现在的我并不讨人喜欢，仍有一些尚待提高之处，要改造得截然不同才行。为了把自己塑造得美丽、有尊严，我需要时间之手。换言之，我需要时间去除自己残忍、贪婪的特性，把自己变成理想中的形象——那个形象可能就是你所期待的，但它其实根本不重要。我做出如上解释，主要想说我们总是按照时间顺序来思考问题。

其实，刚才提问的意思是我们能否通过时间发现什么超越于时间之外。我们受时间的奴役，完全按照昨天、今天和明天来思考问题，这样的话，怎么可能知道什么在时间之外呢？受困在时间的范畴，却想知道（超越时间的）理想可否在时间的进程中实现，这显然是矛盾的。进化和发展当然是存在的——从构造简单的汽车到喷气式飞机，从煤油灯到电器，等等，人类正获得更多的知识和技术去开发和探索地球的每一个角落。

显然，从科技角度而言是存在进步、进化和发展的。除去这层意思，还有什么可以称作成长或进化吗？头脑中超越时间的是什么？——是精神？是灵魂？给它命什么名字无所谓。凡是能够成长、进化和转化的，显然是在时间的范畴之内，而不在时间之外，也非永恒之物。如果灵魂和精神实体能够成长，那它们仍然是头脑所构想的产物。如果并非头脑构想的，也不在时间范畴，我们就无需为之烦恼。我们务必关注的是：内在本质和内在状态是否可以通过时间有所改变。

头脑显然是时间的产物；我们的头脑是一系列教育、经验、文化、思想、感想、紧张、压力共同作用的结果，它们一起造就现在的我们。正是凭借这样头脑，我们试图发现什么超越于时间之外。头脑是时间的产物，但是上帝或真理，或其他什么，则必定是全新的，是头脑想象不出，也不可推知的。所以，产生自时间、传统、记忆和文化的头脑，这样的头脑能走向终结吗？——能自觉自愿地、不接受训练，也无需强制就终结吗？这样的头脑，作为时间的产物，能自行终结吗？

让我们再来回顾一下什么是头脑。思想，是思考能力的反映。思考是记忆、联想、价值观、信仰、传统、经历、意识和无意识共同在发挥作用；这是思想从何而来的背景。真正意识到所有这些以后，能让思想自生自灭吗？思想是时间的产物；它显然想象不出也无法展现什么超越于自身之外。当然，只有当头脑、思想、记忆走向终结时，只有当一切完全而彻底地静止时，没有丝毫波动——唯有如此，超越于头脑之外的东西才可能显现。

（阿姆斯特丹的第四次公开演讲，1955 年 5 月 23 日）

恒久之物是无法衡量的

有关改变的问题，我确信这是我们大多数人都关注的难题，也是我们所有人都会遇到的问题，对这个话题你或许愿意听一听。我感觉，为了全面了解这个问题，我们必须对它展开彻底的调查。改变是无可避免的，这点我们都知道，改变即意味着调用各种意志力，努力进行多方尝试，与之相关的还有我们因何而变以及想要做何改变的问题。要弄清这样的问题，在我看来，我们必须深入地探究，决不能浅尝辄止，因为它所牵涉的事情意义相当重大，必须给予一定的关注，我希望你能关注。

就我们大多数人而言，改变不仅非常重要，也很必要。因为对自己的现状不满足——有这种想法的人至少大都是认真严肃、善于思考的人——我们才想有所改变，同时也认识到了改变的必要性。但是，关于改变所能引发的重大意义，我认为我们并没有完全领悟，我愿意与你们就此进行探讨。如果可以的话，请允许我提议不要预先设定结论，也别期待有确切的答案，就让我们一起深入地探讨此事，这样就可能会全面了解这个问题。

为了改变而付出的每一分努力都表明我们在因循某种模式，在追求某个理想，是下定决心，是想有所成就，对吧？我们力求改变，或者受环境所迫，不得已而为之，或者为了实现理想，尽力地克制自己。我们所了解的改变形式不外乎以下几种——或是因为环境的变迁，我们被迫去改变和调整自己，以适应诸如社会、宗教或家族的某种模式，由此变得屈从顺服，为了实现自己的理想努力让自己符合某种思想体系。

运用意志的力量促进改变——对于这个过程我们并不陌生。我们都知道人会因为被迫或恐惧而改变，若不堪折磨也有必要做出改变，但这些其实只是改进，是在不断努力以适应大众认可的或社会强加于我们的模式，这就是我们所谓的"改变"；我们都在以这样的方式改变自己。但这是改变吗？我认为弄清这个问题很重要，我们应该分析并深入解析这种"改变"，找出我们因何而变。因为一切都表明，人在意识和潜意识里是趋于顺服的，会遵从某种模式，这样做一是有必要，二也可作为权宜之计。所以，虽然只是不断更改外观，只是旧貌换上新颜，于内在根本无一丝改变，我们却感觉很满意。所以，我想仔细谈谈这个问题，和你们探讨下按这种方式能否让内心真正发生改变。

我们的问题是，怎样才能在内心掀起一场革命，这场革命不是为了适应某种模式必要而为之，不是因为恐惧而做些调整，亦不是下决心付诸巨大的努力而有所成就。要在内心掀起一场革命，这才是我们的问题，对吧？对此除非我们根本没有看到，抑或是个顽固的保守分子，拒绝打破现存的模式，否则我们都想有所改变，也认识到了改变的必要性。如何改变自己，进而推动世界发生激变，引发一场根本性的变革呢？我们对这个问题当然既认真又关切，毕竟，我们与世界其他地方的人们基本没有差异，我们的问题就是世界的问题，我们是什么样子，世界就是什么样子，世界是我们一起建造的。因此，如果我们作为独立意义上的个人能够理解怎样去付诸努力和着手改变，或许就会理解如果抛开意志力是否也可以引发一场根本性革命的问题。

我希望这个问题不难理解。换言之，我们知道变化是必要的，但对要变成什么样子、如何发生改变却并不知晓。众所周知，我们通常所认为的必要改变总是需要意志力来调控。我是"这样的"，我必须变成那样。这个"那样"已经被预想出来，是思想的投射——是想要的结局，是必须实现的理想。我们是这样来看变化的吧？——认为它是不断的调整，或是自觉的行为，或是因为遭受痛苦不得已而为之，或是听从了意志力的召唤。不管怎样，这种改变意味着不懈的努力，是在回应某种欲望和制约，对吧？总之，这种改变只是对我们旧有之物的持续改进。

让我们更深一步来探讨。比如我是某某，因为想要改变而选择了一个理想，然后按照理想来试着改变自己。我运用意志力，自我约束，强迫自己；现在的我和理想中的我不断较量，这是我们都熟知的。理想中的我，即我认为自己应该变成什么样子——不就是与现在的我相对吗？不就是根据现在的我所做的推断吗？我愤怒，进而构画出和平与爱的理想，之后努力让自己符合爱与和平的理想化身；如此这般，内心的挣扎总是持续不断。

但是，理想中的并不是真实存在的：它是我对于想要变成什么样子的推断——是我的痛苦、所受折磨以及背景共同制造的结果。因此，理想根本毫无意义；它只是想让自己变成"非我"，只是努力去实现个人的心愿；它依旧在自我封闭行为的模式之内。事实就是如此，对吧？我是"这个样子"，我期待变成"那般"；但是，努力让自己焕然改变仍旧只是我个人的欲望。

因此，如果首先我们不深入挖掘思维的过程，那所有关于有必要改变的谈话岂不是泛泛而谈了吗？但是不是只要我们想变化，就真的有变化呢？我想让自己变得心态平和，不再生气恼怒，因为我发现平和的心态更加适合我，于人于己都更为便利，也更令人开心，所以，我努力让自己平和。但是，这仍然不过是我个人的欲望，根本没有什么变化——我只是选用了一个不同的词而已，是"平和"而不是"生气"，但就本质而言，我还是原来的我。

因此，问题是如何在本质上发生改变——不再是因为害怕、被迫或受环境影响而不断调整自己以符合某种范式和理念，对吧？但有可能从根本处发生改变吗？如果可以的话，那自然无需做任何调整，这样一来，强制、努力、按理想规约自我的过程，就变得根本没有必要，也是虚妄的——因为所有这些都表明这是一种持续的挣扎，是真实的自己和理想中的我在不停地较量。

既然如此，有可能在中心处发生改变吗？——这个中心就是自己，那个"我"总是有需求，想迎合，要调整，但本质上它还是老样子。我希望问题已经解释清楚了。我想说的就是，如果刻意去改，只能是以改良的方式持续曾有的，对吧？比如我是个贪婪之人；如果我故意让自己不再贪婪，这种对贪念的克制仍然是"自我"，也就是"我"的所为——因此，根本不是彻底的改变。当我刻意让自己不再贪婪，那种故作的努力实际是另一种贪婪的表现，那是当然的。

然而，我们所有的行为准则、所有期待的改变都基于这样的原理：我们或者有意识地改变，或者遵从社会规范，被动地按规范行事——所有这些都是醉心成就之人刻意努力的种种表现。因此，只要是有意识地去改变，显然，改变就只是适应另外一种规范；它仍然是在自我的封闭进程中，因此，根本不是真正意义上的改变。

这个真相认识到了吗？刻意地改变自己只会生出更多的折磨、悲伤和痛苦，这个事实的全部意义能领悟到吗？可以理解吗？接下来要问的问题是：有可能不必刻意而为之就发生根本性的改变？有可能不做任何努力、不调用任何意志力，人就会变得没有贪念、不迫切、不善妒、不恼恨吗？如果我刻意改变，如果满脑子贪念却想变得不贪婪，显然，贪婪仍在以另外一种形式显现——因为我所关注和牵系的都是变成什么。所以，如果想摆脱贪婪的我不刻意采取任何行动，有可能彻底改变贪婪从无到有的全过程吗？

因此，我们的问题是，我现在这个样子——对所求之物心怀迫切——怎么做才是去改变呢？就我个人而言，我非常理解自己所做的每一分努力都是想让自己摆脱贪婪和迫切——这依然是心有所求的表现。因此，到底该做些什么呢？如何才能做到实质性的改变呢？如果能认识到所有刻意的努力都是另一种贪婪的表现，如果能真正懂得这一点，能完全领会这样做的意义，那我就不会再做任何有意识的努力了，对吧？在意识层面，我不会再运用意志力去改变自己贪婪的本性，认识到这点非常重要，因为我知道任何故做的努力，任何意志行为，都是贪婪的另一种表现形式。充分理解了这种状况，人就会终止为让自己变得无所渴求却故意为之的种种所为。

如果我对此已然理解，接下来会怎样？如果我不再费力地尝试用各种手段改变这种贪婪，如强迫、恐吓、道德制裁、宗教威胁或社会法律等等，那么，我们的头脑会发生什么变化呢？此后又会如何看待贪婪呢？我希望你能跟上我的思路，因为认识到头脑的工作原理的是很有意思的事情。当我们认为自己正在改变，正在试着调整自己，让自己适应周围环境，以理想为标杆约束自我的时候，实际却没有发生任何改变。这个发现太重要了；这是对事实的大胆揭露。满脑子都是如何摆脱贪婪实际仍是为贪婪所困，只不过从前想的是如何求取更多，现在想的是如何摆脱贪欲。但头脑依旧是被某个想法所占据，这种占据本身就是贪婪。

现在，头脑有可能任何事情都不专注吗？我希望你能够领会这点，因为，你看，我们所有人都满腹心事——或者为某件事所扰，或者醉心于上帝和美德，或者为别人说了什么、没说什么、某人爱不爱你这样的事烦恼，总之，满脑子都是事。所不同的是，从前是被贪婪占据，现在整天想着如何放下贪念；但不管怎样，依旧是满腹心事。因此，真正的问题是："头脑能被清空吗？"如果可以的话，这个问题或贪婪之念就能够解决，而且不仅仅试着摆脱贪婪而已。满脑子贪欲却想抛开贪婪，这其实是头脑在变相专注。那么，头脑能否不考虑做任何改变，自行结束所有的专注行为呢？当然可以了，但前提是头脑必须认识到贪婪和不贪婪都属于专注的这个事实才行。只要头脑有所专注，显然就不会有什么改变。不管专注于什么——上帝、美德、服饰、爱、虐待动物、收音机——它们都没有什么差别。专注没有高下之分；所有的专注本质上都一样。头脑，满脑子各种事情，其实是在逃避，通过不断索取和摆脱贪婪来逃避。所以现在的问题是，头脑认识到这个复杂的过程以后，能否终止自己的专注行为呢？

我认为这就是对问题的透彻解读。当头脑被清空时，它变得清醒而明晰，有能力重新面对任何问题。当不为杂事所充塞，因为与先前状态已全然不同，头脑便会以全新方式应对贪婪。因此，我们想要问询和探究的是："头脑能变得空无一物吗？"请不要妄自断定。不要说它在那种情况下一定是模糊的、空白的、缺失的。我们正在探求，因此还不能下定论，无法确切地声明，还不能随意假设、阐释和揣测。头脑能被清空吗？如果想知道"头脑如何进入空无一物的状态"，那个"如何进入"就会变成另一件占据头脑之事。事情就这么简单，认识于此，也就知道整件事的真相了。

对你而言，弄清楚自己在听到这件事以及这些陈述时做何感想是非常重要的。它们只是陈述，你既不应该接受也不应该拒绝；它们只是事实而已。倾听这样的事实时，你在想些什么？不赞同吗？是说不可能吗？"我不懂你在讲些什么，我搞不懂，太抽象了"，你是这样说的吗？换个方式提问，你倾听是为了发现事实真相吗？不曲解，不自圆其说，不掺杂个人好恶——只是去清清楚楚地认识，只是去倾听讲话的全部要义，这样就够了。此后，你会发现头脑不再专为某事所占据，那时的头脑可以说是全新的，面对变化的问题时它也会采取全新的方式。

改变不论有意识为之还是无意识为之都差别不大。有意识的改变意味着努力；下意识的图变也意味着努力和奋争。只要有奋争、冲突，没有理解，就是在强行改变；因此根本没有改变。既然如此，头脑应该怎样面对改变的问题呢？怎样才能放下贪欲，不刻意做什么，只是辨识贪婪的全部构成呢？只要你是致力于改变贪婪，就说明你还没有充分认识贪婪的全部内涵。若要重新处理这个问题，只有头脑里不再萦绕逝去昨日的陈腐记忆，才可能发生真正的变化。

显然，人如果为某事所扰，则无法拥有一个清醒而渴望新事物的头脑。一旦头脑领悟到自己是被如此占据的真相，它就会自动放弃这种行为。如果你没有投注自己全部的注意力，如果你将正在言说之事转化为适用于你的，或是用自己的语言阐释它，你将无法认清真相。只有全新的头脑才能认识到全新之物。当头脑有所专注时，不论在意识还是潜意识上，它都称不上清新澄澈。

只有头脑理解自己运行的全过程后，这种转变才会真正发生；因此最为根本的是认识自己——它不同于根据某些心理学家或书本所提供的知识来认识自我——认识自己是时时刻刻都观察自己。这种对自我的认识不是通过累积的方式，也不能作为记忆存储于头脑之中，因为如果你不断累积对自己的认识，将之存贮起来，任何新的经验都将依据旧有记忆被阐释。因此，自我认识是观察、体验、理解自己的全部过往，之后抛开这些过往——过往没有存贮于记忆，而是被抛开忘却，因此头脑总是处于清醒和渴望新事物的状态。

提问者：我们生活的世界令人困惑，我也感觉迷惘无知。我如何才能从这种迷茫的状态中走出来呢？

克氏：知道自己迷惘困惑，不是看起来像，而是真的知道，可以说是世界上最难的事情之一了。人向来都不愿意承认这一点。我们总是希望，自己终能参透万物，通过管窥探得真实全貌。因此，从未承认自己实际上是很困惑的。我们从不承认自己贪婪，也不承认心有愤怒，拒绝相信自己有这样或那样的问题；总会找各种借口，做如此那般的解释。但是，"为什么我是困惑的"这件事一定得弄明白——这是必须对自己坦诚的最重要的一件事。我们不都一样困惑吗？如果你什么都清楚，早知道真相，就不会坐在这儿，不会去求助老师，不会去读书，也不会参加心理咨询课、去教堂做礼拜、追随牧师，或追问为何所困了。要认识到自己是糊涂不清的，真的是很难的事情。

首要的——就是要知道人是茫然无知的。现在我们来谈谈，当人们糊涂的时候会怎样？不管做什么努力——请跟上我说的这点——任何让自己不再迷茫的努力仍是迷茫。（轻声地笑）请平心静气地听我说，这样你就会了解真相。当困惑之人努力让自己不再困惑时，那种努力本身就是困惑的结果，不是吗？因此，无论做什么，无论追求什么，无论参与什么活动，无论信奉哪个宗教，无论选择哪本书阅读，你仍是处于困惑之中，不可能认识到真相。作为这些人的领导者、宗教大师、与其交往的人也必定是迷惘无知的。这就是现今世界正在发生的事情，对吧？正是源于困顿迷茫，你才选择了自己的政治和宗教领袖。

假如我们懂得任何因迷惘而采取的行动仍是令人困惑的，那么，我们首先就必须停止所有的行动——这是我们大多不愿意做的。困顿之中所采取的行动只能制造更多的混乱。你可能大笑，也可能微笑，但是你其实并不认为自己是困惑的，也不认同自己必须停止行动。但无论怎么说，首要得认识到这点。如果我在一片树林中迷失了自己，没有在林中的各个角落兜转行走，那我就是静静地待在原地。如果我迷失了方向，那是我没有跟随向导，只是在不停追问如何才能走出困境。任何给出的答案，我若接受了，就势必按照我的困惑去解读，因此根本没有答案。无论何时人在困惑的时候，都必须停止所有的心理活动，我认为意识到这点是非常难的。我在这里所谈的并不是指外在的行为，告诉你实际去做事或怎么样——而是指在心理上，人必须认识到停止一切探索、追求和改变欲望是很必要的。当困惑的头脑终止任何行动的时候，从那份终止中就会生出澄明。

但是，困惑之时如果不做任何追求，不问询，不祈祷，也不逃避——只是处于困惑之中，问询这是什么，人为何困惑，这可是非常困难的事情。但是，困惑的成因只有通过那种方式才能发现。如果连自己都不理解自己，如果思想被牧师、政客、报纸和曾阅读过的心理指导类图书所左右，内心难免感到困惑。矛盾——这种感觉我自己有，我试图追随的人也有——只要存在模仿和恐惧，矛盾就必然出现。所以，如果我们想除却困惑，重要的是理解自己困惑是如何形成的。为此，所有心理上的追索都必须停止。只有那样，头脑通过对自己的理解，才会进入澄明的状态，才能意识到自己思想和动机形成的全过程，这样一来，头脑就会变得清晰、简单而直接。

提问者：请问，能解释下您所说的觉知是什么意思吗？

克氏：就是"觉知"啊！觉知你的判断、偏见、厌恶和喜好。当观察某件事的时候，你所观察到的其实是你比较、谴责、判断和评价的结果，对吧？当阅读时，你是在判断、评论、谴责或赞美所读的内容。去觉知就是去观察，在判断、评价、下结论、遵从、接受或否认发生的那一刻，能即刻全然观察到所有这些。

现在，若在观察过程中什么都不做，人还能有所觉知吗？目前我们所知道的觉知就是评价，这种评价是我们所受的束缚，是我们所在环境，以及宗教、道德和教育方面影响共同作用的结果。这种所谓的觉知产生于记忆——是"我"作为如荷兰人、印度人、佛教徒、天主教徒或任意可能身份的人的记忆。这就是"我"——包括我的记忆、我的家人、我的财产和我的特点——这个"我"在观察，在评判，在估计，如果我们果真警觉的话，其实是能感知到这个过程的。现在，若所有这些都不存在，也没有这个自我，那么，还会有觉知吗？有可能抛开谴责之心去观察吗？只是观察头脑，观察自己头脑的运动，不带一丝评判和估量的念头去观察，不在观察时下"这个好"或"那个坏"的断言。

从自我出发的觉知，实际是估量和判断，这种伪觉知总是制造二元性，制造对立面，即事实现状和理想状况之间的冲突。在那种觉知中有判断，有恐惧，有估量，有谴责，有认同。这就是"我"，即自我，是带有传统、记忆和所有其他特性的"我"在觉知。这样的觉知总是在观者和被观者之间制造冲突，在现在的我和理想中的我之间制造冲突。现在，有可能在觉知的时候抛开谴责之念，不做任何判断和评估吗？有没有可能在观察自己的时候，不管是什么样的想法，谴责也好，判断、评估也罢，全部都抛开吗？我不知道你是否已经试着那么做了。这是相当困难的——因为我们从孩提时所受的训练都是让我们去谴责，去赞同。在那个谴责和赞同的过程中就会有挫折，有恐惧，有嗜人的痛苦和焦虑，这就是"我"，也是自我的变化过程。

因此，知道自我变化的整个过程以后，头脑能不做任何努力，彻底抛开评价的念头吗？——因为当"我"说"我千万不要评价"的那一刻时，其实"我"已经开始评价了——头脑能在不评判的情况下去觉知吗？它能不掺杂任何情感地只是观察，在关系之镜中，在与形形色色的人、事和思想的关系中，观察自己的思想和情感本身吗？默默的观察不会产生孤立，产生冰冷的理智主义——恰恰相反。如果我能够领悟到这些，当然一定要在没有评价和比较的情况下才能做到——这并不是什么难事。但是，如果理解是在比较基础上得来的，那我们其实是在多方比较。我们的教育就在使用比较方法；我们的整个道德和宗教结构也是基于比较和评价的理念。

因此，我所谈论的觉知是觉知评价的整个变化过程以及如何结束这个过程，在这其间只是观察，不做任何判断——这并不好做；这意味着终止和结束所有对事物的认定。当意识到自己是贪心的、喜财的、易恼的、感情充沛的，或者随便什么性情，有没有可能只是观察它，觉知它，不做评判呢？——这意味着不再给那种情感命名。因为当我赋予它一个如"贪婪"的名字时，这个命名本身就是评价的过程，仅"贪婪"那个词本身对我们的神经来说就已经是种谴责了。让头脑从所有评价中解脱意味着结束所有的命名。毕竟，命名意指思考的过程，是作为思考者的人把自己从思考内容中分离出来的写照——这完全是人为制造的过程，是有失真实的。从来就只有思考；没有思考者；只有经历的状态，没有经历的个体。

因此，觉知和观察的整个过程好比冥想的过程。如果可以换个说法就是，思想随意愿而来。对我们大多数人来说，思想都是不邀自来——一个想法接一个：永远没有尽头；头脑是每个模糊想法的奴隶。如果意识到这点，你就会发现思想可因受邀而启动——思想因邀请而打开，然后追随所继发的每种想法。对我们大多数人来说，思想总是不邀自来；但每次光临它都是老样子。

去了解这样的过程，之后邀请思想并一路追随着它，就是我所描述的觉知的整个过程；在那个过程中没有命名。然后，你将看到头脑变得极为沉静——不是因为疲惫，也不是因为受到纪律规约，亦不是因为任何形式的自我折磨和自我控制。觉知到自己的行为轨迹后，头脑变得异样静谧、安宁而富有创造性——即使未施加任何制约和强制性行为。

之后，在头脑沉静的状态之中，事实真相不邀自来。记住，你无法邀请真相，真相是未知的，在那份静谧之中没有体验者，所以，所经历的事无法被存贮，即使"是我对于真理的体验"，也没有存留在我的记忆之中。这样以后，永恒之物就会出现——但是，对于还没有这种体验或者只是铭记了过去的人来说，这一恒久之物是无法估量的。真理每时每刻都存在。它培养不来、汇聚不了，无法存储于记忆之中。只有在没有观察者的觉知中，真理才会显现。

（阿姆斯特丹的第五次公开演讲，1955 年 5 月 26 日）

PART 02

伦敦，1955 年

摆脱所有的思想束缚才可寻得静谧

尽管我们问题很多，似乎每个问题还会引出其他诸多问题，但不排除我们还可以一起思考下这个问题：是否最明智的就是根本不去想如何解决问题？在我看来，我们并没有把生活看成是一个整体；而认为它是碎片化的，各个部分互不相干的，并没有以整体的眼光看待所有的问题。如果我们问题缠身，或许首要的并不是立即着手去解决这些问题，而是耐心地深入研究它们，看看是否运用意志力便可将问题化解。重要的，我认为是要清楚该如何对待这些问题，而不是怎样把它们迅速解决掉。因为，如果头脑是受到制约的，处理问题的方法也是受限的；若没有自由，任何解决办法——不管是经济的、政治的、个人的，还是其他什么方面的——都只会带来更多的悲伤和困惑。因此，我认为重要的是发现真正的自由：亲自去发现。

若论真正的自由，只存在一种——宗教式自由；没有其他自由。所谓福利制国家带来的诸如经济、民族、政治及其他赋予公民的各种自由，只会制造更多的混乱和灾难，当然根本不是自由——这点在观察社会时显而易见。因此，我认为我们应该将自己所有的时间、精力和思想都用于探究什么是宗教式自由上——是否存在这样的自由。如果我们心无旁骛，打定主意要对这种自由一究到底的话，切记，在探索时我们必须付出大量的精力，同时还要有深刻的洞察力和坚韧的毅力。

如果所有人都关注这个问题，都想探究到底什么是宗教式自由，我认为我们在这个问题上花些时间和精力还是值得的。头脑有可能获得自由吗？——也就是说，我们的头脑，每个人的头脑——都有可能摆脱教堂的专制，不再被有组织的信仰、教义、哲学体系、修行方法以及有关实相和上帝的揣测所束缚么？我们能将所有这些都搁置一旁，自己去发现是否存在宗教式自由吗？当然，唯有宗教式自由才可能彻底解决所有集体和个人的问题。

这是不是意味着头脑可以不受束缚呢？头脑，我们自己的头脑，毕竟是时间、成长、传统和各种体验共同作用的结果——不只是目前的体验，还包括过去的集体体验。因此，问题不是如何固化我们所受的束缚，让它神圣不可改变，以及如何减少对我们的束缚——我们大都着力于此——而是怎样让头脑完全摆脱这些束缚。在我看来，真正要紧的不是归属于哪个宗教，接受什么方法和哲学，或者为了发现超越头脑以外之物而甘受某些行为准则的制约——如果真有什么存于头脑之外的话——而是依据个人的理解、调查和对自己的了解去探究头脑是否可以获得解放。让头脑从所有束缚中解放出来，这才是最伟大的，也是真正意义上的革命。

要发现永恒——如果确有此物的话——头脑千万不能按时间的角度思考；应该杜绝累积过去，那样会生成时间，还需避免不断汇集个人经历，那样会构筑并堆砌成时间之墙。我们的头脑是时间的产物，受已经汇集在一起，同时给我们以延续性的过往、阅历和记忆的制约，这一点毋庸置疑。既然如此，人真的可以拥有宗教式自由吗？此处的"宗教"是从其最深层意义而言的，在这里，它显然并不是指各种仪式、教义、社会伦理、周日去教堂、践行美德、做事得体并受人尊重——这些都不是我们现在所谈的宗教。此处的"宗教"蕴意深厚，与上述所言迥然不同。

要发现什么是宗教式自由，我认为，对于意志、欲望以及随之而生的动机、追逐、目的和无数种预测，所有这些令头脑执迷不悟的东西，我们都必须了然于胸。在我看来，不论遇到什么问题，我们在解决的过程中绝不能掺杂意志的成分——这样说西方思维人可能不解，东方思维的人也或许同样糊涂——但是，要解决全部问题，必须摒除个人的意志，因为就本质而言，我们通常认可的所谓宗教都是基于改变的进程的，对吧？是要最终抵达揣测或构想出的某种状态。

我们可能偶尔会体验一种截然不同的状态，之后也追逐过那些难得的时刻，那么做我们不都是在锻炼意志，想出人头地吗？而且，这个过程是按时间推进的，对吧？如果头脑求索超越时间之物，想突破本质上由行动、思维和情感构成的个人阅历的局限，（如果头脑对这种求索感兴趣的话）那么，必须去除头脑中众多的追求和欲望。这是不是从另一个角度说明，整个头脑理解事物的过程实际是受限的呢？毕竟，一个人若被社会的文化所限制、引导和塑造，他显然无法发现存在于思维之外的事物。要发现什么超越思维，唯有掀起一场革命，也是一场真正的宗教运动。

因此，重要的并非你是不是个基督徒、佛教徒、印度教徒，还是只是个追随者，因为难敌虚荣心而轻易改变了宗教信仰，在接受新仪式的同时抛弃了旧的——你知道参加宗教典礼时那些激动的感受——所有这些，在我看来都是具有破坏性的，对一个想要发现真理的人来说根本没用。但是，强迫自己放弃追求只会导致更多的束缚，我认为理解这一点很重要，因为我们全都习惯去努力获得成果，这也是为什么我们身体力行，弘扬美德和追逐某种道德的原因；此外，所有这些还是我们为了到达人生的某个高度而付出的诸多努力。

关于"头脑如何才能真正挣脱所有束缚"的问题，我真心希望能与你们一起思索、讨论、探究。是不是控制意志力或分析各种思维进程及其反应就能让头脑摆脱束缚呢？是否可以按全新的方式对待问题，此后就能感知到思维的进程渐渐消逝了呢？显然，所有的思维都是受到制约的；不存在自由的思维。

的确，思维从未自由过，它是我们所受的束缚、所在的环境、文化、气候以及社会、经济和政治背景共同作用的结果。你选择阅读什么书、习惯如何做事都是由你所在的背景决定的；任何思维必有其源起的背景。只要我们去觉知——立即进入应该觉知的事物当中——或许无需运用意志力，不用下定决心，我们就可以解放头脑。因为一旦做出决定，耳边往往会想起一个心声和祷告声，"我必须解放头脑"。一方面要决定解放头脑，一方面意在获取结果；这两者本身就是对矛盾。那么，有没有可能觉知到所受的束缚呢？——如果可以的话，就不会再发生冲突。如果条件许可，觉知本身或许就能将所有的问题化解。毕竟，我们可以感受到有些事物确实超越了自己的思维，是高于个人琐事和悲伤的。或许，我们在某些时刻确实进入过那种状态，但不幸的是，那种体验本身阻碍了我们发现更为宏大的事物；因为我们的头脑固守曾经的体验，认为唯有那种体验才是真实的，对之紧抓不放，但显然，那份执着本身正在阻碍我们体验更加伟大的事物。

因此我们不禁要问，如果不做任何选择、比较和评价，受缚的头脑能审视和觉知到自身所受的制约吗？受缚的头脑是否意识到，这个特殊的问题和想法在觉知中根本就没有彻底消失呢？任何对知识或是经验的累积，任何理想，任何思想投射，任何决定塑造头脑的做法——应该或不应该怎样——所有这些都会阻滞探究和发现的进程。如果真的去研究和深入思考这个问题，人们会发现头脑必须得彻底挣脱所有的束缚，唯有这样，才能获得宗教式自由，而只有在那种自由中，我们所有的问题才能被解决。

所以，我认为我们所有的探问，不应该是如何立刻解决问题，而是要发现头脑——存储了传统、记忆及代代相传的种族知识的头脑——是否可以将所有这些都搁置一旁？我认为，如果头脑不提任何要求、不施加任何压力，只是单纯地去觉知，就能放手所有这些问题。在我看来，这样去觉知非常难以做到；因为我们总是一出现问题就立即着手解决，没有深刻思考的过程，所以我们的生活都过得非常肤浅。

因为根本不懂如何去深入探究，我们的生活不过是一片浮华，虽然我们有心理分析师相助，常常博览群书，汲取大量的知识，也定期去教堂做礼拜、祈祷、冥想、遵守各项行为准则，但是要深入，极其深入地探究，我认为必须通过觉知的方式——只觉知我们的思想和感情，不做评价和比较：只是观察。如果愿意亲身体验，你会发现这件事说起来容易，做起来相当困难；因为一直以来，我们总是受训去谴责、去赞同、去比较。

所以，在我看来我们的问题——完全不受时间的影响——是自己去发现，去直接体验头脑若摆脱所有的束缚意味着什么。更换国籍，甩掉世袭的种族特性，放弃某些信仰、教义，不归属任何教堂和宗教——这些对于认真思考过此事及执着于此的人，相对来说都比较易行，但要走得深远而超然则并非易事。仅仅摒弃东、西方文化上一些浅表的糟粕，我们都认定是很大的突破了，要穿过表层深入探索，抛开幻象，从此不再自欺欺人，故此极其困难，我们大多数人都缺少探索所需的能量。至于这种能量，它不是由于节制、拒绝、禁欲和控制而节约下来的——那些都是不良能量，会扭曲观察；而我所说的能量产生于头脑不做任何追求的时候，那时的头脑无需再做任何探索，不必去发现和体验，那时的头脑是真正沉静的。只有那样的头脑才能发现和接受超越自己的东西。那样沉静的头脑才是自由的，也是虔诚的。

所以，我们不妨真的细细体会一下——不是作为群体去体验，那样比较简单——而是我们每个人都真正去探索并找出受限的程度和深度。觉知各种束缚的时候，如果我们不做任何反应，不给任何评判，不求任何改变，不以新环境代替旧的，只是纯粹而深刻地感知环境对我们施予影响的过程——我们无非想从中求得安全感和恒定感——我们能感知到环境对我们的影响正在渐渐消散吗？我们能自己发现——不是受他人言语的影响——而是直接感知到，自己已不再那么发自内心地期待安全感和恒定感了吗？

人人期待永恒，过去和未来一向如此，都不愿意放弃累积的经验，这些经验给人以安全的感觉，它们有可能被清除吗？因为令我们裹足不前的恰恰是这些经验。我们大多数人都想要知道更多，在求知的过程中找寻安全感，体验信心的增强——这种探究行为能否停止呢？头脑能否不再勉强自己，只在觉知中任求知的欲望自行终结呢？这样的话，头脑便可从所有欲望中解脱出来，永恒之物也会由此生成。

我认为这就是唯一的革命——不是共产主义革命或任何其他形式的革命，它们都解决不了我们的问题；相反，只会增大问题的难度，加剧悲伤——这又是显而易见的。当然，这场唯一真正的革命是让头脑摆脱自我束缚的枷锁，进而挣脱社会的桎梏——而不仅仅只是变革社会。人如果致力于变革社会将很难摆脱社会的束缚；但是挣脱了社会桎梏的人，因为解开了枷锁，将有能力按自己的方式行事，这种方式又会进一步作用于社会。因此，我们的问题不是变革，不是如何改良社会，如何成为一个更好的共产主义、社会主义或其他主义的福利联邦社会，也不是开始一场经济和政治革命，或者通过消灭恐怖赢得和平。对于一个严肃处世的人来说，这些都不是问题，真正的问题是找出头脑是否能彻底摆脱所有的束缚，由此在或可寻得的静谧之中，发现那个无法估量之物。

还有几个问题。在解答之前我认为重要的是弄清楚我们所说的问题意指什么。确实存在问题，对吧？只要头脑被外物所占据，就一定存在问题。如果可以提个建议的话，我想说，请不要急于下结论，因为我们在尝试一起研究整个事件。当头脑被外物所占据，不论它是上帝、厨房、个人，还是观点、美德——所有这类占据理所当然都会制造麻烦。如果我满脑子想着如何找到上帝，发现真理，这种执着也会变成问题，因为为了找到最佳的方法，我会不断地深究甚至去乞求等等。因此，真正的问题不是问题本身，而是头脑为什么会被外物所扰？为什么头脑会因困扰而展开追索？我并不是指日常事务缠身或其他类似的状况，而是心理上被满满占据的状态——这种状态广泛存在于我们的日常生活中。

不论我们头脑里想的是什么：上帝、真理、爱、性、厨房琐事或国家大事，所有这些事情在本质上都是相同的，没有崇高和卑微之分。头脑对各种事情都穷追不舍，对吧？——它总是想要有所忙碌，最害怕头脑空空如也。找个时候，你也试着看看自己是如何因琐事缠身而忙得团团转的，同时也看看如果什么都不想你又会怎样。很快你会发现，如果头脑里没有任何念想，你非但没有轻松之感，反而会变得忧心忡忡！我们所有的文化和所受的训练都在告诉我们脑子必须想事；然而，在我看来正是这样的日常琐事在制造麻烦。所以，问题不是没有——问题多得很；但是，我认为如果一心只想着问题，只会阻碍我们对问题的理解。观察头脑，发现它如何被各类事情所占据真是件非常有趣的事——看得出，头脑从未有过一刻是安宁、无忧而空净的，头脑里也从未有过一个空间是广袤无垠的。

头脑已然被如此占据，我们的问题还不断涌现；不理解头脑如何为日常琐事所占据，将适用于某个特殊问题的解决方法推而广之，只会制造另外的问题。所以我要问，我们能理解头脑为什么对各类事情都紧追不放吗？如各种观点、臆想、知识、幻觉、学业或自己的美德和恐惧？放逐所有这些琐事，从而将头脑清空是很难做到的，因为这样做意味着彻底终止所有对记忆的反应，也是终止我们所谓的思维。

提问者：我非常依赖他人，认为培养超脱意识非常重要。我怎样才能摆脱依赖呢？

克氏：我们的问题是超脱呢？还是依赖？——依赖带来痛苦，因此我们都渴望超然物外。如果我们能观察依赖的整个过程，不只是表面做做文章，而是深究这件事的全部意义，它的深层内涵，那么，或许就会发现我们称之为独立的那种全然不同的事物。

我们为什么依附于如财产、人、思想、信仰这类事物呢？——你知道，依赖的方式有很多种，数也数不清。我们为什么产生依赖感？是不是如果我们不依靠点儿什么，如朋友、思想、过往的经历、孩子、兄弟、母亲或辞世的妻子，就会惶恐不安呢？是不是不依傍某人，我们就感觉不出内心的忠诚与爱呢？但是，我们难道就不恐惧自己会因为依赖而无所成吗？所以，问题的关键在于为什么产生依赖感，而不是如何培养独立意识。如果你执意去培养，培养行为本身就会成为问题。

　　请务必认识到这一点。因为恐惧、孤单和空虚等原因，我还无法超然物外，常常有附属于人的感觉，饱尝其中的种种痛楚；正因为如此，我才试图培养自己的超脱感。但是，如果一心只想超然物外，一心只想如何做到，实现的过程就会变成问题，对吧？我想变得洒脱超然，头脑里总是萦绕这个结果，一门心思地琢磨怎样才能超然，为之实现的过程渐渐就会演变为问题；之后矛盾就会为丛生——"我有依赖感，我必须独立"——挣扎其间难免产生痛苦；正因为如此，人们才会一直致力于走入特殊的状态，一种既没有痛苦也没有恐惧的状态。

　　但是，如果观察依赖感，觉知依赖的存在，不问如何去除这份苦痛，或者尽量理解附属于人的所有含义，纯粹去感知依赖的存在，就像感知天气的状况一样——如多云、黑压压的雨点落下、天色蔚蓝——那么，就不会生出什么问题，此后，头脑就不会被依赖感或独立感所困扰。如果头脑如此思量问题，它就能看到依赖的全部意义。但是，如果存在任何谴责、比较、判断和估量，有关依赖的全部内涵就无法看清。

　　如果试用上面的说法，你一定会有拨开云雾见天日的感觉。只是，刻意去培养独立感未免太过肤浅。但如果不再依赖任何事物，你又会怎样呢？如果真正觉知，你会明白依赖和爱永远无法相融共生；因为依赖要求恒定、安全和自我延续——虽然这并不意味着我们应该去追求自我毁灭。认识到这点，依赖的问题就会变得异常重要，而且涉及广泛。因为不堪依赖而生的苦痛而逃离依赖只能导致浅薄的爱和思想。我们中大多践行如独立、不贪婪、非暴力这类美德的人——所过的生活其实是肤浅的——因为他们的生活里只有信念和壮语豪言。

如果能全方面地领悟到有关依赖的问题，人们就会逐渐发现蕴含其中的超然深意，发现头脑是如何牵系过去快乐和苦痛的经历，头脑对它是如何的眷恋。只有真正觉知到这些，人才能从既快乐又忧伤的经历中解脱出来。在那种觉知中没有选择，没有反应，头脑却能抵达灵魂深处。仅仅践行某种美德只能赢得尊重——这是人们大多醉心追求的；受人尊重表明我们受社会的认同，人人都想被看成是个人物——不管那个人物伟大还是渺小，凡此种种——类似的想法我们都曾有过。

尽管依赖的想法并不制造痛苦，但依赖的后果总是痛苦，所以，我们可能都有过超然于人群之外的想法。要真正全面理解有关依赖的问题——如依赖传统、民族、风俗、习惯、知识、观点、救世主、数不胜数的信仰以及与信仰无关的东西——我们千万不能满足于只做肤浅的研究，认为当我们心向超然时就是理解依赖的问题了。如果我们不努力让自己变得超然——这样做只会演变成另外的问题——如果只是全面认清依赖的本质，或许我们就能非常深刻地理解这个问题并最终发现全新之物，与依赖和超然全都不同的事物。

提问者： 我研读过很多哲学思想以及伟大宗教领袖们的教义，这些都是已知的，您能跟我们分享些比这更好的东西吗？

克氏： 我想知道你为什么学习，为什么诵读哲学类书籍和宗教领袖们的教义呢？你是认为通过学习和阅读而得的知识会让你有所成就吗？还是想在辩论中一展你的聪明与博学，认为这些知识可能会派上用场呢？这些累积的知识——除了科学领域的知识——能够引领你和我在内的人们发现何为真实，何为真理，何为神灵，何为永恒吗？——若是没有这些终极之物，生活可是没多大意义。要发现那个永恒之物，所有的知识都必须抹除，对吧？不管是佛、基督，还是什么人的言论——都一概不留。否则的话，那你只是在追逐，对吧？在追逐自己思想或者你所信仰的宗教思想的投射；它们其实只是你对自己所受束缚的反应而已。

如果确有超然之物，为了它的到来，你必须放弃所有知识，放弃自己是基督徒、印度教徒、佛教徒的身份，也不能修炼瑜伽，所有知识必须全部放弃才行，你做得到吗？如果只是口头上承认存在超然之物，接受这种说法，期望抵达那样的境界，这样做只能将事情转变成问题，显然是非常肤浅的做法。但是，我们能踏上"一无所知"的旅程吗？途中没有鼓励，也没有支持，途中的人们既不是基督徒、佛教徒，也不是印度教徒，那些只是标签，表明头脑受到了制约，在途中只解决一件事，即如何抛却所有的"已知"——不要问自己"还能提供什么更好的吗？"因为，人当然得独自一人——但不是孤立于人群之外，不是独自一人沉浸在知识和经验之中，因为在发现何为真实的旅途上，所有的知识和经验都是阻碍。头脑必须挣脱所有的束缚，独自一人去发现。你实践得越多，累积得越多，受到的制约、引导、扭曲和所做的挣扎越多，你对实相的理解就越少。

我不是在谈论印度哲学中的否认和无为。你们所了解的西方观点中的有所为，也与我现在所谈的截然不同。头脑必须纯化和清空。如果累积知识，只是重复老师的言论或者某些惯常结果，头脑就无法处于清新和纯净的状态。头脑难道不了解自己所受的束缚吗？——不是貌似在规约我们，而是指内心深处的如象征物、思想、哲学、意象等这类制约我们头脑的东西。全部觉知到这些，进而摆脱其束缚——由此获得的自由就是宗教式自由。这种自由会带来革命——唯一可以改变世界的革命。

（伦敦的第一次公开演讲，1955 年 6 月 17 日）

无益的求索源于嫉妒

昨天我们谈到了觉知，当遇到问题时，如果我们能按照那种觉知的方式去探究，查看自己是否真能参透问题的整个变化过程，并非理论上理解，从而认清事实真相，那么，我认为昨天的讲解还是相当值得的。要认清事实真相，在我看来，尤为重要的是了解倾听的技巧。真正善于聆听的人少之又少，我们总能讲出一大堆道理，给出各种各样的观点和解释，而这些实际都在阻碍真正的倾听。这次，我想就我认定的一个比较复杂的问题谈谈，正因为复杂，这个问题才需要予以关注，但关注时我们不必刻意去理解，同时还得抛开为了听而听的态度。就让我们实实在在地跟进这个话题，在警醒和觉知的状态下研究并揭开问题的神秘面纱。

我们的文化是建立在嫉妒基础上的，我们自身就是这种文化的产物。为了达到目的，谋得职位和权势等，人们在社会中处处展开竞争。嫉妒不仅活跃在社会生活的各个方面，而且还存在于人的内心，也就是在所谓的精神层面也存有这种贪欲，对于这种情况我认为我们大都意识到了。希望有所成就，要弄个清楚，想改变局面、实现目标，期待找到幸福、上帝或遂心顺意的东西——显然，所有这些都是贪婪的表现，都是受嫉妒的驱使。

社会，在其发展进程中，为了控制人类表露在外的贪婪本性，越来越多地借助立法的手段；但是，内心的贪婪纵是立法也无法遏制。在我看来，人类的贪婪本性似乎是最主要的问题之一；因为这个问题关乎人类为什么总是不断在追求。对于这个问题，如果我们能深入探究，仔细观察人类是否能真正放弃对安全和庇护的强烈渴求，从而在精神上超越寻常，那么，我们的这个大问题——或许是唯一的问题，我认为就能够解决。

当我们追寻真理或上帝的时候，间或萌生过弃绝尘世的念头，希望跳出世间的竞争、分歧、阶级斗争和其他纷扰，然后试着遁入空门，成为和尚、托钵僧。但是，不管我们如何归隐山林，声称远离俗世，贪婪之念从未断过，成名成家的欲望依然还在，为了实现理想和发现真理仍想追随高人；嫉妒、贪婪和赢取的感觉总在心头挥之不去。我们的社会文化和精神文化都建立在这样的进程之上，我们所有的努力都意在拥有美德、财富，想要获得神的护佑，或者变得开心、喜乐——在这个进程中，我们为了出人头地不断努力、奋斗和挣扎。我认为这就是实际状况，对此我想我们大都意识到了。

现在，我们能全面觉知这个问题吗？不只是意识上，而是在潜意识的内心深处也能体悟到，由此不再为强烈的奋斗意识所累？如果奋斗之心不止，尽管我们可能在某个层面上受益，但它却会变得具有破坏性，在另外的层面成为我们前行途中的阻碍。我们所有的人，无论是生活环境还是在内心深处，都被训练和教育去与人竞争；如若心中只有自己，内心必定只在乎如何胜人一筹，如此一来，何处去寻找爱的踪影？因此，发现头脑能否摆脱这种求索极其重要。

追求高尚的品德实际是嫉妒的一种表现形式，对吧？我们能就此探讨一下吗？只要头脑纠结与嫉妒，不管是什么表现形式——实现和达到目的，追求结果，寻找天堂、和平和真理，各种类似的相关记忆必定持续在头脑中累积，进而阻断人们发现实相。从本质上说，我们都心存恐惧，对吧？害怕暴露自己的真面目；都想改变自己；在改变的过程中，"如何改变"的问题应运而生。改变无非想让自己与众不同，为了实现这个目标我们不断探索——研究怎样才能如愿以偿，怎样不通过暴力就能实现目标，等等。

所以，关键是我们的文化是贪婪的——也就是说我们文化的本质是嫉妒，它建立在嫉妒的基础上，这点我们在社会交往中可以清楚地看到。但是就内在而言，即所谓的精神上，理智上，或曰内心深处，我们都真切地认识到——是嫉妒在推动我们求索。因为感觉苦闷，为了换一种心境，我们试图逃离到另一种状态——我们相应就产生了如何进入另一种状态的问题，故此，我们开始追随不同的先师，聆听各种讲座，阅读宗教圣书，尝试变革和自我约束，总是期望得到一个结果。对于所有这些，如果我们能觉知到所有这些的话，我想或许就会理解什么叫作不费吹灰之力了。我们能仔细谈谈这个问题吗？

听众：尝试提高自我有什么不对吗？如果不想提高自己，那我在此聆听您讲话又是为了什么呢？

克氏：这可是个值得探讨的好话题。首先，让我们看看什么是自我提高。如果要提高，我们必须理解什么是自我，对吧？我们认为，自我提高是应该的，也是对的。但我们用自己，也就是"我"，意指什么呢？"我"，也是自我，能持续存在吗？"我"可以提高吗？能够真正延续吗？——不是"我"希望延续，而是在现实生活中"我"能自动延续吗？——不仅只是有自己的姓名、个性，在某个地方生活，建立了一些人脉，能工作养家等等这样作为生物体在物理意义上的延续，是除此以外，存在具有延续性的"我"吗？

听众：不，不存在可以延续的"我"。

克氏：这当然不是非此即彼的问题。如果要找出最终的结果，我们千万不能急于下结论。也绝对不能将观点或愿望等同于事实。如果确实存在永远追求自我完善的生物体，那我们想知道，这个"我"是否可以提高，是否可以附着外物：或者，这个"我"里是不是存在两股势不两立的欲望、冲动和强制力？这两股力量彼此较量，暂处上风的希望能持续压制另一方？或者，是不是凡事都变幻莫测、持续变动，根本不存在永恒的状态呢？头脑，意识到这种不恒定性，这种变幻莫测和转瞬即逝，便希望拥有被叫作"自我"的恒定物，希望"自我"通过完善而永恒存在呢？

当我们说起自我完善，那是希望把"自己"变得更好、更崇高，想发挥优势、削弱劣势——所有人都这么想，对吧？拥有永恒只是个美好的心愿而已，并不存在永恒的"我"。不过，"我"可以完善吗？能够提高吗？"提高"意味着什么？——变成另外的"我"吗？我本性贪婪，想提高自己，于是产生了放弃贪婪的念头，是这样吗？我善妒、易怒，希望完全变成另外一个人，于是竭力约束自己、平复心态，通过凡此种种的方式尝试提高自己，是吧？但尽管如此，对于最基本的问题我们却从没有追问过——想要提高的"自我"是什么？有两个实体，一个是观察者，观察外物，希望有所改变；另一个处于被观察的位置，这两个实体共同组成的是什么？我把话说清楚了吗？

听众：嗯，清楚。

克氏：所以，当我说"必须提高自己"的时候，说这话的实体是什么？存在一个不同于观察者的实体，一个"我"吗？（顿了顿）让我们讨论下这个问题，深入研究一下。我贪婪，爱嫉妒，我想要提高，想摆脱嫉妒的纠缠，这其中有两个实体，对吗？——一个被嫉妒的情绪所淹没，另一个想从中挣脱。

听众：那倒是——未必只有一个实体。

克氏：让我们看看到底怎么回事，变化是如何一步一步发生的？我嫉贤妒能；与此同时认识到这样做不对，感觉痛心，不正常，希望克服这个毛病或这种不良心绪，这就是我两种心态的变化写照。但是，它们两个都同属思想的范畴，对吧？一个是贪婪的"我"，另一个是求变的"我"——它们都属于"我"，没错吧？

听众：我决定洗心革面的时候，就不再贪婪了。

克氏：我们目前并没有讨论怎样改变或变成什么样子。如果我们立志自我完善，就果真会提升吗？会不会仿若更换了外衣一般，只是以另外一套说辞或情感替代原来的那套呢？

听众：除非你将自己的理想付诸实践，否则就不会有完善。

克氏：我们大多追随理想——好的，美的，真的，非暴力的，等等。我们都知道自己为什么追随理想——我们希望借此改变自己。理想好比一个控制杆，在推动我们去改变，把自己变得更加完美。事实就是这样，对吧？

采取暴力手段：说明我生性残暴，因此誓言放弃暴力。我紧随那个理想，尝试在生活中践行理想，总是心怀理想，为了达到理想的标准，试着改变自己及思维方式。但是，我真的改变了吗？——是不是只是将一套说辞换成了另一套？我们可以因理想而放弃暴力吗？

重要的，当然不是理想的状态而是真正理解"事实现状"。重要的，是认识自己的暴力程度，了解这种状态缘何产生，诱因是什么等——而不是努力让自己变得非暴力。对我们大多数人而言，要放弃理想，把理想从生活中移除，只关注"事实现状"岂不是最难的吗？如果你只关心"现状"，还会有什么自我提高吗？

听众：如果我们讨论这些事，这些事就会消失吗？（大笑）

克氏：我们对如何消除它们并不关心，对吧？我们关心的是如何才能毫无冲突地转变如贪婪这样的事。

听众：我现在有暴力倾向，关注"现在的状态"——要按我的情况说，就是关注暴力——这样的关注岂不是让暴力更加难以消除了吗？

克氏：是这样吗？那我们得深入探讨这个问题。在座的各位，显然，都是伟大的理想主义者；既然我们都认同把理想作为改变自我的手段，那我们不妨顺着这种思路继续探讨，慢慢来。

听众：理想根据你利用它的方式不也有好坏之分吗？你利用自己的权势、钱财可以买到好或坏的东西；你的理想也被同样定性。

克氏：我本以为这个话题过时了，大家早就不这么看了，但现在看来不是这么回事。我们人人都心怀理想，是为什么呢？

听众：大多是因为我们一直被如此教导。

克氏：即使没有人教导你去因循某种思维模式，你难道就不会自己树立理想吗？

听众：上帝赐给我们大脑，让我们思考，正因为如此我们才树立了理想，推动自己前进。

克氏：别着急，让我们一步一步来探讨这件事，只要今晚能弄懂我们为什么树立理想就足够了。让我们先来看看理想在我们的生活中的意义是否重大——对我们是否影响深刻，而不肤浅——仔细思量与理想有关的全部内涵。理想果真意义重大吗？如果不是，我们能完全放弃理想，或将目光投向完全不同的事物吗？

听众甲：一想到理想就会让我们精神振奋。

听众乙：理想难道不是在引领我们走向光明吗？我们不是不知不觉地已经朝着理想出发了吗？

听众丙：当然，我们对真实的自己都感觉不满意，都不愿意面对。如果真实的自己令我们痛苦，我们就会试图摆脱痛苦，转而去追求给我们带来享乐和幸福的东西。

克氏：就是这么回事，不是吗？我们对自己不满意，想要走出那种心境，不再对自己吹毛求疵。这才是我们所关心的，对吧？——不是我们正在谈论的理想。令我们担忧的是，真实的自己无法令我们满意。

听众：我并不这样认为。我对自己没有丝毫的挑剔。我不明白人为什么会对自己不满意呢？（大笑道）

克氏：如果我们对自己百分百地满意，那就不存在问题，没有什么可探讨的了。但事实是我们大都对自己不满意。

听众：我们理想高远，难道不是因为人人都有灵光一现的时刻吗？

克氏：先生，你什么意思？你是怎么知道的？我对自己并不满意——我们大都是这种心态。我相貌丑陋，希望变得俊美；我贪婪成性，却想从此放弃贪婪，因为贪婪总有痛苦相随；我依附于人，但想挣脱束缚，因为依赖滋生愁苦，凡此种种都是对真我不满的表现，对吧？我们希望，因为不满足而推动自己改变并获得结果；我们想驱散不满足的心情。对于这个问题，现在如果我们能全身心地关注，或许就能全面地了解它。

我不满足于真实的自己，是因为我把自己与其他事物做了比较吗？这么说你懂吗？我对自己不满意，因为我看到你快乐、知足。你拥有的东西，我没有，我也想要。

听众：如果能终止上述所有的思想活动，如果我们意识到了应该这么做，知道"我现在的样子就是真实的自己"——那么，我们接下来应该追寻什么，建构什么，努力去获得什么呢？那么，我们为何心生沮丧呢？

克氏：我认为如果我们能一步一步慢慢地推进，不是急于下任何结论，或许就能追溯到问题的源头。

前面已经说过，因为我们有神性，可以感受到灵光一现的瞬间，所以各个心怀理想。但是，我不敢确定自己有神性。或许有人说过我有，但真有假有我并不知晓——我只能重复他人所言，很想亲自发现有无神性这样的事。如果我们感觉不满足，则无法发现是否有神性。心意未获满足时，即使倾注全部身心去探索，也只是意在找寻满足之感，这也是我为什么构想出真相、魔杖、现实、狂喜、避难所，所有这些令我心满意足之物的原因；这些只是我的幻想而已。但是，如果我能理解为什么自己难以满足，这种不满足的全部表现以及对什么不满足，或许就会理解意义更为宏大的事物，相应的，我也就不会只抓住个人的欲念杂想不放。

因此，请记住：我们是永不满足的。我们现在的问题是，在不满足的情况下，我如何找到令自己满意之物。我这样说可能太直白，但事实就是如此。

听众：（站起身，挥舞着手中的《圣经》）通过研读上帝的教诲，我找到了满足。我改信基督教了。自从接触到上帝的言语，我就有了心满意足之感，不再想其他任何事了。

克氏：如你所言，先生，我们所有人都在找寻令自己满意的东西。

你会在《圣经》，一本书里得到满足感；我可能在某种饮料中寻得。你可能在权势、地位、威望、金钱中找到满足感；我可能通过自我提高也能体会到。因此，我们都在寻找满足感，对吧？

听众： 是的，都想让自己满足。

克氏： 我们通过实现理想，通过信仰来寻求满足感。你、我各有不同的方式；你的方式可能是所谓崇高的，我的可能是所谓低俗的。但是，寻找满足感的欲望、动力和倾向是永远无法撼动的，让自己心满意足不是我们人人都想要的吗？

听众： 是，是啊。但是，是不是完全去除这种欲望我们就能超越自己了呢？好比听音乐——能带我们超越自我和生命的局限呢？

克氏： 那当然只在理论上成立而已——假设做到了"这样"，"那样"的结果就会发生，一切只是推测。但实际情况是我们不满足，都在寻找满足感，这跟你为什么在听我讲话是一个道理，对吧？你希望通过倾听有所发现。你感觉不满足，正在寻找满足感，你不开心，遭遇了挫折，挣扎在矛盾之中，你想要知道如何才能走出这种困境和混乱；所以才来听讲座，希望找到一条出路。

现在，我建议我们首先找出感觉不满足的原因，不必专注于如何将不满足转化为满足。那么，不满足究竟是什么意思？

听众： 不明白它的意思是因为我们不理解至上意识。

克氏： 哦，先生！一个人若是非常烦恼、焦虑、失望，满脑子都是苛求和希求——这样的人如何能想起至上意识或者跟理想沾边的事儿呢？这些对他们而言，或许都是无稽之谈，而他们真正感知到的就是自己心神不宁。我们不妨来这样继续探讨：我不满足；我如何能发现满足之感？这才是我们要解决的问题，对吧？

听众：的确，这是我们的问题。先生，不满足的我和心神不宁的我难道有什么不同吗？

克氏：这个问题我们将来再议。先生，请别着急，让我们一步一步来。我不满足，你也是。

听众：我对现在的自己不满意。如果了解自己，我可能会更加高兴些，但是，我并不了解自己。

克氏：这是所有的症结，不是吗？我不高兴，想发现幸福。我悲伤、失落，想找到满足感。

听众：为什么？

克氏：请——让我们首先仔细观察这个事实，而不是说"为什么"。我们会深入探讨此事。但你说的是事实吗？（顿了顿）

听众：是事实。

克氏：接下来我们看看改变如何发生。我不开心，想快乐起来。但是，这个改变如何才能发生呢？

听众：设法让自己开心起来啊。

克氏：先生，如果你对一个伤心郁闷的人说"开心点"，难道会有什么意义吗？

听众：我能感觉到自己不满足，但同时我也认识到，如果想摆脱这种感觉，我的头脑其实是企图逃避。

克氏：的确如此。我还从未曾了解到不满足的全部表现，我只是想逃避，想摆脱那种感觉，不为它所束缚，想抗拒。我不满足、不开心、性情暴躁；我不喜欢这样的我，所以想有所改变。我立志寻找改变自己内心的方法；或者追随能启迪我心智并给我满足和快乐的高人。但是，其实这表明我还没有理解自己所处的状态，我只是在抵制这种状况而已。这是真实的状况，对吧？我抵制自己所处的境况——我追求一种自认为满足和开心的生活，想结束不如意的状态。如果我们没有逃离的出口，如果在那种情况下我们放开所有的理想，来直接面对自己不满足的事实，或许就可以轻装前行。如果拒不面对自己不满足的事实，想方设法只图自己满意，则势必遭遇挫折。因此，我想知道不满足是什么状态，我希望理解所有关于它的表现，不试图将它做任何改变。

这么说能理解吗？我们在一起探讨问题时，可以去除头脑中的理想，直接面对自己其实本性残暴的事实吗？——不要问怎样才能放弃暴力，这样问其实是在逃避事实，我们能不再躲躲藏藏了吗？（停顿了一下）

听众：您说"仔细观察这个事实"是什么意思？

克氏：我们能深入探讨这个问题吗？我究竟怎样来面对自己本性残忍的事实呢？仔细观察是什么意思？是指不带任何谴责之念地观察吗？我能在观察残忍这一事实的时候根本不想怎样去除残忍吗？"残忍"这个词本身就具有谴责的意思，对吧？你在听我讲吗？

听众：是，听着呢。

克氏：也就是说，我意识到自己的残忍和善妒。对我而言，重要的是理解那种状态而不是企图改变它。想改变本身就是逃避事实的表现。除非我们已经非常清楚地认识到了这一点，否则我们的讨论则无法推进。（顿了顿）

困难在于人人都在追随自己的想法，对所言之事都各有不同的阐释。不知我们是否能以非常简单的心态来看待问题？我嫉妒心很强，自孩提时代就被反复告诫这是错误的，我已经习惯于谴责自己的这种心态；于是我对此心怀不满。通过读书和听取他人的劝诫，我得知人必须平和地生活，活在一种充满爱和各种美好事物的状态之中。因此，我试图将现在的自己变成理想中的样子。因此，我们首先应该抛开理想。而对大多数人来说，放弃理想其实是最难的。

为此，头脑必须首先从理想的模式中解脱出来。或许不满足就是缘于理想？或许我认为自己在品行上应该更加高洁，自己远没有到达那样的标准，所以感觉到不满足？或者，不满足是与生俱来的，越比较就越不满足？这么说你能理解吗？

听众：是的，可以理解。

克氏：我感到不满足，是因为把现实中的我和理想中的我做比较的缘故吗？如果根本不去比较，我还会不满足吗？如果我不从"多"或者"少"的角度考虑问题，还会存在不满足吗？不满足蛰伏在我的思想中吗？存在我的身体里吗？我知道理想的状态，我一向被如此教导，我想提高个人素养，成为更加举足轻重之人——故此，我才有了不满足的感觉。但是，只要我在按时间的角度思考，寄望于未来——就一定是不满足于现状，对吧？所以，关键是头脑是否可以不再比来比去？

你在听我说，是吧？你希望抵达我刚才提及的状态，至于心愿是否实现你可能并不看重。你想让自己志得意满，为什么？是因为你对自己不满意，你难过、沮丧，认为自己是无名小卒，因此想变得举足轻重，对吗？你付出努力，把自己目前的处境转变成理想的状态，将其称作成长的历程，对吧？

听众：对，是成长的历程。

克氏：但是，如果我理解自己的处境，之后或许就会认识到，这种彻底改变的想法，成长需要时间的想法，可能与问题根本风马牛不相及，只是虚假设想而已。我本人也这样认为。因此，接下来的问题是，我不满足——但我不再关心怎样才能心满意足，因为我认为这么做是逃避自己不满足、不开心和受挫折的现状。现状是，我因为追求自我价值，饱尝挫折的滋味，对吧？我追求实现个人的抱负，饱受挫折的煎熬。我追问自己：究竟有没有自我价值的实现。只要追求自我实现，不能实现的恐慌就会相随而来。因此，我们不应该问自己是否能够实现自我——不应该追问如何去实现，以及如何消除令我意气消沉的挫折，因为只要追求自我价值实现，不管是以何种方式，遭遇挫折是注定的。这是事实。现在，让我们看看人为什么要实现抱负——不惜通过各种方式，如孩子、工作和其他方式；我想在这件事上无需赘述，我们人人知道为什么会这样。很可能，纵然追求自我也是一无所成；只要醉心于实现理想，势必遭遇挫折，生出悲伤之情。如果我能找出真相——认识到究竟有无可能实现理想——那么，或许我就能走出挫折。所以，有没有可能实现呢？这是问题的中心所在，我讲清楚了吗？

听众：是的，讲得很清楚。

克氏：在日常生活中，我们经常有实现自我价值的冲动，之后挫折、悲伤、忧愁、嫉妒及凡此种种我们熟知的情感便会随之涌来，缺憾和不足感总是难以避免，对吧？在这方面我可能有所造诣，但在另外的方面却一塌糊涂。这种状况循环往复；一个个挫折接连而至。所以，我的问题是，在发现事实真相的过程里，到底有没有可能实现自我。我们为什么想实现？

听众： 因为我们都害怕无所成的状态；我们都害怕一事无成。

克氏： 让我们探究和检视自己。成就总是稍纵即逝；因为总是渴望持续变动，志得意满的状态不可能永恒，对吧？所以我现在要问，为什么期待有所成就？

听众： 因为我们渴望永恒。

克氏： 这也就是说，我们是因为在自身找不到永恒和充实，因为内心总是感到贫弱而忧伤，所以才醉心于实现自我的价值。我们努力积聚力量，想要出人头地，这是问题的根源所在，对吧？这点我们认识到了吗？（顿了顿）

听众： 认识到了。

克氏： 让我们继续来看这个问题。我们感到困惑，内心被孤独和匮乏之感占据——这是事实。任何远离事实的行为都是逃避，对吧？直接面对事实是最难的。因为，去观察事实，为事实仔细思量，觉知事实本身，意味着在观察事实时既不谴责，也不比较，也不做任何评价。如果做到这些，我们就能真切体会到正在言说之事的真意吗？不只理论上如此。是不是做到这些，我们就可能完全摆脱贫弱不足的感觉，可以彻底摆脱令自己悲伤的根本原因呢？

听众： 你是说我们应该对现在自己感到满意吗？

克氏： 不，先生，不是这个意思。如果那样理解，将只会导致凝滞、僵化和死亡。我是说，对事实的任何阐释都与满足和不满足无关。

因此，在观察自己内在不足的同时，我可以去除比较和评判的念头吗？我能抛开恐惧的心理而观察这件事吗？是什么在敦促我追求理想？对事实的恐惧感吗？是恐惧让我们争相比较，这个我们现在能理解吗？

对自己不熟知的事情感到害怕，我们称之为不足、孤独、悲伤、困惑；冠以它这样的名称，是因为这能表明我们对它的谴责和逃避心理。当我们不再谴责，不再判断，不再评价和比较的时候，那表明我们正在与恐惧共存。话说到这儿，还算清楚吧？

听众：是的，很清楚。

克氏：恐惧，恐惧什么？这个问题你理解吗？我害怕被称为不足的那种状态。我不了解那种状态，我从未真正直面过，但却对之心怀恐惧。因为害怕，我才从中挣脱，但我认识到即使逃避也是枉然，因为我是对自己不熟悉的事物感到恐惧，我说的没错吧？

听众：对，没错。

克氏：如果你真的听懂了——不单是听懂了所用的每个单词，还明晓了其间理性的阐释，以及所描摹的场景——那么，你就会领悟到问题的这种演变过程以及对这个问题可以探究的深度。那样的话，我们将不再设想理想范例，因为它们已不具任何意义，我也将不再努力去追求这些理想化的事物。事实是，面对不熟悉的事物我感到害怕；如果我不逃避这个事实，事实和恐惧则同时与我共处。在这种情况下，如果我跟随内心的恐惧感，追问"如何才能摆脱恐惧"，那就是在以另一种方式逃避事实，对吧？因此，我现在关注的焦点是理解"现状"；同时我也认识到以"空虚""孤独"和"不足"为事物命名，实际是在制造恐慌。用这种方式给事物贴上标签，结果必定勾起内心对这类标签的恐惧之感。

所以，头脑在觉知时能够放弃谴责和判断，做到不逃避事实，也不贴标签吗？能做到这点绝非易事，因为追求理想时我们大都没有挣脱这样的束缚，而理想又在阻止我们认清实相。若存在比较之心，若以标签和名字描述所见之物，我们是无法看清事实的。但是，若不再描述事实，不再以理想、比较和评判的方式逃避，那我们剩下的还有什么呢？是所谓有缺陷的事物吗？是带来挫折感的雄心抱负吗？

因此，我们开始认识到，上述一步步展开的阐释虽然不好理解，有悖于我们先前的认识，但若是没有，头脑则是断然没有能力察看任何事物的。只有当头脑摒除了它所吸纳的一切——因为了解到实相，头脑可轻而易举地做到——只有那时，嫉妒之心才可去除——完全地消失。摆脱了嫉妒的煎熬，头脑将不会闭锁在任何社会和特定的文化当中——因为我们所有的文化都建立在嫉妒的基础之上。此后，因为诱惑头脑追随的事物已经消失，我们的头脑将不再孜孜以求，而这样的头脑才是真正祥和、安宁的。

人云亦云毫无任何意义可言。但是，在了解自我后若能亲自体验刚才的一席话，不累积业已经历的事件——累积扭曲所有更深切的体验——而是完全凭借自身的力量去全面觉知，这样一来，真相，即非凡的自由，就会随之而来。那时的头脑处于绝对平和、纯净的状态，因为不再逃避，它将有能力迎接实相的来临。

（伦敦的第二次公开演讲，1955 年 6 月 18 日）

真正的探寻者必定是自由的

在我看来，我们的探寻非常肤浅，尤其在宗教事务方面，我们似乎无法超越表面的深度。大多数人把时间都花费在寻找某种真实上，而这种真实要么是头脑对自身所受束缚的投射，要么是头脑因为受到束缚而对事物肤浅的理解。如何突破表层，真正进行深入的探寻，如何摆脱心理学家、预言家、老师、救世主、大师和纪律的约束，让作为个体的我们真正发现事实真相，我们大都不是在关注这些问题吗？只是我们似乎做不到；因为我们总是向那些我们认为已经发现实相的人，或那些通过不同宗教向我们指出实相的人寻求支持和确认。我们不相信自己有能力发现，如果确信自己有这样的能力，或许就能以自由的心态发现何为真实——发现连头脑也无法估量的终极之物。

那么，如何才能获得这种能力呢？一个人如果拥有这种能力，他就会自由，就会摆脱一切追随、权威和效仿，不再遵循为任何宗教或哲学所设定的模式。如果我们拥有这种真正深入探寻、抵达至我们潜藏在最深处的能力，能够不加扭曲，不会因为没有发现、找不到结果而恐惧，那么，或许我们就不会被任何东方或西方的文化所束缚。在我看来，文化无法帮我们发现真实——真实无法估量，它存在于时间之外。东西方文化影响我们如此之深，如此塑造了我们的思想，我们只会按自己的文化模式思考。

我认为这样的文化根本不会帮助我们，相反，我们应该彻底摆脱这种文化——也就是说，摒弃被社会认同的欲望。

只有真正意义上的个体，才有能力深入到事情的最深处。现在的我们属于民众和集体，是文化、传统以及所有各种信仰和受限体验共同作用的结果。当然，只有摆脱掉所有这一切时，我们才真正是个体；只有那时，真实才会显现。

　　那么，我们怎样才能拥有这种能力呢？怎样才能在精神上摆脱权威，不再需要鼓励、确认和支持，而是作为真正的个体去独自发现呢？我认为这是一个根本问题，但这个根本问题我们却极少问起；即便问了，也很容易满足于肤浅的回答或他人的言论。那么，这种能力你、我能拥有吗？——我们必须跳出时间的进程，否则不过又是一次逃避；你、我能立即拥有这种能力吗？这个肤浅的层面有可能超越吗？是什么阻止我清晰辨识自己存在的全部和整体呢？了解到自己是传统、时间、文化、恐惧和经验共同作用而来的同时，我能够把这一切轻轻放下，让头脑变得空净而清醒，从而获得直接发现和感知的能力吗？下面这个问题我相信大多数人也一定自问过：头脑能否不依赖他人，不管他是谁，不依赖任何体制和方式呢？如果你追随一种体制和方式，显然会有来自那种体制和方式的结果，那样的话，你将不再是个体，也称不上是位真正的探寻者。真正的探寻者必定是自由的。所以我们不禁要问，究竟是什么在阻碍这非凡的求索，是什么让我们在肤浅的解释和信仰面前止步呢？

　　原因之一是，我们采取行动、思考问题，仍然是在累积知识，不过是把一种转化成了另一种，对吧？有累积，必定有模仿，因为每一段经历都留有记忆，我们往往根据那种记忆采取行动、汇集体验、强化记忆。可以说，从来没有一刻头脑真正自由过，它总是残留着过往的经历，而正是这种记忆——经由多年积累而来——在阻碍我们清晰和直接思考的能力。所以，头脑永远不自由。不知道你们注意到没有，每种体验都会留有残余，会带来某个结果，而所有深入的体验都会围绕那一结果进行阐释、收集、累积和保留。所以，记忆作为体验、传统和知识已成为一种负担，在阻碍我们获得自由，阻碍我们完全独立以及自我发现。

生而就成为印度教徒或基督徒的人，自然，头脑被一种特定的符号体系控制，受各种何为真实、何为冥想的观念影响，头脑在受缚的情况下进行体验，自己所受到的束缚因此会进一步得以强化。在精神方面，基督徒总会将目光投向基督或圣母玛利亚——印度教徒也一样有自己的精神导师，只不过追随的方式不同。要完全自由，彻底地自由——不存在任何形式的模仿，去除了任何心理和内心遵从的感觉——当然，只有在那时，我们才会有这种去探寻、去发现的能力。

如果明白了这一点，显然接下来的问题就是，"如何才能摆脱过去所有的累积和影响呢？"但是，并没有关于"如何"的解答，只有放弃探寻"如何摆脱"的方法，我们才能发现最终的实相。因为如果能抛开对"如何摆脱"的求索，我们的全部注意力就会被投注在发现何为真实之上，而对于何为真实的那种感知和倾听本身，就将让你摆脱种种负累。只要我们以信仰、幻觉和个人意愿的角度思考，我们就无法聆听他人，倾注我们全部的注意力，而阻碍我们真正倾听真相的恰是我们的信念、传统和象征物。在我看来，唯一重要的事情就是给予关注；倾情关注是至善。有目标的关注不再是关注，而是排他。因此，如果我们在聆听时能放下任何图谋——有所图谋的关注变得排外、狭隘、局限——只是全身心地聆听，没有任何目标，那样的话，我们就会明白我们将不会去追问"如何"，也不会去问寻方法、体制、哲学和纪律。在那种全神贯注的状态中，我们内心没有任何矛盾，意识和无意识之间也没发生任何斗争；这是完全的关注。故此，我们已没有必要去经历一切心理分析过程，也无需为了获得自由而深入探究一个又一个的记忆片段。

所以，正在现场聆听的你、我，能真正体验而又让每段经历都了无痕迹吗？这个问题你懂吗？如果我经历过某事并由此留下一段记忆，那段记忆会影响我此后的经历；如此一来，终极之物我们将永远无法体验到。终极之物超越时间；而记忆则是有时间的。不管是对一件事的浅表记忆，还是对超越头脑的永恒之物可能偶尔感知到的记忆——不管是什么样的记忆，我们总在固守那种体验，因而阻止头脑进一步去做更深入的体验。只要经历留下记忆的痕迹，也就是时间，那么，永恒之物就不可能被体验。所以，头脑必须时时让自己忘记所有的经历。当然，只有在那种状态，头脑才是有创造性的。我们能拥有深入洞察的能力吗？我认为可以，但是，要深入洞察，我们必须不满足于解释和他人言论，不再依赖他人的经历，不再向任何人求助，同时，还必须完全独立地踏上这一旅程，摆脱所有传统、文化、信仰以及最重要的，所有的知识——因为头脑若充塞了知识，它只能体验自己知道的东西。对此，你我能否不只是在理论上理解，不只是因为此刻倾听讲座才这么去做，而是真正直接地摒弃所有代代相传的种族记忆，不再把自己看作是英国人或印度人，不再按照正统、教义、象征的意义来看待宗教呢？这些东西如果紧紧固守，我们则不再是探寻者；我们只是在追求体验的满足和快感，而这种体验只有被制约的头脑才需要。

我认为，这种深刻洞察的能力是没有时间属性的。如果依赖时间，我们会再次受困于方法的探寻。但是，认识到洞察力的重要性，感觉到它的重要性，意识到内在完全自由的必要性及其真相——那么，这种那洞察本身，这种全神贯注在倾听本身，就会带来这种能力。

提问者：我想要我的孩子自由。真正的自由和忠于英国生活和教育的传统难道不能并存吗？

克氏：这和印度人的疑问不谋而合——作为一个印度人，我能既忠于自己的祖国，又能自由地发现上帝吗？我能既是印度教徒、佛教徒或基督徒，同时又尽享自由吗？你做得到吗？其实，这两件事根本毫无相干。你大可有自己的护照，有旅行的一纸凭证；但是没有必要一定做个印度人。自由，当然与国籍和传统是完全不相容的。美国人、英国人、俄罗斯人、印度人，每个国家的人都各有不同的生活方式，都固守自己的，声称自己的方式才是唯一的；同时还在高谈阔论自由与和平。

如果要带来一个全新的世界，一个真正属于我们的世界，其间寻不见共产主义、社会主义、资本主义、印度教或基督教的任何身影，我们必须将国籍和传统等所有这一切统统摒除，唯此，地球才是我们共有的家园，唯此，我们才能不加区分地、幸福地、自由地生活于其中。只要有英国人、印度人、德国人、共产主义者，等等这样的区分，地球就并非为我们所有——那样它将永远无法见证自由。只有当我们真正具有虔诚之心，当我们每个人确实是真正意义上的个体时，自由才会到来。

当我们获得宗教意义上的自由时，我们就能创造一个属于自己的世界，进而开展一种不同的教育——不仅仅使孩子适应一种特定的文化，将他束缚于一种特定的体制，把他训练成一名共产主义者、无神论者、天主教徒、清教徒或印度教徒；那样的个体是不自由的，因而也并非真正虔诚的，他们只是被捆缚了手脚，在创造痛苦而已。所以，如果我们要创建不同的世界，就必须进行一场宗教意义上的革命——不是回归某种信仰，或争取某种成就，而是不受任何传统、教义、象征和信仰的束缚，让我们以真正个体的身份，自由地去发现并探寻那种恒久之物。

提问者：西方注重训练人们围绕对象进行深思，东方则训练人们为之冥想。前者促发行动，后者否认行动。只有将个体内的这两种认知方向相融合，才可能对生命有完整的诠释。那么，什么才是这种融合的关键呢？

克氏：我们为什么把人做东西方之分呢？对于你所提出的这个问题，除了将行动和冥想相融合以外，难道就没有其他解决办法了吗？依我看，将两者融为一体是不可能的。或许，问题可以通过完全不同的方法解决，并非只是尝试把行动与超然物外的、只是观察和沉思的心态相结合。是我们将生命人为地划分成（行）动和不（行）动，由此再去寻求两者的结合。但是，如果我们不将生命做这样的切分，同时也放弃东西方对立的观点，换个不同的视角看问题——那么，在追寻实相的过程中，头脑就会变得富于创造性，在洞察何为真实的过程中，头脑就会有所（行）动，进行冥思默想；这样一来，就不存在（行）动和不（行）动了的划分了。

对于具有西方思维的人来说，东方及其神秘主义等事物都是陌生的。西方因气候寒冷，工业革命此起彼伏等等，那里的人们必须敏于行动，还得为穿衣御寒花费心思。而在东方，气候温暖，人们只求衣物蔽体，既可悠然度日，又不乏娱乐休闲，还有远离俗世得以传承的古老传统。在东方，人人关注改革，目的是想要环境和生活都更好。所以，东西方这两种截然不同的思维怎可能合二为一呢？或许它们都各有瑕疵——如果其中一种思维方式的重要性被夸大，另一个遭到贬斥，它们其中之一有问题是必然的。

但是，如果我们试着去发现，不是从基督徒整个群体，而是从作为单个个体的角度，且在追寻真实的过程中放弃权威，那么，追寻本身就具有创造性，而创造性本身自会引发它的行动。如果我们不寻求宗教式自由，所有的改革只会导致更深的痛苦——这种现象随处可见。通过恐怖行动，你或许会拥有和平；但相互之间的内战并不会中断——竞争、冷酷、集体或个人对权力的寻租依旧比比皆是。只有那些虔诚之人，此处的虔诚意指该词的最深层次意义——即摆脱一切精神权威，不隶属于任何教会、团体，不认同任何特定的学说，永远在探索、问询，从不累积任何经验——只有这样的虔诚之人才真正富有创造性。这样的头脑是真正虔诚的，也是最具革命性的，它有所行动，却不把自己定性为沉思冥想或敏于行动，因为它是以整体形态存在的。

提问者：我害怕死亡，虽然在思想、艺术和情感方面都过得非常充实，但因为我将不久于人世，所有满足感都消失了，现在剩下的只是我孩童时代的宗教信仰中的某些概念——如炼狱、地狱等等——这些东西让我充满恐惧，您能给我些安慰吗？

克氏：我认为下一个问题也是关于死亡的，所以我也会把它读出来。

提问者：我是个年轻人，身体一向非常健康，很享受生活的乐趣，直到数周前，这种生活戛然而止。我在一次意外中受了致命伤害，医生说我只能活几个月：为什么这种事儿会发生在我身上？我该如何面对死亡？

克氏：我认为，我们大多数人，不管年老还是年轻，都害怕死亡。想要完成某项工作的人害怕死亡；因为他想见证结果。事业有成的人不想在如日中天时事业突然中断，所以害怕死亡。生命充实，尽享这个世界多彩生活的人，也同样害怕死亡。那么，害怕死亡的人该做些什么呢？要知道，这个问题我们可从来没有问过，活得丰富和充实的人也不例外，他貌似丰富而充实的生活其实只浮于表面，往下探究至深层，所有基督教、印度教或其他宗教的传统都隐藏和潜伏在那儿；当他的生活不再那么丰富而充实时，过去的沉积就会翻至顶层，他就会害怕炼狱，或者，会自创一个赎罪的天堂。

所以，我们的文化、我们种族的恐惧等等都沉积在无意识中。当我们活泼好动、思维缜密、身心健康的时候，在我看来，有必要去探究我们生命的最深处，找到并根除所有那些与传统和恐惧相关的积垢和沉渣，以使我们在死亡来临时能够正视它。也就是说，实际上，我们现在应该问根本性的问题，而且不应满足于肤浅的答案。相信轮回转世的大有人在；他们说自己会有来生，生命能够延续，不可能灰飞烟灭；他们因为那样的信念而开怀。但是，他们并没有把问题解决掉，只是满足于某些言论和解释。再或者，如果还有一些人，他们非常理性，说："死亡不可避免，它是生命的一部分。正如我降临到这人世，早晚有一天我必定会死去。这有什么可争论的呢？"尽管如此，他们也同样没有解决这个问题。

大多数人都害怕死亡，只是我们用信仰、解释、理智来掩饰。还有人说："我还很年轻，为什么不能继续活下去？我想要活着，领略生命的多姿多彩。为什么这发生在我身上？"当有人说"为什么这发生在我身上"时，显然是想说"这不应该发生在我身上，而应发生在你身上"。如此看来，我们大家都关注这个问题。现在，我们能一起研究一下吗？

我很好奇，你们是否会检验我所说的——不只是简单地听听，而是在真正倾听后把所听得的描述出来并应用于自身，以真正体验它的正确性。描述好比在为你开启一扇观察之门；这扇门你必须推开看看，否则，这种描述、这扇门就基本没有价值了。这也就是说，我们要让自己去察看、去发现问题的真相——不寻找解释，不改变信仰，不用基督教里的天堂概念替代印度教的转世轮回，等等。

事实是，死亡的确存在；有机体注定要走到尽头。事实是，生命可能延续也可能无法延续。即便如此，我现在还是想知道，在我身体还算康健、体力也还充沛的时候，什么样才是生活得充实呢？什么才是自然走向死亡——这一定不同于让变故或疾病夺去生命。我想知道生命是如何自然终结的——在还活着的时候，我就想走进死亡的殿堂去体验，我并非从理论的角度才这么说的，我是真的想亲身感受那种非凡的体验——进入未知领域，消除已知的事物。

进入未知的领域并不是为了和已知会合，也不是为了见到彼岸的朋友——相反，与未知谋面总是令我们胆寒。对于自己所熟知的，比如家庭、美德、财产、地位、权力、忧伤、欢乐、一切的一切，我们都不愿意放手——因为害怕所有这一切都会彻底地从心底和生命深处消失，从此与未知相伴——说到底，这就是死亡。作为已知产物的我，能否放弃追随已知的脚步，转而走进自己尚不知晓、从未体验过的未知世界呢？不少书都谈及过死亡，各种宗教对信徒在这方面也各有教导；但是，那些全部是描述，都是已然知晓的事情。死亡，当然是未知的，正如真理也是未知的一样；而被已知所负累的头脑则永远无法进入未知的领域。

这样一来，问题就变成了：我能抛弃所有已知吗？我不能通过意志力抛弃它。请跟上我的思路。我不能运用意志力和决断力抛弃已知；因为那需要一个意志力的制造者，一个说"这是对的、这是错的""这个我想要、这个不想要"的实体。这样的头脑在根据已知采取行动，不是吗？它说"我想进入死亡，那个超凡的不可知的事物，所以我必须放弃已知"。此后，这样的人搜索其头脑的各个角落清除已知。这种行为使故意清除已知的实体得以继续存在。但是，这个实体本身产生于已知，它永远体验不到或无法进入那种非凡的状态。下面这种说法会不会清楚些？——也就是说，只要存在体验者，体验者就是已知的产物；这样的体验者却要去理解未知。因此，不管他如何为此付出努力，也依然是在已知的范围内体验。因此，真正应该问的是，体验者能彻底放弃体验吗？体验者是行动的实体，他受欲望驱使，总在找寻，是他在说"这是已知，我必须进驻未知"。这样的观察者和体验者所采取的行为、动作当然仍是在已知的领域之内。

所以，头脑作为已知和时间的产物——可能进入未知吗？显然不可能。所以，对死亡的任何解释和观念，都仍然来自已知。因此，我和我的头脑能完全摆脱所有已知吗？这个问题没有答案。能否摆脱已知取决于你。对于这个问题，你必须自己去发现、探究、深入发掘。关于生死这类根本性问题没有"是"或"不是"这种泾渭分明的答案。你只得假定存在这类问题，且等待它自行显现。如果你只是寻找一个答案、一种解释，问题就会隐身。下面的才是根本性问题——作为已知产物的我能进入未知领域，也就是死亡吗？如果我想这么做，当然就必须在我还活着的时候而不应留在离世的最后一刻。在生命的最后时刻，头脑已无力去观察和理解；在疾病的折磨下，它已疲惫不堪、精疲力竭，几近失去意识。但是，当人心强体壮的时候，善于察觉、捕捉和觉知周围的环境——这样的人又怎能无所发现呢？在活着的时候进入死亡殿堂并非病态的臆想；它是唯一的解决方法。当生活丰富而充实时——先不管那意味着什么——或者生活悲惨、困顿时，我们难道就无法了解那种无法估量之物、那个体验者偶尔有幸才瞥得见的东西吗？

所以，你、我能放弃已知吗？这个问题的深意你能理解吗？对于愉快的经历，头脑时时记挂，难以忘记，而对于不愉快的经历则总是设法躲避。累积愉悦的经历生成一种已知；逃避不快的体验也是对已知的积累。头脑可不可以经历过后就忘记，不做任何累积呢？因为如果有累积，体验者就会求助于累积；而积累又是体验者的行为；因此体验者将永远无法知道什么存在于已知之外。对我们每个人来说，我认为深入理解这一点很重要。如果能够理解的话，知识、纪律、信仰、教条，对老师和精神导师的追随等等，就根本没有意义。纪律和方法都是已知的——既包括要实践的事情，还有要实现的目标。

对于上述这一切，我们能在全面理解的同时，对之倾注全部的注意力吗？——这样并不是为了探明未知，抱着这种目的去关注其实并非关注，而是排斥，是贪婪的表现。头脑发出任何行动，其行动促发者都逃不过时间和已知，而这种朝向未知的运动永远无法带我们进入自由的领域，这点你能意识到吗？如果可以的话，那么，头脑在意识到有关自己的真相后，就会完全沉静下来，它将不再追求、问询、探索；因为它懂得了任何探索、问询其实都源自已知。只有头脑完全沉静下来，未知才可能现身。

（在伦敦的第三次公开演讲，1955 年 6 月 19 日）

如何从根本上改变自己

对我来说，这世上最难的事情似乎是如何从根本上改变自己。我们经常认为个人的转变并不重要，与其花费大量的精力于此莫不如去关注群体和整体。我认为这种观点相当不可取。我觉得如果的确存在"个人"这个实体的话，转变一定得始于个人。根本的改变必须发生在你、我这些个人身上。

任何有意而为之的改变都算不上改变。刻意地自我完善，刻意去培养一种特殊模式或形式的行为，不过是个人欲望和个人背景的外化和反映，丝毫不能带来真正的改变。然而，令我们大多数人忧虑的正是这种改变，因为我们为之上下求索，却一直困惑迷茫。我们中有些人可谓不余遗力去探究如何从根本上改变自己。在我看来，困难不是去探索，而是要认清事实，即对于一个受社会制约或影响的头脑，它在任何形式上的改变都将是另一种制约或影响，并非真正意义的转变。比如我，作为一个印度教徒，或基督徒，或其他什么教徒，想在自己所属的宗教模式下有所改变，但那其实根本就不是真正的改变，充其量也不过是一次看似更好、更易于接受、更为恰当的约束而已，绝非什么改变。我认为横亘在我们面前的最大困难之一就是我们自认为能够在原有的模式下做出改变。当然，话又说回来，对于一个受社会或其他文化制约的头脑，有意识地改变依旧是头脑接受制约的过程。一旦明白了这一点，我觉得我们探究何为转变以及怎样才能从根本上自我改变才会变得有趣而重要。因为文化——也就是我们的社会——从来不会制造一个虔诚的教徒，它能培育出宗教，但绝对培养不出一个虔诚的信徒。

现在，请允许我说些题外话，许多人对"宗教"这个词反应强烈。有些人喜欢它，单是提起这个词就能给他们一种情感上的满足；还有一些人对这个词则有抵触之感。现在抛开这些不管，我认为如何真正倾听所言之物才是重要的。一个人该如何倾听呢？不管你喜欢与否，"宗教"这个词总会不绝于耳。只要这个词对你有触动，这种感觉就会妨碍你去深入理解和探究。但是，人在倾听时有可能不带任何感触呢？如果可能，也就是在倾听时能抛开任何个人的偏见、喜好、怪癖和信念，那我们就可以更为深入地去探究。可是，完全摒弃偏见、专心致志聆听是很难做到的。而且，如果注意力只集中于某些观点，我们难免变得心胸狭隘、缺乏度量。大多数人都有自己的观点和偏见，只要我们循着老路思考，自然而然就会关注那些观点和偏见，但其实这种关注是排他的表现，根本算不上关注。

我想说的是一个人要想真正倾听，他必须意识到自己的偏见，了解某个词，比如"上帝""宗教""爱"等等对自己情感或神经上的触动，然后把所有相关的感受统统抛开。如果在倾听时我们能这样全神贯注，不找寻与自己既有观点相契合或相悖逆的论点，那我认为这些谈话还是值得的。

的确如我所言，文化只能造就宗教，却创造不出虔诚的教徒。我认为，只有具有宗教情怀的人才能真正从根本上改变自己。头脑由于受到文化的制约而改变或修正并不是真正改变，那不过是在延续历经修正的同一行为而已。我认为这是不言自明的。想想看，只要我还是印度教徒、基督徒、佛教徒，或者属于任何其他教派，我在那个范畴下做任何改变都是有意识而为之，仍然局限在那个范畴之内，因此，根本谈不上改变。所以，接下来的问题是，我可以在无意识间改变自我吗？也就是说，我要么开始有意识地改变自己的生活习惯和思维方式，摒弃偏见——

这样做是刻意追随明确的目标和理想——要么一头扎进无意识里去寻求改变。

当然，这两种方式都涉及努力。我意识到自己必须改变——基于各种原因和动机——我有意识地开始改变。接着，我意识到只要自己稍微动一动改变之念，就不可能有真正的改变，于是我转而诉诸无意识，对无意识展开深入的研究，希望通过各种分析带来一次改变、修正或重大的调整。现在，我纠结于有意识和无意识的努力到底能否引发改变的问题，换句话说，我想知道人是不是只有跳出意识和无意识的领域才能寻得根本性的改变。你也看到了，不管是有意识的欲望还是下意识的冲动，只要寻求改变，就意味着付出努力。要是钻研得足够深入，你会发现在努力改变的过程中，总是既有努力付出的人，又存在付诸努力期待抵达的状态。因此，在试图改变的过程中——不管是有意识还是无意识——一直都存在思考者及其想法，思考者，即那个说"我必须改变"的人，试图改变自己的想法，此外，还存在思考者想要变成的状态。这体现了该问题的二元性，对于两者间的差距我们总是致力于消弭，这种情况在我们自身就有体现：在意识和无意识两个层面，一个层面是努力寻求改变的我，另一个层面是我想进入的状态。存在于这两个层面的，即现实中的我和理想中的我之间总是存在差距，换句话说，思考者及其想法之间出现裂痕，矛盾由此产生。而思考者，不管是有意识还是无意识，永远都在试图克服那些矛盾。

对这一过程我们相当熟悉，一直以来都在克服现实和理想之间的矛盾：我们的社会构造、道德结构、各种调整等也都以此为基础。但是，这样做就能带来改变吗？如果不能的话，改变是不是必须出现在另一个层面——既不是有意识又不是无意识的层面——呢？整个头脑，有意识的，无意识的，显然都受特定文化的制约或影响。如果我皈依印度教、佛教，或其他什么宗教，都是因为养育我的文化所造就。我的整个人是有意识和无意识的总和。我们或是继承或是后天习得的所有传统以及先祖在我们精神世界施予的隐性影响，都属于无意识范畴；而我正在有意识范畴努力谋求改变。但是，这种改变只依据我所受到的影响或约束而为，因此永远不会带来自由。所以说，真正的改变，很明显，根本不是头脑的改变，这种改变一定发生在不同层面、不同的深度和高度。

　　如此说来，该如何做到真正的改变呢？我意识到了真相——至少从中领悟到了——改变、转变，必定发生在头脑所不及的层面，因为我的全部意识都受社会的制约，不论在意识还是无意识层面都无法实现真正的改变。那么，我该怎么办呢？我希望能讲清楚这个问题。这么说吧，我的头脑，有意识或无意识的部分，能摆脱社会的束缚吗？社会——包括所有的教育、文化、规范、价值和标准。因为如果头脑无法摆脱社会的束缚，在其制约之下，任何改变仍然是有限的，因此也就没有改变。如果洞察了这个道理，头脑接下来该做些什么呢？要我说它必须沉静下来，"沉静下来"包含在那种模式当中；那才是想在不同层面带来改变的结果。

　　那么，我可以毫无动机地静观其变吗？不论变还是不变，头脑能放弃目的和动机吗？任何动机都是特定文化反作用于我们自身的结果，产生于某种特定的背景之下。这样的话，头脑怎样才能摆脱我成长环境中文化的影响呢？这真的是个很重要的问题，因为头脑如果无法从培养和抚育它的文化中解放出来，内心自然永远不会安宁，也永远不会自由。个人的神灵、传奇故事、象征和努力都是有限的，它们都产生于受社会制约的头脑，头脑受到桎梏，无论是否努力，或者何种努力，从最根本的意义而言，都是徒劳无益的。这种努力好比改善监狱环境的外在装饰——比如更多光线、更多窗户、更好的牢饭——但是文化牢狱的本质还在，并没有什么改变。

　　所以，当头脑并非只是肤浅地或一定程度上了解自己，而是意识到了自己的整个状况，如果转变既非刻意而为的结果也不是下意识里努力促成的，那头脑是否就能抵达那种境界了呢？如果这个问题解决了，那新的疑问就会随之产生——人如何才能抵达那种境界呢？你一定还记得，"如何"的问题其实是一种阻碍，因为"如何"意味着探索和实施某种体系及方法，意味着我们想一步步走进发生在新层面的那场彻底、深刻且必然的转变。这么说你能理解吗？探问"如何"表示想要达到目的、渴望实现目标，而这种志在必得恰是我们社会的产物，是贪婪和嫉妒的表现。所以你看，我们又转回来了。

那头脑到底该做什么呢？认识到改变的重要性，也意识到在头脑在意识和无意识层面所做的任何改变实际都不是改变。要是我真的理解了这些，并把握住了问题的实质——也就是说，如果努力的付出者，即思考者，这个"我"在意的是结果，在"我"和结果之间就一定存在不一致，一定会生出限制和融合两者的欲望，而这样的过程必然伴有冲突——如果这个真相我认识到了，那接下来又会怎样？

让我们接着看。如前所述，头脑不论是刻意努力还是下意识地努力，都必定导致分离和对立，继而产生冲突，这个道理你懂了吗？要是明白的话，会发生什么呢？"我"、头脑的有意识和无意识部分接下来必须该怎么做呢？拜托，这不是东方的无为哲学，也不是恍恍惚惚在探秘。相反，接下来该怎么做需要我们深刻地思考、洞察和探究。

人除非了解了整个有意识和无意识过程，否则这种境界是无法轻易抵达的。"嗯，我可不愿去想，（事情）到时候就发生了，"单是这样妄下断言是不行的。事情并不会如愿而来，这也是为什么认识自我很重要的原因。我所说的认识自我并不是大大小小的哲学家或者心理分析学者口中的认识自我，那只是一种效仿，就好似读书时把自己想象成书中的角色一样；那并不是认识自我。认识自我其实是一个人在自身找出自己思考、感觉、行为和反应的模式，而这些都是对我们真实状态、而非期待状态的描述。

这就是为什么认识自我很重要的原因。不管现实中的我们是怎样的，或美，或丑，或好，或坏，或快乐等等，我们都知道自己不仅被外在施予了种种束缚，还知道数个世纪以来传统、驱动、强制和效仿都一直在深刻影响我们的无意识，所有的这些，我们都必须通过认识自我去了解，去经历。如此一来，我想我们就会发现，不管是意识还是无意识，对于改变都是有心无力的，因为改变、转变发生在全然不同的层面、深度和高度，而这是意识和无意识绝对达不到的。真正的转变必须从那里开始，超越于意识和无意识，因为在意识或无意识层面发生的转变都只是文化的产物。

这就是为什么重要的是应通过自我认识来摆脱社会对自己束缚的原因。我觉得，当社会认可的整个体系不复存在时，当头脑不再关心任何形式的改革时，那么，人就能够实现有意识和无意识都不能企及的彻底转变，而这样的转变会带来一个全新的社会，一种全新的状态。但是，那种状态和那样的社会却无法通过想象而来，它必定源于深刻的自我认识。所以，对我而言，重要的是探索"自己"或"我"。去认识真正的自己，了解自己就是这样有野心、爱嫉妒、有闯劲、善欺诈、介于高尚和卑鄙之间的人——去发现这个真相，不光让自己认清头脑里的意识，也把数个世纪以来对于各种体验的积淀、堪称祖上传统大本营的无意识看个清清楚楚。

彻底明白了这一切，它的末日也就到了。然后，当头脑不再关注社会，关注认同，关注改革，甚至不再关注自身的改变时，就会发现真正改变的来临。这种改变并非头脑刻意去造就一个结果的结果。

抛开了所有杂念，改变、转变却和自己（即头脑）不期而遇了。

提问者：我是一个艺术家，非常在意绘画技巧，这种在意会妨碍真正有创造力的表达吗？

克氏：我在想为什么我们当中的大多数人，包括艺术家，都那么在意技巧呢？我们一直都在问"如何"，我如何才能更快乐？我如何才能发现上帝？我如何才能成为一位更优秀的艺术家？如何做这个？任何做那个？我们全都在关注"如何"。我有暴力倾向，却想知道怎么做才能放弃暴力。我们这样在意技巧，但是如果这世界真的仅仅提供我们技巧的话，那我们可真的无可救药了。但我们为什么寻求技巧？那是因为我们想要个结果，自己想成为一位伟大的艺术家、工程师、音乐家，不管美名、恶名，出名就好，是野心驱使我去寻找方法。

那么，从事艺术创作或其他行业的人，如果只追求技巧，那他真会成为艺术家吗？反之，一个人若只是钟爱自己正在做的，那他就不是艺术家了？我们实际并不了解"艺术"这个词本身的内涵。如果我雄心万丈，想成名成家，那么，我还能心无旁骛地只热爱自己正在从事的工作本身吗？如果我想成为最好的画家、最优秀的诗人、最伟大的圣徒，我想达到某种目的，那我还能真正钟爱自己正在做的事儿吗？如果我心怀妒意，或者人云亦云，或者被恐惧和竞争包围，那还能对自己所做的事情情有独钟吗？

如果我热爱这件事，那我就能学习到技巧——比如怎么调和色彩或其他愿意做的事情。但现在的问题是，我们并没有真正热爱一件事情的感觉。我们野心勃勃，嫉贤妒能，一心想要功成名就。所以，我们才学习技巧，结果却失去了真正值得拥有的东西——也谈不上失去，因为我们其实就从来没得到过它。现在，我们满脑子想的都是如何获得技巧，让自己出人头地。如果我热爱手中之事，那自然就没什么问题了；连竞争也不会有，对吧？我在做自己想做的，倒不是因为它能让我声名远播，于我而言，这并不重要。重要的是全身心热爱正在从事的工作的感觉，是那份热爱本身就是向导。

如果父母想让自己的儿子走他们的老路，去求取功名，如果父母想让孩子完成他们未竟的心愿，那就不是爱，不过是父母主观意愿的外化。真的爱孩子，就应该生成独特的爱的文化，对吧？但不幸的是，我们并不这么想，这就是整个问题所在，所有人都豪情万丈地发掘成功技巧。

提问者： 我每天都埋身于生活的柴米油盐和酸甜苦辣当中，很清楚自己脑中所想的无外乎与之相关的行动、反应和动机，就是超越不了这些琐事。自从读了您的书，听了您的讲演，我认识到另一种截然不同的生活方式，但是我找不到一把钥匙来开启我遭受禁锢的狭隘头脑，我无法被引领着走向自由，我该怎么办呢？

克氏： 我想知道我们是否都了解头脑在忙些什么？正如这位提问者一样，他的脑子里满是肤浅的东西——谋生、养育子女，等等。往深处想，我们知道自己的大脑在想些什么吗？除了日常琐事，我们知道自己的大脑在无意识层面被什么占据吗？换句话说，我们头脑中的有意识部分成天被这些事占得满满的，我们是不是连无意识部分在想些什么都不知道了？除了日常事务和基本生存，我们还意识到其他了吗？

我们大都专注于每天的生活，关心的是如何改变生活才能带给我们更好的调整、更多的幸福，这个少些，那个多些。抓住表面的快乐、延迟苦痛，避免压力和折磨，让自己适应某些人际关系等等，这就是我们关注的全部内容。

那么，我们能不能不理那些日常琐事，任它在表面上继续存在，主要去发现我们下意识地在内心深处专注于什么呢？我们都认识到必须在表层做些调整，但是，究竟内心深处在想些什么我们关心吗？你、我知道自己在内心深处想些什么吗？我们当然要挖掘出来，因为内心深处所专注的可能就表现为肤浅的日常琐事以及因各种喜乐、忧愁、痛苦和考验而做的调整。所以说，除非你和我知道自己内心深处的想法，否则只是表面上调整，几乎没有什么意义。

　　所有肤浅的日常专注都一定要终止吗？如果我一直专注于做表面的调整，摆正别人放斜的图画，总是担心家里的事，挂念妻子儿女，关心社会的是非观念，被街坊四邻的观点左右等等，一个被这么多琐事占据的头脑还能发现深层次的专注么？肤浅的表层专注可以继续吗？也就是说，我们能一方面听之任之，只做些不痛不痒的调整，但同时深入去探究我们在内心深处想些什么吗？

　　我们在心底想些什么？你、我知道吗？我们不过是在猜想吗？或者我们认为会有人告诉我们吗？当然这个答案我也没法给，除非我并没有完全沉浸在那些肤浅的调整之中，也就是说，那种浮于表面的调整我们必须停下来，只有这样才能发掘出更深层次的东西。只是，我们任是谁都不敢放手一搏，因为不知道是什么掩藏在下面，我们惊恐万状，这也是我们大多数人忙于做表面文章的原因。在下面隐藏的可能是蚀骨的寂寞，沉重的打击，也可能是深切的恐惧和折磨人的野心等等——所有这些我们并没有充分意识到。但是只要意识到哪怕只是一点点，或者只要稍加留意，我们就会知道所有那些着实令我们恐惧，也正因为如此，我们才去关心房子、照片、灯罩、生活中来了又去的人，以及聚会；也正因为如此，我们才去读书、听收音机、加入某个团体——总之，都是一堆糟糕的事儿，所有这些都可能是为了逃避深层的问题。但是，要审视深层问题，我们必须放开房子及房中物品这类琐事。但不幸的是，我们都想要房子。去发掘其他？想都别想。

　　发掘更深层面的问题与努力无关。努力终归是时间问题。如果我想探究意义更为深远之事，而且认识到了放手肤浅琐事的必要性，那就不存在努力之说了。我没有必要先努力打开一扇门，有意识地走进房间，之后再出来。我知道自己必须出去，径直出去好了，就让门待在原地，压根不用碰，试着把门打开的想法更是没有必要。理解和行动是同步的。

但是，如果只关注表层，理解和行动可就达不到同步了。

提问者：睡梦有没有实际意义？睡觉时会发生什么呢？

克氏：我觉得关于这个问题，如果我们能深究就好了。所以说，如果可以的话，我建议不要只听别人说，不妨亲自体验一下。那样的话，或许我们就能一起探究整个睡眠和做梦的意义了。

在白天清醒的时候，我们满脑子都是担忧、自己的不幸、短暂的快乐、工作、生计、一时的潮流等等，头脑想着这些琐事，太忙、太活跃了，总是无法会意各种暗示，以及与更深层问题相关的提醒。所以，一旦睡觉我们就会做梦，梦有各种形式，梦中还会出现各种象征性事物，其中就包括那些暗示和提醒。紧接着，一旦意识到这些梦境的意义，我们就会寻求解释，用以阐释我们的日常生活。如此一来，释梦人就变得举足轻重。渐渐地，我们会变得在心理上依赖他人，或者按个人的喜好自圆其说，于是乎，我们又被套住了。

有没有可能根本不做梦呢？心理学家说这不可能。尽管我们可能不记得自己做了梦，但做梦的过程总是有的。我自己，或者你和我，在白天醒着的时候，至少头脑还算清醒的时候，能领会这些暗示和提醒吗？也就是说，我的头脑是否能捕捉住每一个念头呢？——请注意——是说头脑即使并不知晓转念之间想了什么，也不放过哪怕只是一闪而过的念头，头脑能做到吗？我可没说一定要专心致志，不让头脑错过任何一个念头，这根本不可能，一是因为人做不到那样全神贯注，二是想法总会离你而去，虽然还会冒出其他想法来。

那么，面对想法，我们能不能保持轻松的心态，只是先随便想想——此处我故意用"随便想想"这个词——之后，再发掘出与之相关的具体内容呢？比如这个想法的动机、反应以及应动机而生的深入反应。我这么说的意思是，我们在想法萌生之际只是静观其变，放弃所有谴责、证明、对比和评价之念。对于每个想法，我们能这样只观察、不干预吗？可以的话，随着头脑在观察的过程中意识到每个想法的深度，它会开始自己清除已有的想法——其实，想法也并不是很多。当结束了这一观察和探寻之旅以后，头脑还能邀请想法来做客吗？能的话，所有在暗中累积的隐秘想法，可否能被光明正大地带入厅堂，不必经过审视、观察、探问的程序，也不必遭人谴责、非议呢？——只是观察，我们就能了解到与想法有关的所有事情吗？

我不是在讲一种方法，请不要把这当成一种清空头脑从而避免让自己进入梦境的方法。就像我们所说的，所有的梦都只是暗示和提醒，如果我们在清醒时对所有内心的想法都保持高度警惕、敏感和觉知的话，那这些暗示就没什么必要了。要是这样的话，人在睡觉时会发生什么情况呢？随着头脑中的意识深入到无意识领域，揭示出所有与无意识有关的暗示、提醒和警示，头脑已变得疲惫而安静。由此，意识和无意识之间的冲突和矛盾就会消散开来，剩下的唯有平静。那样的话，头脑就能够继续向前，进入意识和无意识所不能及的领域。

不知你是否已经检验过这个过程，纯粹为了体验其中的乐趣，不是为了求得任何结果，亦不是为了发现一种无人触及和未曾污染的意识状态；那样的话，这个过程就变成一种讨价还价、一种交易了。但是，如果一个人真能在毫无动机的前提下发现这一道理，那睡眠可就意义重大了。我所说的事情与星球之类的事儿无关，各种幻想和因特定约束而形成的个体特性必须抛开，所有业已习得和学到的知识也必须全部驱散，只有这样，出现在我们所说的睡眠状态里的才有可能无关乎我们的野心、嫉妒、欲望和追求。

我觉得理解所有这些很重要。为此，人必须了解自己，知道头脑在白天如何运行，头脑运行的动机、轨迹和反应都是什么，这样在一天结束之际，头脑的意识就会变得非常安静。随着认清了意识和无意识之间的矛盾，头脑无需强求就会自行沉静下来。头脑如果被迫变得沉静，它必定会变得麻木而腐朽。但是，通过理解而沉静下来的头脑，因为自我认识而走向沉静的头脑，这样的头脑或许就能在入睡时有所领悟，或者更准确地说，是某个事物主动抵达头脑而让它开了窍，而这个事物头脑纵是苦追也必定无果。至此，我认为这样的睡眠于清醒时才是有意义的。

但是，走到现在这步需要极其深入的探究，而且不能依恃所发现的任何事物。因为如果紧紧抓住自己或他人的熟悉的事物不放，你就无法走得深远。你必须放手所有的累积，必须彻底忘记每个让你欢喜或已远去的体验，只有那样，那个存在于头脑之外的事物才会降临于它。

（伦敦的第四次公开演讲，1955 年 6 月 24 日）

依赖是逃避事实的伎俩

对我来说，众多困扰我们的问题之一就是依赖：指望别人给自己带来幸福，依赖个人的才华，等等。种种依赖使得头脑不得不寻求依附。这样问题就来了：头脑能否彻底摆脱所有的依赖呢？我觉得这是个非常重大的问题，应该时不时地问问自己。

表面的依赖显然不是我们要讨论的，但深入探查下去，我们发现所有人在心理上都渴求安全感，都在苦苦找寻令自己确信的稳定感；此外，我们对永恒的思想、持久的关系也一样孜孜以求。鉴于这就是我们亟待处理的大事之一，我认为至关重要的是对这个问题进行深入探讨，直接回应、敷衍了事显然是不行的。

那我们为什么会依赖呢？根据心理学原理和内心来说，我们依赖的是一种信仰、一个体制、一套哲学，我们从他人处学习行为规范，我们向老师求助，期望他指点迷津，让我们拥有更多的快乐和希望。所以说，我们一直都在找寻某种依赖和安全感，对吧？但是，头脑到底有没有可能完全摆脱依赖呢？这样探问并不是说头脑必须独立。没错，一提到依赖，头脑中直接就会蹦出"独立"的念头，但我们现在谈论的并不是独立，也不是如何才能摆脱某种状态。抛开这样的直接反应，如果我们愿意探究下去，必定会在更为深刻的层面了解这一问题。可是，如果我们为了追求独立而偏离了原来的轨道，则根本无法理解现在所说的与心理依赖有关的整个问题。

我们都知道，自己依赖的东西可谓形形色色——依赖人际关系，依赖某种观点，依赖某套思想体系。为什么会这样？我们承认依赖有必要，也声称难免存在依赖。但是，为什么我们人人都摆脱不了依赖的魔爪，对此却从来没有探问过。是不是我们在内心深处真的需要安全感和稳定感？困顿时，我们都期望能有人帮助我们走出迷茫。所以，我们总是忙着找寻让自己摆脱和逃离现状的方法。在这个求索过程中，我们不知不觉就产生了依赖感，而我们依赖之物渐渐就会变成权威。所以，如果指望别人给自己带来安全感和内心的平静，各种问题就会丛生。之后，我们就会去解决这个问题——也就是依赖的问题。但是，对于依赖本身，我们却从来没过质疑和深究过。这种现象如果我们充分意识到了，也非常理智地深究过了，那么，或许我们就会发现依赖其实根本不算问题，依赖不过是用以逃避深远实相的伎俩。

请允许我建议正在做笔记的朋友先停下手中的笔。如果你们记笔记只是为了方便在会后回忆所讲的内容，那我们一次次地会面其实就没多大意义了。但是，如果我们现在能直接领悟所说的内容，不是会后回忆，那这种会谈则是大有裨益的。这次经历会成为一种直接体验，你无需在会后凭记忆和所记录的只言片语来回忆。另外，让你们停下笔还因为记笔记会妨碍身边的人听讲，这么说还请大家谅解。

现在回到我们在讨论的话题——我们依赖什么？是什么使依赖变成了问题？事实上，我并不认为依赖就是问题的根本所在，我们变成这个样子一定还存在另外深层的原因。要是这个因素能破解，那我们就不必去探讨有关依赖和争取自由的问题了，所有因依赖而生的问题也将迎刃而解了。所以，接下来我们得一起看看深层的因素究竟是什么。

是不是一想到形只影单，我们就感到恐慌，想逃避呢？我们知道自己在逃避什么吗？我发自内心地在心理上依赖某人，其实是想躲避陌生的环境，避免自己因懵懂无知而处处碰壁。我指望从他人那里得到爱，得到激励和指引，这份依赖以及所有随之而来的问题因此变得极其重要。

但是，如果我能找出自己依赖的理由，比如某个人、上帝、牧师、才能、或者我称之为信仰的某个准则或结论，那样的话，或许我就能发现这种依赖其实是缘于内在需求，而这种内在需求我却从未真正观察过，也从未考虑过。

今天晚上，就让我们一起来看看这个因素——来看看这种彻底的孤独感，这种我们只略知一二、都想逃离躲避的感觉。但是，孤独到底是一种什么滋味呢？现在，我们能只专注于这个问题，不管其他的吗？

我认为这个问题真的非常重要。因为只要还没有透彻地理解、感悟、洞察和化解这种孤独感——随便你用什么词来描述这种感觉——只要孤独感尚存一丝，依赖就不可避免，人也将永远不会自由，永远无法自己发现那个被称作实相和宗教的终极之物。只要有需求，就会有权威，就会有模仿，就会有以各种形式存在的强制力、标准化和行为准则。所以，头脑能自己发现什么是孤独，然后超越它吗？如果能的话，它将会彻底解放，从此也将再不会依赖任何事物，不管是信仰、神灵、体制、牧师，还是其他。

无疑，只要我们在意结果、目的和理想，志在必得的强烈欲望就会制造出依赖，嫉妒、排斥、孤立等感觉也会应运而生。那么，头脑能感知孤独到底是什么吗？毕竟，我可能会通过增长见识、人际交往、找寻乐事等其他消遣方式来掩饰孤独，对于那种孤独究竟是什么我真的能理解吗？因为，依恋和尝试独立于人群之外不正是我们关心的主要问题吗？对于所有这些我们可能一起探讨呢？还是根本不可能？

只要存在依恋、依赖，必定存在排他。依赖某个民族，认同某个群体、种族，追随某个人或某种信仰，显然是在制造分离。可以这么说，头脑作为一个单独实体，一直在不懈地排除异己，逃避实际上属于分离性质的深层问题——头脑思考的方式是自我封闭式的，而这种思维势必产生孤独。相信你了解必须把自己归属到印度教、基督教或某个特定等级、团体、家族中的心情——这种感觉你们都懂。要是我们都能够理解这其中牵涉的深层问题，那么或许所有因依赖而造成的影响就会终结，大脑就会完全自由。也可能，这个问题在这么一大群人当中讨论，理解起来太难了。

提问者：相对于"孤独"，你能不能给"单独"下个定义？

克氏：拜托，我们可不是来下定义的，对吧？我们在追问是不是每个人都能意识到这种"孤独"？或许不是现在，但是我们得知道那种状态，知道我们正千方百计逃避这种状态，这种状态反倒愈加笼罩，对吧？那既然现在意识到了，我是否可以把这个问题挥剑斩除呢？这样的话，它就永不会出来捣乱了，就算哪天再冒出来，我也知道该怎样对付它，不让它制造更多的乱子。

提问者：这是不是意味着我们得打开生活中不如意的结呢？

克氏：这当然不是我们正在讨论的，是吧？我觉得咱俩都没听懂对方在说什么。这也是为什么我在犹豫要不要跟这么一大群人来讨论这个问题的原因。

我们很清楚自己有所依赖，依赖他人，依赖观念。依赖他人是我们人性，也是我们生命的一部分，这种依赖可以被称之为爱。现在我问自己，或许你们也可以问一下你们自己，是否可能在心理上，从内心摆脱所有依赖？因为我发现正是因为依赖，许多、许多问题才源源不断地出现。所以，我问自己，如果我如此清醒地意识到这个问题所在，那这样的意识能不能就此消除自己对他人或某个观念的依赖感呢？如果能消除的话，我的头脑就不再排外，不再孤立，因为我已经完全不需要去依赖他物了。

比如说，我认同某个团体，我很享受这种认同感；自己被称作印度教徒或基督教徒让我高兴；属于某个国家也让我知足。但是，我在内心却常常感觉渺小。我是无名氏，仅仅被称作"某某人"就已让我心满意足，或许这只是表面的依赖形式，但却是滋生民族主义毒素的温床，其他深层的依赖更是多种多样。那我是否能超越所有这些，让头脑从此断了在心理上有所依赖的念头，从此彻底杜绝依赖，不再追寻任何形式的安全感呢？如果我能够理解这种超凡的隔绝，能够理解我所意识到的且称之为孤独的东西——那头脑将不会寻求庇护，就不会陷入自闭，孤立也就无从产生了。

所以问题不是如何超然物外，如何让自己不去依赖他物，而是头脑能否通过认识自身的活动、需求和冲动而从此不再封闭自己。只要有"我"或"自我"的概念，孤独感就不会消散，而这种彻底封闭自己的本质和表现，就是发现了非凡的孤独之感。那我能不能快刀斩乱麻，彻底铲除孤独感呢？这样我的头脑就不会去寻求也不需要任何形式的庇护了。

这个问题不能由我，只能由在座的我们每个人来回答，我只负责描述。我需要指出的是，如果你们没有身临其境地去感悟，这种描述就只会成为一种阻碍。但是如果这种描述恰好揭示了你们自己的思考过程，那它就是你对你自己，对你状态的一种觉悟。那我还会停留在那种状态中吗？我们能不能不再四处游荡，能不能就留在原地，不躲不闪地坦然面对孤独的事实呢？当我终于认识并理解了依赖不是问题，孤独才是问题的时候，我的头脑还能对被我称作的孤独状态无动于衷吗？要有所行动实在太难了，因为头脑从来就不会与事实和平共处，它要么解释事实、诠释事实，要么设法处理事实，反正就是难以和平共处。

好，就算头脑能与事实共处，可以对它不做任何判断、阐释，也不对之谴责和躲闪，那事实和头脑有差异吗？两者之间是否存在裂痕呢？或者头脑所想的就是事实吗？打个比方说，我很孤独，我能感受到它的存在，我知道这意味着什么，这是我们日常生活，甚至终其一生都要面对的问题之一。我想自己处理这个依赖问题，看看头脑能否真正免于依赖的困扰，不只是这样猜测，或从理论上和哲学的角度看是否可行，而是真正地摆脱依赖。因为如果我依赖他人去获得爱，那这根本不是爱，我想知道哪种情形我们才能称之为爱。在试图发现爱的过程中，显然，所有的依赖感，人际交往中的安全感，所有的需要，以及对安逸感的渴求都可能得走开，而我也可能必须面对某个全然不同之物。因此，在深入审视自己的时候，我可能会遭遇孤独。现在面对的问题是，我能和依赖共存吗？我说"共存"是指毫无任何退缩地观察那种孤独的状态，不做任何解释、评估或谴责。如果我的头脑能与那种状态共存，那么，那种状态和我头脑中的是一回事吗？有可能是我头脑本身孤独、空虚——而非头脑观察到的一种空虚感。

我的头脑观察孤独，然后躲避它，千方百计想摆脱它。但是。如果我不想摆脱它，想与其共处，那它们之间还会裂痕吗？或者，头脑只是因为自身空虚、孤单而产生了孤独感，而并不是因为知道存在孤独感的观察者。

我觉得说得太多无益，尽快用心领悟很重要。我们说："我现在妒火中烧，想摆脱嫉妒。"这样一来，就是既存在观察者，又存在被观察者。观察者想要摆脱他所观察到的。但是，难道这个观察者和他所观察到的不是一码事吗？制造嫉妒的是头脑本身，所以它对嫉妒也无能为力。

所以，我的头脑观察孤独，那个思考者意识到自己是孤独的。但是通过与孤独共处，与之充分接触，就是说并不想从中逃离，不想去阐释，等等。那样的话，观察者与被观者之间还有差别吗？或者说，头脑因为本身处于空虚、孤独的状态，因而只存在这样一种状态，对吗？不是说头脑观察到自己本身是空虚的，而是头脑本身就是空虚的。那么，意识到自己本身就是空虚的头脑，不管它怎样努力，任何想要摆脱那种空虚的举动都不过是一种逃避，一种依赖，那么到那个时候，头脑还能抛开所有的依赖，重返本真，达到纯粹的空无和纯粹的孤独吗？真的达到那种境界，那不就是摆脱了所有的依赖和所有的依恋了吗？

这真是一个必须认真对待的问题，不是因为我说了，你就得接受，只是被动接受毫无意义。但是如果你正在经历我们现在所说的一切，你会发现任何举动不管是评估、谴责还是解释等等与实际存在的事实之间其实并不相符，由此一来，在事实本身和被观察的对象之间就会产生不一致。

头脑能否不费周折，没有对立，也没有冲突地达到自由的境界呢？这真是个值得深究的问题。只要陷于冲突之中，头脑就不会自由。若没有一丝挣扎，就是自由来临之时。那么，大脑能不能不刻意做任何努力，因而也达到自由呢？

提问者：我现在已经能够接受自己的问题了，但是当我的孩子也遭遇同样的问题时，我怎样做才能不替孩子们难过呢？

克氏：为什么我们要依赖孩子呢？同样，我们爱自己的孩子吗？要是爱的话，怎么会有依赖，怎么会难受呢？我们认为爱就是代人受罪。令人痛苦的是爱吗？或者是我想通过孩子获得永生、实现抱负等等，所以才依赖他们的吗？这么看来，我是想让孩子有出息，没成才的话，我就会难受。问题可能根本不在孩子身上，可能在我身上。这样我们又回到原来的话题了：或许我们都不懂得什么是爱。如果我们爱孩子，很明显明天就应该停止所有战争，我们就不会去按我们的心意约束孩子。他们就应该只是我们的孩子，而不会成长为英国人、印度人、婆罗门或者非婆罗门。

但是我们并不爱孩子，所以才依赖他们，想通过他们实现我们未竟的理想。所以，当这些承载我们期望的孩子做了我们不想让他们做的事情的时候，我们就会伤心，就会有矛盾。

仅仅是提个问题然后静等答案，这样的事情没什么意义可言。但是要是我们能亲自去观察依恋的过程，去通过他人观察追求抱负的过程——这些都是依赖，都必然带来悲伤。如果我们自己能把这整件事当作事实来看待，或许就会产生其他什么东西，可能是爱也说不定。那样的话，关系就会创造出另一个社会，开创另一番天地。

提问者： 当一个人达到内心的安宁，暂时不会有什么问题时，那他能从那种安宁中得到什么呢？

克氏： 这个问题提得很好，不是吗？你理所当然地自认为已经达到了内心的安宁，想知道之后会怎样。但是拥有一颗平静的心是这世上最难的事情之一。从理论上讲是最简单的，但事实上，这是一个最不一般的状态，无法用言语表达。等你到达那样的状态，自然就知道之后会怎样了。但问题是到达，而不是之后会怎样。

你到达不了那种状态，那不是一个过程，不是你通过训练就能实现的。时间、知识、训练对它都无可奈何，它只能通过毫无功利地了解知识，了解整个训练的过程，了解自己大脑运转的整个过程才能达到。这样，内心的安宁才有可能出现。此后会发生什么谁都讲不清楚，言语无法表达，也没什么意义可言。

看到了吧？每一次体验——只要有体验者——就会留有记忆和伤痕。对那段记忆头脑紧紧抓住不放，它想索要更多，因此生成时间。但是，安宁的状态与时间无关，所以根本没有体验者体验到安宁那回事。

请注意，如果你真的希望了解，这件事的确非常重要。只要存在说"我必须去体验安宁"的体验者，他也知道这种体验，那这就不是安宁，这不过是头脑的把戏而已。当一个人说"我已经体验到安宁了"，那只不过是在逃避迷惑和冲突，仅此而已。我们所说的安宁与此截然不同。这也是为什么了解思考者、体验者，以及了解需要被称作安宁的自我很重要的原因。你或许会有片刻的安宁，但是在你享受这种安宁的时候，头脑抓住它不放，只不过或在记忆中的安宁罢了。这并不是安宁，只是一种反应。我们所说的绝不是这些。我们所说的是一种状态，其间没有体验者，所以这种安静、安宁不是一种体验。如果有人记住那种状态，那就会有体验者，因而也就不再是那种状态了。

这实际意味着头脑必须忘却所有的体验，不能有一分一秒的汇总和积累。毕竟，是积累带来了冲突和索要更多的欲望。一个累积欲强烈、贪婪成性的头脑，是永远也无法放开累积起来的各式体验的。只有能够抛开所有累积起的体验，哪怕是最深刻的体验的头脑，这样的大脑才能知道何谓那样的安宁。但这种状态则是训练不来的，因为训练意味着对体验者的延续，意味着为达某一目的对某种意图的强化，因此使得体验者持续地去体验。

如果我们以简单的心态来看待这个问题，那我们就能发现正在探讨的宁静的心态。之后发生什么则既不能告知，也无法用言语表达，因为，这么做没有"意义"——不像在书上或者哲学上。

提问者：*如果我们不曾经历那种完全的安宁，那我们怎么知道它存在呢？*

克氏：为什么我们想要知道它存在呢？它可能根本就不存在，可能只是我的幻觉和想象。但是我们都知道，生活中只要有冲突，就会有苦难。在了解冲突的过程中。我会知道其他的意义。它可能是幻觉，是虚构，是头脑的把戏，但是就在理解整个冲突的意义过程中，很可能会有意外的收获。

头脑担心它里里外外的冲突。只要体验者想要积累，想要汇聚体验，总是或多或少的从时间的角度思考问题。在了解并觉知所有这些的过程中，某种可能被称之为安静的状态就会出现，随便你怎么称呼它都行。

但是，这个过程不是为了寻求安静，寻求安宁，而是为了理解冲突及挣扎于冲突中的自己。

我不知道自己是不是已经回答了你的问题——你是不是问我怎么知道存在安宁呢？我如何识别它？不知你懂不懂？只要识别的进程在持续，安宁就不会出现。

追根究底，识别的过程其实就是头脑遭受束缚的过程。但是，随着了解到所有束缚自己的的内容，头脑就会主动安静下来，观察者就会识别出一种被称作安宁的状态，对体验的识别就此结束。

提问者：我想问你是否承认佛家训诫，正确理解此事会帮助人类解决内心的问题，内心的安宁完全仰仗于自我约束？你赞成这一说法吗？

克氏：如果一个人正在探寻如何找到真理，自然，所有的权威都得束之高阁。在一个人希望发现真理的时候，不能有佛，也不能有耶稣，这就意味着大脑必须能够完全独立，不依赖于任何东西。佛可能会错，耶稣也可能会错，自己也有可能会错。人必须达到不接受任何形式的任何权威的境界。这是第一步——即摧毁任何权威的构造。在解构传统这个庞然大物的过程中，那个过程就会促成一份理解。但是只是照本宣科地接受圣书上的话是没有多大意义的。

当然，要是去发掘时间之外还有什么，整个时间的进程都必须终止，不是吗？整个发掘过程也得停止。因为要是我正在寻觅，那我就会心生依赖，不光依赖他人，还依赖我自己的经历；因为要是我学过什么，我就会用我所学的来引导自己。要想找到什么是真理，就不能有任何形式对真理的追求，这就是真正宁静的心态了。

对一个成长在带有某种巨大权威象征的特定文化和特定信仰中的人来说，非常困难之事就在于抛开所有的一切，只是简简单单地自己思考并发掘真相。如果连自己都不了解，如果没有自知之明，那他就无法简单地思考。任何人都无法让我们透彻地了解自己，老师、书籍、哲学、训练都不行。因此，只要"自我"还在，它就变幻不定，这点必须得清楚。只有通过了解自己，了解我自己思维的进程，痴迷于镜中自己的每个反应，我才发现，只要我对任何事物，如上帝、真理、和平，动了哪怕一丁点儿关于"我"的念头，这样的头脑就不会是安宁的，因为它仍然想要实现、领会，想要到达某种境界。如果有任何形式的权威、强制和模仿，头脑都不会理解。知道头脑一直在模仿它受着权威的摧残，意识到头脑在追求自己的体验和思想外化——这些都需要非常深刻的洞察力、觉悟和自我认识。

只有充分阐明和理解了大脑以及意识的方方面面，才有可能进入或可称作为安宁的状态——在那种状态之中，不存在体验者，也没有识别。

（伦敦的第五次公开演讲，1955 年 6 月 25 日）

追求形式上的满足无法领会到真实

我觉得重要的是自己找出正在追求什么以及为什么而追求。如果我们能深入探究这个问题，我认为会从中发现许多。我们大都在追求某种成就感。正因为心有不甘，我们才去通过各种方式追求满足感，或者借助某种关系，或者发挥某项才能，或者追求做事完美。如果没有诉诸那些方式，我们通常就会去追求自己认定的真理、上帝等等。我们大都在上下求索，如果能找出自己正在追求什么以及为何追求，我想会对我们有很大启发。

缘于对自己、自我现状、人生过往和工作等不满意，我们大都想要有更好的工作、更高的职位，更强的理解力、更广的交际圈、更令人满意的人生观，以及超乎寻常的才能。从表面上看，我们似乎除了这些也别无他求，而一旦即便这些也令自己难以满足时，我们就会向更深处求索，去探求人生意义，一门心思求新图变，聚在不同的圈子里探讨出路，等等，但不管怎样去求索，究其原因，都是因为心头盘踞着不满足。

于我而言，重要的是找出是什么在驱使我们苦苦追求，是为了弄清楚不满足？还是为了追求满足？如果是为了追求某种程度的满足感，那我们显然会变得很狭隘。然而，或许还有一种自发的探求欲，也就是说探求本身并不是因为迫切地想实现某个结果或见到某种成效。我觉得我们大多数人，因为不满意自己的人际关系、生活方式、态度、价值观等，试图摆脱所有这些，然后找到另一套价值体系、生活方式和信仰等等，如此费尽周折，其动机就是渴望达成自己的心愿。所以我觉得重要的是找到一种不因动机而生的探求欲，这不同于因挫折而生的不满，那种不因任何功利之心而生的探求欲可能才是发现真理所必备的品质。

现在，我们因为不满足和失望而苦苦追求，为的就是找到以某种形式存在的满足感，尤其在当探讨真理和上帝的时候，不就是为了求得心满意足吗？不管我们的头脑如何见多识广、聪慧机敏、多有能耐，如果追求满足感，哪怕只有一丁点儿那种意图，那头脑所信奉的神灵、美德、人生观和价值观等必定狭隘、渺小而肤浅。那么，头脑有可能无所追求吗？也就是说，对于因为心愿未遂而生的不满，头脑真能摆脱掉吗？不管头脑多聪明，多有智慧，拥有什么美德，一旦只是为了追求某种形式的满足感，那么它就无法领会到何为真实，整个思维的过程也必定狭隘且缺乏深度。毕竟思想，按照我们所受的教育来说，是我们所有与联想和体验相关记忆累积的结果。思想是对那种记忆的反应，是头脑在束缚之下所做的反应。如果探求是因为受到束缚，探求带来的后果当然还是束缚。所以，如果我们求索只是因为受到制约而心生不满，那不管我们做何努力，结果也必是枉然。

如果领会到这些，随之而来的问题就是：是否存在那种无需疏导的不满——它既不是因动机而生，又不追求满足感——呢？那是种探求之心，不带目的，亦不是对束缚的回应，或许这样的状态才是必要的。我们现在无论思考还是探索都是有目的的，都渴求一种令自己心满意足的状态。波澜不惊，也是我们称之为和平、上帝或真理的状态；这才是我们最想要抵达的地方。

所以说，我们大多数人展开追求都是因为渴求满足感，期待无一丝搅扰的恒久状态。那么，这样一个追求满足感的头脑，有可能发现真理吗？在我看来，要发现真理，人必须了解自己追求的全过程，不为任何华丽的辞藻、目的或目标所迷醉，不管它们看似多么冠冕堂皇，多么振奋人心，多么完美无瑕。因为"自我"，即"我"本身的运行轨迹就是不断从不满趋于满足，这些我们全都知道。一旦目标落空，我们就会心生挫败；随着如麻般如何克服挫败的问题接踵而至，头脑很可能转而去追求一种既没有挫折、又没有悲伤的状态。这样看来，我们对所谓"真理"的追求可能只是一种自我满足和自我膨胀，由此我们便被困在了恶性循环之中。

如果一个人完全而彻底地意识到所有这些，那么，在任何信仰、教义、行为或状态中便无法寻得满足感的身影。追求满足感其实意味着悲伤和挫折，一旦看透个中道理，大脑便不会再穷追不舍。

我觉得在有目标的关注和漫无目的的关注之间是存在差别的。我们可以关注某种观念、信仰和目标——这是个将所有异己成分皆排除在外的过程，还有另外一种关注和觉知，它却是不排外的。同样地，也存在一种探求之心，它不带任何目的，并非产自某些挫折，无需疏导，也不接纳任何抱负。可能我用词不当，但是，我觉得这种超乎寻常的探求心是必要的。没有它，所有其他不满都只会变成通向满足的手段。

当头脑完全认清了自己，了解到自己的思维方式，能不能终止自我满足的需求呢？要是真的没了这种需求，那头脑能一直无欲无求，完全处于空净的状态，既无憧憬、也无恐惧吗？要抵达这种状态，得彻底终止所有追求的行为，对吗？因为只有在头脑空净的状态下，某种头脑之外的事物才可能出现。

毕竟，我们的思想是时间的产物，由许多个昨日累积而来，通过时间——也就是思考——我们试图找寻什么存在于时间之外。我们使用头脑这种时间的工具，目的就是要找到那种无法测量之物。但不知头脑能否完全停止对时间的累积，让那个神秘之物出现呢？当然，这样说并不是说要头脑失忆，变得空白一片，什么都不去想。相反，头脑需要异常警觉，任何一个目标或实体都逃不过它的觉知。

这些很重要。在现阶段我们平日里简简单单的觉知当中，总是存在谴责、判断、评估，这是我们常态的觉知。当我们眼瞧一幅画，挑剔、比较、评估即刻浮于脑海，如此一来，我们根本就没看到那幅画，评估的过程犹如一道屏障，竖立在我们和真实的画面之间。欣赏画面时能否不带任何评估和比较之心呢？同样地，我们能不能实事求是地看待自我，不管自己曾经犯过多少错误，遭受过多少不幸、失败、忧伤和快乐？我们能不能就是觉知真实的自己，抛开一切评估、谴责和比较之念呢？如果头脑能做到这点，那我们就会发现任何问题都会被这样的觉知彻底解决。

当头脑完全意识到这些的时候，它会主动停止追索，它将放弃比较，不再寻求满足，不再唯利是图。那样的话，头脑本身不就摆脱时间的束缚了吗？只要头脑放不下比较、谴责和判断之念，那它就是受束缚的，被束缚在时间的框架之下；一旦所有这些彻底终结，头脑本身不就跳出时间的框架，处在可能被称作"永恒"的状态中了吗？联想、记忆和追索都是时间的产物，在那种"永恒"的状态下根本寻不到能联想、有记忆、善追索的观察者和体验者。

只要体验者放不下追求，想有所成就、累积经验和更多的知识、开拓更广阔的生活空间，那它就是在创造时间，在此情境下不论采取哪些行动，行动总是在时间的范畴之内。

体验者和追求者永远都无法抵达那种不可估量的境界。只有大脑不再寻找、不再追求成就和目标，它才可能真正认清实相。

提问者：我对您说的很感兴趣，也充满了热情，我能做些什么呢？

克氏：热情很快就会消退。如果你只是因为我说了什么而受到鼓舞，那种鼓舞很快就会消失，然后你就会去寻找另一种鼓舞或者另一种激动。

但是，如果我此处所言恰好在你发现的范围之内，是你向内求索的结果，那这种感觉是你自发的，与他人无关。但如果感受是拜他人所赐，那就是在建立和膜拜权威，这样的过程复杂、艰辛而又消磨意志。如果你听懂了，理解了，自然会有所行动，但如果你只是满腔热情，"受到鼓舞"，你就会拉帮结派——而这将成为另一种阻碍。我们到底在谈论什么？我说的并不是新鲜事。我们在探讨怎样去观察自己的整个觉知过程。要想理解自我，我们必须认识自己，去除谴责、比较和评判的意识，只是一心一意去觉知，唯有这样才能发现我们自身和思维的运行规律。要实现这些当然不需要权威，这是你作为一个独立个体要去自己发现的。

困难在于我们渴望鼓励，期待有人相伴，希望能得到别人的认可，盼望能遇到志同道合之人——这些都是干扰，完全应该由你自己去解决。我的建议是，随着对这个问题探究得愈发深入，你会发现自己将进入一种自发的状态，你无须去做任何事情。如果你发现了某种实相，真理会自动展现。但是我们都想为之做些什么，实际是假借行动来满足自己的虚荣心，结果就会开始用各种经验来制约自我。

但是，我认为有种行动并非源自你收听过几场讲演、阅读了几本图书，促发这种行为的原因在于你自己已体验了那种存在于头脑之外的状态。但如果你总是眷恋那种体验，自认为已经有所感悟便想依此行事，那么，感悟就会变成你的障碍。

提问者：我们怎样才能在这世界中拥有安宁？

克氏：首先，让我们看看是不是有人能给我们带来安宁。政客们不行，民族主义者不行，有军队不行，政府内部搞分裂不行，出现信仰藩篱和宗教（至少所谓的宗教）隔阂也不行。恐怖可能会带来一时的安宁，但那显然并非真正的安宁。安宁与之截然不同，不是吗？安宁是停止内在的暴力，这种暴力的外在表现是抱负和竞争。你我愿意放弃自己的抱负，做个无名小卒吗？

安宁是一种心态，不是吗？它不能从外界获得。那么一个人怎样才能达到内心的安宁呢？不能通过自我催眠，也不能对自己说"我想要安宁"，然后践行非暴力的美德。那只不过是一种把自己催眠到某种状态的过程。所以说，一个人能不能真正从内心、从心理上放下所有的国别观念、抱负情怀，以及与他人攀比的心态呢——因为所有这些都产生了暴力和嫉妒。只有真正放下了，才能真的拥有一个可以称作"为我们所有的"世界。

如今，这个世界并不为我们所有，西方文明对峙东方文明，这个世界不是英国的，就是美国的，或是共产主义的，等等，但就是不为我们所有，不属于你，也不属于我，不是生活的乐土。我们中的任何一个哪怕只有一点儿国别观念和竞争意识，或者只是动了想实现目标、有所成就的念头，那么，真正属于我们的世界就不会到来。只要想有所作为，彼此之间就会相互竞争、冷酷无情，而这些都是暴力的表现。

所以，抛开理论的角度不谈，你、我难道就真的不可能成为无名小卒吗？想成为无名小卒并不是逃避，我之所以产生这种想法一是因为认识到暴力生成的全过程，二是因为看清了暴力的内在本质。我既不是因为壮志未酬才有此想法，亦不是因为不得志才去寻求内心的宁静。

如果我是因为某个事物本身而心生喜爱之情，那就没有必要去竞争，不是吗？我热爱自己正在从事的工作，不是因为它会给我带来什么——比如奖励、惩罚、成就、名声等等，而是因为它本身，这样的话，自己将不再关心谁做得更好或者更坏，所有的竞争意识都会从我脑中消除，而我们这个世界之所以存在暴力，正是因为我们并不这么想。合约和立法或许只能带给我们表面的安宁，但是在内心深处我们依然在竞争，在挣扎，想要有所作为。然而，只要存在那种暴力，就不会有安宁，就无法随心所愿地做事。

想要拥有内心的安宁，就必须深刻理解"自我"的处世之道，必须知道是"我"在竞争，试图有所作为。理解到这些并放弃"自我"的做法其实并非易事，我们所有的传统、教育、社会文化等等一切的一切都告诉我们要出人头地。基于这样的理念，我们往往认为如果一事无成的话，自己也就被淘汰了。事实上我们都在毁弃真正的自己，因为不管作为一个整体、个人，还是国家、阶级，我们都想有所作为——这是事实。正因为人人都想出人头地，我们才说是在毁弃真我。但是，如果我们知晓了想有所作为的各种心理表现，做个无名小卒或许会带给我们另一种生活方式，这也许是唯一能让我们寻得真理的方式。但为此必须掀起一场彻底的革命——不是共产主义革命，也不是表面上缝缝补补式的变革，而是一场彻底的内在革命，一场不区分彼此宗教和信仰的内在革命。唯有掀起这样一场革命，世界才是适宜生活的，才是"为我们所有的"。心怀那样的情感出发，世界就会成为我们的，不仅如此，一种完全不同的文化、政府和政权也将从此诞生。

提问者： 你说，对于冒出来的想法，如果头脑能彻底参透它，那它就不会生根，我们也不会受其干扰，但是，假使我费尽九牛二虎之力终于做到了，但那个念头又冒了出来，我该拿它怎么办呢？

克氏： 你努力参透那个想法是因为想摆脱它，对吧？欲除之而后快，这不正是你努力参透那个想法的原因吗？刚才提问的人说："那个想法我就是摆脱不掉，它总是没完没了地出现。"据此，我们可知他审视这一问题的动机是找出如何摆脱某个想法。所以，他满脑子都在想如何甩掉那个令人烦恼和痛苦的想法，而对于想法本身，他根本没去参透。如果那个想法轻松愉悦，他才不想甩掉呢，一定得留着，这样一来也就无所谓问题了，反之，如果那个想法激不起任何快乐的感受，他就会想方设法地甩开它，这就是他想参透那个想法的动机。如果他只关心如何摆脱某个想法，那么，他实际已经对之心生不满了，不是吗？仅仅因为不赞同那个想法就想摆脱它，那他又怎么可能完全理解那个想法呢？

所以说，现在重要的不是完全参透某个想法，而是要明白这样一个道理：理解某个想法时倘若掺杂任何谴责，你都将对之无法透彻理解，这个道理很明显，对吧？如果想了解一个孩子，我得好好研究这个孩子，不能对他评头论足，说："这个孩子比那个孩子好。"或者用大人的思维去理解孩子。要真正了解他，我得仔细观察，看他都是怎么游戏、哭闹、喊叫、吃饭和睡觉的。所以，我的头脑能在观察某个想法的同时不对之做任何区分吗？因为，那种区分想法的行为本身就已经在评判它了。

这个过程有点儿复杂，但是如果你耐心听下去，我保证你能领会它的意思。比如说，我很贪婪，嫉妒心又强，我想彻底弄明白什么是嫉妒，而不是想把它甩开。出于种种原因，我们大都想摆脱这种不良心绪，为此也做了多方尝试，但总是不见效果，一波一波的嫉妒浪潮不停涌现。如果我真的想理解嫉妒，了解它的本质，我当然不应该谴责它。

我觉得，"嫉妒"这个词本身就有贬义，想真正了解"嫉妒"，头脑能不能把被称作"嫉妒"的情感和"嫉妒"这个词语本身分开来看呢？因为，把那种情感以"嫉妒"这个词来命名本身——单是使用那个词，我就已经在谴责了，不是吗？"嫉妒"这个词本身带有强烈的心理和宗教上的谴责意义。那么，头脑能将情感和词语分开来看吗？如果能的话，是存在一个正在观察的实体，即"我"吗？因为，"我"这个观察者当然是那个谴责嫉妒的实体，是他借用"嫉妒"这个词在展开联想。

我们再谈得深入些。我建议你们观察下自己正在运转的头脑，不光听我说，还要审视自己所熟悉的任意一种嫉妒或者暴力感觉，和我一起去深入了解它。让我们对自己说："我嫉妒心很强。"对这种说法的反应一般是要么为这种情绪辩解，要么谴责它。当我对自己说："我不是真的嫉妒啦，我想出人头地只不过是顺应我所在的文化和社会，没有这种想法，我岂不就此淹没于人海了嘛？"如果这样说，那我就是在替"嫉妒"辩解。或者我会谴责这种情绪，因为我觉得不管出于什么原因，这并不崇高。这就是我处理被自己称作"嫉妒"的情感的方法：或者辩护，或者谴责。现在，如果这两种方法我都不采纳——这会极其艰难，因为这意味着我不仅得让头脑摆脱所有过去的种种束缚，还得去除抚育我成长的文化上的熏陶——如果头脑真的能摆脱这些，那头脑也必定能摆脱那个词的干扰，因为"嫉妒"这个词本身就暗含贬义。你明白了吗？现在我满脑子都是词语、符号和想法；这些符号、想法和词语共同组成"我"，"我"就是嫉妒的本体。如果不用言语去表达，如果所有与"我"的联系都中断，那还会有嫉妒的情感吗？当"我"不存在了，还会体验到嫉妒吗？因为那个"我"就是谴责、表达和比较的抽象的存在体。

想要彻底参透一个想法，探究它的根源，我们必须要认识到不能有任何谴责之念，不能为之做任何辩解，等等，也不能想着去克服它。因为如果我只想解决一个问题，我就会只专注于如何解决它，而不是了解这个问题。问题出在我思考和做事的方式上，但是，如果我指责自己处世方式，我现在这个样子，那显然会妨碍更深入的探究。如果我说"我不能这样，我必须得那样"，那就根本不可能理解"我"的处世方式，因为"我"的本性是嫉妒心重、占有欲强。

问题是，我能不带任何谴责和比较之念地意识到这些吗？因为唯有这样，一个想法才能被彻底参透。

提问者： 您似乎认为瑜伽没什么用，这点我同意。练瑜伽其实是一种逃避现实的方法。但是如果我们避免人为地把注意力集中在某个目标上，让我们所谓的"冥想"变身为探究的方式深入到"现实"的各个领域，同时并不期待任何结果，这肯定是您推崇的。您是否也认为如果我们试着平抚我们的身体和呼吸的话，如此困难的事情就会变得更容易些？

克氏： 提问者真正想要知道的是如何冥想：平抚身体、均匀呼吸是否有助于冥想？冥想是探究"现状"各个领域，而非从中逃离的过程。让我们看看如何冥想。

现在，要是你认真听，不把注意力集中在我回应的任何句子或短语上，我们就能一起探讨如何冥想了。对我来说，"如何"根本就不是问题。问题是何为冥想？要是我不知道何为冥想，那仅仅探讨如何冥想就没有什么意义。所以我想探究的并不是如何冥想、采用什么方法、如何意识到"现状"而不逃避、如何打坐、如何重复特定的词语等等。这些都不在我们的探讨范围之内。要是我知道什么是冥想，那么如何冥想的问题自然会迎刃而解。

什么是冥想呢？要是我们不知道，就无从下手，所以我们得虚心地接近它，不是吗？这么说你懂吧？你得用敢于说"我不知道"的谦卑之心来和它接触，而不能先入为主地只是问"我怎样才能冥想"。请相信我，如果你真的愿意这么做——不是谨遵我所说的，而是在我们一起深入探讨的同时去亲自体验——那么，你自己就会找到冥想的意义。

到目前为止，我们怀揣如何冥想、遵循什么方法、如何呼吸、该做哪种瑜伽等等的各种疑问来对待这个问题——因为我们自认为知道什么是冥想，追问"如何"能让我们有所进展。但是，我们真的知道什么是冥想吗？我不知道，我想你们也不知道。尽管我们可能都读了数百本书，也做了很多瑜伽训练，但我们都必须以一个敢于说"我不知道"的谦卑之心来对待它。事实上你不知道冥想是什么——你只是希望、渴望、想要通过某种行动和训练抵达某种状态。那种状态可能完全是错觉；可能只是你自己的幻想。它当然是你的幻想；是你自己的假设，一种对你每日挣扎于痛苦之中的反应。

所以说，第一要义不是如何冥想，而是找出什么是冥想。因此，头脑必须在毫无察觉的前提下找到它——这是极端困难的。我们太习惯于认为冥想离不开某种特定的方法——或者像牧师一样，重复某些词语，或者以某种姿势入定，或者专注于某些特定的短语或图片，或者均匀呼吸，让身体保持静止不动，完全控制自己的思想；这些都是我们所熟知的。我们也相信这些会引领我们发现我们所认为的超越头脑的东西，而且这个东西并非转瞬即逝。我们认为我们已经知道自己想要什么了，只是在试图比较哪种途径是最便捷的。这个"如何"冥想的话题完全是伪命题。但是，我能找到什么是冥想吗？这才是真正的问题所在。去冥想，去了解什么是冥想，这可不是小事。不妨一起去探讨吧！

冥想当然不是追求任何方法，对吧？我的头脑能彻底忘记冥想的训练方式及怎样进入冥想的传统做法吗？那些做法不仅此处可见，在印度也有。这才是我们最该追问的问题，不是吗？因为我不知道什么是冥想，我所知道的是如何去专注、如何控制心智、如何训练以及该做什么，但我又不知道在这尽头会是什么。曾有人告诉我说，"你要是这么做，就会取得成功"，我很贪心，所以就照着做了。那么，为了探究什么是冥想，我能舍弃对如何进入冥想的追索吗？

去探索所有这些就是冥想，不是吗？当开始询问什么是冥想而不是怎么冥想的时候，我其实已经在冥想了。我开始追问自己什么是冥想时，我的头脑，因为并不知晓，必须拒绝了它所知道的一切——也就是说我必须摒弃抵达某种状态的私欲。因为想要再次如愿以偿的欲望是我渴望找到某种方法的根源和基础。之前我已经体验过安宁、平静和差异感了，想要再次亲历那种感觉，永远处于那种状态——所以我追求"如何"。我觉得自己已经知道与之不同的是什么状态，也知道有种方法可以带我进入那种状态。但是，如果我已经知道那种状态，它就不是真正存在的，它就只会变成我自己欲望的外化。

当我的头脑在真正探究什么是冥想时，如果理解了为什么想要达到目的、获得成就，那它就自由了。因此，它已把权威彻底抛在了脑后；因为，我们不知道什么是冥想，也没有人能告诉我们。我的头脑完全处于"一无所知"状态，没有方法，没有祷告，没有重复，没有专注，因为头脑意识到专注其实是成就的另一种表现方式。头脑专注于某个特殊的想法，是希望由此训练头脑通过舍弃去进行更深入的探究，这又表明存在一种"无所不知"的状态。所以，如果我不知道，那么所有的这些都一定会消散。我不会再以成功、成就的角度思考问题，也不会再有累积经验将帮助我抵达彼岸的感觉。

所以，当我做到如上所说的那些时，还能找不出冥想是什么吗？那儿没有冲突，没有斗争；只有绝不累积的意识——始终如此，并非在特定的时候。所以，冥想是完全剥蚀头脑的过程，是对积累意识和成就感的清除，而积累经验、获取成就正是"自我"和"我"的本性。运用各种各样的方法只会强化那个"我"。你或许可以掩饰、美化或者改善它；但它仍然是"我"。所以，冥想是对自我行为方式的发现。

如果深入探究这个问题，你就会发现冥想从来都不会变成一种习惯。因为习惯意味着积累，只要有累积，自我就会变得贪得无厌，索要更多的积累。这样的冥想存在于意识领域，除了能作为一种自我催眠的方式以外，别无意义。

当头脑——真正地，不只是说说——通过觉知和自知消除了所有的积累意识时，它就只会说"我不知道"。所以冥想就是终止个人累积——而不是到达某种安宁、平静的状态。只要头脑还能积累，它总会要求更多。而"更多"需要体系，需要方法，需要建立权威——这些都是"自我"的行为方式。当头脑完全看出其中的谬论，它就会处于一种恒定的"无所知"的状态。只有这样的头脑才能领悟到那种不可测量之物，而这种不可测量之物只能形成于当下，不在昨天，也不在未来。

（伦敦的第六次公开演讲，1955 年 6 月 26 日）

PART 03

奥哈伊，1955 年

唯有获得解放的头脑才能发现真理

放眼世界，我们会看到诸多引人深思的问题。尽管福利国家可以被创造出来，政客们也可能打造出表面的太平盛世，就如我们所处的这种社会一样，生产蓬勃发展，百姓满怀憧憬，但我还是认为，我们的问题不可能就这样被轻易地解决掉。我们希望这些问题得以解决，或者指望高人，如宗教导师、分析师、领袖，替我们解决，或者依赖传统的力量，或者求助于书籍和哲学。我猜这也是你们为什么会来这里的缘故：让别人告诉你去怎么做。或者，你们希望通过听取讲我的解释弄清楚我们人人都面对的问题。但是，如果你们以为随随便便听一两场讲演，不用上心就可以在引导之下理解我们的诸多问题，那我觉得你们就大错特错了。仅仅在口头上或智力上解释我们所面临的问题根本就不是我的初衷，相反，我们应该试图在这些讲演中对一些基本的问题深入探究，弄清楚是什么让我们所面对的问题如此复杂，如此的令人痛苦、悲伤。

请耐心去听，不要被只言片语所迷醉，也不要排斥其中的一两个短语或想法。一个人必须有极大的耐心才能发现真实。我们大都迫不及待地想取得进步、找到答案、获得成功、实现目标、抵达某种幸福的状态或者体验头脑中令人眷恋的片段。但要发现真实，我认为必要的是保持耐心和恒心，放手去追，不必在乎结果如何。我们大多数人都在寻觅，汇聚在此也是为了寻觅，但随着寻觅的展开，我们就会开始期待有所发现，希望获得某个结果、目标，或者开心、平和的心态；所以，我们探寻的目标早已确定，对吧？我们在按自己的心意追求。因为探求的目标已经确定，事先就定好了，所以，这已不再是探寻，我觉得理解这些很重要。当头脑寻求某种状态和解决问题的方法时，当头脑追求上帝、真理或希望获得某种体验时，不论神秘与否，它已经预设了自己的理想；正是因为头脑已经预设并规划好了自己追求的目标，与之相关的搜寻才相应变得徒劳无益。理虽如此，但要让头脑真正摆脱这种获得结果的欲望实在是一桩难上加难的事情。

在我看来，除非头脑经历一场彻底的革命，因为只有这样的革命才会让我们领悟到何为真理，否则我们的许多问题都无法得以解决。因此，重要的是了解我们头脑的运作方式，不是通过自我剖析或内省，而是通过对头脑整个运作过程的觉知，这也是我在这些讲演中想讨论的。如果我们既不了解真实的自己，也不了解"思考者"——即那个有所追寻的实体，那个总是在请求、要求、询问、试图发现、制造问题的个体，也常被称作"我""自己""自我"——那么，我们的思索和探究就会毫无意义。如果不了解一个人用来思考的工具（即头脑），如果头脑遭到了扭曲，受到了制约，那么它的想法注定也会变得有限而偏狭。

所以，问题是如何让头脑摆脱它所受到的制约，而不是如何让头脑更好地适应那些束缚。这么说你懂吗？我们大都在寻找一种更好的事物来约束自我。共产主义者、天主教徒、新教徒，还有这世上来自各家教派的人士，包括印度教徒和佛教徒，他们都致力于用一个更崇高、更公正、更无私或更虔诚的思想体系来束缚头脑。这世上所有的人，当然，都想用更好的方式来制约头脑，但对于如何让头脑摆脱所有的束缚，却从来没有探问过。然而，在我看来，头脑必须摆脱所有的束缚，也就是说，如果头脑因为受到熏陶或影响，就转而开始改信仰基督教、佛徒、印度教或者共产主义，那问题就一定存在。

无疑，只有当头脑摆脱所有的束缚，才可能发现何为真实，才可能发现上帝是否存在。一个受制约的头脑即使执着于上帝、真理和爱，也毫无意义可言，因为这样的头脑只能在它受限的领域内运行。不信仰上帝的共产主义者这样想，信仰上帝、执着于教条的人那样想，虽然这两种头脑各有所想，但都没能逃脱受制约的命运，都无法自由地思考，与之相关的所有主张、理论和信仰因此也都意义不大。宗教并不是去去教堂、拥有某些信仰和教条那么简单。宗教与之全然不同，它可能意味着把头脑从数个世纪以来的传统中彻底解放出来；真理、实相超越头脑的构想，头脑唯有获得解放才可发现真理或实相。

这并非我一家之言，我们不妨来看看这世上都在上演什么。共产主义者想用这种办法解决生存问题，印度教徒意欲选择另一种，基督教徒想采纳第三种。就他们的头脑而言，都是受制约的。就说你吧，不管承不承认，你的头脑就是按基督教的模式培养出来的。可能表面上看不出你跟基督教传统有什么关系，但深入到你无意识的各个层面，到处可见那种宗教传统的痕迹，那些层面依据那一特殊的模式塑造，数百年来都受相关教育理念的束缚；所以，如果头脑想要发现存在于自身之外的东西——如果确有此物的话，那么，它首先必须摆脱所有的束缚。

所以，在整个探讨过程中我们并非在讨论任何形式的自我完善，我们也不关心对那种模式加以完善；我们既不追求让头脑因循更为崇高的思想体系，也不致力于让它融入更具广泛社会意义的模式。相反，我们上下求索，为的是让头脑，让它的意识和无意识，彻底摆脱所有的束缚，否则，我们将永远无法体验到真理。

对于真理，你大可以高谈阔论，或许你已为它博览群书，读遍了东西方的圣书，但是，除非头脑意识到自身的运行过程，除非它知道自己是在某种特定的模式下运转的，而且有能力摆脱那种模式的束缚，否则，所有的探究皆是枉然。

由此可见，对我们来说最重要的是从自身开始，意识到自己所受的束缚。然而，意识到自己竟然是受到束缚的，这何其困难！表面上看，在头脑的浅表层面，我们可能是意识到了自己所受的束缚；可能，我们也因此放弃了一种模式，却接受了另一种——例如放弃基督教，选择共产主义；离开天主教，加入其他同样有暴君色彩的团体，认为自己进步了，在逐渐接近真理。其实恰恰相反，这么做不过是从一所思想牢狱转到了另一所。

然而，这却是我们大多数人想要的：按我们的惯常思维模式为头脑找一个安全的家。换句话说，我们都想去追随某套模式，让我们能够处变不惊、思想平和、举止从容。但是，要让自己彻底来个大转变，最终发现那个超越头脑，超越所有欲望、虚荣和追求的东西，我们必须学会耐心地观察自己所受的束缚，并且还要有能力摆脱这些束缚——因为只有这样的头脑才能发起根本性的革命，才能让自己彻底改变。但是，如果不了解自己，不能客观地认识自己——不是理想中的自己，那只是一种幻觉、一种理想化的逃避——不了解自己的思维方式，不能洞见自己所有的动机、想法以及相关的无数反应，那我们不但理解不了整个思考过程，更是无法超越这个过程。

你们不辞辛苦，在这个酷热的夜晚赶来听这场讲演。我想知道你们到底在没在听？都在听些什么？如果你们不介意的话，我觉得稍微深入探讨下这个问题还是很重要的。你们真的在听吗？或者说你们是不是在按照自己的理解方式诠释我说的内容呢？不管谁在讲话，你能做到只是倾听吗？换言之，在听的过程中，你会冒出各种想法，有各种反应，那么此后，你的知识和经验能不能不介入到你的倾听和理解之间呢？

我认为区分注意和专注是个重点。专注意味着选择，不是吗？你努力把注意力集中在我正在说的内容上面，你的头脑聚焦于某一点，关注面变窄，其他想法一旦出现就会从中作梗，所以这并不是在真正倾听，而是两股势力在头脑中交战，你一边在现场聆听讲演，一边想着如何诠释和应用所听得的内容。然而，注意则截然不同。你注意的时候，没有聚焦，没有选择，也不刻意做任何解释，只是完全的觉知。如果我们能绝对专心致志地聆听，那么，那种注意就会给头脑自身带来奇迹。

我们现在谈论的内容极其重要，因为除非在我们每个人身上都发生根本性的革命，否则，我不知道还有什么方法能为这个世界带来广泛而深刻的改变。毫无疑问，那种彻底的改变是必要的。仅仅经济革新，不管是共产主义式的还是社会主义式的，都无济于事。唯有宗教意义上的革命才是良药。但是，如果头脑一味遵循自己先前信奉的模式，宗教意义的革命则根本不会发生；如果一个人信奉某一特定的宗教，如基督教或印度教，那么，真正宗教意义上的彻底变革也不会发生在他身上。这样的革命我们真的很需要。要掀起宗教意义的革命，头脑必须挣脱所有的束缚，因为只有无所束缚的头脑才能持续感知到真理和上帝等这类事物，才能为社会引进不同的人生观、价值观，才会创造一个全新的世界。

所以，重要的是了解自己，不是吗？自我认识是智慧的发端，它并不是根据某些心理学家、书籍或哲学家的标准来判定自己，而是真正认识活在当下的自己。这么说你懂吗？了解自己就是观察自己此刻在想什么，有何感受，不光看自己的外在表现，还要从内心深处感知这一切，不带任何谴责、判断、评估和比较的念头。只消一试，你就会发现让一个受训了几百年，已经习惯于比较、谴责、判断和评判的头脑完全停止这样的过程，只是简单而客观地观察，该是何等困难。但是，除非这一切真的发生，不只看似发生了，而是在所有的意识层面都去这么做，不然的话，我们将无法探查至头脑的最深处。如果你来这里真的是为了弄明白我都讲了些什么，那么，请注意，以上才是我讲话的重点，不是别的。我们要解决的不是你应该属于哪个社会，你应该喜欢参加哪项活动，你应该阅读哪类图书等等这些表面化的事情，而是如何让大脑从束缚中解放出来。头脑不仅应专注于日常生活中一直处于清醒状态的有意识，还包括深层的残留着历史、传统和种族本能印记的无意识。它们共同组成我们的头脑，除非这整个意识系统都彻底地无所束缚，否则，我们的搜寻、探究和发掘都会变得局限、狭隘而琐屑。

可以说，我们的头脑是彻底被桎梏起来了，无一处幸免；那么我们就要问了：这样的头脑能自我解放吗？谁才是解放它的实体呢？这么问你能懂吗？头脑包括有意识和无意识，在意识的各个层面都散布着知识、习得、传统、种族本能和记忆，这样的头脑能解放自己吗？或者说，是不是当头脑意识到自己是受束缚的，意识到自己想远离这种束缚的任何举动其实都是另一种形式的束缚时，它才能真正获得自由呢？我希望你听懂我的意思了，如果没有，我们会在以后继续讨论这个话题。

如果你想想，就会发现头脑是完全受限的，这个事实显而易见，这可不是我虚构出来的，这是事实。我们全都属于某个社会，在某种意识形态、信条和传统的教育和熏陶下成长，文化与社会的巨大影响在不断制约我们的头脑。这样的头脑怎么会自由呢？它每一次渴望自由之举都是因为受到了束缚，因此，每一次行动所带来的后果必定是进一步的束缚。要获得自由，途径只有一个，那就是，头脑必须处于绝对静止的状态。尽管头脑中问题繁多，冲动、矛盾和野心数也数不清，但是如果——通过自我认识，头脑在自我探查时摒弃赞同或谴责之念——在不加选择的情况下觉知头脑运行的整个过程，那种觉知就会在头脑中促发一种非同寻常的安宁，至此，头脑完全沉静下来，不再做任何运动；至此，头脑迎来了自由。它不再四处寻觅，不再向往任何目的和目标，因为它意识到，这些目标和目的不过是自身所受到束缚的投射。要是你能理解这点，不自欺欺人的话，你就会意识到那种非凡的可以被称作"创造力"的东西可能已经形成。只有那时，头脑才能意识到那种不可估量的，或可被称作上帝、真理或其他名称的事物——叫什么名字无关紧要。不管你在社会上如何声名煊赫、家财万贯，有车，有房，有冰箱，看似生活平静等等，如果那种不可估量之物并未降临你的生活，悲伤总是难以避免。要终止悲伤，唯有头脑摆脱束缚。

问题的确很多，但提出问题和解答问题的功能何在？问题提出来就能被解决吗？问题是什么？请跟着我一起想。什么是问题？只有当头脑专注于某件事情的时候，才会产生问题，不是吗？如果我被一个问题困扰，意味着什么？比如我脑子里从早到晚都是嫉妒、猜疑、性等等，正是因为这些东西充斥头脑才导致问题的产生。嫉妒可能是事实，但产生问题和冲突则是因为这个事实控制了头脑，不是吗？打个比方，我嫉妒心很强，或者对某个或其他事物怀有强烈的渴望。显然，嫉妒说明存在冲突，然后，我的头脑就会专注于解决冲突：怎样才能从中解脱？怎样才能解决问题？该采取什么措施？所以你看，产生问题的原因在于满脑子都是嫉妒，而不是嫉妒本身，不是吗？——现在，就让我们来深入探讨嫉妒，全面探讨它的意义。如前所述，问题的缘起不在于事实，而是头脑为事实所占据。那么，头脑能从那种专注的状态中解脱出来吗？头脑能应对事实，不被它所控制吗？在接下来的探讨中，我们会检视头脑专注的问题。观察头脑在如何运转真的很有趣。

所以，把所有这些问题一并考虑，我们是在努力让头脑走出专注的状态，这意味着客观观察事实而不被事实所控制。也就是说，如果我有某种特殊的欲望，我能只是观察这种欲望，却并不让头脑专注于它吗？请观察一下你的易怒倾向或其他什么倾向，你能客观地看待它，避免头脑独独专注于此吗？专注意味着想努力克制这种冲动，不是吗？这样做你其实是在谴责它，在把它和其他想法做比较，你想改变它、控制它。换句话说，你如果对自己的欲望采取措施，其实是想让它占据你的头脑，不是吗？但是，你能客观看待你有某种特殊倾向、冲动和欲望的事实吗？你能在看待这一事实时抛开比较和评判的念头，避免任某种情绪恣肆蔓延，从而控制你的整个头脑吗？

从心理意义上来说，观察到这点还是挺有意思的，即在看待事实如嫉妒时，由于满脑子都是观点、判断和评估，头脑被实实在在困在它们所组成的巨形方阵里了。也正因如此，我们除了徒增问题的复杂性外，永远都无法解决问题。我希望我说得还算清楚。所以，我认为对我来说重要的是弄清楚头脑是如何专注于某个想法的，因为这背后还隐藏着一个更深层的因素，那就是头脑害怕自己空空如也。不管头脑里想的是什么，上帝、真理？性、酒？本质上并无差别。一个心里想着上帝、成为隐士的人可能确实比一个酒鬼的社会意义和社会价值更大，但是他们的头脑都一样，都已被各种想法填得满满的，而这样的头脑永远也不可能自由地找寻到真理。

请不要排斥或简单接受我所说的。请自己观察并找出答案。如果我们每个人都只真正关注这一件事，集中全力去观察头脑专注于问题时的整个运转过程，但并不去想如何将其从专注中解救出来，因为这种所谓的解救不过是另一种专注而已——如果我们能完全、彻底地了解整个过程，我想问题本身就变得无关紧要了。当大脑走出专注的状态，自由地观察并觉知整个问题的时候，问题本身就相对容易解决了。

提问者：我们所有的烦恼似乎都源于欲望，但是，我们能做到无欲无求吗？欲望是人与生俱来的？还是后天形成于头脑的呢？

克氏：什么是欲望？我们为什么要把欲望和头脑区分开呢？"欲望制造麻烦，我必须摆脱欲望"，说这句话的是谁？你跟得上我吧？我们必须要了解什么是欲望，不能因为它制造麻烦或者是头脑的产物就想着如何摆脱它。首先我们要知道什么是欲望，然后才能更深入地探究。什么是欲望？欲望怎么来的？我会逐一解释，相信你们一定能明白。但是，请不要只是听我讲了什么，请实际体验我们在探讨过程中所谈论的，这样才会有意义。

欲望是如何形成的？当然，它是通过感知或观察、接触、感受，然后是欲望，共同作用生成的，难道不是吗？首先你看到一辆车，然后接触、感觉，最后你想拥有这辆车，亲自驾驶它。请慢慢地、耐心地跟我一道来理解这个过程。在你致力于拥有那辆车的过程中——因受欲望的驱使——必定存在冲突。也就是说，在你满足欲望的同时，无可避免会有冲突、痛苦、折磨、喜悦，然后，你想维持喜悦、丢弃痛苦。事实上，这也是我们每个人都在做的。一个因欲望而生、只追求享乐的个体说："我必须摆脱那种痛苦，这太折磨人了。"我们从不会说："我想把痛苦和快乐统统抛开。"我们想抛弃的只是痛苦，喜悦的都想保留，但是欲望创造了两者，不是吗？通过感知、接触和感觉而产生的欲望就是那个想要保留愉悦、抛弃痛苦的"我"。但是痛苦和喜悦同为欲望的结果，是头脑的一部分，没有超出头脑的范畴。只要个体说"我想保留这个，抛弃那个"，那就必然有冲突。因为我们想摆脱所有令人痛苦的欲望，想紧紧抓住愉悦的、有价值的欲望，却从来没有考虑过全部有关欲望问题。当我们说"我必须摆脱欲望"时，究竟是哪个个体想摆脱呢？个体难道不是欲望的结果吗？你对所有这些都听懂了吗？

正如我在这篇讲演之初所说的，要想理解这个问题，你必须得有无穷的耐心。根本的问题是，这里没有绝对的黑白分明的"是"或"非"。重要的是提出一个根本性的问题，而不是找寻答案；如果我们能够不为了寻找答案来看待一个问题，那么对那个根本问题的观察就会促进对这个问题的理解。

所以我们的问题并不是如何摆脱痛苦的欲望而保留那些愉悦的欲望，而是去理解欲望的全部本质。从中引出了这样一个问题：什么是冲突？谁是那个总是在快乐和痛苦之间做出选择的个体？那个我们称之为"我"、自己和自我的个体，那个说"这是愉悦，那是痛苦，我会紧紧抓住前者，毅然放弃后者"的人——那个个体不还是有欲望的吗？但是，如果我们能够客观看待欲望，不去想保留什么，或者抛弃什么，那我们将发现那种欲望会带上迥然不同的意义。

　　欲望产生矛盾，任何一个绝对保持高度警觉的头脑都不想生活在矛盾中，所以它想方设法地要消灭欲望。但是如果头脑能够理解欲望，不想去消除它，不说"这种欲望好，那种坏，我会保留前者，抛弃后者"，要是头脑能够看清欲望，不拒绝、不选择、不谴责，那你会发现头脑就是欲望，它和欲望密不可分。如果你真的理解这些，头脑就会变得异常安静，即使欲望来了，它们也不会再产生巨大的影响，不再具有重大的意义；它们不会在大脑里安家落户，制造事端。头脑当然会有所反应——否则它就虽生犹死了——但那种反应只是表面的，不会生根发芽，这就是为什么我们理解整个欲望生成过程很重要的原因。我们大多身陷欲望的泥潭，能感受到挣扎其间的矛盾和无限的痛苦，所以我们和欲望苦斗，这种斗争造成我们和欲望之间的对立。然而，如果我们抛开判断、评估和谴责的念头，客观看待欲望，那么，我们会发现欲望不再是根深蒂固，头脑——为问题提供滋长的土壤——将永远无法发现真理。因此，问题不是如何消除欲望，而是去理解欲望。要真正理解欲望，头脑必须摒除评判之念。如果摆脱欲望的控制，不再专注于欲望，头脑就能真正地理解欲望。

（奥哈伊的第一次公开演讲，1955 年 8 月 6 日）

重要的是自己感悟而不是他人引导

或许，首先一起探讨下我们所说的倾听是什么意思会大有裨益。显然，你来到此地是为了倾听和理解我所说之言。所以，我觉得重要的是找出我们倾听的方式，因为它直接关系到我们理解的程度。倾听的时候，我们是不是在和自己讨论所听的内容？对于这些内容，我们是在根据已有的某些见解、知识和特征解释它？还是只一心一意地聆听，没有做任何诠释呢？集中注意力意味着什么？我觉得区分注意和专注相当重要。为了完全理解所说的内容，我们能只是专心致志地听，不去想什么阐释、反对或赞成吗？我觉得，要是一个人能调动他全部的注意力来倾听，那么这种注意力显然会产生神奇的效果。

毋庸置疑，倾听可以分为两类。一类是泛泛地听、浅浅的理解，只求能抓住字词所描述的表面意思；另一类则是不仅倾听词语描述和口头叙述，还要捕捉到它们的内涵，也就是说，听者把听的过程当作是自己感同身受的过程。如果能做到后者，也就是说，如果通过描述可以直接体验正在言说之事，那么，我认为倾听可就别有一番重大的意义了。或许，在现场聆听的过程中，你不妨亲自检验一下，看看倾听是不是这么回事。

这世上有赤贫，比如在亚洲，也有巨富，比如我们所在的这个国度；残酷、折磨、不公随处可见，缺少爱的生活也并不鲜见。目睹这一切，我们该做些什么？如何能真正解决这些层出不穷的问题呢？宗教，不论在世界的哪个角落，都强调完善自我、培育美德、接受权威、遵循教条和信仰、恪守规范等等。不光宗教如此，社会和政治也一样，总是热切地渴望能完善自我：我必须更高尚、更绅士，再为他人着想些，再少些暴力倾向。社会，在宗教的鼎力协助下，已经在最广泛意义上打造出了一种完善自我的文化。一直以来，我们每个人都在努力要求自己不断完善，这意味着要付出努力、坚持训练，具有服从意识、竞争精神，接受权威，寻求安全感，用实际行动证明自己有壮志雄心。完善自我确实卓有成效，它让人变得更易于融入这个社会；但除了具有这个社会意义之外，无他，无论我们如何完善自我，真理也不可能向我们展现，我认为明白这一点很重要。

宗教也不能引领我们走向真理。宗教建立的基础并非抛弃自我，而是完善自我，它意在塑造一个更加精致的自我，实际是想通过另一种方式延续自我。能够挣脱社会桎梏的——不只是外在的藩篱，更包括赢取、嫉妒、比较和竞争在内的社会内在枷锁的，毕竟只是很少的一些人。这个社会把头脑束缚在一套特殊的思维模式之下，一套完善自我、调整自我、牺牲自我的模式，唯有那些能够摆脱所有这些束缚的人才会发现到底是什么存在于头脑之外。

我们所说的努力是什么意思？我们都在努力，我们的社会模式就建立在努力的观念之上：努力去获取更多、了解更多，努力拥有更多的学识，行为做事都基于这种认知。我们努力去实现目标，虽然伴有挫折、恐惧和痛苦，也总是乐此不疲地提升自我、调整自我、修正错误。根据这种社会模式——我们自己已融入其中，对之相当清楚——有野心、好竞争、易嫉妒、求成果都是再自然不过的事情。我们的社会，不管是在美国，还是在欧洲或印度，本质上都以此为行事准则。

如此说来，社会、文化，就其最广泛的意义而言，能够帮助个人发现真理吗？或者说，不利于人类成长的社会，是不是在阻碍我们发现真理呢？当然，正如我们所了解的社会，这个我们生于斯长于斯的文化，也在敦促人们遵守某种特定模式，让人变得高尚，是诸多意志力共同作用的产物。社会是我们创造的，它可不是凭空出现的。这个社会帮助个人去寻找真理或上帝——随便你怎么给它命名，名字并不重要——寻找的结果如何？真理或上帝找到了吗？或者，我们可不可以这样说，要发现真理，个人必须得彻底抛开文化和社会价值呢？这并不意味着——请务必牢记——让个人变得反社会，为所欲为。恰恰相反。

目前的社会建立在嫉妒和贪欲之上，这样的社会意味着服从、接受权威、不懈追求个人抱负，其本质就是想要让自我，也是"我"有所作为。社会由这种材料建造而成，它的文化——不管是令人愉悦的、让人痛苦的，还是美丽的、丑陋的，也是人们努力奋斗的全部领域——无一不在塑造我们的头脑。你是社会的产物。如果你出生在苏联，在他们那套特殊教育体系的培养下，就会接受他们认可的某些模式，而不会相信上帝，正如你在这儿接受了另一些模式一样。在这里，你相信上帝，如果不信，不仅自己会感觉惶恐不安，从他人处也得不到尊重。

所以，社会处处都在制约个人的头脑，这种制约以完善自我的形式出现，实际是想让"我"，即自我，通过不同的方式得以永恒。自我完善可能是粗线条的，也可能非常精细，尤其是在践行美德、仁爱，即向你身边的人传递所谓关爱的时候，但不管怎么说，其本质都是"我"——一个受社会多重制约而形成的产物——在妄图延续自我。你竭尽全力，想要有所成就，如果成功的话，就是在现世遂了心愿，如果没行，就会转而去另外一个世界继续追求；但这都是同一种欲望，动机都是想要保持和延续自我。

当看清了所有这些——我没必要逐个探究每个细节——我们必然会追问自己，社会或文化可以帮人们发现真理或者上帝吗？发现并真切体验那个远远超越头脑的东西，不只有个毫无意义的信仰，说实在的，又有什么意义呢？所谓的宗教，追随各种大师、训导，皈依各种教派、祭仪等等，如果你对此关注的话，会发现这些都在受社会尊重的范畴之内——但是，所有这些都能帮你找到永恒的快乐和恒久的真理吗？如果你不仅仅只是听进去了我所说的内容，暂且这样认为，还自问社会是否对你有所帮助——不是表层意义上的吃、穿、住，而是从根本意义上有所帮助——如果你真的直接问自己这个问题，就意味着你把所听的内容应用于自身，让它变成了一次直接的体验，而不是简单重复所听到和学得的，那样的话，你就会看到这种努力只存在于自我完善的领域之内。努力从根本上说是社会的一部分，它会按照某种特定的模式来制约头脑，而在那种模式下，努力被认为是必需的。

　　就像这样：假设我是位科学家，我就必须学习，我必须了解数学，知道先前所有的成就，广泛积累知识。我必须提高、强化、拓展自己的记忆。但是这样的记忆，这样的知识，事实上，阻碍了我去进一步发现。只有当我忘记所有获得的知识，消除之前获得的以备后用的所有信息时——只有在那时，我才能发现新事物。背负着过去和知识的包袱，我不可能有新的发现，这又是很明显是心理事实。我说这些是因为我们在试图走进事实真相、这个非凡的充满创造力的状态的时候，还带着社会的所有重负，带着一个既有文化的束缚，所以我们永远不会有新的发现。毫无疑问，神圣的、永恒的必定都是全新的、不受时间影响的。为了抵达那种新的境界，自然不能做任何完善自我和实现自我的努力。只有当这种努力行为自动终止时，另一个超然之物才可能到来。

　　请注意，这点真的非常重要。这可不是我过分自省而进入恍惚状态时的胡言乱语，而是真正理解了"努力"在中发挥作用的全部表现，了解到你们就是这个由你们亲手建造社会的产物，在这样的社会中努力是必须的，否则，你就会迷失。在这个社会中，如果你不立下雄心，就会惨遭淘汰；如果你不那么贪婪，就会被人踩在脚下；如果你嫉妒心不强，就不会成为管理者或某个大人物。所以你总在努力成为或不成为某种人，努力有所作为，努力获得成功，努力实现抱负。如果抱有这种心态，你无疑就是社会的产物，但是现在，你却在努力寻找并不属于这个社会的东西。

所有的宗教、环境、教条、信仰、权威都意味着屈从，如果一个人想要找到真理，他必须完全从中解脱才行。这也意味着他要从本质上完全独立于他人之外，这是极其艰巨的，你们这些在周末大早上，高高兴兴开车到树下听我胡说八道的人可不会喜欢这么做。发现真理，需要极大的耐心、谦恭和深思熟虑。纸上谈兵是不行的，但是如果你能绝对认真地听我讲，你会发现这种注意会让你不再纠结于努力去做些什么，你的思维不再向任何方向发散，没有采取任何行动，头脑却接收到了某个无比美妙、极具创造力的东西，一些不能用知识和过往经历衡量的东西。只有这样的人才是真正虔诚、真正具有革命性的，因为他已不再属于这个社会。只要一个人还胸怀抱负，善妒贪婪，争强好胜，那他就仍是这社会的一分子。那种心态极不容易摆脱，在那种心态下寻找上帝根本就是徒劳无益，因为那不过是另一种致力于有所作为、有所收获的努力。这就是为什么理解个人和社会的关系、了解所有业已拥有的信仰、教条、教义和迷信，然后再将它们抛弃是多么重要的原因——不用费尽心力去抛弃，因为那样的话，你就又被困在其中了，你要做的只是实事求是地认清它们，然后放手，就像树叶在秋风中枯萎，随风而逝，最后只留下光秃秃的枝干一样，让它们从头脑中全部清除。只有这样的头脑才能接收到不一样的东西，给生活带来无尽的幸福。

和你们讨论其中的某些问题时，我显然并不是在回答你们，我们是在一起试着发现这个问题的意义所在。如果你倾听只是为了找到问题的答案，恐怕你会失望，因为这说明你并非对这个问题感兴趣，你只是关心答案——跟我们大多数人没什么两样。我觉得重要的是探问根本性问题，然后不求答案地一直问下去，因为你越坚持问根本性的问题，不停地查问、质询，头脑就会变得越来越敏锐而清醒。那么，什么才是根本性问题呢？有人能告诉你吗？或者你必须自己发现吗？如果你自己能找出根本性的问题，那就说明你的头脑已发生了改变，相对于只提出浅见问题、满足于肤浅解答的头脑，你的已经变得卓尔不群了。

提问者：这个国家的青少年违法犯罪正在以惊人的速度上升，这种愈演愈烈的问题该怎么解决呢？

克氏：在这种社会模式下肯定会有反抗。有些反抗是令人钦佩的，有些则不是，但不管怎么折腾，它们都在社会的范畴之内，逃不出社会的藩篱。当然，在基于嫉妒、抱负、残酷、战争的社会里有反抗也不足为怪。毕竟，你去电影院看电影时会看到很多暴力，两场大规模的世界性战争也是暴力的全面体现。一个供养军队的国家肯定会毁掉它的国民。请听我说，一个国家只要拥有军队，不管是防御型的还是进攻型的，它就称不上一个和平的国家。军队既可防御，亦可进攻，但并不能给国家带来和平。自建立文化和给养军队之初，社会就踏上了一条不归路——这是历史事实。在各个方面，我们都被鼓励去竞争，要有抱负，追求成功。竞争、抱负和成功好比主宰这个繁荣昌盛国家的神灵，你还有什么期待的呢？你只希望青少年犯罪率多降低些，仅此而已，你并未想从根本上解决问题，而解决这一问题的根本就是停止战争，停止供养军队，不再野心勃勃，不再鼓励竞争。这些根植在我们内心的东西，就是这社会的藩篱，不管青少年还是成年人都一直在这藩篱内反抗。问题不单单只是青少年犯罪，它涉及我们的整个社会结构，只要你我不能完全跳出这藩篱，问题就得不到解决——社会代表野心、暴力，社会鼓励成功、成名，抵达成功的顶点。其实，这整个过程本质上就是以自我为中心地追求成就，只不过这种行为被赋予了令人敬仰的内涵。看看你是多么崇拜一个成功人士！还把勋章颁给了杀人无数者！还有，基督徒、印度教徒、佛教徒和穆斯林，信仰和教义竟被做了这么多的区分。这些都会引发冲突。

如果你为了应对青少年犯罪问题，就把孩子只圈在家里，或者只一味斥责他们，或者把他们送到部队去，或者向心理学家和社会改革家寻求解决问题的方法，那你就是在敷衍根本性的问题。但是，对根本性的问题我们都心下畏惧，因为提出这样的问题会让我们不受人欢迎，我们就会被称为共产主义者或其他天晓得的名字，要知道，称呼对我们大多数来说似乎有天大的意义。不管是在苏联、印度，还是在这里，我们的问题在本质上并无差别，只有当头脑理解了这整个社会结构时，我们才能找到一种截然不同的解决方法，并因此可能建立真正的和平，并不是政客们所建立的这种伪和平。

提问者： 我追随了一个又一个大师，现在我怀着同样的寻觅心态找到了您，您和其他大师有什么不一样的地方吗？我怎么知道呢？

克氏： 既然你真的在寻找，那寻找意味着什么呢？你明白这个问题吗？显然你是在寻找什么东西。但那个东西是什么呢？从本质上讲，你是在寻求一种不被打扰的心境，你们称之为安宁、上帝、爱等等诸如此类的东西。不是这些吗？我们的生活受到外界的干扰，令人焦虑，满是恐惧、黑暗、动荡和困惑，我们想从中逃离，但是困惑之人即使寻觅，也是在困惑状态下进行的，所以他所发现的只能是更深的困惑。现在你听懂了吗？

所以，首先我们必须探究为什么自己要寻觅，在寻觅什么。你可能已拜访了一位又一位大师，每个大师都传授了你一个不同的训练或冥想方法，其实都是些荒谬之词。重要的当然不是大师及其提供的答案，而是要知道你自己究竟在寻觅什么。如果你非常清楚地知道自己在寻觅什么，就会找到一位能为你提供所寻觅之物的大师。比如说你如果寻觅安宁，就会找到一位能给你安宁的大师。但是，你所寻觅的可能根本就不存在。你明白吗？我可能想要极乐，也就是说一种不受外界干扰的心态，绝对的安宁，没有冲突，没有痛苦，没有探究，没有怀疑，所以我就会按照某个大师所言进行某种练习；或许那种练习果真有效，使我进入了可以被称作安宁的状态。我也可以吸毒或服药达到同样的效果——只不过这种方法不甚光彩，另一种就体面多了。（笑声）拜托，这可不是什么玩笑之词，我们实际生活中可就是这么做的。

所以，只要你肯付出代价，显然你终会找到你所寻觅之物。如果你把自己交付到他人手里，服从权威、跟从训练、控制自我，你也将发现自己想要的，这说明你的欲望在操控你的寻觅；但你的确并不知道自己为什么这样寻寻觅觅，然后你来问我"我已经到修炼到什么程度了"，你怎么知道我给你的答复是真、是假呢？走访了各路大师后，你还是无法解脱，内心依旧焦灼，现在又想到我这儿试试。但是我什么都不会告诉你，事实上，我确实没告诉过你任何事。我所说的全都是更深刻地认识你自己，实事求是地看待你自己，这些没有人能教会你；但如果你被信仰、教条、迷信和恐惧所束缚，你就无法真正认识你自己。

先生们，对于一个无法独自认识外物的头脑来说，寻觅也是毫无意义的。完全独立于社会之外就是不受社会习俗的侵染，保持天真无邪的心态，摆脱所有的传统、教条、观点和他人的看法，等等。这样的头脑不会再去寻觅，因为已没有什么可以寻觅。这样的头脑获得了自由，它处于绝对平静的状态，无欲、无为。但是，这种境界对于普通人来说，却常常可望而不可即，它无法通过训练获得，也不会因个人禁欲、练瑜伽就自动生成。这种境界只能在你理解了自我即"我"以后，表现在日常生活中有意识和无意识的活动里。所以，重要的是自己感悟，不是他人引导。意识领域里的所有活动都是受社会制约的，是社会、宗教、各种影响、印象、记忆综合作用的结果——如能理解到所有这些，你就会从中解脱，但切记，并不存在如何解脱的方式。如果到现在你还在追问如何摆脱，那就说明你根本没听进去我都说了些什么。

打个比方说，我告诉你头脑必须完全不受社会的束缚。现在，你对这种说法是怎么理解的？你是带着什么样的注意在听呢？如果你现在正在观察自己的想法，我希望你是这样做的，你就会发现自己是在暗暗地说"这怎么可能呢"或者说"这不可能做到"或者"社会环境只能被改善"等等。换句话说，你并没有认真听我说，而只是在用自己的见解、结论和知识反驳我的说法，所以，你根本就没有注意听。

事实是，不管是共产主义者、天主教徒、新教徒、印度教徒，还是其他的教徒等等，他们的头脑都是受到社会制约的，这种制约或者我们并不知晓，已默然接受，或者我们想努力改善它，使之高尚，发生变化，但是，对于"头脑能否完全摆脱社会束缚"这个问题，我们却从来都不追问。在你真正严肃地追问自己这个问题之前，你首先必须意识到自己的头脑是受社会束缚的，这显而易见。你理解我所说的束缚吗？并非我们可听的语言，可见的手势、服饰等这类表面化的东西，而是更深、更根本的束缚。当一个人满怀雄心壮志，不只想在这尘世建功立业，甚至死后还想变成精神领袖时，他就是受社会束缚的。他所有为完善自我而做的努力就是因为受到了束缚，这样的头脑能彻底摆脱这种束缚吗？如果你能认真探问自己这个问题却不求答案的话，那就不再是可不可能，而是你一定会找到正确的答案，发现那个与以往截然不同的全新之物。

所以，重要的是找出我们是如何关注这些所讲的内容。如果并没秉持认真的态度，我断言，你每个周末来这儿不过是瞎耽误工夫。驱车来奥哈伊的路上尽管酷热，但可能心情还算愉快。仅此而已。然而，如果你能直接关注所说的内容，也就是不去想自己曾读过的书，不以某个观点反驳另外的观点，或者先记笔记，然后说"我以后会考虑这个问题"，而是在你听的过程中，直接在现场就问自己"头脑能否完全摆脱社会束缚"这个根本性问题的话，那么，这种实实在在的注意就会带来正确的答案。

提问者：我们生病很多都是缘于心病，都是因挫折和冲突所导致的身心失调，对此我们常常一无所知，这已经是不争的事实了。既然如此，那我们是不是像以前求助于内科医生一样，现在转而奔向精神病医生呢？是不是有什么办法可以让人摆脱这种内心的煎熬呢？

克氏：这个问题是什么引发的？心理分析师应该处于什么位置？我们中那些身患某种疾病的人又应该处于什么位置？生病是因为情绪受到困扰吗？还是与情绪无关？我们大多数人都有心理失常的问题。我们大都内心惶惑，生活一片混乱，就连那些有冰箱、有车等这类奢侈品的富人也不例外；由于不知道应该如何对付这种烦扰，它就不可避免地反映到身体上，成了一种病症，这是显而易见的。问题是，我们必须向精神病医生求助才能消除这种烦扰，并由此恢复健康吗？或者说，我们可能找到让自己不再心烦意乱，避免生活中出现混乱、焦虑和恐惧的良方吗？

我们为什么会心理失常？什么是心理失常？我想要某件东西，但却求之不得，于是我进入某种异样的状态。我想通过自己的孩子、妻子、财产、地位、成功等途径谋得此物，但前路也遭遇封锁，由是我变得心烦意燥。我野心勃勃，但其他人却把我推到一边，赶在了我的前面；我因此再次陷入纷扰和混乱，进而身体上也相应产生了类似的反应。

那么，你、我能远离这些混乱和困惑吗？什么是困惑？你知道吗？什么是困惑？只有发生了某件事且我对那件事有所思量时，我才会感觉困惑：我怎样看待那件事，对那件事的漠视程度、逃避心理，以及对其做何评价等等。如果我只是客观地看待事实，不额外夹杂其他态度的话，那就不会有困惑。如果我认定某条路通往美国加州的凡吐拉市，那我就没什么困惑了。只有当我认为或坚信那条路通往别的地方时才会有困惑——这实际就是我们大多数人所处的状态。我们的观点、信仰、欲望、雄心如此强烈，我们如此不堪它们的重负，以至于都没能好好地看清事实。

所以说，如果在事实上附加观点、判断、评估、雄心等等，就会令人困惑。那么，处于困惑中的你、我，难道就不能采取什么行动吗？当然，因为困惑而采取行动只会导致更多的困惑和混乱，它们全部都会反映到身体和神经系统，进而让人患病。处于困惑中且自己承认这一点，需要的不是勇气，而是某种程度的头脑澄澈和感知明朗。我们大多数人都害怕承认自己迷惘无知。正是因为找不到出路，我们才选择了领袖、大师和政客；当我们因为困惑而做出选择时，这个选择必定也不是什么明朗之举，因此所追随的领袖也一定无法为我们指点迷津。

那么，在认识到自己的困惑以及困惑的成因后，我们有可能不采取任何行动吗？一个困惑头脑所采取的行动只能催生更多的困惑。但是，当头脑意识到自己是困惑的，并了解到整个困惑的过程时，它就无须再采取任何行动了，因为这种清醒的状态就是它自己在行动。我觉得这对许多人来说都是很难理解的，因为我们太习惯于付诸行动了，但是如果一个人能只是观察行动，看看会产生什么结果，从政治角度和各个方面观察这世上发生的事情，很明显，他就会发现所谓变革之举不过是催生了更多的困惑、更多的混乱和更多的改革罢了。

所以，我们每个人能不能先清醒地意识自己的困惑和混乱，然后安然与之共处，理解它，不去想摆脱它、推开它、逃离它呢？只要我们在唾弃它、谴责它、躲避它，这种谴责和躲避就说明我们仍是困惑不解的。我认为没有任何精神分析师可以解决这个问题。他可能会暂时帮你融入他认为是正常的某种社会类型，但是问题远不止如此简单，除了你自己，没人能解决这个问题。你、我共同缔造了这个社会，这是我们行动、思想和存在的结果，如果我们只是致力于革新产品却不了解制造这个产品的实体，那我们就会面对更多的疾病、更多的混乱和更多的违法行为。要让自己充满智慧，行为得体，我们唯有真正地认识自己。

（奥哈伊的第二次公开演讲，1955 年 7 月 7 日）

仅仅培养美德绝不能带来自由

我觉得交流是最大的困难之一。我说话时，自然希望你们能够理解。但是每个人的理解都会受自身特定的背景影响，因此，在面对像现在这么多听众的场合下，要确切传达我的意思往往极其困难。

今晚我想跟你们讨论一个我自认为相当重要的话题，即有关培养美德的问题。如我们所知，没有美德，头脑就会陷入混乱和矛盾；若头脑不平静、错乱无序、冲突不断，人就无法取得进步。但美德本身不是最终目的。培养美德要引领至一个方向，道德高尚又引向另一个方向。大部分人关心美德的培养是因为美德确实会使人泰然自若、心若止水，不受自相矛盾的各种欲望所扰（尽管只是表面而已）。但我觉得仅仅培养美德绝不能带来自由，这点显而易见，它只会带来适度的宁静以及让头脑遵从所谓美德这种社会模式而生成的秩序感与可控制感。

那么，我们的困难就在于如何做一个品德高尚之人，而不是刻意去行善。我觉得这两者之间有很大的差别。品德高尚是一种自然而然的状态，无需做任何努力，可惜的是我们并没有处于那种状态。我们好嫉妒、有野心、爱八卦、残忍狭隘、小肚鸡肠，做尽各种糊涂事，都是些不足称道之事。有如此多的缺点，我们怎么可能无需任何努力就变成品行高洁之士呢？此外，一个人如果要努力做到道德高尚的话，那他就是不高尚的，是吧？正如一个想尽力谦卑的人根本就不懂谦卑是什么。既然不谦卑，还有可能通过培养谦卑感来拥有谦卑感吗？

我不知道你们有没有思考过这个问题。我们知道我们一定要有美德。

拥有美德就像保持房间整洁一样；但保持房间整洁本身一点也不重要。使美德成为最终目的明显对社会有益，不管是在美国，在印度，还是在俄罗斯，都会助你成为一个所谓的正派的守法公民，使你的行为符合某一特定模式。但是，不强迫也不用管制，思想就可以有序，且能忘记约束，摆脱一贯的受限制、受约或一直遵从，这我们来说不是很重要吗？

我们在追寻的到底是什么？我们每个人究竟在搜寻什么，不是理论上，也不是抽象意义上的搜寻，而是事实上？有些人通过知识与上帝来寻求满足，有些人通过拥有财富，实现抱负，或者喝酒来寻求满足，那么这两种人的追寻有什么不同呢？从社会上说，两者是有差别的。通过饮酒来寻求满足的人明显是对社会有害的，而通过加入宗教团体或者与世隔绝等来寻求满足的人是对社会有益的，但就这些区别了。

那么，不管我们有多认真，我们的追寻是不是真的能带来满足？我们是认真的，不是吗？隐士、僧侣以及追寻各种乐趣的人都在以自己的方式认真地生活。但这能算作热忱吗？当我们志在必得某个东西时我们还能满腔热忱吗？你们明白我为什么这么问吗？换句话说，是不是只有当我们不带任何目的地展开追寻时才称得上热忱呢？

毕竟，在场的各位肯定是心怀某种程度热忱的，不然你们就不会不辞辛劳地来了。现在，我正在追问自己一个问题，我也希望你们问问自己这个问题：热忱意味着什么？因为我稍后要讲的跟这个问题有关。如果你们来这里是为了追求满足感，或者是为了理解某些过去的事情，或者是为了培养你觉得可以给你带来宁静与平和的心态，又或者是为了体验你们称之为真理、上帝的东西，你们可能的确怀有一腔热忱；但你们难道不应该质疑那种热忱吗？是热忱促使你们在追寻那些可以给你们带来乐趣与宁静的东西吗？

如果我们真的能理解追寻的整个过程，理解我们追寻的目的和目标——这个过程只能通过认识自我，通过了解自己的思想动态、自我反应、自我回应以及各种冲动才能理解——那么，我们或许就能知道无需克制自己就可以道德高尚是什么样子了。你瞧，我觉得只要头脑处在矛盾之中，就算我们可以抑制矛盾，能够尽力逃避它、制约它、控制它，按不同的模式塑造它，冲突还是会潜伏在头脑中，这样的头脑永远都不会获得真正的安宁。对我来说，拥有宁静的头脑极为重要，因为头脑是我们理解、觉知和交流的唯一工具，而且只要这个工具不是完全清晰，没有完全具备觉知和不求目的地追寻的能力，我们就没有自由，没有宁静，也就不会有任何新的发现。

那么，如果不努力，我们有可能在这个充满动荡、焦虑和不安的世界里生存吗？这是我们的难题之一，不是吗？对我来说，那是个非常重要的问题，因为创造性只有当头脑处于轻松自在的状态下才会产生。我此处所言的"创造性"蕴义独特，与创意写作、创意表演或创新思维等词中所体现的学术意义上的"创造性"完全不同。只有当头脑走出那种通过制约来培养美德的旧有状态时，我们才会拥有或可称为上帝或真理等的永恒的创造性。那么，头脑怎样才能处在那种创意无限的状态中呢？

当你碰到难题时，会发生什么？你仔细思考它，你沉湎其中，你大惊小怪，你激动万分；你越是分析它、探究它、修正它、为它担忧，你越是不理解它。但有趣的是，一旦将它搁置一旁，你反而豁然开朗，一下子把整件事看个通透。我相信这种经历大多数人都曾有过。头脑若不再混沌，不再有冲突，它便有了重新接收或觉知新鲜事物的能力。既然如此，那有没有可能让头脑就处于那种状态，让它杜绝重复，不断体验新的事物呢？我觉得这要看我们对培养美德这个问题的理解程度。

我们培养美德，我们约束自我去遵从某一特定的道德模式。为什么？不仅是为了要在社会上受人尊重，还因为我们知道秩序的重要性，知道控制我们的头脑、言语和思想的重要性。我们都明白培养美德是极其重要的，在这个过程中，我们累积起关于"我"、自我和本我的记忆。它们共同构成我们所拥有的背景，特别是那些自认为在信仰宗教的人，那些一直在遵从某一特定的规章制度的人，那些从属于某些派别、团体或者所谓的宗教组织的人。他们的奖赏可能在别处，在来世，但仍是有奖赏的；当他们追寻美德时，即在美化、约束和控制头脑时，他们也在发展和维持自我感知的记忆，因此他们与过去从未脱离过。

如果你真的曾约束过自己，让自己不嫉妒、不生气等，我想知道你这种自我约束头脑的做法有没有给你留下一系列对已知事物的记忆。我们讨论的这个问题很难理解，我希望你们都能听明白。你暗示自己"我不能这么做"，这整个过程就生成并搭建起了时间框架，如果一个人的头脑在时间的框架下思考，他自然无法体验不受时间限制的和未知的东西。然而，能领悟到这种永恒和未知事物的头脑一定是有序的，它已摆脱掉所有自相矛盾的欲望——当然，这并不意味着顺从、接受和服从。

那么，如果你是热忱的，如我在前面所说的那种热忱，"你究竟在探寻什么"的问题自然就会出现。你的头脑是已知的产物。你的头脑是已知的，由记忆、反应和对已知事物的印记塑造而成；一个人的头脑如果是在已知的领域内，那他就永远不会理解或体验未知，未知存在于时间之外。头脑只有摆脱已知时才会具有创造性，它才可以运用已知的东西，这是一种技巧。我讲清楚了吗？还是像泥土一样混沌不清呢？（大笑）

你们瞧，我们太无聊了，于是不断地阅读、获取知识、学做礼拜、举行仪式，我们从来都没有过最初的、本原的、纯粹的、完全没有被施予影响的时刻；只有那个时刻才是富有创造性的、永恒的、持久的，随便你用什么词儿来描述它。没有那种创造性，生活如此乏味而愚钝，我们所有的美德、知识、追求、娱乐和各种信仰、传统都变得没什么意义。我之前说过，社会只孕育已知，我们都是社会的产物。想要发现未知，我们必须脱离社会——这不是说你要归隐在寺庙里从早到晚地祈祷，总是约束自己去遵从某一信仰或教条。当然，那么做是无法让头脑从已知中解放出来的。

头脑是已知的产物，是过去，即时间累积的产物；那么，这样的头脑有可能毫不费力地挣脱已知去探索未知吗？任何挣脱束缚的努力以及任何对新事物的追寻，其实依然没能逃出已知的领域。当然，上帝或真理必定是超出人们想象，是全新的，我们对之从未系统阐述过，从未发现过，也从未体验过。作为已知的产物，头脑怎么能体验这一全新之物呢？你们理解这个问题吗？如果理解的话，你们就会知道该如何正确地对待这个问题，而不是解决这个问题，这也是为什么重要的是弄清楚一下这个问题的原因所在，即如果既没有费心去行善，也没有刻意摆脱嫉妒、野心、残忍，更没有克制自己传播流言——你们看，就是为了让自己人格高尚而自我施加的所有条条框框，自己是否会成为纯粹意义的好人呢？如果我们不去试着做个好人，那么还会存在美德呢？我觉得有可能存在，前提是现在我们每个人都知道该如何倾听，如何让自己专心致志。只有倾注了全部的注意力，美德才能产生。否则的话，纵然千般尝试、万般努力，美德也总是求之不得，这个真相请务必看清——这一真相你们唯有全神贯注地倾听才会弄明白。忘记曾经读过的书，忘记从前听闻的所有事情，只认真地来听这句话：如果刻意追求美德，美德就遍寻不得。如果努力不使用暴力，暴力必然还在；如果尽力消除嫉妒，嫉妒一定还在心头；如果故意谦虚，骄傲依旧在占据头脑。这个真相如果自己真能领悟到，不是理论上行得通了或口头上解释清楚了（这样只是在听取并赞同那些词语而已），而是纯粹地、没有一点儿拐弯抹角就明白了，那么美德就会由此产生。困难在于，头脑会探问："我怎么才能让自己持续生活在那种状态呢？当我坐在这里听你说一些我觉得是真实的东西时，我可能感到自己确实成了大善人，然而一旦离开，我就会又被裹挟到嫉妒的洪流之中。"但是，我觉得这并不重要，这点你们以后会发现。

我们的文化和社会建立的基础是嫉妒和各种形式的贪婪，包括对知识的渴望、对经验的探求、对财富的攫取等等。要摆脱所有这些，我们无需做任何尝试或努力，只消弄清楚努力的内涵，我们自然就会放手。一个正在求取知识的人内心永无安宁，因为他苦苦挣扎于努力奋斗之中。只有当头脑摒弃任何努力的念头时，它才是宁静的，那是一种非凡的状态，我觉得，只要倾注自己的全部身心和所有的注意力，任何人都能进入这种状态。只有当头脑彻底放弃世俗意义上的"努力"时，放弃让自己在社会上或精神上有所成就，即进入一种无所求的状态时，只有这样的头脑才能迎接新事物的到来。

提问者：有些哲学家断言生活是有目的和意义的，而其他人则主张生活完全是偶然的、荒唐的。你是怎么认为的呢？你否认目标、理想和目的的价值，但如果没有这些，生活还有意义可言呢？

克氏：哲学家们说的话对我们每个人来说都有重大意义吗？有些学者说生活是有价值的、有意义的，而有些则说生活是偶然的、荒唐的。当然，持这两种观点的人都在以自己或积极或消极的方式，赋予生活以某种意义，对吧？一个人主张，另一个人否认，但两者在本质上基本都是一致的。这点没什么异议吧。

当你追求理想与目标，或者思索什么是人生的目的时，那种思索或追求就是想赋予生活以某种意义，对吧？我不知道你们有没有听懂。

我的生活毫无意义，让我们不妨做此假设，我想寻找生活的意义。于是我追问自己："什么才是生活的目的？"因为，如果生活有目的的话，那个目的就会支撑我活下去。因此，我虚构或想象出了一个意义，或者通过阅读、探寻及搜索的方式找到了一个目的；我这样完全出于赋予生活以意义的初衷。正如学者通过主张或否认生活有目的和价值，并以他们自己的方式赋予生活以意义一样，我们是通过理想，通过追寻目标、上帝、爱和真理来赋予生活以意义。也就是说，如果没有给生活赋予意义的话，生活对我们来说就一点价值也没有。正是因为生活并不如意，所以我们才想赋予生活以意义。不知道你们明白了没有。

除了哲学家的之外，你们和我的生活意义是什么呢？生活有意义吗？或者说，我们是不是像那些信仰天主教或其他教派的学者一样，通过在信仰中寻找避难所来赋予生活以意义呢？他的智慧已经使他们惯于对任何事都做拆解式分析。他无法忍受没人陪伴，无法忍受孤独等所有类似的心绪，因此他才不得不去信仰天主教，信仰共产主义或者其他自认为能滋养他、能给他生活赋予意义的东西。

现在，我自己问自己这些问题：我们为什么需要意义？生活若是没有任何意义，那会是什么样子？你们明白吗？我们本身生活就是空虚的、烦扰的、孤独的，因此我们想赋予生活以意义。我们有可能意识到自身的空虚、孤独、痛苦以及所有生活中的艰辛与冲突但并不去努力摆脱，不人为地赋予生活以意义吗？对于将生计、嫉妒、野心和挫折都包含在内的被我们称作生活的这个非凡之物，我们能觉知到吗？——只是单纯地觉知所有这些，不带任何谴责和捍卫的念头，然后再超越生活，我们做得到吗？在我看来，只要我们在追寻或赋予生活以意义，我们就会错过某个非常重要的东西。这就好比想发现死亡真谛的人一样，他一直在证明死亡的合理化，在为之阐释，但却从来没有体验过什么是死亡。我们将在另一个讲话中深入探讨这个话题。

这么说，我们都是在为自己的存在寻找理由了？但是当我们有所爱恋的时候，还存在什么理由吗？可否说爱恋是唯一根本没有理由、不用解释、无需竭尽全力、不必试图做什么改变的状态呢？也许我们并不了解那种状态。正因为不知道，我们才试图想象那种状态，试图赋予生活以意义；又因为我们的头脑是受制约的思维能力有限而狭隘，因此即使我们将意义引进了我们的生活、上帝、仪式和努力，这种意义也依旧渺小。

如此一来，如果我们赋予了生活以意义，那我们自己找出这个意义到底是什么岂不是很重要吗？当然，目的、目标、大师、上帝、信仰及我们追求实现自我价值的目标都是头脑虚设的，它们都是我们自身所受束缚的产物；意识到这一点，让头脑摆脱这些束缚岂不是很重要吗？

当头脑摆脱了种种束缚，我们也因此不再给生活施加意义的时候，生活就会变得超乎寻常，完全脱离头脑的框架。但要抵达那种状态，我们首先必须了解到底是什么在束缚我们，对吧？我们有可能轻松自然地，在既不分析，也不想赞颂或贬抑的情况下，了解自身所受的束缚、局限和背景吗？要从头到尾经历这样的过程需要一个实体去观察，并避免让自己与被观察的事物间建立任何联系，对吧？只要存在观察者与被观察者，束缚必定持续不断。不管观察者、思考者和评价者多么想摆脱自身所受的束缚，它都仍将身陷其中，难以自拔，因为思考者与思想，体验者与体验之间的差距恰恰是在无限延续这种束缚；要弥合这个差距极其困难，因为这牵涉有关意愿的问题。

我们的文化就建立在意愿之上，生存的意愿、变化的意愿、成功的意愿、实现的意愿；可以说，在我们每个人的内心深处都存在一个试图改变、控制及修正被观察者的实体。但是，观察者与被观者之间存在距离吗？还是它们两者间原本就是一致的？这可不是随随便便就接受了事的事情。我们必须为之思考，需要极其耐心、平缓、小心翼翼地深入探究才行，这样的话，头脑才就不会再把自己与所思考的事物分开，这样的话，观察者与被观者在心理上就能协调一致。只要我在心理上与所观察到的嫉妒是分开的，那就说明我是在努力克服嫉妒的心理；但是，那个努力想要战胜嫉妒的"我"跟嫉妒是分开的吗？或者这两者原本是一致的，只是那个"我"因为觉得嫉妒是件痛苦的事或者另有其他种种原因，为了克服嫉妒，才把自己与之分开了？但是，正是"我"与嫉妒的分离才是嫉妒缘起的根本。

也许这种思维方式有点儿抽象，你们还不太习惯。但是，一个嫉妒的头脑是永远不会安宁的，因为他总是在比较，总想把自己变成不同于自己的人。一个人如果想从根本上极其深入地探究有关嫉妒的问题，肯定不可避免地会去遇到这个问题：那个想摆脱嫉妒的实体是否就是嫉妒本身呢。当头脑意识到正是嫉妒本身想摆脱嫉妒，它就会去觉知那种所谓嫉妒的情感，而不会再想去谴责或者摆脱它。由此，另一个问题就会随之而来：如果没有言语表述，那还会有一种如嫉妒的情感吗？因为"嫉妒"这个词本身就饱含谴责的意味，对吧？我是不是一下子讲太多了？

如果我不给嫉妒命名的话，还会不会有嫉妒这种情感呢？为之命名不就是在维持这种情感吗？涌升出这种情感，旋即为此命名，它们基本上是同步的，对吧？那有没有可能将两者分开，这样就只存在那种情感，而不必对它描述呢？如果你真正深究这个问题，会发现如果不为那种情感命名，嫉妒就会完全终止——不仅你不再因为别人比你更美貌，有更好的小汽车或所有这类无聊的东西而感到嫉妒，而且最深层的嫉妒，即嫉妒的根源也消失不见了。我们都心怀嫉妒，只是各有不同的情感表达方式。但嫉妒并不只是肤浅的东西，它是深入并已广泛占据我们头脑的所有比较的感觉，想要彻底摆脱嫉妒，就一定不能有那些想要摆脱嫉妒的检查者或观察者。这个话题我们改天还会讨论。

提问者： 不去谴责、辩解或比较是意识的较高层次。我现在还没有处在那个层次，我怎么才能达到那个层次呢？

克氏： 你们瞧，"我怎么才能达到那个层次呢？"这个问题正是嫉妒的表现。（笑）不，先生们，请注意听。你们想要得到某个东西，于是就有了方法、行为准则、宗教、教堂等建立在嫉妒、比较、辩解和谴责之上的上层结构。我们的文化是基于把人分为富人、穷人，知识分子、不学无术者，无知者、有智者这种等级划分之上的，因此我们解决问题的方式也完全是错误的。刚刚那位提问者说："不去谴责、辩解或比较是意识的较高层次。"对吧？换句话说，我们只是没有意识到自己正在谴责与比较吗？我们为什么要先断言那是意识的一个较高层次，然后制造出怎么才能抵达那个层次以及谁能帮我们抵达那个层次的问题吗？不用这样不是更简单吗？

也就是说，我们根本就没有认清自己，没有意识到自己在谴责、比较。如果我们每天看待自己的时候不判断也不谴责，只是认识到我们从没有在思考时不判断、不比较、不评价，那么这种认识本身就足够了。我们总是在说"这本书没有那本好"，或者"这个人不如那个人好"，等等。我们一直都在比较，我们以为通过比较就可以理解。不是吗？或者只有当一个人不做比较而是集中注意力时他才会真的理解呢？当你专心地看某个东西时，你会想去比较吗？当你完全集中精力时，你就没有时间去比较了，对吧？你一旦比较了，你的注意力就移到别的地方去了。当你说"今天的日落没有昨天好看"时，你其实不是真的在看日落，你的思绪已经飘到昨天的记忆里去了。但如果你完全集中注意力在看日落，你自然就不会比较了。

因此，问题不是如何得到某个东西，而是我们为什么做不到全神贯注。我们很明显不是全神贯注的，因为我们不是很感兴趣。不要问："我们为什么不是很感兴趣？"这无关紧要，不是我们讨论的问题。我们为什么要感兴趣？如果你没有兴趣听的话，又何必费心来听呢？但你们还是来了，因为你们的生活充满嫉妒和痛苦，你们想找到答案，想找到意义。如果你们想找到意义的话，那就全神贯注吧。困难就在于我们从来就没有对什么事情认真过，我是指严格意义上的认真。当你对某事全神贯注时，你是不会想从中得到什么的，对吧？在全神贯注的时刻，嫉妒消失了，存在体也不会想去改变、调整或变成其他的样子，自我也就不存在了。

在集中注意力的时刻，自我，那个"我"就不存在了，那种专心的时刻非常美妙，那就是爱。

（奥哈伊的第三次公开演讲，1955 年 7 月 13 日）

经验的积累是痛苦的根源

最难理解的事情之一，在我看来，就是这个变化的问题。我们知道，进步，也就是所谓的进化，有各种不同的形式，但进步中有根本性的变化吗？我不知道这个问题有没有引起你们的注意，也不知道你们有没有思考过这个问题，但也许这个问题值得我们今天早上花时间深入探讨一下。

我们可以看到很多浅显意义上的进步，比如新的发明、更好的车、更好的飞机、更好的冰箱、一个进步社会表面上的和平，等等。但是这些进步有没有给人类，给你，给我带来巨变呢？进步确实给我们生活行为带来表面上的变化，但它可以从根本上改变我们的思维吗？如何才能让思维发生根本性的改变呢？我觉得这是个值得思考的问题。在自我提升中确实存在进步：我明天会变得更好、更善良、更慷慨，会少些嫉妒与野心。但是，自我提升可以给人的思维带来彻底的变化吗？或者根本就没什么变化，只有进步而已？进步意味着时间的改变，是吧？我今天是这样的，我明天会变得更好。也就是说，在自我提升、自我否定，或者自我克制中确实存在着发展，正在一步步接近更好的生活，也就是表面上适应环境，遵从某一改进的模式，以推动自己向更高尚的方向发展等等。我们随时随地都可以看见进步。和我一样，你们肯定思考过进步是否真的会带来根本性的变化。

对我来说，重要的不是进步，而是革命。请不要像当今这个高度发展的社会上的大多数人那样，对"革命"这个词感觉恐慌。我觉得，除非我们理解彻底改变观念而非仅仅改良社会的极端必要性，否则，意味追求进步只会加剧痛苦；进步可能会让人暂时平静，令痛苦缓解，但却无法消除始终潜藏着的痛苦。毕竟，从事情总会好起来这个意义上而言的进步，其实是自我、"我"、本我形成的过程。很明显，自我提升中存在进步，这意味着下定决心要变得更好，想多些这种品质或少些那种，等等。正如冰箱和飞机有所改进一样，自我也会有提升；但那种改进和提升并不能让人的头脑告别痛苦。

如果我们想理解痛苦并且，有可能的话，结束痛苦，那我们就不能再从进步的角度去考虑问题。因为从进步或时间角度思考问题的人会说他明天一定会快乐起来，其实他正生活在痛苦之中。要理解这个问题，你必须去研究"意识"这个问题，而不是这个话题是不是太难懂了，不是吗？我继续试着讲吧。

如果真的想理解痛苦、结束痛苦，我不仅要发现进步的隐含意义，还得弄清楚想要提高自我的实体是什么，以及提高自我是出于什么动机。这些都在意识之内。有融入日常生活的浅表性的意识活动，如工作、家庭、对社会环境的不断适应；这种意识活动可以是开心的、轻松的，也可以是矛盾的、神经质的。意识也有更深层的，也就是人类数千年来的社会遗产，包括生存的意愿、调整的意愿和改变的意愿。如果能给自身带来根本性的变化，我肯定能理解意识运转的全过程。

我们可以看到，进步显然不能掀起革命。我所说的不是社会变革或经济变革，这些是不够深入，我这么说大多数人会同意吧。把一种经济体制或社会体制推翻再建立起另一种体制确实会改变一些价值观念，比如俄国革命或其他的历史革命，但我说的是心灵上的革命，这才是真正的变革。一个有宗教信仰的人必须处在那种变革之中，我马上会讲到这点。

在应对进步和革命的问题的过程中，我们必定会了解意识运转的全过程。你们明白吗？表面上的调整也许具有社会学意义，会带来更好的生活、更多的食物，减少亚洲地区的饥荒，减少战争，但它却无法解决痛苦这一根本问题，除非我真的理解意识。不理解痛苦，还要解决并超越其根源的话，社会调整只会让痛苦的种子继续存在。因此我必须理解什么是意识，无需借助哲学、心理学或别人的描述，而是直接体验意识的真实状态及其全部内容。

那么，也许今天早晨我能跟你们一起体验这个过程。我将要向你们描述什么是意识，但是当我描述的时候，请不要只是倾听，你们应该注意观察自己的思考过程，这样的话，你们无需了解众多专家自相矛盾的观点就会知道意识是什么了。明白吗？我就要开始描述了。如果你们只是听取意见则不会具有多大意义；但是，如果你们边听我描述边体验自己意识和思考的过程，那对你们来说就会别有重大的意义，不是明天，也不是将来你有空去思考的某一天，因为放在将来只会拖延时间而已，都是没意义的。如果听了我的描述，你们安静地坐着就可以体验自己的意识，那么你们就会发现，头脑是可以摆脱一直以来的制约、累积及法令，并可以超越自我意识的。所以，如果你们愿意体验，那将会是非常值得的。

我们正试着弄清什么是意识，以及思想有没有可能摆脱痛苦——不是改变痛苦的种类，亦不是粉饰痛苦的牢笼，而是完全摆脱痛苦的种子和根源。为了探讨这个问题，我们应该知道进步和心灵的革命之间的差异，而心灵的变革是摆脱痛苦的必要条件。我们不是要改变意识的内容之类的，而是探究它。当然，如果我们有些观察力并可以认识到一些东西的话，我们会知道表面意识产生的活动。我们知道人的头脑表面上是活跃的，它在关注着调整、工作、谋生、发表高论、天赋、才能，或者获得某些技术；我们大多数人都满足于这一肤浅层面的生活。

请不要只是听我说，而要观察自己，观察自己的思维方式。我在跟你们说我们日常生活中发生的表面活动——消遣，逃避，偶尔的恐惧，对妻子、丈夫、家庭、社会、传统的适应等等，而且我们大多数人都满足于这一表面状态。

那么，如果你进一步思考的话，能弄清这表面的适应背后的动机吗？我说过了，如果你对这整个意识的过程有些许认识的话，你就会知道，我们让自己适应观点、价值观，我们接受权威等的动机原来是自我永恒和自我保护。如果你再进一步思考的话，你会发现种族、民族和派别的潜在势力，人类的斗争、知识、努力及印度教、佛教或基督教的教条与传统，和数百年来所谓的教育的影响，都在合力把我们的头脑塑造成某一既成的模式。如果你更进一步思考的话，就会发现，人类最本原的想要生存、成功及改变的欲望通过各种社会活动展现并给人类带来了根深蒂固的焦虑与恐惧。简单地说，这全部就是意识。换句话说，我们的思维是以想要生存及改变的根本欲望为基础的，在其之上存在着传统、文化、教育及一个特定社会的表面化束缚，这些都迫使我们遵从一个可以让我们存活的模式。还有很多的细微之处，但基本上这就是意识。

在意识范畴内的任何进步都是自我提高；自我提高仍是痛苦的一部分，而不是痛苦的终结。你们想一想，这点显而易见。如果头脑想摆脱痛苦的话，应该怎么做呢？我不知道你们有没有考虑过这个问题，但现在请你们考虑一下。

我们在受苦，不是吗？我们不仅受生理上的不适和疾病的折磨，我们也在受痛苦和贫穷的折磨。我们受苦是因为我们没有被爱。当我们爱一个人而没有收到对方回应的爱时，痛苦就产生了。不管怎么想，我们一思考就感到痛苦，因此似乎不去思考会好一点。于是我们接受某个信仰，称之为宗教，并停滞不前。

那么，如果一个人认识到通过自我提高和进步并无法结束痛苦（这点是很明显的），那么他应该怎么做呢？思想能否超越意识，超越各种各样的冲动和相互冲突的欲望呢？超越是时间问题吗？请认真听，不只是听进耳朵里，而是要听到心里去。如果是时间问题的话，那你就回到进步的状态里去了。明白吗？在意识的范围内，任何形式的动作都是自我提高，因此也是痛苦的延续。痛苦可以被控制、制约、抑制、合理化、高雅化，但其潜在影响力仍然存在；想要摆脱痛苦，就必须摆脱这潜在的影响力，摆脱"我"和自我的根源，摆脱自我改变的整个过程。想要超越，就必须停止这一过程。但如果我说"我怎么才能超越呢"，那么"怎么"就变成了方法与实践，还是属于进步的范围，因此也就无法超越了，只能改善处在痛苦中的意识。我希望你们能听明白。

　　一个人思考的是进步、提高和时间；对于知道所谓的进步只是痛苦中的进步的人来说，有可能立即摆脱痛苦吗——不是明天，不是将来，而是现在就摆脱？否则你就回到俗套中去了，回到痛苦中去了。如果我讲清楚了，讲明白了，你们就会找到绝对的答案。我用的是完全意义上的"绝对"。除此之外别无他法。

　　也就是说，我们的意识一直在努力去适应、去调整、去改变、去吸收、去拒绝、去评价、去谴责、去辩护；但意识的这些活动都是在痛苦这一模式之中。意识的任何活动，比如做梦，或者意志力的作用，都是自我的活动；任何自我的活动，不管是最高尚的还是最世俗的，都会孕育痛苦。当一个人的思想认识到这点时会发生什么？你们明白这个问题吗？当一个人真的认识到这一真相时，会产生什么问题吗？当我观察着一条有毒的响尾蛇时会有什么问题吗？同样的，如果我能集中精力关注受苦的整个过程，那么思想就会超越痛苦吗？

　　请认真听。我们的头脑正在思考着痛苦和摆脱痛苦的问题，正努力地以各种方式克服它、减少它、改变它、改善它、逃离它。但如果我知道（不是肤浅地知道，而是确实知道）思想对痛苦的这种思考正是自我生产痛苦的活动，如果我真的明白这个事实的话，我的思想已经超越了所谓的自我意识吗？

换句话说，我们的社会，不仅是美国，还包括欧洲、亚洲等，是建立在嫉妒和占有欲的基础上的，我们是社会的产物，而且已经存在上百年、上千年了。请认真听。我知道我是嫉妒的。我可以改善它，可以控制它，制约它，可以通过慈善活动、社会改革等转移它，但嫉妒一直都存在着，它潜伏着，时刻准备着冲出来。那么，思想怎样才能完全摆脱嫉妒呢？由于嫉妒一直给我们带来冲突，所以它是一种没有创造力的状态；如果一个人想要知道创造力是什么的话，那他明显要摆脱所有的嫉妒、对比和要成为某种人的冲动。

嫉妒是我们对一种感觉的定义。我们通过给那种感觉一个名字，用"嫉妒"这一词语来定义它。我会讲得慢一点，请你们认真听，因为我讲的是对意识的描述。有种特定的感觉，我给它起个名字，称之为"嫉妒"。"嫉妒"那个词本身就值得谴责，它包含社会、道德和精神意义，这些意义是我所接受的教育传统的一部分；因此通过使用这个词，我在谴责那种感觉，这种谴责的过程是种自我提升。在谴责嫉妒这种感觉时我朝着另一个方向，即不嫉妒的方向前进，但这种行为仍是从嫉妒这一中心产生的。

那么，人能停止给事物命名吗？当人感觉到嫉妒、欲望或者想取得某些成就的冲动时，我们的头脑通过语言、谴责及命名而受到教育，这样的头脑能停下来，不为命名的全过程所扰吗？不妨自己试验一下，你们会明白不去用名字描述一种感觉该有多么难以办到。感觉和命名几乎同时发生。但如果不命名的话，还存在感觉吗？没有命名时感觉仍然存在吗？你们听明白了吗？是不是我说得太抽象了？不要赞同或反对我，因为这跟我的生活无关，是关乎你们的生活。

为感觉命名的整个过程是意识的一部分。以"爱"这个词为例。你一听到这个词就别提多开心！这个词隐含着多少美丽、舒适等这类美好的意义呀。而"恨"这个词马上给人一种相反的感觉，恨是种人人都想避而远之，人人都想摆脱和逃离的东西。因此，不管我们有没有意识到，词语对人的思想都有非凡的心理作用。

那么，头脑能摆脱话语吗？如果可以的话——必须可以，否则思想就无法超越。这样一来，问题就来了：人可以经历事情，却不身陷这些经历吗？即使身体可以从经历中抽离，那头脑也是受了影响，因为体验者时刻都在积累或者弃绝经历的事情，对于每次阅历都是根据自身喜好、成长背景和所受的影响来解读；如果看到一个幻象，他会认为那就是基督降临，真主来世，或其他无从知晓的怪异解释。因此只要有体验者，折磨就会继续，就会继续沉浸在自我意识之中。

要超越自我意识需要全神贯注。我所说的全神贯注是指不加任何选择，没有任何要成为什么样的人、要改变和调整的想法，言下之意，即头脑完全不受意识的束缚；那样的话，体验者就不会积累经验了，也只有在那时才可以说一个人完全摆脱了痛苦。经验的积累是痛苦的根源。我们不是要放弃日常的所有事物，不是抛开深远的传统、家庭、我们自身的经历，对自己想要伤害他人的冲动无动于衷，而是我们在当下的每一刻都必须忘记所有这一切，忘记一切累积起来的经验，只有这样头脑才不会受自身，即经验累积起来的个体的束缚。也许在思考这个问题时我们就把先前所讲的也一起弄清楚了。

提问者：什么是无意识？它也会受影响吗？如果是，我们怎样才能不受影响呢？

克氏：首先要问的是，难道我们的意识，清醒着的意识没有受影响吗？你们明白"影响"这个词的意思吗？你们所受的教育都是特定的。在这个国家，你们是受到影响才成为了美国人，不管美国人指的是什么样的人，你们接受的是美国的生活方式，苏联人接受的是苏联的生活方式。在意大利，天主教徒教育孩子们以特定的方式思考，那是另一种环境制约，而在印度，在亚洲，在佛教国家，他们受的又是另一种教育。在全世界，人们的思想都是通过教育、社会环境、恐吓、工作、家庭等数种方式影响而形成的，这种表层思想，即清醒的意识是受到影响和制约的。

无意识指的是在思想表层之下的层面，提问者想知道无意识是否受到制约。它难道不是受种族思想、潜在的动机、欲望和某一文化下的本能反应所影响的吗？我理应是个印度教徒，我出生于印度，在国外受教育等。在我研究无意识并理解它之前，我仍是一个带着印度婆罗门、符号、文化、宗教和迷信特质的印度教徒，这些特质都还在我身上潜伏着，随时都有可能被唤醒，并且在睡梦中，在我的意识没有完全发挥作用时向我发出警告和暗示。因此无意识也是受了影响和制约的。

如果你深入探究的话，你会很明显地发现人的整个意识都是受制约的。没有任何一部分的你，没有高一层的自我是不受了影响的。你的思维都是有意识的或无意识的记忆的产物，因此也是被影响或制约的产物。你以一个共产主义者、社会主义者、资本主义者、美国人、印度教徒、天主教徒、清教徒等的身份思考，因为你就是被那样影响的。如果你是基督徒的话，你被教导要信仰上帝，而共产主义者就不信仰，他嘲笑你，说："你受到制约啦。"但他自己也是受制约的，他受他所在的社会的制约，被他所属的党制约，被不能信仰上帝的理念制约。因此我们都是受制约的，我们从不问："有没有可能完全不受制约呢？"我们只知道制约的情况可以被改善，也就是痛苦可以被缓解。

那么，如果我认识到这一点，不是口头上，而是全身心地认识，那么就不会有冲突了。你们明白我说的吗？当你全身心地致力于一件事时，也就是当你全力去理解一件事时，就不会有冲突了。只有当你对一件事不是很感兴趣，不完全投入时才会有冲突，那时你就会想克服冲突，因此你开始认真，而这不能算是专注。当你专注时，你不分心，不走神，因此不费力，也没有冲突，唯此才会有自我认知，而这不是经验积累的结果。

请认真听。自我认知是不可以积累的，是要时刻去发现；而发现是无法积累的，没有具体所指。如果你积累自我认知，那么你所有深入的理解其实都源自积累，所以，其实并没有真正的理解。

所以，头脑只有全神贯注时才可以超越条件的制约。全神贯注时没有修改者，没有审查员，也没有人会说"我必须改变"这类的话，也就是说，头脑完全停止了体验，这时的亲历者并没有去累积这些经历。请认真听，我现在说的对你们的理解很关键。因为，毕竟当我们亲历一些美的事物时，比如落日、一片在树上独自摇曳的叶子、水面上的月光、一个微笑、一个幻象等等，我们就想马上抓住它，握紧它、欣赏它，也就是想重复体验；只要有想重复的冲动就会有痛苦。

那么，没有了体验，还有可能处在体验的状态中吗？你们明白吗？一个人能在体验丑和美之类的时候而不说"我体验过了"吗？因为只要去体验，人就无法体验到像真相和上帝等不可触摸的东西。亲历事件者是认知的实体；如果说我有能力认识到真相，并且已经体验并了解它了，那其实根本不是真相。真相之美就是如此，它永远都是未知的，而人的头脑是已知的产物，因此永远无法掌握真相。

提问者：你说过所有的欲望本质上是一样的。那是不是可以这么理解：人对上帝的追求和男人对酒色的追求没有什么差别？

克氏：欲望并不相似，但它们都是欲望。你可以追求上帝，我也可以想用酒把自己灌醉；但我们都受到了欲望的驱使，你往一个方向，我往另一个方向。你的追求受人尊重，而我的没有；相反，还是对社会有害的。隐士、僧侣或其他所谓信仰宗教的人的头脑被美德和上帝占据，有些人的头脑被生意、女人、酒占据，但他们本质上是一样的，因为他们的头脑都被束缚了。你们明白吗？一种人有社会价值，另一种，就是满脑子酒色的人是对社会有害的。因此你们是从社会观点出发来判断他们的，不是吗？那种隐退到寺庙的人，每天从早到晚祈祷，白天侍弄园艺，他们的思想完全被上帝、自责、自律、自控占据，你们把他们看成神圣的人，了不起的人。然而，那些生意场上的人操纵股票交易，整天想着怎么挣钱，你们就说"这些人跟我们一样都是普通人嘛"。但是，这两种人的头脑其实都是被占据着。对我来说，头脑被什么占据无关紧要。一个人整天想着上帝，永远也找不到上帝，因为上帝不会只在某个人的头脑安营扎寨，上帝是未知的，是无法触摸的。你不能让自己成为上帝的大本营，上帝怎可能召之即来呢？

头脑里想什么并不重要，重要的是头脑有所想这件事，不管你想的是厨房，是孩子，是玩乐，是美德，是上帝，还是待会儿吃什么。头脑一定要专心地有所想吗？你们听明白了吗？满脑子都想着某个事物的人，除了关注所想之物外，还能看到其他的吗？如果头脑里没了关注之物会发生什么呢？你们听懂了吗？有不被任何东西占据的头脑吗？科学家想着技术问题，想着构造、数学，正如家庭主妇整天关注厨房与孩子一样。我们都很害怕头脑空空如也，害怕会有什么社会隐含意。如果一个人的头脑不被任何事物所占据，他就会看到自己真实的样子，所以，头脑里所想之物可以让人迷失真实的自我。

那么，头脑一直都要有所想吗？有可能什么都不去想吗？请注意，我现在问你们的这个问题没有现成答案，你们要自己去寻找答案；当你找到答案时就会发现有神奇的事情发生。

自己找到头脑所关注之事会很有趣。艺术家关注艺术、名气、进步、色彩的混合、声誉、坏名声；知识分子关注知识；追求自我认知的人关注对自我的认知，像小蚂蚁一样注意自己的一举一动，一言一行。他们都一样。只有完全没有被事物占据，完全腾空的头脑才有可能接受那些不占据头脑的新事物。但是，只要头脑有所占据，那种新事物就不会出现。

提问者：你说一个人一心想着某些东西的话就无法了解真相或者上帝。但我如果不一心想着工作要怎么谋生呢？难道你自己不是也一心想着做演讲，并以此为你的谋生方式吗？

克氏：我断然没有一心想着演讲！我没有。这也不是我的谋生方式。如果我一心想以演讲谋生，我就没空停止思考，也就不会有沉默的瞬间来发现新事物了。那样的话，演讲也会变得十分无聊。我不希望连我自己都觉得我讲得很无聊，所以，我并非根据我的记忆来演讲。这是完全不同的。没关系，我们改天再讨论这个话题吧。

刚才提问的人问，如果他不一心想着工作，要怎么谋生。你是一心在想着工作吗？请认真听。如果你的头脑被工作占据，其实你并不热爱你的工作。明白这个差别吗？如果我热爱我的工作，我的头脑就不会被它占据，因为工作跟我是分不开的。但是不幸的是，我们在这个国家接收培训，掌握了自己并不喜欢的工作上的技术，这种做法已经成为全世界的惯例。可能有些科学家，一些技术专家和一些工程师真的热爱他们的工作，完全意义上的热爱，我马上就要解释这一点。但是，大多数的人并不热爱自己的工作，因此我们才一心想着谋生。如果仔细思考，你会发现两者之间的不同。如果我一直在受所追求的目标的驱使，试图通过工作来实现目标，成为大人物，获得成功，那我怎么能热爱我的工作呢？一个整天想着自己的名气、伟大之处、跟其他人比较以及取得成功的艺术家已经不是艺术家了，他跟其他人一样只是一个技术员罢了。其实，也就是说，要是真的热爱某个东西就要完全没有任何企图，也不要有去赢得社会认可的愿望，不管怎样，社会的认可是很令人讨厌的。（笑声）先生们，请不要笑。我们不是被训练或被教育成那样，而是必须符合社会或家庭给我们开的先例。因为我的祖先是医生、律师或者工程师，我也要成为医生、律师或者工程师。现在肯定有越来越多的工程师了，因为那是社会需求的。我们肯定已经丧失了对这工作本身的热爱，而且我怀疑我们到底有没有热爱过工作。当你真的热爱一个东西时，你的头脑并不会被它占据。你不会试图取得什么，不会试图比别人优秀；所有的比较、竞争、成功的愿望、实现目标的愿望都不存在了。只有有所图的头脑才被占据着。

　　同样的，一个人如果一心想着真相、上帝，他就永远无法找到上帝，因为上帝已经知道你的头脑在想什么了。如果你知晓无法触摸的东西，你所知晓的其实只是过去的产物，所以，也就不是无法触摸的东西了。真理无法触摸，因此也无法被头脑占据；只有当头脑处于沉静状态，头脑里空无一物时，才可能知晓未知的事物。

　　　　　　　　（奥哈伊的第四次公开演讲，1955 年 8 月 14 日）

越是依赖他人，思想就越愚笨

完全控制头脑是我们大多数人思考过的一个严肃问题，因为我们知道如果不能深入地、理性地、平衡地控制头脑的话，那我们就不能保存足够的能量去处理事情，特别是那些跟寻求有关的事情，比如寻求真相、现实和上帝等。我觉得大家应该知道，头脑的稳定性对于洞察那些思想肤浅之人所无法理解的根本性问题很必要。然而，难点在于如何控制头脑，不是吗？很多行为准则、各种宗教派别和修道团体都强调对头脑的完全控制；那么今天晚上我要跟大家探讨的就是有没有可能完全控制头脑，以及如何让思想绝对稳定。我说的是真正意义上的"绝对"，也就是彻底地、完全地控制头脑。我说过，保持稳定十分必要，因为头脑在稳定的状态下就不会有任何形式的冲突、分散或游离；因此头脑稳定的人会有充足的能量，可以深入地、彻底地探究现实。

不管头脑可以控制、主宰、制约自己到何等程度，关注细枝末节的头脑有可能处于稳定的状态吗？我们大多数人的头脑都是狭隘的，有限的，有偏见的，渺小的，狭隘的头脑整天被肤浅的事情所占据，比如工作、争吵、怨恨、美德的培养、试图理解什么、八卦以及自身的进步和问题。这样的头脑，不管它可以控制、主宰、制约自己到何等程度，还有可能处于稳定状态吗？因为没有自由，头脑显然无法达到稳定的状态。

也就是说，一个努力追求成功和结果，总是期许某个求之不得之物的头脑本质上是狭隘的、被束缚的、受限制的，并因其努力变得渺小；这样的头脑如果努力地控制自己，竭力进入稳定的状态，那么，就有可能产生只有深入的、彻底的稳定性才能带来的关键能量吗？或者说，它会不会只生出其他的限制并使头脑更为狭隘呢？我希望自己讲得还算清楚。

如果我的头脑是民族主义的，受不计其数的信仰、迷信、恐惧所束缚，并陷于嫉妒，怨恨，恶毒的言语、手势和想法之中，不管它多么努力地试图发现超越于自身之外的东西，它仍然是受到制约的。所以，问题是要怎么打破头脑的偏狭性，对吧？这才是根本问题之一。只有这个问题弄清楚了，我们才适合去探讨什么是对头脑的完全控制。要想发现真相、上帝，或者认识你自己，显然，你必须要有充足的能量，为找寻那种能量，我们做过各种荒谬的尝试。我们或者去寺院，或者饮食古怪，或者试图控制各种激情和性欲，希望这样可以产生能够发现新事物的能量。毕竟，那就是大多数人费尽心思想要达到的目的。我们试图控制自己的想法、欲望，培养美德，小心谨慎自己的言行举止，等等。我们这么做可能是想成为受人尊重的好公民，也可能是希望产生非凡的能量并发现欲望背后的东西；但只要我们不理解头脑的偏狭性，不管自己是多么努力，也发现不了那个所求之物。若头脑偏狭之人寻求上帝，他所谓的上帝显然也会变得渺小；美德也只是受人尊敬而已。那么，这种偏狭的视域有可能打破吗？我问得清楚吗？那好，让我们继续。

我们的头脑关注琐屑之事，不管承不承认，都是善妒的、贪婪的、感觉恐慌的。那么，是什么使头脑变得如此偏狭呢？当然，只要头脑孜孜以求，它就注定狭隘、肤浅、渺小。头脑也许会放弃世俗的东西去寻求知识和智慧，但它仍是渺小的，因为在寻求的过程中头脑会希望有所成就和实现，而导致头脑偏狭的正是这种有所得的愿望。

我能围绕"注意力"这个词讲几句话吗？注意力很重要，但它和专心致志、全神贯注并不相同。一个孩子专心致志在玩一个玩具，是那个玩具把他吸引，因此他把心思放在玩具上。事情就是这样，对吧？某个事物吸引了某人的注意力，它让头脑对之发生兴趣，或者说是头脑把注意力放在了物体上面。如果你对某个事物感兴趣，那说明那个事物很迷人，是它吸引了你；然而，如果你刻意把注意力集中在某个事物上面，那就是另一种全神贯注了，那时的你是去关注那个物体，不是吗？

现在我要讲个完全不同的概念。我要讲的注意是不带任何目标的，它没有负担，没有冲突，注意的时候你既不被物体吸引也不试图把注意力集中在它上面。你们在听我讲话的时候，竭力想理解我说了些什么，那你们是有目标地在听，因此包含了努力的成分，是有负担的，不是完全放松式的注意。这是事实，对吧？如果你想真正倾听，一定得卸下负担，不能有任何努力的成分，也不能有吸引你注意力的事物，否则你只是被你听到的东西，被讲话者和其他没用的东西糊弄了。如果你认真观察自己集中注意力的过程，你会发现这个其中总是存在冲突，有紧张感，有想取得什么的努力；然而，注意是没有任何目标的，你就好比在自然地聆听从远处飘来的音乐或者一首歌的旋律。在那种状态下，你是放松的、专心的，却没有任何负担。

因此，请允许我建议你们在听我讲的时候尽量留意。我说的可能很难，对你们来说也可能有点儿新鲜，因此会比较令人不安；但如果你们放松地、专心地倾听，就不会在精神上感觉不安，尽管有时候不安会对你们有好处。我现在要说的对你们的理解很关键。我是说头脑必须处于绝对稳定的状态，但前提是头脑必须放弃做任何让自己稳定的努力，否则，头脑将永无稳定而言。因为头脑作为努力的产出者，其本质上是渺小的。头脑中可能满是包罗万象的知识，可能在讨论问题时很睿智，也可能积累了很多技术，但只要它孜孜以求，只要它在控制意志力，也就是说，只要有"我"这个实体在追求、在努力、在积累、在收集，它在本质上就仍是渺小的。头脑可能会思考上帝，可能会约束自己，试图控制各种欲望以追求崇高的美德，以便有足够的能量去寻求真相等；但这样的头脑是狭隘的、有限的，它永远无法自由，因而也就无法稳定。

我们要解决的问题就是如何打破头脑的偏狭性。这个问题清楚吗？如果清楚的话，你们该怎么做呢？我们知道一个非常稳定的、深刻的、宁静的、完全被控制的（但不是被一个说"我一定要控制它"的独立实体所控制）头脑的重要性。你们明白吗？也就是说，我知道头脑稳定的重要性。那么，这种稳定性要如何才能生成呢？如果头脑的另一部分说"我一定要变得稳定"，那么在它内部就会发生冲突，出现两部分争相控制和镇压对方的现象，不是吗？思想的一部分妄图管制另一部分，试图控制它、塑造它、制约它，阻止它四处游荡，抑制它的各种欲望；也就是说冲突一直都存在，对吧？

处在冲突中的头脑在本质上是狭隘的，因为它想要获得什么。想着要让头脑稳定下来，你说"我必须控制头脑，我必须塑造它，摆脱所有相互冲突的欲望"，但是，只要你在头脑中有这种双重体验过程，头脑就总是处在冲突之中，而有冲突就表明头脑是渺小的，因为冲突的起因是想有所收获。那么，思想可否忘记获得的整个过程，可否为了找到上帝这类事物而放弃去追寻稳定的状态呢？也就是说，当你在聆听的时候，你能立即领悟到你所听之言背后的真相吗？我是在说，一定存在一个完全的、绝对稳定的头脑。但是，任何想抵达那种状态的努力都表明头脑是存在分歧的，它在说"天啊，我一定得拥有那种稳定的状态，能那样的话就太好啦"，然后，头脑通过制约、控制和各种形式的约束去追寻那种状态，等等。但是，如果头脑能听懂那句话的真相，能领悟到完全控制的必要性，那么你就会发现那种状态无需努力即可抵达。

我讲的是不是太难了？恐怕是这样的，因为，你知道，我们大多数人都很看重努力，总是有人努力去取得某个结果，由此引发冲突。你听到头脑必须完全趋于稳定并处在控制之中的这一言论，或者你读过并思考过这句话，同时你说"我一定要抵达那种状态"，所以你通过控制、制约、冥想等方法来追求那种状态。在那一过程中就有努力、顺服，对某一模式的遵从、某种权威的建立等等由此产生的各种复杂状况。然而，任何想实现目的的努力，任何想抵达某一状态的愿望都会导致头脑的狭隘，而这样的头脑则永远无法自由，无法稳定。如果你能认清这个真相，那不就抵达绝对稳定的状态了吗？这么说你们明白吗？

换个角度。我们很清楚地知道任何行为都需要付出精力。即使你想成为富人，你也必须全身心地投入，把精力集中在致富上。另外，要理解像头脑是如何运作的这类抽象的问题，不仅需要深入地认识自己，还必须将所有的精力汇聚在一起。那么，集中的精力要怎么产生呢？意识到汇集精力的必要性，于是说"我一定要控制我的脾气，我一定要吃合适的食物，我不能太沉迷于肉欲，我一定要控制我的激情、性欲和渴望"——你知道，我们做与之不相干的事。这些都是不相干的事，因为这个中心仍是狭隘的。只要人想着有所收获，想要实现某个目标，他就是野心勃勃的。野心勃勃的头脑在本质上是狭小的、肤浅的。这样的人就像这世上其他有野心的人一样，明显是精力充沛的；但我们讨论的东西需要更深层的、更宽广的、更充足的精力，这时"自我"是完全不参与其中的。

所以，人数千年来受宗教上、社会上和道德上的制约去控制及塑造自己的头脑以符合某一特定的模式，或者遵从某些理念，以保持自身的精力；这样的头脑能毫不费力地打破这些束缚，立即达到完全宁静、完全稳定的状态吗？那时就不会分心了。只有当你想往一个方向走的时候才会分心。当你说"我必须只想这个，不想别的"，那么其他的都是分心。但是如果你毫无目的地注意，没有要获得什么或者实现某一目标的意愿，那你就是完全专注的，那时你就会发现你的头脑非常的稳定、宁静；也只有宁静的头脑才能自由地发现真理或者让真理来到我们的身边。

提问者： 一个人怎么才能摆脱平时的习惯呢？

克氏： 如果我们能理解习惯形成的整个过程，那么也许我们就能够停止习惯了。仅仅停止某个特定的习惯相对简单，但那样并不能解决问题。不管有没有意识到，我们人人都有习惯；因此我们要弄清头脑是否已陷于习惯之中，以及人为什么会形成习惯。

我们的思维大多数都是习惯性的吗？从小别人就教育我们思维要符合某一界限，不管是符合基督教徒，共产主义者还是印度教徒的思想准则，我们不敢跨过那条界限，因为一想到违背准则我们就会恐惧。因此，我们的思维基本上是习惯性的，受制约的，我们的头脑按既成的惯例运转，自然也就有了我们试图控制的表面的习惯。

如果你的头脑完全停止习惯性思考，那么我们就会以不同的方式看待表面的习惯这个问题了。你们听懂了吗？如果你试图做调查来弄清你的头脑是否在习惯性思考，如果那就是你真正关心的内容，那么你的习惯，比如抽烟的习惯，就会带有完全不同的意义。也就是说，如果你对探究习惯的这个深层次的过程感兴趣，那么你就会以一种完全不同的方式来对待抽烟的习惯了。你内心非常清楚你真的很想终止这一习惯，不仅是抽烟的习惯，而是习惯性思考的整个过程，但是，你不会约束自己不去拿起一根烟以及其他动作，因为你知道你越是跟那种习惯做斗争，你就会在它上面花越多的时间。但如果你是专注的，如果你完全觉知到那种习惯而不去与之做斗争，你就会发现那种习惯会自然小时；头脑也将因此不再盘踞那种习惯。我不知道你们听明白了没有。

我内心很清楚地认识到我想要停止吸烟，但那个习惯好多年来一直延续着。我应该跟那种习惯做斗争吗？当然，我跟这个习惯做斗争的同时我也花时间在它身上。请理解这一点。我跟任何事物做斗争都要花时间在它身上。如果我跟一个想法做斗争，我就在这想法上花时间；如果我跟你作对，我就在你我的斗争上花时间。我必须很清楚地认识到这一点，而且只有我完整地观察习惯的整个问题，而不是某一特定的习惯时才可以认识清楚。那样我看待习惯的方式就会完全不同了。

那么现在的问题就是，为什么人要习惯性思考，习惯于从人际关系、想法和信仰等的角度出发思考问题呢？为什么？因为人的头脑在本质上要寻求稳妥、安全、持久，不是吗？头脑讨厌不确定性，因此它一定要有习惯并以此来寻求安稳。安稳的思想永远无法摆脱习惯，只有不安稳的思想才可以——这不是说思想要不安稳到必须送到收容所或精神病医院去。完全不安稳、不确定的思想一直在搜寻，在探索，迫切地想要体验和寻求新事物，因此也一直处在不知晓的状态中——只有这样的头脑才能摆脱习惯，那也是最高形式的思考方式。

提问者：有没有可能在抚养孩子的过程中不用条件去制约他们？如果可能的话，要怎么做到呢？如果不可能的话，条件制约有好坏之分吗？请无条件地回答这个问题。（笑声）

克氏："有没有可能在抚养孩子的过程中不用条件去制约他们？"有没有可能？我觉得不可能。请认真听，一起来思考他的问题。但首先，让我们先来解答他的第二个小问题，即条件制约有无好坏之分。当然，只存在条件制约，而不存在好的或不好的条件制约。你可以说信仰上帝是个好的条件制约，但信仰共产主义的苏联人则可能说："胡说，那个条件制约对我可没什么好处。"显然，你认为好的条件制约在别人看来可能是不好的；因此我们可以很容易地解答那个小问题。

现在要解答的问题是孩子的成长过程有没有可能不受条件制约，不受影响。显然，他们周围的一切事物都在影响着他们。气候、食物、话语、手势、谈话、无意识的回应、其他孩子、社会、学校、书籍、杂志、电影院——所有的这些都在影响孩子。影响你能终止吗？不可能，对吧？你也许不想影响和制约你的孩子，但你还是在无意识地影响着他们，对吧？你有你的信仰、教条、恐惧、道德、意图以及对好坏持有的观点，因此你有形或无形中一直在影响着你的孩子。就算你不影响，学校也会影响孩子，比如历史书上会讲到你们国家有哪些独特的伟大英雄，等等。一切都在影响着孩子，这个显而易见的事实我们得认识到。

现在，问题是你能在你的孩子长大以后理智地认识所有这些影响吗？明白吗？你知道孩子一直在受周围环境的影响，不管是在家里还是在学校，那你能帮他认识每种影响而不陷入某种影响而无法自拔吗？如果你真的打算帮你的孩子探究这些影响，就会很费力，不是吗？因为那不仅意味着质疑你的权威，还涉及权威、民族主义、信仰、战争、军队——你知道，探究所有事物，这也是开发人的认知力。有了这种认知力以后，头脑将不再仅仅接受权威或因为恐惧而遵从，此后，每种影响都会被仔细观察然后被抛开；因此这样的头脑是不受束缚的。当然，这是可能的，对吧？教育的职责就是培养这种认知力，使人可以客观地审视每种影响，可以探究浅表的和深刻的背景，这样一来，头脑不就无所束缚了吗？

毕竟，你受到自己所处背景的制约，你就是由这个背景造就的，背景包括基督教的传统，非凡的活力与精力，美国的进步，各种气候、社会、宗教和饮食影响等等。你能理智地看待这些因素，把它们摆上桌面平心静气地接受审查，而不是荒唐地保留你认为好的影响，扔掉你认为坏的影响吗？当然，人必须客观看待所有这些所谓的文化。文化可以创造宗教，但不能造就虔诚的人。一个人只有当头脑拒绝文化、拒绝背景时，他才是虔诚的，这样的人也因此能够自由地找到真相。但是，那需要头脑超凡灵敏，不是吗？这样的人不是美国人，不是英国人，也不是印度人，而是一个人；他不属于某一特定的小组、种族或文化，因此可以自由地去寻找真相与上帝。没有一种文化可以帮助人类找到真相。文化只会创造束缚人类的机构。因此探索这些是很重要的，包括有意识的束缚，更包括对头脑无意识的束缚。人类的意识无法在浅表层面观察无意识的束缚。只有当意识完全沉静下来时无意识的束缚才可以自然显现，不是在某个特定的时刻，而是一向如此，包括你走路的时候，坐公交的时候，或者跟别人谈话的时候。当你试图找寻时，你会发现无意识的束缚不断地向你涌来，那时发现之门就是为你敞开的。

提问者： 我第一次听你讲演并采访你的时候，我深感不安。于是我开始观察自己的头脑，既不谴责也不去比较什么，后来我有点理解宁静之感了。几周后我再一次采访你，又受到震动，因为你让我明白了我的头脑根本就不是清醒的，我也意识到我对自己的成就有些许沾沾自喜。为什么头脑在每次震惊之余都会平静下来？要怎么打破这个过程呢？

克氏： 我们一直在避免任何形式的社会的、宗教的、个人的变化，不是吗？我们希望事情一直保持原来的样子，因为头脑讨厌受到烦扰。当我们取得一些成就时，我们就安于现状。但生活是个充满挑战与应战的过程，如果你不面对所有的挑战，你的生活中就会有冲突。为了避免冲突，我们满足于安逸的现状并停滞不前。这个心理现象是事实。

也就是说，生活就是个挑战，生活中的一切都要求你有所回应，但由于你有自己的局限、担忧、束缚、信仰和应该、不应该追随的理想，对于这些，你无法完全做出回应，于是就有了冲突。为了避免或克服冲突，你退缩了，只做些可以给你带来慰藉的事情。你的头脑一直在寻求那种没有烦扰的状态，你把这个状态称为和平、上帝或者其他的什么；但本质上你就是不希望被烦扰。你把那个状态称为和平，但其实那是死亡。然而，如果你明白头脑必须时刻处在回应的状态，不希望有舒适、安稳、停泊、固定，也不想要在信仰、理念、资产中寻求庇护等的话，你就会发现你根本不需要震惊。那样也不会有被震惊唤醒的过程，有的只是再次入睡。

你们看，这又引出了一个十分重要的问题。我们以为我们需要老师、精神导师、领袖来帮我们保持清醒。也许那也是你们中大多数人来这里的原因，你们想让另一个人帮你们保持清醒。当有人帮你保持清醒时，你就依赖那个人，他就成了你的老师、向导、领袖。他可能是清醒的，我不知道；但如果你依赖他的话，你就是昏睡的。(笑声)请不要一笑了之，因为我们在生活中就是这么做的。如果你依赖的不是领袖的话，就是小组、家庭、一本书或者一张唱片。

那么，有没有可能既保持清醒又不依赖任何东西，不管是药物、精神导师、纪律还是图片等？在试验的过程中你们也许会犯错，但你说："没关系，我要保持清醒。"但是，这并非易事，因为你过于依赖他人。你需要朋友、书、音乐，需要经常集会以得到启发，这种启发可能会让你暂时保持清醒，但你还不如自力更生。因为你越是依赖他人给你的启发，你的思想就变得越愚笨，愚笨的思想就需要被引导，需要跟从别人，需要听从权威，否则就会迷失。

那么，认识到这个特别的心理现象之后，我们有可能摆脱对任何形式的启迪，而独自保持清醒吗？换句话说，我们可以不再习惯性地思考问题吗？也就是说，告别我们已知的东西，已学到的东西，告别我们过去所积累的一切，这样一来，头脑就又是鲜活流动的了。如果头脑不摆脱过去，不摆脱所有的经验、嫉妒、怨恨、爱恋和激情，头脑就无法被清空，变得澄明清醒。摆脱所有已知之后，头脑就是新鲜的、热切的，因此也就有了注意的能力。当然，只有当头脑摆脱内心所有的依赖之后，它才有可能找到那个超越于自身之外的东西。

（奥哈伊的第五次公开演讲，1955 年 8 月 20 日）

比较或评估只会带来迷失

　　显然，人人都需要有所崇拜，包括你我在内的很多人都希望在生活中际遇神圣之物，我们去寺庙、清真寺或者教堂也是出于这种目的，不仅如此，我们还有其他可供膜拜的符号、图像和理念。有所崇拜是必要的，这样可以满足我们接触一些更伟大、深奥而恒久的事物的心愿，也正因如此，我们才打造了诸如大师、导师、上天或尘世神灵的概念，发明了各种如十字架、新月等的符号。或者，如果这些都无法令我们满足，我们就猜想这世上一定还存在一些头脑无法触及的东西，认为那会是个神圣的、值得崇拜的东西。我觉得，我们大多数人都清楚地意识到了这一现象存在于我们的日常生活中。在人类的知识、思想和记忆领域总是存在这种"不断求索的"劲头，我们好像永远也摆脱不了它，即使发现了神圣之物，也只是头脑的臆造而已。

　　所以，如果可以的话，今天早上我想探讨是否真的存在这个人类不能估量、也无法洞察的神圣之物。为了认清这个问题，显然，我们需要在自己的思想和价值观上掀起一场革命。这不同于经济或社会改革，那些改革并不成熟；表面上看，它们也许会改变我们的生活，但从根本上来说，它们根本不是革命。我所说的革命是在认识自我后引发的——这种自我认知不同于粗略检视思想而产生的肤浅的自我认知，这是深层次的自我认知。

　　当然，我们最大的困难之一是我们所有的努力都发生在认知的范畴之内。我们的头脑好像只能在自己已知的范畴内，即记忆的范畴内运转；

头脑有可能超越那个领域吗？显然，记忆在某种程度上是很必要的。我必须知道如何从这里回到我的住所。如果你问我的问题在我熟悉的领域内，我就会很迅速地做答。

请允许我提议，大家在听我讲的时候观察自己的思想；我要讲的比较深奥，如果你们只是听我解说而没有将其应用到实际中去，那么，我的解说就没什么意义。如果你实际倾听了，并说"我明天或者听完后再思考"，那么你所听到的就会消失，也不会有什么价值；如果你全神贯注地倾听并能把听到的与实际情况相联系，那就意味着你了解自身的理智和情感进程，那样的话，你就会即刻领悟到我说话的意义。

如我刚才所言，你对自己熟知的东西会迅速回应；当被问及一个你熟悉的问题时，你往往可以轻松回答，你的回应是即时的。如果被问及一个自己不熟悉的问题，你会怎么办？你会开始在记忆库中搜索，试图回忆你曾经读过或想过的关于这个问题的点点滴滴，回想自己曾有的经历。也就是说，你回望过去，观察自己已有的某些回忆，因为你所谓的知识其实就是回忆。但是，如果被人问了一个你完全不懂的问题，你记忆库里完全没有丝毫关于它的印记，在那种情况下，如果你坦诚自己不懂，那么，这种无所知的状态就是你探索未知的第一步。

也就是说，从技术上讲，我们各个练就了一身好武艺，我们擅长操纵各类机械，通过学习，学会了各种技能，例如怎样组装发动机，如何修路、制造飞机，等等，但这些其实都是在累积记忆。现在，我们又希望以同样的心态去找寻头脑无法捕捉的东西，于是乎，我们只能按照老样子来，遵守规则，依从体系，或者加入某些愚蠢的宗教机构；所有那种类型的机构其实都是愚蠢的，不管它们眼下多么令人满意。

如果我们一起探讨这个问题——我觉得，如果专注的话，我们就可以一起探讨——我想问你们，头脑是否可以忘掉所有的技能并停止在已知领域内对隐藏之物的探索呢？当我们搜寻的时候，（我们正在搜寻，对吧？）我们是在已知领域搜寻未知事物。当我们搜寻幸福、和平、上帝、爱等这类事物的时候，总是在已知的范围内寻找，因为记忆已经给予我们提示和暗示，我们也相信记忆。因此我们的搜寻总是在已知的范围。在科学领域内探索也是同理，头脑只有完全跳出已知的领域，才会发现新事物。但是，只是下定决心还不够，必须停止在已知领域内搜寻才行，新事物无法在意志力的作用下产生。声称"我不要在已知领域内寻找，而要发掘未知领域"的行为是幼稚的，毫无意义可言。因为那样的话，头脑就会开始创造、臆想、体验一些完全荒谬的事物。只有通过认识自我，通过每天认识自我的意义，革命之光才会被点燃，已知领域的束缚才可能被摆脱掉。但是，如果仍是记忆在帮你认识自己的话，你就无法理解自我的意义。这么说你们明白吗？

你们看，我们以为通过累积知识，通过对比就可以理解事物，但事实恰恰相反，我们当然不是以那种方式理解的。如果你把一个东西跟另一个东西相比较，你只会在比较之中迷失自我。但是，如果完全专注于某个事物，你就可以完全理解它，任何形式的比较或评估都只会分散你的注意力。

自我认知不是累积起来的，我认为大家有必要理解这一点。即便是的话，那也只是机械的认知。那种认知就好比医生学了一项技能并不分情况地把它一直应用于人体的某一特定部位一样。一位外科医生也许很擅长做手术，因为他专事那项技能，他有那方面的知识和天赋，另外，他长期积累起来的经验也可以助他一臂之力。但是，我们现在并不是在谈通过这种方式积累起来的经验。相反，以任何形式积累的经验都会阻碍进一步的发现；但是，一旦我们有所发现，或许就可以使用积累的技能了。

当然，我正在谈的并不难理解。如果你擅于研究并观察自己的话，你会发现累积的经验会影响你对事物的看法；你一直在评估、放弃或接受、谴责或辩护，由此可见，一个人的经验总是存在于已知的领域，总是受束缚的。但是，如果没有经验作为指导，我们大多数人又会迷失方向，感到害怕，以至于无法认清自己。所以，只要有累积起的经验和丰富的记忆，我们对自我的认知就会停留在肤浅的层面。记忆在指引和改进自身方面很有用处，但它无法让你在自我提升上发生革命性的突破，也不会发生根本性的变化。只有当你不再有提升自我的想法时（不包括靠自己的意志力强制自己不去想），超越于头脑之外的全新之物才可能到来。

所以，我认为如果我们还不了解思维运转的过程，单纯的观点与心理活动并没有多大价值。什么是思维？在我说的时候请注意观察自己。什么是思维？思维是对记忆的回应，不是吗？如果我问你住在哪儿，你的回答会很迅速，因为我在问你熟知的东西，你马上就能认出自己的房子，你所在街道的名字，等等。这是思维的表现之一。如果我问你一个稍微复杂点儿的问题，你就会犹豫；你犹豫的时候一定是在过去记忆这一汪洋大海里搜寻正确的答案，那是思维的又一种表现，不是吗？如果我问你一个更复杂的问题，你一定会感到迷惑、不安；你的思想不喜欢不安全之感，于是它想尽一切办法去寻找答案，这又是思维的一种表现。我希望你们能听明白。如果我问你一些广义的、深奥的问题，比如真相是什么，上帝是什么，爱是什么，那么你就会在你认为曾体验过这类事物的人所提供的论据里搜索答案，于是你引用并重复他们的话。最后，当有人指出重复这些话（有些也许是废话）其实是没有意义的时候，你肯定会说，"那我就不知道了"。

如果你真的能很诚实地说出"我不知道"，这证明你还是很谦卑的；你没有因为有知识而心生傲慢，没有为了给人留下深刻的印象而妄自菲薄地随便作答。当你真的说出"那我就不知道了"时（很少有人可以这么说），所有的恐惧都会消失，所有的认知和对记忆的搜寻活动都走向了终结，对已知领域的探索也停了下来。奇妙的事物就在那一刻降临。

如果到现在为止你们都认真听了，不只是口头上，而是确实在体验我所说的，那么你就会发现当你说"我不知道"时，所有的束缚都被打破。那时的你是如何一番心态呢？这么说你们听明白了吗？我讲清楚了吗？我觉得你们专注些很关键，如果你们愿意的话。

你们看，我们在寻找一些永恒的东西，时间上历久弥坚、经久不衰的东西，永世流传的东西。我们明白身边的一切都是转瞬即逝、时刻变化的，所有一切都逃不出出生、衰退和死亡的命运，因此，我们一直在找寻某些可以在认知领域内永存的东西。但真正神圣的东西则无法用时间来测量。已知的事物离不开思维这个平台，而思维是记忆对挑战的回应。如果我明白这一点并想找到停止思维的方法，我该怎么做呢？当然，我要通过自我认知了解自己思维的整个过程。我必须明白每个想法，不管它有多微妙，多高尚，或者多卑贱，多愚蠢，都是由已知和记忆产生的。如果你能清楚地认识到那点，那么当你碰到一个深奥的问题时，你就会坦诚地说"我不知道"，因为你的思想不知道哪个问题的答案。那么，佛陀、基督、大师、导师、精神领袖等人的答案都没什么意义；因为如果他们的答案有意义的话，那个意义也是由记忆的累积所产生的，而记忆是遭受束缚的结果。

那么，如果我认清这个事实并确实把所有的答案都抛开的话（我只有在深感无知的谦卑时才能做到这点），那时我的思想状态是怎样的呢？当一个人说"我不知道是否有上帝或爱的存在"时，也就是当记忆不做出回应时，他的思想状态是怎样的呢？请不要急着回答，因为如果你现在回答的话，你的答案只会反映你自认为的真相。如果你说"那是一种否定的状态"，那么你就是在把它跟你已经知道的东西对比，因此你说"我不知道"的那种思想状态是不存在的。

我打算把我思考这个问题的过程讲出来，这样你们也可以通过观察自己的思想来理解我说的话了。你的思想说"我不知道"的状态不是一种否定。思想已完全停止搜寻，停止做、采取任何举动，因为它知道已知对所谓的未知所采取的任何举动都只是已知的投射。因此，只有处在能够说"我不知道"的思想状态中才能有新的发现。然而，一个说"我知道"的人，一个广泛研究了人的各种经历的人，一个有着丰富的信息和渊博学识的人，他能体验到无法被累积的事物吗？这对他来说会很难。只有当思想把所获得的知识完全抛开，当思想中没有佛陀、基督、大师、导师，没有宗教或引语时，当思想完全孤立、不受影响，也就是说已知的所有运动都停止时——才可能发生一场前所未有的革命、彻底的改变。这种改变是必需的；只有你、我和其他少数的能给自身带来革命的人才能创造出新的世界，不是理想主义者，不是知识分子，不是知识渊博的人，也不是工作做得很好的人；他们亦不是像我们这样的革命者。他们只是改良者。真正虔诚的人不属于任何宗教派别、任何民族、任何种族，从内在而言，他是完全独立的，头脑也处在一无所知的状态，由此，他开始受到神圣的庇护。

提问者：头脑的功能是思考。我花了很多年的时间思考一些众所周知的话题：商业、科学、哲学、心理学、艺术，等等，最近我对上帝这一话题做了很多思考。在研究了很多神秘主义者和其他宗教作家提供的证据之后，我相信上帝确实存在，我也会对这一话题贡献我自己的发现。这样做有错吗？对上帝所做的思考不是帮我们意识到上帝的存在了吗？

克氏：你能想出上帝是什么样？那些人的证据能让你相信上帝的存在吗？无神论者也有证据；他也许做了跟你一样多的研究，他得出的结论是上帝不存在。你相信上帝是存在的，他相信上帝不存在；你们俩都有自己的信念，都花了时间研究上帝。但是，在思考自己不知道的事物之前，你是不是应该先弄清什么是思考呢？你怎么能思考自己并不知晓的事物呢？你可能读过《圣经》《薄伽梵歌》，或者其他一些博学者通过主张或驳斥某些观点巧妙论述何为上帝这类的书；但只要你不明白自己思考的过程，你对上帝的那些看法就有可能是愚蠢的、琐碎的，而且通常来说都是这样。你可能收集了很多关于上帝存在的证据，也写了很睿智的文章；但首要问题一定是你怎么知道你所思考的就是正确的？思考能让你体验到无从知晓的事物吗？这并不意味着你要冲动地、多情地接受一些关于上帝的废话。

因此，重要的是弄清楚你的头脑是不是受到了束缚，而不是去寻找那个不受束缚之物。当然，如果你的头脑是被制约的（而这也是事实），那么不管你怎么努力去探究关于上帝的真相，你只能根据你所受的制约去累积知识或信息。因此你对上帝的思考完全是在浪费时间，是毫无意义的猜想。那就好比我坐在这树林里，却想要登上那个山顶一样。如果我真的想弄清山顶及山的那一边有什么的话，我一定要爬上那座山才行，只是坐在这里幻想着去建寺庙、教堂并暗自欢欣雀跃有什么用呢？我要做的是站起身、迈开步、努把力、敦促自己、抵达山巅并一看究竟；然而，我们大多数人都不愿意这么做，于是就心满意足地坐在这儿，对我们并不知晓的事物做一些猜想。我认为这样的猜想是种障碍，是思想的衰退，毫无价值可言；它只会给人类带来更多的困惑、更多的痛苦。

因此，上帝是人类无法谈论，无法描述，也无法诉诸文字的，因为对人类而言，它必定总是未知的。认识的过程一旦开始，你就回到了记忆的范畴。你们明白吗？比如说，你在某个时刻有种短暂的神奇体验。在那个时刻，并不存在说"我一定要记住这一时刻"的思考者；存在的只是那种体验的状态。但是，那个时刻一旦过去，认知的过程就开始了。请跟上我的思路。头脑说："我刚刚有个非常棒的体验，我希望能有更多这样的体验。"因此，你就开始争取更多这样的体验。我们都有贪婪的本能和想要得到更多的追求，其原因有很多：因为它会给你带来乐趣、威望、知识，你会成为权威人士，以及其他一些荒谬的理由。

头脑追求它曾经体验过的东西；但它体验过的东西已经结束了，消亡了，过去了，想要再有新的体验，思想就必须摆脱它过去的体验。这不是可以日复一日培养出来的，可以累积起来的，可以保持住的，可以谈论或记录的。我们能做的是要明白头脑是受束缚的，要通过自我认知理解自己思考的过程。我必须认识自己，不是理想中的自己，而是真实的自己，不管自己是美是丑，不管自己多么猜疑、善妒或贪婪。但是，认识真实的自己而不想去改变是很难的，那种想要改变的欲望也是另一种束缚；因此我们就这样，从一种束缚到另一种，从来都体验不到超越束缚的东西。

提问者：*我听你的演讲好多年了，已经擅于观察自己的思想，也会意识到自己的各种行为，但我还是没能体会到你所说的深层次的东西，也没体验过你所说的转变。为什么呢？*

克氏：我觉得除了只是观察之外，我们所有人都没有任何体验的原因很明显。也许在多愁善感的偶尔时刻，我们也领悟到了，正如在云缝之间看到清澈的天空一样，但我所说的和这个完全不同。所有的这些体验都是短暂的，都没有太大的意义。提问者问我为什么在观察了这么多年之后他还是无法发现水域深处的东西。为什么要找到那些深藏起来的东西呢？你们明白吗？你觉得通过观察自己的思想就能收到回报：如果你做了某件事，你就会得到某个东西。其实你根本就不是在观察，因为你一心想着要得到回报。你觉得通过观察，通过注意自己的言行举止，你就会变得更有爱心，会少受些苦，不那么急躁，会有所得；因此你的观察就好比购物的过程。你拿着这个硬币要去买那个东西，也就是说你的观察是选择的过程；因此你实际并不是在观察，这不是注意。观察是没有选择地去看你的真实面貌，没有想着要去改变，这很难做到；但那也不意味着你要保持现状。你不知道如果你只是观察自己而没有想改变自己的话会有什么结果。明白吗?

举个例子,这样你们就会明白了。假设我跟大多数人一样是暴力的。我们的整个文化也是暴力的,但我现在不想分析暴力这一问题,因为这不是我们正在探讨的内容。我很暴力,我也意识到自己很暴力。然后呢?我的第一反应是我要对此采取措施,不是吗?我对自己说我一定要成为一个不暴力的人。数个世纪以来每个宗教导师都这么教导我们:如果我们有暴力倾向,我们就要变得不暴力。因此我开始练习,做所有有助于我改变观念的事情。但我现在发现那有多荒唐,因为观察暴力并想变得非暴力的个体仍然是暴力的。因此,我所关注的并非个体的表达,而是个体本身。我希望你们都听懂了。

那么,说"我一定不能暴力"的个体是什么?那个个体与他所观察到的暴力是不同的吗?这两者是处在不同的状态吗?你们明白吗,先生们,是我讲得太抽象了吗?演讲快结束了,你们可能有点累。当然,有暴力倾向的个体和"我一定要把暴力变成非暴力"的个体是一样的。认识到这个事实就不再有冲突了,不是吗?就不再有想要改变的冲突了,因为我知道不想暴力的想法本身就是暴力的产物。

那么,提问者想知道为什么他无法超越头脑的这些肤浅的冲突,原因很简单,就是头脑总是有意或无意地要去寻找一些什么,那种寻找产生了暴力、竞争以及完全的不满足感。只有当头脑完全沉静下来才有可能抵达更深的层面。

提问者:我们死后是会在这个世界上重生还是会到另一个世界去呢?

克氏:我们所有人,不管是老是少,都对这个问题感兴趣,不是吗?因此我打算讲得深入些,我希望你们都能认真听,不仅是我说的话,还包括我要跟你们讨论的真实经历。

我们都知道死亡的存在,特别是老人,还有观察到死亡现象的年轻人。年轻人说："等死亡来了我们再应对它吧。"由于老人已经离死亡不远了，所以他们就依赖于各种形式的慰藉。

请在听的时候把听到的跟自己联系起来，不要放在其他人身上。因为你知道你即将死去，你对死亡有自己的一套理论，不是吗？你相信上帝，相信重生，相信因果报应和转世；你说你会在这个世界或另一个世界重生。或者你理性地解释死亡，说死亡是不可避免的，每个人都要经历死亡；就像树枯萎后滋养了土壤，又孕育了一棵新树一样。或者你每天忙着担忧、焦急、嫉妒、羡慕，忙着竞争与挣钱，根本没有时间思考死亡。但它仍盘踞在你的头脑里，不管你有没有意识到，它一直在那儿。

首先，你能把自己拥有的对死亡的信仰、理性阐释或淡然处之的态度一并抛弃吗？所有这些，你现在能完全摆脱吗？在活着的时候，在完全有意识、活跃、健康的时候进入死亡之屋才是重要的，而不是等待死亡的到来，死亡可以通过一个事故或者让你渐渐失去意识的疾病立刻把你带走。死亡来临的时刻肯定与活着时一样至关重要。

那么，你我能在活着的时候进入死亡之屋吗？这才是真正的问题所在，而不是是否有转世，是否有我们可以重生的另外一个世界，这些问题都太不成熟，太幼稚。一个活着的人从不问什么是生存，对此也没有自己的理论。只有半生不死的人才谈论生活的目的。

那么，你我能在活着的时候，在有意识、身体活跃，还有各种机能的时候知道死亡是什么吗？那时的死亡会和生存不一样吗？对我们大多数人来说，生存就是我们所认为永恒之物的延续。我们的名字、家庭、财产，我们经济上和精神上有着既得利益的东西，我们所培养的美德，以及感情上所获得的东西——所有的这些我们都想延续下去。我们称为死亡的时刻是我们所不知晓的，于是我们害怕了，因此我们试图找到某种慰藉，某种安慰；我们想知道人死之后是否还有生命等等。这些都是不相关的问题，是懒人的问题，是那些在活着时不想去弄清死亡到底是什么的人的问题。那么，你我能弄清死亡是什么吗？

什么是死亡？当然，它是你所知道的每件事物的完全终止。如果你所知道的事物都没有完全停止，那就不是死亡。如果你已经知晓死亡了，那你就没什么好怕的了。可是你知晓死亡吗？也就是说，在活着的时候，你能停止在暂存之物中寻找永恒吗？你能放弃这种持续的努力吗？你能在活着的时候知晓无从知晓的东西，也就是我们所说的死亡吗？现在，你能把所有你在书中读到的，或者你下意识里因向往舒适而臆想出的对于死后状态的描述一并抛开，然后品味或体验那种定会非凡的状态吗？如果你现在能够体验那种状态，那么活着和死去就没有差别了。

所以说，我，有着各种教育和广博知识，有过无数经历、挣扎，爱恨交织的那个"我"，能够走向终结吗？那个"我"有着所有的记忆；那样的"我"能自行消亡吗？不是因为事故或疾病死去，你我能在坐在这里的时候就知道那种结局吗？那样的话，你就将不再探问关于死亡和延续，以及是否有另一个世界之类的愚蠢问题了。那样的话，你自己就会知道问题的答案，因为那种无从知晓的东西会自动产生。那样的话，你就会把关于转世的胡话放置一旁，你的恐惧——对生活的恐惧、对死亡的恐惧、对老了以后需要麻烦别人照顾的恐惧、对孤独和依赖的恐惧——都会停止。这些不是妄言。只有当你不再思考自身的延续性时，无从知晓之物才会产生。

（奥哈伊的第六次公开演讲，1955 年 8 月 21 日）

洞悉暴力的真实面目

在我看来，人类最严重的问题之一是暴力问题和我们想寻求和平的愿望。我认为没有完全理解暴力的话是不可能找到和平的。和平不是暴力的反义词；和平是一个完全不同的状态，深陷暴力之中的人根本理解不了这种状态。由于我们大多数人都陷于暴力之中，大多数人的思想都被暴力包围，所以我认为理解这一复杂的、需要深刻洞察力和悟性的问题非常重要；如果可以的话，今天下午我想跟大家探讨一下这一问题。

很奇怪的是，除了佛教和印度教，也许没有其他宗教组织曾阻止过战争及试图结束人与人之间令人震惊的敌意。相反，有些所谓的宗教组织却发动过战争，引发过大规模的屠杀。正如我们每天观察到的那样，我们的生活充满了暴力；我们为什么这么暴力呢？暴力源自哪里？我们真的能结束暴力吗？我认为一个人只有明白暴力的根源才有可能根本地、完全地结束暴力。我想请你们不要只是听我描述暴力，而要在我讲的过程中观察自己的思维方式，然后或许你们可以通过我的描述直接体会"暴力"这个词背后的含义。

为什么我们的种族及个体是有暴力倾向的呢？我不知道你们有没有问过自己这个问题。我们是从哪种角度看待暴力、认识暴力以及思考暴力的呢？显然，很多人会说暴力不可避免；我们在这一特定的社会中成长，社会培养并鼓励我们要暴力，因此我们很快就忽略了这一问题。但无论怎样，还是让我们试着深入研究这一问题，弄清为什么我们每个人都有暴力这种不一般的感觉，以及是否有可能结束暴力，不是表面上结束，而是深层次意义上的结束。

显然，我们的文化和文明是建立在暴力之上的，不仅在西方世界，在东方国家也是如此；社会支持使用暴力，我们整个经济、社会和宗教结构都建立在暴力之上。我用"暴力"一词不仅指表层意义上的愤怒和敌意，还包括获得和竞争的整个问题，以及个体和团体对权力的渴望。当然，这种渴望产生了暴力，不是吗？只要我跟别人竞争，只要我野心勃勃，孜孜以求，就有暴力的存在——孜孜以求指的不仅是贪图物欲这一浅表含义，还包括这个词的深层含义，即想要成为某种人、想要支配、想要获得安稳及牢固地位的欲望。

因此，只要一个人追求任何形式的权力，他就是暴力的。请不要问："在一个基于暴力而建立的社会中，我作为一个个体要怎么做呢？"我觉得如果你只是听我演讲，而不问应该做什么，你就会找到问题的答案。做什么并不重要。我认为在我们了解了暴力这一复杂的问题之后自然会有所行动。如果还没有理解人类为什么会有想成为大人物、想维护自身权利、想支配和改变的愿望就想对暴力采取行动，这种想法显然是不成熟的。然而，如果我们理解了暴力的整个过程并看清了它的真实面目，那么，我觉得我们的认识就会带来并非预设好的因而也是真实的行动。我不知道你们是否听明白了。

这个世界上正在发生的事我们都看在眼里。每个政治家都在谈论和平，但他们做的每件事都是在为分裂、敌对和战争做铺垫。在我看来，真正关心这些事的人应该认清这一问题的真相而不要问要做什么，因为如果我们认清了这一问题的真相，对真相的感知就会促发一种行为，这行为不是你的也不是我的，它所引发的效应我们也无法想象或预见。

我们在这个世界上所做的每件事，不管是社会上、经济上，还是宗教上，都是基于暴力之上的，也就是基于对权力、地位、威望之上，而这些也涉及野心、成就和成功。我们建起来的高楼大厦和宏伟的教堂都表明了人对权力的向往。我想知道你们有没有注意到这些非凡的建筑，也想知道你们看到它们后是什么反应。这些建筑也许很美，但在我看来美完全是另外一回事。美的存在离不开苦行和彻底的放弃；而一个人如果有想表现自己的成就的野心就做不到彻底的放弃。苦行意味着简朴，只有简单的头脑才能达到无我的境界；在无我的境界，美才会产生。这种状态就是一种美。但是，这点我们完全没有意识到。我们的文明和文化都建立在傲慢和成就感之上，在这个社会上，为了取得成就、有所获得，实现支配欲，以及成为大人物，我们争吵不休，跟他人展开激烈竞争。这些心理上的真相都是显而易见的。

那么，这种暴力的状态为什么会存在呢？认识到这一状态后我们能超越它吗？如果可以的话，我认为我们就能洞察到某个与之完全不同的东西。让我们以支配的欲望为例。我们为什么想要支配呢？首先，我们意识到自己在人际关系上和对生活的态度上有支配感，也就是渴望权力和地位，对吧？如果我们意识到这点，那它的来源是哪里呢？你们明白我的问题吗？如果我们能发现支配感的来源，就能解释我们为什么有暴力倾向这个问题了。我们都想成为大人物，尽管方式不同，人人都爱竞争、有野心、想获得、好支配，从这个意义上说，我们都是暴力的，那些都是内在状态的外在表现，我们想弄清是什么内在状态使我们有这样的表现。我们意识到那种状态了吗，还是我们仅仅遵从道德规则，只是想象自己不暴力，没什么野心，因而也没有真正去应对让我们有如是表现的根源呢？这个问题如果深入研究下去，或许我们看待暴力的方式就会完全不同了。因此，请认真听我说，不要带着"哦，就这些吗"的态度，而是要让听讲成为一个自我发现的过程。如果通过听我说你们能够自己发现并真正体验的话，那么我所说的就会发生神奇的效果。

我为什么暴力呢？我想知道原因。我明白自己之所以暴力是因为我强烈地希望自己在社会上和宗教领域成为大人物。这是事实。在生意场上我想变得更富有、更有能力，想步上高层；在所谓的精神世界里，我追随一个能帮我成名成家的权威人士。因此我明白自己的行动、想法和人际关系都是基于支配欲和依赖之上的。当我依赖时我就要追随一个权威人士，这样就产生了暴力。

现在，我想理解暴力形成的整个过程，而不仅仅去遵从某一社会模式，因为那样太肤浅，而且极其乏味。我想知道头脑是否能完全摆脱暴力，想知道头脑能否把暴力的整个过程连根拔起。我对这个很感兴趣，想弄明白。我知道仅仅调整表面的欲望、需求和影响以适应一个不同的社会模式其实并不能解决问题。用一种社会结构代替另一种，比如建立共产主义社会以取代资本主义社会是不会摆脱支配感和暴力的。我意识到了这一点，所以才探究自己，以发现引发敌意和暴力的所有这些强烈的欲望、需求和追求到底是源于什么。

我为什么暴力，为什么爱竞争、有野心、想获得？我为什么一直挣扎着要成为大人物？显然，我通过野心勃勃、孜孜以求、追求成功在逃避一些东西。我对一些东西感到害怕，正是我害怕的东西把我变成这样。害怕是一种逃避的状态。因此我要探究自己到底在怕什么。我现在所讲的怕不是对黑暗的恐惧、对舆论的畏惧，以及对他人待我方式的担忧，这些都非常肤浅；我想要发现的是让我害怕的根本性的东西，正是这个东西使我变得有野心、爱竞争、想获得、会嫉妒，因此我才有了敌意等不好的情绪。

请跟我一起思考。首先，我觉得我们都是孤独的。我非常孤独，内心也空虚，我不喜欢这种状态，我害怕这种状态，因此我躲避它、逃离它。而从中逃离又产生了恐惧，于是我又沉迷于各种行为以摆脱恐惧。显然，你我的内心都存在着空虚，为了逃避空虚，我们试图采取行动，树立野心，想要出人头地，获取知识——你知道，这些就是暴力的各种表现。如果不逃离的话，那大脑就能够看到这种空虚和这种强烈的孤独感，也就是自我的终极表现吗？——当头脑不逃避的话，自我作为实体，其自我意识就是空虚的。我的解释你们听懂了吗？如果我没解释清楚的话，我会换种方式来讲。

　　自我，本我，那个"我"终究是通过野心、贪婪、嫉妒、暴力及试图不暴力等等来表现自己的。这些都是"我"的表现形式。所有这些我都认识到了，再深入一点，我也明白自我的行为来源于强烈的空虚感。我不知道你是否注意到当你追溯"我"的所有行为时，你会发现你的头脑完全意识到自我是空虚的；但头脑从没正视过这种空虚，它一直在逃离，在躲避。

　　如果我能理解这种空虚是什么，那么也许我就能解决暴力这一问题了；但要理解空虚，我必须正视它，而只要我在逃避，我就无法正视它。正是我的逃离产生了恐惧并引发了嫉妒、竞争、残忍、敌意等各种行为。那么，思想能正视它所逃离的东西吗？我希望我讲得够清楚。

　　你难道没有意识到自己是孤单的、空虚的吗？我们考虑的不是要如何处理这种状态。正是"我应该如何处理它"的想法造就了这一愚蠢的、混乱的世界。现在，我要问的是想要有所为这种愿望的背后是什么。这很难发现，因为头脑一直在避免探究中心问题。但是，如果头脑能完全意识到自身的空虚和孤独，也就是说，如果头脑能彻底发现自己处于现在这种状态的原因，那么你就会发现，任何行为，理解那个原因之前的任何行为都会促发各种形式的暴力。仅仅做一个和平主义者或者一个赞成或反对某些观点的思想家都无法解决暴力问题。崇尚非暴力的人根本就没有解决暴力这一问题；他只是实践了一套理念，但他从没解决过隐藏在所有行为背后的深层次的、根本性的问题。

　　请记住随时观察自己，不要只是听我描述。如果不逃离的话，你的头脑能意识到这种空虚吗？你正是因为自己既空虚又孤单，所以才想要一个同伴，想要有个可以依赖的人，那种依赖感产生了你所追随的权威；

因此追随权威正是暴力的一种表现。领悟到这一真相之后，你的头脑能不再逃避，能正视这种空虚吗？你们知道正视是什么意思吗？如果你害怕空虚，想逃避空虚，你就无法正视空虚；只有当你放弃谴责之念，你才能完全觉知它。请仔细听。我要讲得慢一点，认真一点，这样我们之间的交流和理解就可以同步了。

我意识到自己是孤单的、空虚的，我也在观察自己的空虚；但如果我谴责空虚的话，我就没办法观察它了。谴责恰恰会使我们的观察受到干扰。那么，我能观察它、觉知它，但并不为它命名吗？你们明白吗？当我不给它命名的时候，观察者还会与被观察的事物不同吗？只有当观察者给它命名的时候两者才有区别，对吗？你们听懂了吗？天哪，我得讲得简单点。

当我说"我生气了"时，我是在给那种感觉、那种反应命名，这一行为导致了二元对立，对吧？但如果我不给它命名，那么，那种感觉就只是属于我自己一个人的。明白吗？看，我给一种感觉命名是因为我们的头脑就是这样被训练去认知事物的，它的任务之一就是给事物贴一个标签；但是，如果头脑不为之贴标签的话，那么，观察者与被观察者之间的分离就弥合了。换句话说，当停止命名的行为时，剩下的就只是一种状态，在那种状态里不存在去应对那种状态的单独的实体。头脑因此不再围绕自己原本希望理解的东西运转，因此也就不会再有那种暴力性质的活动了。

拜托，我所说的不需要太高智商就能理解。不要说这太夸张、太抽象、太荒唐之类的，何不现在随我一步一步地深入剖析暴力呢？我们的社会结构建立在暴力基础之上；不仅国家之间存在暴力，作为个体，我们相互之间也在争吵、竞争，为达目的不择手段。如果想完全理解这个问题的话，我就必须弄清楚思想活动跟所谓的空虚之间有什么关系；只有理解了，我才能放下一心出人头地的念头，明白吗？孕育了敌对和暴力的正是出人头地的想法。一个想创造完美的乌托邦的理想主义者，其本质是暴力的；崇尚非暴力的人也是暴力的，原因在于他并没有真正理解这一问题，他只是在问题面前敷衍了事。

所以，我认识到只要头脑在考虑要不要树立雄心大志，它就一定会给自己或他人带来混乱、挣扎和不幸。如果头脑通过深入探究这一问题，理解到自己想要出人头地这种强烈欲望的各种表现，那么，头脑必定会发现自己正在试图摆脱小人物的现状，而那所呈现出的就是空虚的状态。我能理解这种空虚吗？头脑能探究它、体验它、感受它吗？当然，只要头脑以任何方式谴责被我们称作空虚或孤独的这一特殊事物，只要有拒绝它、控制它、超越它的想法，头脑就无法体会或理解它。只要为那种状态命名，头脑就会拒绝它、控制它；认识和命名正是思考的过程。

毕竟，若没了符号、想法和言语，你就无法思考。头脑能停止用言语表达吗？它能停止那个过程，正视被它称为空虚的东西，但却不给它命名或创造一个想象的符号吗？如果可以的话，它所谓空虚的状态和它自身相比，是相同的呢，还是不同？当然是相同的。那时只存在一种不用言语表达、无需命名的状态，所有分类、竞争、酝酿敌意等思想活动都会终止。在那种状态下正在进行一个独特的活动，它不再是暴力性质的。那里会有一种告诫自己"必须平和"的头脑所无法理解的平和。所有的意志力都不再发挥作用，因为意志力也是暴力的产物。

提问者：你所说的听起来很陌生，像是东方的思想。而西方文明是以效率和进步为基础的，它提高了全世界的生活水平，像你这样的教导适用于我们西方文明吗？

克氏：你觉得思想有东西方之分吗？礼仪也许会有。我在印度用手吃饭，在中国，人人使用筷子，而在这里，你们又用另一种方式吃饭；但究竟是什么使得东西方在观点上有所不同呢？两者之间有差别吗？如果我出生在美国，然后说了跟今天同样的话，你还会说这是东方的思想吗？也许你就会说这是神秘的，不切实际的，或者稀奇古怪的。但不管身在何处，印度、日本，还是这里，问题都是一样的。我们同属于人类，不是亚洲人和美国人，苏联人和德国人，共产主义者和资本主义者。这个问题是我们全人类共有的。

当然，我所说的既适用于这里，也适用于印度。跟印度一样，暴力在美国也是个大问题。不论我们是生活在东方抑或西方，人际关系问题、爱、美、营造平和心态的问题、创造一个不会毁灭自我也不会毁灭他人的社会的问题——这些问题我们每个人都很关心。在这里，你们还有组建军队的问题，这对任何一个社会来说都是退化的标志，因为组建军队的基础是权威、民族主义和安全；在印度、日本、亚洲也有相同的问题。因此一个真正想探究真相的人是不会把思想武断地划为东方和西方的。如果一个受亚洲观点和哲学影响的人告诉你要怎么根据他所受到的教育生活，那么，很明显，他就是在把思想分为东方的和西方的。但我们现在讨论的则是个全然不同的问题，我们在说让头脑从各种束缚中挣脱出来，不依据东方哲学来塑造头脑，那种做法实在太幼稚。

我们试图一起探究生活的错综复杂，看看我们是否能简单地看待这些复杂的问题；但是除非我们理解自己，不然我们又怎会简单地看待这些问题？自我是非常复杂的个体，有着无数自相矛盾的欲望。我们无时无刻不在跟自己做斗争，这种内心的冲突也表现在外部的行为上。要理解有意识的自我和无意识的自我是个艰巨的任务，我们只能在每一天、每一刻都去理解。这就像是本永远不会结束的书，因此也一样没有定论可言。

所以说，如果你能听听我在讲些什么，不以一个美国人、欧洲人或东方人的身份，而是以一个关心所有问题的人的身份，那么，我们就能携手共建一个不同的世界；那时我们就是虔诚之人。宗教实际是在探寻真相，所以对虔诚之人来说，是不存在国籍、国家、哲学之分的；这样的人从不跟从他人，因此他是最根本意义上的革命家。

提问者： *我们在各种自我表达中所体验到的释然是幻觉吗？或者说，自我实现跟你提到的创造性有关吗？*

克氏： 存在自我实现这种东西吗？我们已经认定它是存在的，不是吗？如果我是位艺术家，我必须去实现自己的艺术梦；如果你是个作家，你也必须去实现你的作家梦。我们都试图通过不同的方式实现自己的抱负，或者通过家庭、孩子、丈夫和妻子，或是通过财产、想法。如果你野心勃勃，你必须实现个人抱负，否则你就会产生挫败感，继而感觉到悲伤。我们都试图实现自我，但却从来没有探问是否存在自我实现。寻求实现自我价值的人难免会受到挫败的困扰。这很好理解，对吧？如果我一直在试图通过自己的儿子、妻子，通过思想和行动来变相满足自己的心愿，挫败感和恐惧就会永远与我相随。因此，如果我想理解恐惧、挫折，复杂的身心问题所带来的痛苦等，那么，对于存在实现自我，即是"我"在试图有所成就的这种观点，我必须全面探问才行。"我"是有行动力的，尽管从这个意义上讲"我"是真实的，但那个"我"也有可能是幻想出来的，对吧？对有野心、爱竞争、贪婪、善妒的人来说，那个"我"可不是幻想出来的，而是很真实的。但是，对一个要开始探究这整个问题的人，对于一个真正想理解什么是和平的人，不是与恐惧相对的和平，也不是政治家所言的和平，亦不是在斩获渴求之物后随自我满足而来的和平，这是一种其间不见争夺、不再努力去促成任何事的状态——只有这样的人才能体验空无一物的状态，在那种状态里就会发现永恒的创造性。此外，我们所称的创造性是学习一项技能并把它表达出来，但我在此处所谈的则与之完全不同，我所说的是头脑里完全没有自我的状态。

提问者：你所说的创造性是限于个人赎罪的喜悦呢？还是它也能解放一个人的能力，让他可以利用自己或他人的科学成就来为人类做贡献呢？

克氏：像"如果某事发生了，接下来会怎样"这类问题显然是那些领会不深的人提出来的。如我前面所说，在行为做事方面，那些探寻并发现真相的人和那些只是匆匆一瞥就想表达的人是完全不同的。毕竟，我们大多数人都接受过某些技巧方面的教育，如绘画工程、医学，等等。显然，那是很必要的，但仅仅学习某一特定行业的技能是发挥不了创造性的。有创造性的真理——你们称之为上帝、实相之类的东西，其成因并不在于某项技术，而在于头脑是否了解它自己。你知道认识自己有多难吗？很难，因为我们都对认识自己既不在行，也不是非常感兴趣。但是如果你真的想认识自己，如果你全身心地投入其中，那么，你就会发掘出无限的财富。你再也不需要读什么哲学、心理学、解析学之类的书籍，因为你自己就是所有人性的综合体。反之，如果根本不了解自己的话，你就会继续制造无穷的麻烦，给自己带来无尽的痛苦。要认识自己，你万万不能冲动而鲁莽地下结论，认识自我必须富于耐心。你得慢慢走，一点点向前，不可有一步的闪失——但这并不是说你得一直保持警醒，你做不到。我是在说你必须观察，放下你所观察到的，任它远去之后再重新开始观察，这样的话，你的头脑就不会只是累积已学过的东西，而是能够重新观察新事物。当头脑可以正视自己、观察自己时，你就会富有创造性地发现真相，这时的头脑就可以使用技巧而不至于引发痛苦了。

提问者：梦的重要性是什么？一个人如何才能自我解析梦境呢？

克氏：我想深入地探讨这个问题，而不是说得很肤浅，我希望你们能有足够的兴趣一步步地认真把它听完。

我们大多数人都会做梦。有时候会做吃得太多的噩梦，有时会梦见误吃了不该吃的食物，但我要说的不是这种梦。我要说的是有心理学意义的梦。梦有各种不同的形态，不是吗？你做梦，醒来，然后试着解析梦境，找出它的寓意。你对梦境的解析是由你的学识，你受到的影响，以及你从不同的哲学家、心理学家等那里学来的知识所决定的。如果你错误地解析了，那你的整个结论就是错的。有时候你也可能一边做梦一边解析梦境，那样你醒来时就会非常了解自己的梦，梦也不会对你产生影响。不知道你们是否有过这种体验。

所以，问题不是你要怎么解析梦境，而是要理解我们为什么会做梦。明白吗？如果你根据心理学家的观点来解析梦境，那么你的解析就会受到他的影响；如果你试着自己解析，你的解析就会被你自身受到的影响所限定。这两种情况下的解析都有可能是错的，因此任何由此产生的结论也可能是完全错误的。因此，问题不是你要怎么解析梦境，而在于我们为什么会做梦。如果你能解决这个问题，那么也就没必要解析了。如果你真能理解做梦的整个过程，那么问题就简单了。

我们为什么做梦？请跟我一起思考，而不是去参考某些权威人士就这个问题写的各类书籍。如果可以的话，请把这些东西统统抛开，不妨让我们一起简单地思考这个问题。我们为什么做梦？做梦有什么含义呢？你上床、入睡，当你睡的时候，各种符号和场景还活跃在头脑里；醒来时你说："嗯，那就是我刚刚做的梦。"

那么，这是怎么回事呢？请认真听，很简单。当你白天醒过来时，头脑的表层被很多东西所占据，你想着工作、争吵、孩子、钱、去市场、洗盘子——你知道自己的头脑被许多东西占据着。但是头脑的表层并非头脑的全部：还包括无意识的部分，不是吗？你不用读本书也能发现在头脑里是存在无意识的。我们潜在的动机，本能的反应，种族的驱动力，遗留下来的冲突和信仰——这些都属于头脑的无意识。无意识的头脑显然要跟有意识的头脑传达些什么，所以当头脑的表层在入睡时安静下来以后，处于深层的无意识头脑就开始试图传达信息。无意识也是一直在运转，只是它在白天没有表达的机会，所以它只好在意识睡着的时候传递各种信号，于是我们就做梦了。如果深入探究，你就不会觉得复杂了。现在，我不想再无休止地解析梦境了，关注梦境就跟关注厨房、上帝、酒和女人之类的事情一样。我现在想探讨我为什么做梦，以及我是否有可能不做梦。心理学家也许会说不做梦是不可能的，但我们要自己找到答案，管他心理学家有多专业。（笑声）不，不，请不要一笑了之。为什么会有梦呢？有没有可能在不去抑制做梦或者试图超越梦境的情况下让梦自行结束呢？这样，头脑就可以在睡觉时持续处于宁静的状态了。我想找到答案，这是我的首要疑问。

我为什么做梦？我做梦是因为白天我头脑中的有意识部分被各类琐事占据着。但是，头脑的有意识部分在白天有时间接收无意识传来的暗指和提示吗？明白吗？白天，头脑表层的有意识在警觉地意识到无意识的动机及隐藏的事物的同时，能不想着去压制它们、改变它们、处理它们吗？如果你能意识到这整个冲突，不带有批判的眼光，而是一视同仁，如果你白天能随时接收无意识发出的信息，不管是在公交车上、开着汽车、坐在桌子旁边，还是在与朋友交谈，如果你能观察你看待别人的方式，你讲话的方式，对待跟你不品味和气质的人的方式，那么随着你观察的深入与透彻，你会发现自己已不会再做梦了。那时，你就不再需要无意识在你睡觉时给你提示，告诉你该做什么不该做什么，因为你白天清醒的时候也能接收到无意识发出的信息。

那么，现在我们就可以讲很有趣的部分了。白天，头脑非常警觉，它只是观察却不去做任何判断或谴责；当你能够看到、检视和理解意识的整个过程时，你会发现自己在睡觉时是完全宁静的，这样，头脑就可以到达清醒的意识无论何时都无法到达的深度。你们明白吗？恐怕你们还不明白，我再解释一遍，会有点晚，希望你们不要介意。

你们看，我们寻求的是幸福、和平、上帝、真相等；我们一直努力去调整，去付出爱，对人友善、慷慨，放手这个东西，捕捉那个东西。如果我们稍微注意的话就会发现这是事实；这就是将骚动、挣扎、调整在内的头脑的全部活动，显然，处于这种状态的头脑是永远也发现不了新事物的。但是，如果我在白天能意识到头脑里冒出的各种想法和动机，如果我能意识到自己有野心，带着谴责、评判、批评的念头，能看到头脑的全部活动，那么接着会发生什么呢？我的头脑将不再挣扎，不再强迫，也不再有因强烈渴望有所发现而产生的骚乱不安了。因此，头脑完全沉静下来，不仅是在表层，而是全部的意识；在那种完全宁静的状态下没有发现的愿望，没有想成为什么或不成为什么所做的努力，这样，头脑就能到达它在试图有所发现时所无法抵达的深度，这也是为什么注意时不去谴责，观察而不去评判或批判有多重要的原因。你可以一整天都这样，时断时续，这样在你入睡时头脑就不再是一种挣扎的工具了，它将不再试图通过解读信号来接收无意识的信息，也不会再创造精神世界层面等的废话了。摆脱了所有的束缚，睡觉时头脑就能够深入到清醒的意识所无法到达的层面；当你醒来时，你就会发现一种前所未有的新体验向你走来，这种感觉就像摆脱过去以后获得了重生一样。

（奥哈伊的第七次公开演讲，1955 年 8 月 27 日）

集体的重点与个人的起点

　　我认为，区分集体与个体，发现集体在哪里结束以及个体从哪里开始，并不是件容易的事；同时，认识到集体的重要性，找出个体为了发挥自己的全部能力是否应该完全脱离集体，这也是很困难的。我不知道你们是否曾想过这个问题，在我看来，这是摆在全世界面前的一个基本问题，尤其是在当前如此强调集体的时候，不仅是在共产主义国家，在福利国家正在建立的资本主义世界，比如英国，也同样面临这一问题：集体不仅越来越受到重视；还出现了各种形式的集体农场和合作社。看着这一切，人们不禁想问：个体在这样的环境中处于什么位置？究竟有没有个体存在？

　　你是一个个体吗？你有一个特殊的名字，一个私人银行账户，一所独立的房子，在外貌和心理方面各有差异，但是，你是一个个体吗？我认为深入研究这个问题十分重要，因为只有当存在真正的个体时（这也是我现在所要讨论的），才有可能出现全新之物。这其中隐含的意思就是，你得自己找出集体在哪里终结，如果它果真能终止的话，以及个体从哪里开始，这牵涉有关时间的全部问题。这个话题相当复杂，因其复杂，所以必须直截了当地解决问题，而不能拐弯抹角。如果可以的话，今天上午我想和你们一起研究下这个问题。

　　我想建议大家，在你们听我说的时候请务必关注自己的想法，不要只是发出赞成或反对的附和之声。如果你只是这样泛泛而听，只有肤浅的理性人生观，那么，这次谈话以及先前的谈话根本就是毫无用处。然而，如果你可以像我所说的那样观察自己的头脑，那这一观察就能带来令人惊奇的发自内心的行为。

我认为，找出集体的终点和个人的起点对我们每个人来说都非常重要。或者说，尽管受到性情和个人特质等的影响，我们的整个思维、全部身心不还一样都属于集体吗？集体由社会行为和反应、教育影响、宗教信仰、教义信条以及所有其他各种束缚混合而成，这整个混合的过程就形成了集体。如果你想检验和审视自己，你会发现你想到的一切，你信仰的或不信仰的、你理想中的或与你理想相对的、你的努力、你的嫉妒、你的愿望、你的社会责任感，所有这一切都是集体造就的结果。如果你是位和平主义者，你的和平主义也应某种束缚而产生的。

所以，如果我们自己看自己，就会惊奇地发现我们完全隶属于集体。毕竟，在西方世界，基督教已存在了这么多个世纪，你在那种特定的环境下长大。你接受教育，成为一个天主教徒或新教徒，而新教也有不同的派别。一旦你受到基督教或印度教的熏陶，或接受了相关的其他教育，而由此被设定接受的各种东西——地狱、诅咒、炼狱、唯一的救世主、原罪和数不清的其他信仰——尽管你有可能离经叛道，那些熏陶还会残存在你的无意识记忆里。因此，一想到地狱，你永远都是不寒而栗，如果不追随某个救世主，你也会心生恐慌，等等。

所以，当一个人观察到这一奇特的现象，还把自己称作个体，那就很荒谬了。你也许有自己的品位，你的名字和容貌也许和他人非常不同，但你们的思维过程本身却是完全一致的，都是集体的结果。种族的本能，传统，道德观，对成功的膜拜，可以滋生暴力的追求权力、地位、财富的欲望——当然，所有这一切都是代代相传下来的集体结晶。从这样的集体当中个体有可能独立出来吗？是不是完全没有可能呢？如果我们确实想要带来一次激进的变革，想要掀起一场革命，从一开始就考虑这点不是非常重要吗？因为只有具有我所说的那种意义的被称作个体的人，由于他们没有受到集体的污染，虽然完全是独自一人，但并没有孤单之感，内心而言也是完全独立地——只有对于这样的个体，最终的真实才会呈现。

换一种说法，我们带着各种假设和假定开始我们的生活：上帝、天堂、地狱，它们或者存在或者不存在，一定存在某种形式的关系和道德观念，某种特殊的思想意识必定盛行，等等。带着这些作为集体产物的假设，我们建立了一种结构，称其为教育、宗教，还创建了一个社会，其中粗鄙的个人主义或者猖獗一时或者受到遏制。这个社会建立在竞争是必要且不可避免的假设之上，因此，必定存在野心和嫉妒。是不是有可能不把社会建立在这种假设之上呢？是不是随着我们的探究和发现社会就有可能就被建立起来呢？如果所发现之物属于别人，那我们马上就进入到了集体的领域，也是权威的领域了；但是，如果你、我在开始之初都摆脱掉了各种假设和臆想，那么，你、我就将建立一个完全不同的社会。在我看来，这才是目前最首要应予以解决的问题之一。

现在，领悟到整个过程，不仅在意识层面，还包括在无意识层面——无意识也是残存的集体记忆——还有可能把个体从集体中脱离出来吗？也就是说，如果脱离集体进行思考，那还有可能思考吗？如果你受到天主教、卫理公会、浸礼会或其他教育，你所有的思维都是集体的结果，不管是有意识的或无意识的；你的思考是记忆的结果，而记忆都属于集体。这相当复杂，必须得慢慢研究，不应妄下结论；我们现在正试图找出真相。

当我们说存在思想自由时，在我看来，这是纯粹的无稽之谈。因为，当你、我思考时，思考是记忆的反应，而记忆是集体的结果，这里的集体是指基督教、印度教和其他宗教。所以，只要思考是基于记忆的，就不能有思想自由。请注意，这并非只是简单的逻辑推理。不要用这种方式漠视它，说："哦，这只是理性上讲得通罢了。"事实并非如此。它的确恰好合乎逻辑，但我却是正在叙述一个事实。只要思考是对记忆的反应，而记忆是集体的产物，那么头脑就必须在时间的领域内运转，时间是昨天、今天和明天记忆的延续。对于头脑来说，总是存在着死亡、腐化与恐惧，而且不论怎样努力，它都无法找到那种永远鲜活、超越时间的东西，因为它的思想是时间、记忆和集体共同作用的结果。

所以说，头脑中的思想集体的产物，它隶属于集体，这样的头脑能够使自己摆脱这一切吗？也就是说，头脑可以知道到底是什么东西超越时间、永葆活力、单独存在，却不受任何社会的影响吗？不要断言或否认，不要说："我曾经有过这么一次体验"——所有那些都毫无意义，因为这的确是个非常复杂的问题。我们可以看出，只要头脑在集体中运作，它就必定腐化。它可能会创造出更好的道德准则，带来更多的社会变革，但这一切都在集体的影响之下进行，因而是易腐化的。当然，要想找到一种不被腐化、超越时间、永恒存在的状态，头脑必须完全脱离集体的影响，但接着又会有这样的疑问：如果完全脱离了集体，个体会不会与集体对着干呢？或者说如果它不反对集体，那它是不是可能在集体所不容的全然不同的层面运作呢？所有这些你们都跟上了吗？

问题是，头脑可以超越集体吗？如果不可能的话，那我们就一定会满足于粉饰集体，如打开狱中的窗子，安上更好的电灯，修建更多的盥洗室，等等。那也是这个世界所关切的，也就是所谓的进步和更高的生活水平。我不反对更高的生活水平，反对是很愚蠢的行为。任何明智之士都不会反对更高水平的生活；但是，如果这就是全部，那么生命就只是贪图享乐了。然后痛苦就无可避免；野心、竞争、敌对、无情的效率、战争以及现代世界的整个结构，还有时不时的政治迫害和社会改革，就是再合理不过的了。但是如果一个人开始探寻痛苦的问题——死亡、挫折和茫然无知的痛苦——那他就会质疑整个结构，而不是其中的几部分，不只是军队或政府，这样才能带来一次特殊的改革。我们要么接受整个社会，要么全然拒绝——拒绝，不是在逃离社会这种意义上的拒绝，而是发现它的意义。

所以，如果头脑没有可能摆脱集体的牢笼，那么它就只能回到牢笼并改造牢笼。在我看来，是有这种可能，因为在牢笼里持续斗争也是愚蠢的行为。头脑如何从价值观、矛盾、追求和欲望的大集合中挣脱呢？如果你不那么做，就没有个体。你可以声称自己是一个个体，可以说你有灵魂，有更高的自我，但那仅仅是头脑的臆想，而头脑仍然还是集体的一部分。

人们可以看到世界上正在发生的事情。一个新崛起的集体否认灵魂的存在，否认不朽、永恒，否认耶稣是唯一的救世主，否认其他一切。观察到既包含这些断言又有与之相反论断的整体状况，必然会出现这个问题，头脑有可能从中挣脱出来吗？记忆是任何一种特定文化、文明和环境的产物，记忆就是时间，那么，头脑可以超越时间吗？头脑可以完全摆脱这些记忆吗？不是那种如何建造桥梁，或是原子如何构造，或是怎么回家这样的记忆，那只是事实性记忆，没有这种记忆，人不是变得精神失常，就是处于一种失忆状态。我在问的是，头脑可以摆脱心理上的记忆吗？当然，只有在它不寻求安全感的时候才可能摆脱得掉。毕竟，正如我昨天下午所说，只要头脑寻求安全感，不管是在银行账户、宗教，还是各种形式的社会行为和关系里寻求，总会出现暴力。富有的人是暴力的；那个目睹财富、成为隐士的人也一样，因为他也在寻求安全感，只是不是在俗世，而是在思想领域。

那么，问题是，头脑可以完全超脱记忆吗？不是那种信息、知识、事实方面的记忆，而是数百年来经由信仰而累积起来的集体记忆？如果你认真地向你自己提出这个问题，不要等我去回答，因为它没有答案，那你就会发现只要你的头脑寻求任何形式的安全，你就属于集体，就属于这么多世纪的记忆。而且，不去寻求安全是极其困难的，因为一个人也许会拒绝集体，但又会根据自己的经验发展出新的集体。你们明白吗？我可以拒绝社会，拒绝它所有的腐败，所有的集体野心、欲望和竞争欲；但拒绝之后，我依然会有各种体验，每种体验都会有残留的影响。那种残留进而成为集体的一部分，因为是我收藏了它；它令我感觉安全，接着我把它传递给自己的儿子、邻居，所以我又用另外一种方式创造出了集体。

头脑是不是有可能完全摆脱集体的记忆呢？也就是说，摆脱忌妒，摆脱争强好胜，摆脱野心，摆脱依赖，摆脱这种不断寻求永恒以获得安全的做法；只有当摆脱掉所有这些束缚时，才能有个体存在。然后就会出现一种完全不同的心态和生存方式。那样的话，就不可能出现腐败，也才可能超越时间，而且对于这样一种头脑，一种或可称为个体或其他名字的头脑，真实才会显现。你不能去追寻真实；如果你追求了，它就成了令你感觉安全之物，因此这是完全错误、毫无意义的，追求金钱、野心和成就也是一样。一定是真理来找你；而如果受到集体的腐蚀，它就不会来找你。头脑必须完全独立，不受任何影响和污染，从而摆脱时间的控制。只有在那时，那种无限、永恒，才会到来。

有许多问题发送过来，遗憾的是，我不能回答所有的问题。但是我们已经挑选出最具代表性的问题，而我今天上午会尽可能多地回答这些问题。

我希望你们不要被我迷惑。请注意，我所说的都是有意义的，并非随便说说而已。你们默默在听。如果沉默只是因为被另外一种个性或想法所俘获，那这种沉默就毫无价值。但是，如果你的沉默是注意观察自己的思想和头脑的自然结果的话，那你就没有被迷惑，没有被催眠。那你就不会创造新的集体、新的追随者、新的领导——那是令人恐怖的事，它没有意义且最具破坏性。如果你真的警觉，内心敏锐，就会发现这些谈话是值得的，因为它们展示了你自己头脑的运作方式。那样你就不必从他人那里学习什么，因此就不会有老师、弟子和追随者。所有这些全部都在你自己的意识中，而描述那种意识的人不会成为一个领导者。你不崇拜一张地图，一支电话，或是在上面写东西的黑板。所以，这不是创造一个新的团体，新的领导，新的追随者，至少对我来说是这样。如果你创造了，那就是你自己的不幸。但是如果你观察自己的头脑，也就是黑板上写了什么，那么这种观察就会带来非凡的发现，那种发现自会让其本身有所行动。

提问者：很多经历了可怕战争的人们好像不能找到他们在现代世界的位置。在混乱的社会浪潮中颠簸，他们从一种职业转到另外一种职业，过着悲惨的生活。我就是这样的人，我该怎么办？

克氏：如果你在反抗社会，通常会发生什么呢？迫于压力或出于必要，你遵守一种特定的社会模式，因而你要与自己、与社会永恒苦斗。社会使你成为你，它带来了战争、毁灭。这种文化建立在忌妒和混乱的基础上，它的宗教不会造就虔心信教之人。相反，宗教摧毁这样的人。那么个体该如何做呢？你被战争摧毁，要么让自己成为一个神经质的人，要么你去找人帮你做回正常人，融入社会模式，从而延续一个滋生疯狂、战争和腐败的社会。或者——这实在很困难——你观察整个社会结构，并挣脱它。挣脱社会意味着没有野心，不贪婪，不争强好胜；意味着和那个力求成为什么的社会毫无关系。但是你们明白，那很难接受，因为你可能因此遭到他人的践踏或忽视；你将会一无所有。但明智就存在于那种一无所有中。你一旦明白这个道理，一旦你如无物，生命就会关照你。确实如此，会发生一些事。但那需要去深刻洞察整个社会结构。只要一个人想作为社会的一部分，那他必定要制造愚昧、战争、毁灭和痛苦；但想使自己摆脱社会，摆脱充满暴力、财富、地位、成功的社会，则需要耐心、探寻、发现，而不是读书，追随老师、心理学家或其他人。

提问者：我不明白在上周的谈话中你用到的短语"一个完全受控制的头脑"。受控的头脑没有意志或不涉及控制它的实体吗？

克氏：我确实用了那个表达方式，"受控制的头脑"，而且我认为我已经解释了我使用它的意图。但我现在知道它没被理解，所以我要再解释一次。

拥有稳定的、无杂念的头脑而非受控制的头脑不必要吗？请仔细听。无杂念的头脑是没有中心关注点的头脑。如果有主要关注的事物，那注意力就会转移。而头脑不单单针对某个特定事物，就能完全集中注意力，那么，这就是稳定的头脑。

现在，让我们简要地研究这个有关控制的问题。有控制，就有控制、主导的实体，就有升华或找到替代品的实体。所以在控制中双重的进程总在持续：控制者以及被控制的事物。换言之，总有存在冲突。当然，这一点你们都意识到了。与控制者、评价者、鉴定人、体验者、思想家相对立的就是他所检验、控制、压制、升华或以其他方式对待的事物。所以在这两者之间总是争斗不断：一个是事物本身，一个是说"我必须成为"的一方。这种矛盾，这种冲突实际是在耗费精力。有没有可能只存在事实而没有控制者呢？有没有可能我虽然看到了嫉妒的事实，但却并不做任何评判，说嫉妒是不对的，是反社会、反人类的，因而必须要改变呢？评价的实体能不能完全消失，只留下事实？头脑能不能只看事实而不评论，也就是说，不发表任何观点呢？当对事实有看法时，就有困惑，有冲突。我希望你们能明白这一切。

因此，困惑是在浪费精力，只要头脑用某种结论、观点、看法、判断、非难来看待事实，那它必然会困惑。但当头脑不带观点地认定这的确是事实时，那它就会只是觉知事实，而头脑的非凡稳定性和敏锐性也会从中而来，因为那时不存在白白耗费头脑的偏差、逃离、评判和冲突，所以只有思考，没有思考者；但能有那种体验是很困难的。

看看会发生什么。你看到夕阳西下的美好景致。就在看到日落的那一刻，并不存在体验者，而只有美轮美奂的感觉，对吗？此后，头脑说，"多美啊，我希望看到更多这样的美景"，不好了，在体验者要求更多的时候，冲突开始了。现在，头脑能不能进入那种只有体验而没有体验者的状态呢？体验者是记忆，属于集体。哦，你们明白吗？能不能只是观察日落而不做评判，不说"它真美，希望能欣赏到更多这种美丽"？这"更多"是时间的创造，其中有对结束的恐惧，也有对死亡的恐惧。

提问者： 头脑和自我之间存在两重性吗？如果没有，那头脑如何从自我当中解脱呢？

克氏："我"、自我、本我和头脑之间存在二元对立性吗？当然不存在。头脑是自我，是本我。本我、自我是嫉妒、残忍、暴力这类欲望，是爱的缺失，是对于名望、地位、权力，以及试图成为大人物的永恒追求——这也是头脑在做的，不是吗？头脑一直在思考如何提升自己，如何更感觉安全，如何获得更高的地位，享受更多的安逸、更多的财富、更大的权力，这一切都是自我的表现。所以头脑就是自我；自我并未独立于头脑之外，尽管我们耽于这样的幻想，因为那样头脑就能控制自我，能反反复复玩弄这样的把戏，征服头脑，试图对它做些什么——这是一个受过教育头脑所玩的不成熟的游戏，这种教育方式是错误的。

所以，头脑就是自我，它体现了利欲心的整个构架；问题是，头脑如何从自我中解脱被？请仔细听。如果头脑做任何解脱自己的行动，那它始终是自我，不是吗？

看，我和我的头脑是一样的，我自己和我的头脑之间没有分界线。这善妒、有野心的自我，和正在说"我不能忌妒，我要高尚"的头脑一样，只是头脑把自己本身做了分割而已。现在，当我明白了这一道理，我该做些什么呢？如果头脑是环境、嫉妒、贪婪、束缚的产物，它又该如何呢？

当然，它所做的任何让自己独立的行为都仍在受束缚的范围之内，是吗？你们明白吗？头脑所做的任何让自己摆脱那种束缚的行为都表明自我想要自由，以使自己更快乐、更平静、更接近上帝的右手。所以说，我认清了这整个过程，包括头脑所使用的各种方法和诡计。这样一来，头脑便沉静下来，它处于绝对宁静的状态，什么也不做；而正在这种沉默、这种静止之中，头脑才能从自我中解脱，从头脑自身中解脱。当然，自我只有在头脑为了获得或避免什么而采取的行动中存在。如果没有获取或逃避的行为，头脑就会完全安静。只有那时，才有可能从作为集体或作为反集体的全部意识中解脱出来。

提问者：很多年来，我一直认真践行您的学说，我完全意识到自我意识的寄生本性，看到它的触角触碰我的每一种思想，每一种言行。结果是，我失去了所有的自信和做事的动机。工作变成了苦役，休闲生活也单调乏味。我经常沉浸在痛苦之中，我甚至把这种痛苦看作是自我的一种手段。我生活中的每个领域陷入绝境，我要像问我自己那样问您：接下来该怎么办？

克氏：你是在践行我的学说呢，还是在实验你自己的呢？我希望你能看出不同。如果你是在实验我所说的，那你必然会来到探问"接下来该怎么办"的这一步，你是想获得你认为我已经取得的一个结果。你认为我有你所没有的东西，如果你实验我所说的，那你一定能得到——我们中的大多数人都会这样做。我们用一种商业心态来对待这些事件：为了得到那个我会做这个。为了求得某物，我会崇拜、沉思，甚至不惜献身。

听着，你并不是在实践我的学说。我没什么要说的。或者，我所说的一切就是观察自己的头脑，仔细注意头脑所能到达的深度；因此，重要的是你，而不是学说。你找出自己的思考方式，发现那种思维意味着什么，这也是我今天上午试图指出的。如果你确实在观察自己的思维，你在关注、实验、发现、放手、为自己所收集的一切而度过每一天，那你就永远不会提出那个问题，"接下来该怎么办？"

要知道，信心和自信是完全不同的。你持续不断有所发现，它们进而成为你的知识，并赋予了你重要性，由此在你内心而生的自信与你在当下因有所发现而生的自信是完全不同的。这种不同你们看出来了吗？看出的话，自信这个问题就彻底不存在了。只存在持续发现的运动，以及不断的阅读与理解，不是阅读书籍和理解书中的内容，而是读懂和理解你自己的头脑，以及你宏大的意识结构。然后，你就根本不会去寻求结果。只有寻求结果时，你才会说："我把该做的都做了，却仍旧一无所获，我丧失了信心。接下来怎么办呢？"然而，如果你是检验、理解你自己头脑运行的方式，不图任何的回报，没有目的，没有动机，那样你就会认识自己，就会从中看到一种令人惊异之物。

提问者： *如何才能避免觉知成为一种新的观察技巧，避免其成为冥想的最时尚方式呢？*

克氏： 因为这是我将要深入探讨的一个非常严肃的问题，我希望你们能用放松性警觉来听，以避免自己太过疲惫而跟不上自己头脑的运行速度。

冥想很重要，但更重要的是理解什么是冥想，不然头脑就会陷入纯粹的方法中。学一种新的呼吸技巧，用某种姿势打坐，挺直背部，在众多体系中选择一种种去平抚心灵——这些都不重要。重要的是你、我发现什么是冥想。在发现何为冥想的过程中，我就是在冥想。你们明白吗？先生们，放轻松，不用轻易赞成或反对。

冥想极为重要。如果你不知道什么是冥想，那就想象一下一朵没有香味的花。你可能很擅长言谈、绘画或享受生活，你可能拥有百科全书般的信息，知识渊博，但如果你不知道冥想是什么，那些就全都毫无意义。

冥想是生命的香水，它美丽无比。它能打开头脑所不能打开的门，它能到达几乎未受过教育的头脑所无法企及的深度。所以，冥想很重要。但我们经常提出错误的问题，因而得出错误的答案。我们问："我该怎么冥想？"所以我们去一些大师、一些愚蠢的人那里求助，或者我们捡起书本，或者更从一个思想体系，希望学会如何冥想。现在，如果我们能忽视所有这些，大师、瑜伽教练、阐释者、呼吸者、静坐者以及其他一切，那我们就不可避免地会遇到这个问题：冥想是什么？

所以，请仔细听。我们现在问的不是如何冥想，不是觉知的方法，而是冥想是什么——这才是恰当的问题。如果提错了问题就会得出错误的答案；但如果问题提对了，那问题自身就会显示正确的答案。那么，冥想究竟是什么呢？你们知道冥想是什么吗？不要重复你在其他演讲中所听到的，即使你认识一位像我一样已经禅修了二十五年的人，也不要。"冥想是什么"，你们知道吗？很明显你们不知道，对吗？你们也许读过很多很多牧师、圣人或隐士关于沉思和祷告的著作，而那根本不是我所谈论的。我说的是冥想——不是这个字在字典中的意思，其意义你们可以之后去查询。冥想是什么？你们不知道。而那却是展开冥想的基础。（笑声）请听我说，不要一笑置之，说"我不知道"。你们理解冥想之美吗？它意味着我的头脑里没有任何进入冥想的方法，没有任何关于冥想的信息，也没有任何人说过的关于冥想的一切。对所有这些，我的头脑都不知晓。只有当你诚实告知自己并不知晓时，我们才可以去探寻冥想是什么；而且当你头脑中有少许二手信息，关于吉塔或圣经或圣弗朗西斯所说的有关沉思或祷告结果的信息时——这是最新潮流，每本杂志都在谈论——你都不能说，"我不知道"。你必须把那些统统丢弃，因为如果你复制，如果你追随，你就又回复到集体。

所以，头脑可以处于一种说"我不知道"的状态吗？那种状态是冥想的开端和终点，因为在那种状态下，每种体验，每种体验都会被理解却不被累积。你们明白吗？要知道，你想控制自己的思维，而当你控制自己不去想些远离杂念时，你的能量就消耗在控制上而非思考上，你们明白吗？只有当能量不浪费在控制、征服、抵制分心、猜测、追求和各种动机上时，能量才能集中，而这种能量、思想的巨大集成是静止不动的。你们明白吗？当你说"我不知道"时，那就表明思想没有做任何运动，不是吗？只有当你开始探究、追寻的时候，思想才会运动，而你的探究是从己知到己知的。如果现在对此你们还不是很清楚，或许以后你们会明白。

冥想是头脑净化的过程。只有在没有控制者时，头脑才可能净化；在控制时，控制者在浪费能量。控制者与他想要控制的对象之间争斗不止，那就是在浪费能量。现在，当你说"我不知道"时，思想的触角没有向任何方向延伸以寻找答案；头脑是完全静止的。而要让头脑完全静止则需要非凡的能量。没有能量，头脑就无法沉静，此处所说的能量是完全集中精神的能量，不是那种在冲突、压制、控制中或在祷告、寻找、乞求中浪费掉的能量，那种能量意味着运动。思想的触角向任何方向延伸、运动，都是一种能量的浪费，而为使头脑绝对沉静，就必须有汇集全部注意力的能量。只有在那时，那种人们不敬畏，也无法通过美德或牺牲求取的东西，即使没有对之展开追求，它也会不邀自来。那种状态堪称创造力，它超越时间，是真实存在的。

（奥哈伊的第八次公开演讲，1955 年 8 月 28 日）

PART 04

悉尼，1955 年

倾听生活的全部才能发现真理

因为有很多错误的概念，异想天开的想法以及许多希望，为了真正明白我都说了什么，我认为，重要的是我们必须互相理解，在我这个发言者和你们在场的各位之间建立正确的关系。

首先声明，我在这几次谈话中所要谈到的并不是基于任何印度宗教，我也不代表任何特定的思想流派。思想没有国籍，亦无国界，而我们今晚试着去做的就是为我们自己找出大多数人所寻求的东西。你来到这里，也许有很多想法，也怀有某些期望，想从发言者这儿求取些什么，而我认为我们应该从消除误解开始。所以我建议，你们先听，然后再找出我想表达的，不仅要听，而且还要理解我所说的。正确地倾听并不是件易事，因为我们中的大多数都有自己的想法、判断、结论、价值观，所以我们从不真正去听；我们只是在比较、评价、诠释或用一种观点去反驳另一种。但是如果你听的话，不是用所谓的开明的思想去听，而是带着想理解的欲望去听，那也许你我将一起发现解决我们这么多问题的途径。只有当我们有听的能力，有全神贯注的能力时，我们才能理解我们的问题，而如果我们追寻某种目的和答案的话，就做不到全神贯注。只有当头脑完全平静时，它才有注意力，然后才能去接受，去理解；但如果头脑中满是自己构想的答案，受困于搜寻结果，这种头脑不具备全神贯注的能力，永远不会平静。所以，我认为全神贯注去听很重要，不只是倾听正在说了什么，而是倾听生活的全部，因为只有那时，头脑才会自由地去发现真理，找出是否有什么超越它自己的创造。

这就是我今晚和这系列讲座中所要谈论的。头脑有没有可能解放思想，不接受，而只去调查，去深入探究，找出事实真相、上帝是否存在？当然，如果头脑只关心为自己的小问题寻找解决方案，也就是说，如果头脑只想逃避，那它就不能进行这种探究。头脑无法获得自由，除非它理解自己所纠缠的问题，而要理解这个问题则意味着头脑必须了解自己，完全觉知自己的运行状况。

　　我们所有的问题都只是个人问题，因为个人是社会。没有个人就没有社会，而且，如果个人不能完全理解自己，不理解意识和无意识领域的自我，那么不管他规划什么样的改革，创造什么样的神明，追寻什么样的真理，其实都意义甚微。所以个人的问题也是世界的问题，这也相当明显；而世界的问题只有当个人理解自己，理解他自己头脑的活动，理解他自己的意识运作时，才能得以解决。那样的话，就有可能创造一个不同的世界，其间不存在国家和信仰的界限，也没有政治学说或宗教教义。

　　所以，在我看来，找出我们正在追寻什么十分重要。这并非一个修辞学问题，而是每个人必然要自问的问题；我们越成熟、聪明、警觉，找出我们所追寻之物的要求就越强烈、越迫切。遗憾的是，大多数人只是肤浅地提提这个问题，一旦得到一个肤浅的答案，也就心满意足了。但如果深入探究这个问题，你会发现头脑只不过是在寻求某种满足感，虚构某种开心的想法让自己知足罢了；一旦我们找到了或搭建起观点和结论的庇护所，就停留在那儿，搜索活动似乎也结束了。或者，如果我们不满意，就会从一种思想转到另一种思想，从一种学说转到另一种学说，从一个教堂、一个宗派、一本书转到另一个，总是试图找到让自己在内心和外在都持续感觉安全、快乐和宁静的状态。我们的头脑已经被所谓的教育变得狭隘和肤浅，我们的搜索从这样一个头脑开始，它所找到的答案自然同样狭隘和肤浅。

那么，在我们开始寻找之前了解头脑本身的运转过程重不重要呢？我们现在所找寻的东西已显而易见：我们都想要遂心如意，因为太多的东西令我们不满意。如果不高兴，我们和他人，甚至是社会起了冲突，我们就希望被引领到某个避难所，而且通常我们确实会发现一个让我们满意的领导或教义。但是，这种做法当然不会导致重大的变化，那也是为什么我认为理解头脑的运行方式，同时放弃任何探究行为才更为重要的原因所在。理解自我需要极大的耐心，因为自我是个十分复杂的过程。但如果一个人连自己都不了解，那么，不管他追寻什么都将会毫无意义。如果我们不了解自己有意识或无意识的冲动及欲望，它们就会在我们自身内部引发冲突；而我们要找寻的恰恰是避免或逃离这种冲突，不是吗？所以，只要我们不了解自我形成的过程，不了解自己的思维过程，我们的搜寻就会极端肤浅、狭隘和渺小。追问上帝是否存在，真理是否存在，或者死亡之后会发生什么，有没有转世轮回——所有这类追问，我敢说，都没有经过深思熟虑。如果发问者不了解自己，也就意味着他思考任何问题都是在不了解自己的情况下进行，由此可见，他所发出的追问只会把自己引向毫无依据的断言。

所以，如果我们真想创造一个不同的世界，与人建立不同的关系，持有不同的生活态度，那我们就有必要先了解自己，不是吗？但这不意味着以自我为中心的专注，那会导致绝对的痛苦。我想表达的是，一个人如果没有自知，不深刻了解自己，那么，他所有的追问、思想、结论、看法以及价值观都将毫无意义。大多数人都是受束缚的，分别把自己塑造成了基督徒、社会主义者、共产主义者、佛教徒、穆斯林或其他什么，我们就在那个狭窄的视域里生活。我们的头脑被社会、教育和文化掌控，如果不了解这整个掌控的过程，我们的搜寻、知识、追问只会导致不幸和更多的痛苦，所有这些都正在现实中上演。

了解自己没有任何程式可依。你可以找一位心理学家或心理分析师来帮你发现自己，但那称不上自知。只有意识到关系中的自己，才是产生自知的时候，透过关系之镜，我们可以看到不同时期的自己。关系好比一面镜子，从中可以看到真实的自己。但是大多数人都无法看到处在关系中的自己，因为我们总是看到什么，就立即开始谴责或辩护。我们判断、评论、比较，我们否认、接受，但是我们从来不去认真地观察现实。观察事实对大多数人来说也许是最困难的事情；但是仅仅观察事实却不足以推动我们去认识自己。透过非凡的关系之镜，如果我们可以看到真实的自己，如果我们能全神贯注地观察这面镜子，认识这面镜子的同时去除任何谴责、判断和评论之念，我们就会领悟到事实真相——只有在兴趣最热切时才能做到这一点——那么，我们就能发现头脑已经把自己从各种束缚中解脱出来了；只有那时，头脑才能自由地去发现思想领域之外的东西。毕竟，不管一个人多么博学或多么狭隘，它在有意识或无意识的领域都是受制约的，这种制约不论怎么延伸，它依然局限在思想领域之内。而自由，却是与之完全不同的东西。

所以，重要的是了解自己。透过关系之镜，不加曲解地观察自己是很难做到的，因为我们就是被教导去曲解、谴责、比较、评判的；但是，如果头脑能够不加扭曲地观察自己、检验自己，那么你会发现，头脑已经到达可以使自己摆脱束缚的阶段了。

大多数人都不关心如何才能使头脑不受控制，如果关心这个问题，必然会使头脑变得更好、更崇高，可以少些这个多点那个。然而，我们从不探问头脑是否可以彻底摆脱束缚。要发现真理，头脑必须彻底不受束缚，不能只满足于找到答案，也不能追随基督教、印度教、共产主义、社会主义和资本主义者；那样的头脑只会创造更多的不幸、冲突和问题。通过自知，头脑可以使自己摆脱所有的束缚，而且这不是时间就能解决的问题。只有认识到让头脑摆脱束缚的必要性，头脑才能获得自由，摆脱控制。但是，对于这个问题我们从来没有想过，也从未探究过，我们只是接受权威，人云亦云，说头脑不可能不受束缚，我们必须控制它，这样才能让它变得更好。

现在我想说的是：头脑可以摆脱束缚。我不要求你接受我所说的，因为那并不是明智的做法；但是，如果你真的感兴趣，就能自己发现头脑是否可以不受束缚。当然，只有意识到自己是受束缚的，且不把这种束缚看成是高尚的，不认为这种束缚是社会文化中有价值的一部分时，才有可能摆脱束缚。只有真正虔诚的头脑才是不受束缚的头脑，只有虔诚的头脑才能掀起一场彻底的革命，这是场根本性的变革，不是经济上的变革，也不是共产主义者或社会主义者拥护的革命。想要找出真理，头脑就必须认识自己，它必须自知，也就是让它所有的有意识或无意识的欲望和冲动保持警觉；但是对于残存着传统、价值观，以及所谓文化和教育的头脑，这样的头脑则无法发现真理。它可以说自称相信上帝，但是，它的上帝不具真实性，那个上帝只是它自身所受束缚的反应。

所以，在受到制约的领域内搜寻，根本就不会有搜寻之果，我认为理解这一点很重要。一个狭隘的头脑决不能发现头脑之外的东西，一个受束缚的头脑不管他是否相信上帝，都不是开明的头脑。那也是我们为什么应该放弃自己所追随的信仰和教义、所有权威，特别是精神上的权威的道理所在，只有那样，我们才有可能发现永恒持久的东西。

这儿有些问题，但在我们一起思考它们之前，我认为重要的是要了解到严肃的问题并没有确信无疑的答案，不管是肯定还是否定的。生命的问题没有"是"或"不是"。重要的是理解问题，因为答案就在问题之中，而并非远离问题之外。但对大多数人来说这是不可能的，因为我们都非常迫切想发现一个即刻解决问题的答案，找到我们痛苦和迷惘的缓和剂；而当我们寻找答案时，必然会被引至虚幻和更大的痛苦之中。理解这个问题极为困难，因为我们的头脑已经在寻找答案，因而不会给予这个问题全部的注意力。我们把问题看作是阻碍，看作是需要摆脱，应该被搁置一旁、避免碰触的东西。但是，如果头脑能直面问题而不寻找答案，不从让自己感觉舒适的角度去理解问题，那么问题就会发生根本性的变化。

提问者：你说过只有在关系中才能发现自我。自我是孤立的存在吗？还是说没有关系就根本没有自我？

克氏：这实在是个有趣的问题，我希望你我能共同解决它。我们一起思考这个问题，请不要等着从我这儿得到答案。它虽说是你的问题，但如果通过我的言语我们能严肃地深入研究它，我认为我们就会直接或间接地发现很多事情，而不用被告知。

我说过只有在关系中才能发现自我。确实如此，不是吗？除非在关系中，否则一个人根本无法了解自己，无法知道真正的自己。愤怒、猜忌、嫉妒、欲望——所有这些反应只有在与人、事物、想法的关系中存在。如果没有关系，如果一个人完全与世隔绝，就不能了解自己。头脑可以孤立自己，认为它是什么大人物，而这是疯狂、失衡的状态，在这种状态里，它不可能了解自己。它所有的只是对自己的想法，就像一个理想主义者，通过追求理想中的自己，把自己与自己实际是什么分开来看。这是大多数人都在做的。与人建立关系有时令人痛苦，我们想要把自己从这种痛苦中分离出来，在分离的过程中，我们创造了理想中的自己，但它其实是虚构的，是头脑的创造。所以只有在关系中，我们才能有意识地或无意识地了解真正的自己，这相当明显。

我希望你们都对此感兴趣，因为这是我们的日常活动、真正的生活。如果我们不理解它，只参加一系列会议，或从书本中获取知识其实都是无意义的。

问题的第二部分是这样的："自我是孤立的存在吗，还是说没有关系（即交往）就根本没有自我？"换言之，我是只存在于关系中吗，还是我作为关系之外的独立的实体而存在？我认为后者是大多数人所喜欢的，因为关系是痛苦的，在建立关系的过程中总是存在着恐惧、焦虑，知道这以后，头脑开始寻求把自己与神明和超我等相分离。自我，"我"的本性就是孤立的过程，不是吗？自我与自我的关注——例如我的家庭、财产、爱和欲望——都是渐渐走向孤立的过程，这个过程从它实际发生的意义上来看，是真实存在的。这样一个自我封闭的头脑能发现自我以外的东西吗？显然不能。它可以向后挪移它四围的墙壁，延展自己自周的边界，外扩张自己的领地，但所有这些仍然是"我"的意识。

现在，你什么时候知道自己是与外界有联系的？当没有冲突，只有爱存在时，你意识到自己是相关的了吗？还是说只有当发生摩擦和冲突时，当你渴望拥有什么，当内心沮丧、恐惧时，当"我"与另一个与"我"有关的人争论不休时，才能意识到与自己是外界有关系的呢？如果你并不感觉痛苦，那么，在关系中还存在自我的感觉吗？让我们再简单点来看这个问题。

如果你不痛苦，你能意识到自己的存在吗？比如，你在某刻很开心，在体验快乐的那一刻，你意识到你是开心的了吗？当然，只是一秒过后你就会意识到自己是开心的。难道头脑就不能摆脱所有封闭自我的要求和追求吗？那样的话，关系就会别有不同的意义。现在，关系被看成是一种寻求安全感的手段，一种自我延续、自我扩张、自我增值的方式。这些品质共同造就自我，如果它们都消失了，那就可能出现另一种状态，在这种状态下关系将被赋予完全不同的意义。毕竟，大部分的关系建立在嫉妒之上，因为嫉妒是我们现行文化的基础，因此在我们彼此之间的关系，也就是社会中，一直存在争论、暴力和持续的战争。但是，如果根本没有嫉妒，不管是有意识的还是无意识的，不管是表面的还是深层次的，如果嫉妒完全停止，那么我们的关系不就完全不同了吗？

所以，有一种心态是不被自我观念所约束的。请注意，这不是理论，也不是要被践行的学说，如果你是真正在听我说话，你必然会体验到这其中蕴含的真理。如果你们把我所说的当作需要听、需要讨论，然后就可忘记的讲座，那这些会议将毫无成效，它们将根本没有意义。只有当你在倾听的同时直接体验我所说的，那才会具有意义。

提问者： *你所说的觉知是什么意思？它只是存在于意识之中，还是富含更多的意义？*

克氏： 我想再次建议你们，不要只听我用了什么词语，而是听这些词语的意义，就是当你坐在这儿的时候，通过我的描述，实验性地跟随你自己头脑的实际运作。

我认为重要的是找出什么是觉知，因为它是超凡真实的过程。它不需要被践行，不需要为了觉知它每天都苦思冥想。那根本没有意义。

我们用觉知表达什么意思呢？觉知就是知道我站在这儿，你坐在那儿，我们觉知到树木、人、噪音、鸟的敏捷飞行，大多人都满足于这种肤浅的体验。但是，我们再深入一点，就会意识到头脑是认知、记录、关联、表达、命名；头脑总在判断、谴责、接受、拒绝，了解到这整个运作过程也是觉知的一部分。如果我们再深入些，就会开始看到隐藏于无意识的动机、文化束缚、欲望、冲动、信念、嫉妒、恐惧、种族偏见等，我们大都不知道这一点。这些都是意识的过程，不是吗？所以，觉知就是认清这运作的过程，包括外在的意识和内在的意识，一个人可以通过人际交往、坐在桌子前、吃东西或在乘坐巴士时认识到它。

现在，还有别的吗？觉知不只是觉知意识的运作过程，对吗？如果你不明白你意识所包含的全部内容，就不能发现多出的东西，因为任何想要发现更多东西的欲望只是意识的投射。所以你必须首先明白自己的意识，必须明白你是什么，你才能只通过认识到你是什么，也就是在关系之镜中看到真实的自己。那很简单。如果你谴责一个孩子，显然你不理解他，你谴责是因为那是解决问题的最简便方法。

所以，觉知是意识到头脑的全过程，不仅是有意识的头脑，还包括潜在的，通过梦境显示的头脑；但我们现在不说那个。

如果头脑能觉知到它所有的活动，无论是有意识的还是无意识的，那就有超越的可能。要超越，头脑必须完全静止，但平静的头脑不是被训练的头脑。被束缚的头脑不可能平静，是僵化的头脑。只有当它明白自己思考的整个过程时，头脑才会平静、安宁，然后才有超越的可能。

（悉尼的第一次公开演讲，1955 年 11 月 9 日）

摆脱集体的影响才会获得自由

在我看来，我们最大的问题之一就是怎样才能让我们的头脑摆脱肤浅的想法，因为我们的生活大都很肤浅、狭隘、且微不足道。我们想问题也是浅尝辄止。我觉得，如果我们想让头脑摆脱琐屑小事，不以自我为中心，那么或许我们就会有更多的可能性、更深刻的体验和更具深意的幸福。

如果我们意识到自己很渺小，自己的想法很肤浅，就会尽一切努力不让自己的思想流于肤浅。我们深入探究自己，分析、模仿、强迫、约束，千方百计地希望能开阔自己的眼界，拥有更丰富的体验。但是，思考能让我们推倒自我封闭的经验之墙吗？思考是解放头脑之道吗？

深入探讨之前，我希望你们既不要认同也不要排斥我已经说过的话。不妨让我们一起探讨，这样你们就不会只是重复我所说的，而会亲自体验、辨别真伪。要做到这点，我觉得应该知道怎样去聆听，怎样去关注，这点很重要。如果你的头脑充斥得满满的，那就根本无法专注，而我们的头脑的确大都充斥着各种想法、观点及评价。一旦眼前呈现某些新事物，我们就会立即做出或者认同，或者排斥的反应，这实际上不利于理解，不是吗？很多人都是思想肤浅，想法偏狭，今晚我们要做的，就是看看头脑能否通过各种思维方式获得解放，别忘了，思考也是要靠记忆来培养的。很多问题摆在面前，一个狭隘肤浅的头脑，无论多么精明、敏感、深刻，都无法完全而彻底地解决这些问题，解决不了就会滋生更多的苦恼。所以，有可能通过思考的进程来解放头脑吗？

如果意识到了自己的想法很浅显、很狭隘，那么，是否可以通过思考来突破自我局限呢？我们就想试着这么去做，对吧？

但话说回来，思考能解放头脑吗？到底什么是思考？头脑，无论是有意识的，还是无意识的，都是时间，即记忆的结果，是数个世纪已知事物积淀的结果，意识到全部这些就表明头脑处于思考的进程。当然，所有思考皆源自与个人和集体相关的不同文化背景以及数不清的经验，这样的背景，显而易见，是受到制约的。如果一个人观察自己、觉知自己的意识，就会发现这样的背景是很多因素影响的结果：气候，饮食，各种权威，带有各种禁忌和规范的社会，宗教氛围，阅读过的书籍，反应及自己的经历，等等。所有这些因素都影响并塑造我们的头脑，我们的思考正是源自这种背景。这就是事实，我觉得我们无需对此长篇大论地讲解。

由此可见，思考是记忆的结果，这种结果制造了人内心及外在的各种混乱、痛苦及冲突。头脑是时间的产物，受很多因素的影响，也是所谓的文化和教育的结果。这样一个头脑，怎么才能让自己免于破坏性行为的影响呢？我希望我表达清楚了。

我们看到，世界上有很多混乱和痛苦，幸福总是很短暂。为了维持生计，我们发明了各种技巧，并充分调用我们的记忆。我们所有教育都只在培养我们的记忆，这是时间的进程。如果头脑完全在时间这块区域活动，那么，它就会变得非常肤浅、狭隘、有限。所以，有可能通过思考这一时间的产物，去抵达或发现一些超越时间的东西吗？是不是在那里就能找到真正的创造性呢？

我们大部分人都将精力花费在最没创造性的思考上面。我们的生活被各种原则所指导，例如要生活得体面，要遵守社会法令、各种纪律、压抑及抵制，所以，我们总是循规蹈矩，心存恐惧。只有极少数的人知道创造性这种显然超越了时间的东西。这种创造性并不表现为写一首诗，或者画一幅画，那是一种充满创造力，却无需用任何形式予以表达的感觉。这种创造性或许就是现实，或许是最崇高的，直到头脑意识到这种创造性的状态，到那时，无论怎样的思考，都只会制造进一步的痛苦。

那么，我们的头脑能意识到这些影响吗？这些来自社会、文化、关系、食物、教育、我们读过的书、我们所信奉的宗教及其信条等的影响呢？头脑能在觉知到所有这些的情况下，不从这种觉知中引发思考，而只是任由思想自行终止吗？这的确是头脑一切运动的终结，而头脑是过去的产物。思考发现不了任何新东西，因为思考是时间的产物，是过去的产物。

所有思考的语言化都是时间的产物，是记忆的产物，在这一过程中，头脑发现不了任何新事物。当然，那个被你们称作上帝、真理、现实的东西（或者不管你怎么命名它），都必定是全新的，从未体验过的。这种终极之物必须在当下才能被发现，只有当头脑完全不受过去的影响，不受任何累积起来因素影响的时候才能做到这一点。头脑是时间的产物，是记忆的产物，当头脑能够每天都不受其所积累的一切所影响的时候，才有可能体验到一个全新之物，而那就是现实。

所以，头脑知道连续性，它是时间的产物，记忆的产物，很难发现新的事物。当思想完全沉静下来，它变得安静并不是因为欲望或各种形式的强制、压迫、模仿。当深入了解了思维的全过程之后，思想变得宁静——只有在那时，才能体验到新的事物。在这之前，显然所有的思考都很琐屑。或许我们很聪明、很博学，能做出精辟的分析和美好的发现，但是，这样的分析和发现只会导致新的痛苦，这一点纵观世界便可以看到。这就是为什么我觉得，对那些想法有所不同、真正努力超越头脑束缚的人来说，了解自己以及自己的全部意识十分重要，因为只有那样，头脑才有可能变得极其平静，或许正是在这种平静中，现实才会出现。

有几个问题，或者一些问题。那么，什么是问题呢？当然，当头脑忙着分析、检验、担心什么事情的时候，就会产生一个问题。生活就是由一系列挑战组成的，那么有没有可能面对这些挑战但却不造成问题呢？也就是说，能不能不在头脑里创造让问题扎根，变得具有腐蚀性和破坏性的土壤呢？换个说法，也就是说，头脑能不能不被任何事情所占据，以面对新的挑战呢？毕竟，当头脑忙于应付各类琐事的时候才会产生问题，不忙的时候则不会。我觉得在接下来的讨论中，我们可以从不同方面来探讨这一问题。

提问者：有些人说，要想造诣深，有两条道路，超自然的和神秘的。这是现实呢？还是有目的虚构？

克氏：我觉得，我们大部分人都觉得实相、上帝或随便你怎么命名，认为它们都是固定的、永恒的，通向那个实相的道路有千万条。但是，什么东西才是永恒的呢？或者说，是不是头脑希冀一些永恒的，持久性的东西，正如它在所有关系中所要求的那样？头脑当然追求永恒性，永恒的平静，永恒的幸福，一种稳定、恒久的现实。只要头脑追求一种永恒的状态，就必须为达到那种状态开辟道路。

但是，真的有永恒吗？真的存在永恒、持久的东西吗？或者说，是不是并不存在永恒，而只有持续的变动，不同的是，那种运动不在时间的范畴，而是在超越时间的领域？如果人们相信有永恒、不变的东西，当然这是在时间范畴内，那么，人们就会觉得有很多道路可以通向永恒，这样一来，这种超自然的、神秘的东西就成了对这两类事物都感兴趣之人的有目的的虚构。所以，重要的是要自己去发现到底有没有永恒之物。

尽管头脑可能想要保持一种永恒的安宁、永恒的平静，或是永恒的快乐等，但是真的存在这种永恒的状态吗？如果有，那么就必定有一条道路能通向这种状态，为了达到这种状态，做些实践，订立规范，为之思考是必不可少的。但是，如果我们稍微进行深入研究，就会发现并不存在永恒的东西。但头脑可不接受这一事实，因为它一直在寻求一种安全感，为了满足它自身的愿望，头脑便认定真理是一种永恒的、绝对的东西，进而还去找寻通向这种永恒的道路。而对那些真的想要发现真理的人而言，这种别出心裁的创造其实并没有多意义。

所以，没有道路可以通向真理，发现真理需要时间，真理并不是汇聚经验的产物。一个人必须避免受任何经验的影响，因为那些不断积累的东西所构成的就是自己，即"我"，这个"我"一直在寻求自身的安全，自身的永恒性与连续性。任何头脑，若想要追求自我的不朽，想要让自己万古长存，无论是在今世还是在来生，那注定只是幻想，必然招致痛苦。相反，如果头脑通过觉知自身的活动、观察自身的运动以及反应开始了解自己，如果它从心理上不再想要安全，进而摆脱过去施与的影响——过去是所有欲望和经历的累积，过去是"我"、自身以及自我的一种延续——那么你就会发现，通往真理其实无路可循，有的只是不断去发现。

毕竟，那个不断聚集而且具有连续性的东西是"我"，是自身，它知道痛苦，是时间的产物。正是"我"的以自我为中心的记忆以及"为我所有的"——如我的财产、我的道德、我的品质、我的信念等——不断地在寻求安全，想要获得持续。就是这样的头脑创造出了所有这些道路，这些道路根本无法抵达实相。不幸的是，那些有权势、有地位的人经常告诉别人，有很多条道路，比如神秘的东西，以此来剥削别人，但是，后来人们会意识到，会自己发现，根本没有通向真理的道路。当头脑从心理上不再需要自己为了安全而积累的一切东西的时候，事实真相便产生了。

提问者：您觉得什么是自由呢？

克氏：这的确是一个复杂的问题，如果你有耐心，那我们就来谈一谈。

自由是获得的还是一开始就有的呢？要想获得自由，是必须要约束自己的头脑，通过控制、压制、服从的手段？还是就在思考和感觉的那一刻，就产生了自由了呢？但这并不意味着人们必须服从自己的欲望。

　　自由是通过遵循社会的某种模式被发现的呢？还是必须一开始就应该提倡？我们知道，社会建立的基础是嫉妒、贪婪、野心、复仇，经济上为了成功也相互竞争，想获得成就，那么，是不是遵循这种模式，就一定会有自由？还是自由存在于这个社会之外呢？当然，当头脑不再获取，不再拥有，当他不再贪婪，不再嫉妒的时候，就会有自由。只有当思想不沉湎于自己，不沉湎于自己的成就、担忧和问题的时候，才会有自由。那么，自由是最后才有的呢还是从一开始就有？人人都说："要自律、要服从、要模仿，这样才能自由。"我们在讨论自由的同时还实施权威，所以，我觉得有必要深入探讨这一问题。

　　那么自由是在时间的范畴内、在意识领域里吗？此处，意识指的是某一特定文化或社会的反应，人的欲望与冲动，这既包括集体的，也包括个体的。所有这些都是你的意识，对不对？"你"就是由这些意识构成的。你是集合体，并非个体。你可能有名字，有银行账户，有独栋房屋，小有才气，但是，本质上来讲，你就是集合体，这是显而易见的。无论你是基督徒还是佛教徒，无论你是澳大利亚人还是印度人等等，你都有一些迷信思想，有一些偏见、信仰，从这一意义上说，你又是集合体的产物。这时的单个人真算不上是个体，一个人只有真正了解集体的影响，才会获得自由，到那时，或许个体就产生了。

　　由此可见，只要我们遵循社会的某种模式，只是集体的产物，我们就不会有自由，只有贪婪和冲突，只有群体与群体内部所谓的"个体"之间的冲突。冲突、制约、想要扩张的欲望，等等，这些都是社会模式内的东西，当然，如果没有了想要获得的欲望，如果不再从心理上需要安全、有保障，如果没有了嫉妒之心，那么，自由才会来临。当我们了解这种模式，并因此不受社会所强加的那些信仰，如共产主义、资本主义，基督教、印度教所影响的话，那么，或许才会有真正地完全独立的，而非孤独的个体。孤独的人往往陷入自我封闭的活动之中，完全因为自己的自私或自己所关心的问题而与外界隔绝。但是，我所说的是完全不同的东西，我讲的是独立，它是不易腐化的，只要拥有这种独立，就会有自由。

提问者： *您说，人们可以做到不受其他东西的影响。生活在这个大千世界上，我们怎么才能到达那种状态呢？它将为我们的生活带来怎样的转变呢？*

克氏： 我怀疑是否大家都意识到自己是受到制约的。这是首先要问的问题，对不对？我们是否意识到，我们因受环境熏陶而信奉了基督教或印度教，建立起了某种思维模式或某种行为方式，习惯了日常工作以及相关的恐惧和无聊？我们是否知道自己是社会中各种各样因素共同作用的产物？教堂、仪式、信仰和教条，我们使用的语言，对我们无论是神经还是心理都产生了重大的影响。

我们是否意识到了这些？如果我们意识到了，难道就我们不想有所改变，不想变得更好吗？影响没有什么高贵之说，那只是一种影响而已，但是，我们大多数人一直在寻求，企图得到更好的影响。那么，我们的头脑可能不受影响吗？我知道，一些人会说不可能，还会提出不同的观点，证明这不可能。但是，我们首先要做的就是体验，这绝不是理论阐释或者不切实际地说一说，而是要真的体验，体验我们受到影响这一事实，然后去发现头脑是如何寻求更好的影响方式的。

接下来要靠我们自己发现而非靠一些权威人士来告诉我们的就是，思想有没有可能不受影响。显而易见，如果我们认同任何关于影响的观点，那么我们就跟那些相信或者不相信上帝的人一样。这两种人都不会发现真理。只有当我们从信仰和非信仰中解脱出来的时候，我们才是处在了有可能去发现的位置。

所以，我们首先必须清楚我们受到束缚的，这相当明显。如果头脑不能让自身摆脱束缚的话，当然，任何思考、改革及活动都会造成新的冲突和痛苦。

既然认识到自身是受束缚的，那头脑该怎么办呢？只要有一个个体发现自己的思想受到了束缚，那么就摆脱不了被束缚的状况，因为发现者和被发现的东西、思考者和想法都是受到了影响。没有哪一个思考者是不受影响的，因为思考者是想法的产物，而想法是受到影响或束缚的产物，因此，思考者通过任何方法都无法让头脑不受影响。当思考者意识到他就是想法，发现者认识到他就是被发现的东西的时候，当然这绝非一件易事，需要极强的洞察力、远见卓识以及理解能力，只有在那种情况下，头脑才有可能不受影响。

提问者想知道不受束缚的头脑将给个人的生活及日常活动带来怎样的转变。这将是功利主义的吗？如果头脑摆脱了束缚，那么对生活又有什么好处呢？这样的头脑能不能帮助改变或改革这个社会呢？它将会与自己赖以生存的社会保持怎样的关系？或许它不会和社会保持任何关系，因为社会意味着贪婪、嫉妒、恐惧、占有欲，所有的道德价值观都建立在这种活动的基础之上。一个摆脱了束缚的人可能会影响社会，但这并不是他最关心的事。

所以，我们的问题是：头脑是否能不受影响，对吧？如果你认真地思考这个问题，不是暂且想一想，只是坐在这里的时候想一想，而是真正让这个问题的种子扎根，不是你控制问题的话，那么你自己就会发现，头脑是否可以不受社会各种因素、各种记忆以及潜意识里传统价值观的影响，头脑是否能让自己不受束缚，还会发现这种转变是否对社会具有一定的意义。

不幸的是，我们大多数人从未认真想过这些问题。我们害怕让自己认真地思考一个问题，因为这可能会导致我们生活中发生革命，我敢肯定，一定会这样。如果你认真地思考一个问题，就会得到非同寻常的回应，这可能是你不想看到或者没想到的。但是，你面对着一个严重的问题，无论你喜欢与否，因为这是世界的运行方式，有很多国别，战事频仍，痛苦和饥饿蔓延，想要找到正确的答案，或许得采取完全不同的方法。旧的答案、旧的观点、旧的信仰、传统和教条毫无用处。无论你信基督教还是印度教，无论你身处共产主义国家还是资本主义国家，都没什么关系。这些世界并非和谐统一的想法，民族主义、爱国主义，以及所谓的某一种族优越性的想法，那些区分新教和天主教以及神秘主义的想法，都是无稽之谈。所以，需要有一个不同的头脑，一个真正虔诚的头脑。只有真正播撒爱的头脑才是虔诚的，而且只有虔诚的头脑才是具有革命性的，而不是受到信仰和教条束缚的头脑。当头脑走投无路，最终认识到自身受到的束缚的时候，一个不受束缚的自由状态就出现了。

（悉尼的第二次公开演讲，1955 年 11 月 12 日）

抛弃所有的权威才能审视自己

我认为，大多数人都希望有种权威，帮助塑造我们的生活和整个身心。由于内心感觉很不确定、充满疑惑，所以我们才青睐他人的指导，希望找到合适的人或领导，以他们为标杆来检验我们自己在生活中的行为习惯。我们总觉得别人知道的更多，了解得更透彻，因为想发现事实真相，发现永恒的幸福和一种喜乐的状态，我们才逐渐创造了权威。

现在，我觉得这种做法是完全错误的，如果我可以这么说的话。因为，如果我们能发现自己内心的那盏灯，根本就没有必要创造任何权威，任何救世主或者大师、导师，这就是我今晚想讨论的话题。

这是人生中最重要的问题之一，对吧？我们一直在寻找一位老师，一个向导，来指导我们在生活中的行为方式。每当我们向他人学得一种行为模式，一种生活方式，我们就是在创造权威，而且必然会受到这种权威的束缚。我们认为别人充满智慧，学问渊博，我们的态度就是"我很无知，但是您学识渊博，经验更丰富，所以，请不吝赐教"。这种态度总会造成一种恐惧感，对吧？同时，因为这种态度，人们总会以某种观点或某个人为权威，来约束自己，对吧？

所以，只要人们创造了权威，那对于权威能给我们提供什么，或者我们想从权威那里得到什么，一定也不想错过，因此，为了得到自认为是真实存在的东西，我们开始通过逐步控制头脑的方式来约束自己。对我来说，这整个过程全都错了，因为真实的东西，不管你可能怎样称呼它，都不可能通过对头脑的任何控制、任何训练，或者通过追随任何权威来生成。我们在这一过程中所要追寻之物的本质是自我延续，而这根本不是在追寻真理，它只是以一种更微妙形式在延续自我满足罢了。

当然，只要我们追随、效仿或有权威，头脑就不会自由；因为自由源自开始，而不是在结束。这非凡的事物也许被称为真理、爱，或其他你想要的名称，它不能通过任何遵循权威的方式来形成，而且权威可是各种各样，有他人应该知道的权威，有所谓的个人也许会拒绝的权威，但是也有经验、记忆的权威，这种权威更加不好理解。

我感到困惑，出于困惑，我向另一个人、老师、书籍、组织寻求帮助，帮我带来安宁，或帮我发现真实；但是当我困惑时，我的搜寻也会变得无序，我的行为就会变成这种混乱的结果。那么当然，重要的是使头脑摆脱所有的权威感，摆脱所有的既定价值观和别人的经验，从而摆脱模仿和追随。

现在，有可能自己而不去依赖别人发现这一点吗？我认为这是可能的，也是唯一的方式，没有其他的方式，不仅如此，还需要对自己做相当深刻的洞察和费力的研究。训练头脑、追随众多导师、练习瑜伽——这些对于真正认真的人来说都是空洞的，完全没有意义，因为自我认知，这一真实存在的事情，唯有通过自己发现，其他方式都行不通。

但是大多数人都不愿意承担研究自己这个艰巨的任务，所以我们求助于他人，认为他们会帮助我们摆脱困惑和痛苦，由此却进一步增加了我们的困惑和痛苦。爱、真理，或者你随便怎么给它命名，显然不能通过其他方式去发现。那么，作为个体的人，我们能自己直接发现什么是真，什么是假吗？我认为问自己这个问题十分重要。

要亲自发现什么是真的，我们难道必须抛开所有的权威吗？来自书本的、牧师的、大师的、救世主的、宗教导师的、瑜伽练习者及其他的权威，是不是也必须抛开呢？也就是说，确实，我们必须要完全依靠自己，无需支持，不去向别人寻求任何的鼓励。探究自己就像一次没有导游的旅行。没有引领者的头脑必须对任何形式的欺骗都非常警觉，只有当一个人抛弃了所有的权威，所有被引导的欲望，才有能力毫无畏惧地审视自己，而促使我们向他人寻求指引的就是恐惧。

我们非常想要安全感，不是吗？我们想要确定自己会到达，会拥有那种永生、真理、爱和安宁的状态。因为对自己、对自己有所发现的能力不确定，所以我们才希望得到他人的引导，而正是在这个寻求别人帮助的过程中，我们创造了权威，由此形成了约束的惯例及其余一切。

所以，我们能独自踏上发现之旅吗？在对这个问题的探寻之中就包含着自由的开始。只有自由的头脑才可以发现，而不是那些被传统、权威、纪律和控制所约束的头脑。无所束缚的头脑能够正视真实的自己，而只有这样的头脑，而非那种因为恐惧而去追随、效仿的头脑，才能发现何为真实。

今天晚上，如果可以的话，我想要建议讨论我所说的，而不是回答问题。一起讨论时，你、我必须扣紧主题而不偏离或做长篇大论。我们想要通过讨论来发现，不是发现是你正确还是我正确，或我们该不该追随，而是找出追随这整个问题的真相，而想要做到这点就不能只发表观点。我们必须一起研究这个复杂的问题，因为我们的整个生命就是一个从生到死的模仿的过程。社会、传统、既定的价值观都要求我们去遵从、复制。要在社会中发挥作用，显然你得遵循社会模式，让自己适应它的价值观。但是，真正虔诚的人则独立于社会之外，社会在这里指的是包含贪婪、嫉妒、野心、成功及恐惧在内的价值观。

既然如此，对于如何看待追随、训练、模仿这类特殊的事情，今晚我们每个人是否都能讨论一下或交换意见呢？我认为，如果我们轻松、自然、无拘无束地讨论会很有价值，这样你可以自己体验事实的真相，即头脑虚构了知者和无知者、老师和弟子、领导者和追随者这种不同的阶段。只要我们思考阶段、时间、成就，就会有这种追随某人的虚假想法。

只要有爱、事实，明显就不会有老师和追随者；在一起探讨它时，我们能直接体验这种状态吗？我不认为这会十分困难。只有当我们武断地或固执地断定我们必须追随，强迫自己坚持某种特定的行为方式，否则就会迷失的时候，直接体验才是很难做到的。任何想要下断言的人显然并不是在探究，他只是接受一种传统，害怕面对真实的自己。

所以，我们不妨看看能否讨论这个问题，如果可以的话，我会打断那些不是真正扣题的人。我们在试图找出头脑在此时，在我们讨论时，能否真正摆脱对真理或幸福求之不得的恐惧，因为正是这种恐惧驱使头脑去追随某人，把它必须听从的某人看成了救世主。能否摆脱这种恐惧就是我们要讨论的全部要点。

提问者：是的，先生，如果我们有正确的权威帮助我们，就可以摆脱恐惧，正如医学上的权威在我们生病时告诉我们该做什么、不该做什么一样。

克氏：等一下。你有医学权威，但是你不会把医生供起来去膜拜，你不会根据他的指令去塑造头脑。这是一个很难理解的问题。我们正在试着发现你、我的头脑是如何运转的，以及它是否可以从无法实现目标的恐惧之中解脱出来。

提问者：人必须要独自生活吗？

克氏：我并不是在暗示你们要孤独地过活。你不能过与世隔绝的生活。但是，对于我们中的大多数人来说，所有的关系都是冲突，因为我们不知道如何处理，我们只得向他人寻求帮助。

提问者：如果我头脑愚笨，那会怎么样呢？

克氏：当我蠢笨的时候实际会发生什么呢？我会发现我不聪明吗？

还是会被告知自己很蠢？即时反应是什么？我希望聪明，所以我努力变得比现在更聪明、更理智；一旦我要求更多，那就是设定了一个目标，它使我滋生恐惧。然而，如果我能够看到真实的自己，看到我愚笨的事实，当然，那种对现实的领悟就会给现实带来转变。愚蠢的头脑决不能因为努力变聪明就真的变聪明，而认识到自己蠢笨本身就已经给自己带来了变化。这是很明显的事实，不是吗，先生？

提问者：这只能说明头脑有了过去从未有过的知识。

克氏：您什么意思，先生？

提问者：先前头脑假定自己蠢笨，现在它知道自己确实不聪明。

克氏：请观察你自己的反应。如果我意识到自己蠢，即时的反应是我必须做点什么，所以我奋斗，我努力。然而，如果我承认我蠢而不做点什么，这种承认或意识到我愚蠢的本身实际上就带来了内部的变化，不是吗？

提问者：我可以说在寻找快乐、安宁和安全时追随救世主就不会有恐惧吗？

克氏：不错，但我们究竟为什么要追随呢？这很复杂，它是一个深奥的心理问题，不妨让我们深入探究它。我们追随什么人吗？如果是，我们为什么追随呢？

提问者甲：因为另一个人远比我们聪明。

提问者乙：先生，我能以十分尊敬和敬畏的心情要求您描述下您所说的头脑吗？

克氏：这个问题不在点上，如果能允许我谦卑地指出来的话。我们确实在追随，不是吗？我们在追随一本书，一个救世主，一个老师，一个精神导师，一种理想，一种标准。不是吗？

提问者甲：先生，您说如果我们寻求真理，我们不可以在权威之外寻找。那么第一步该怎么做呢？

克氏：我很快就会谈到那个问题，但让我们先来看一下我们实际的做法。我们确实追随，不是吗？为什么？

提问者：因为我们害怕。似乎在追随中会有一种满足感。

克氏：我们还没有讨论到追随的过程。事实是我们追随。为什么呢？请不要回答我。我问是为了让你们自己找出答案，而不是你们自己说出并告诉我。请注意。我们在这儿做的很重要。如果我们真能理性地这么做，它将引领我们到很深的层面，因为我们真正寻找的是我们的头脑如何运作，我们的思考过程是什么。

事实是我们追随。我们为什么追随？不要立即回答我。去调查它、研究它。一个人为什么追随呢？有不同种类的追随。你听从医生所指示的，你老板在办公室里布置的，或者你被自己的妻子或丈夫或邻居所左右。你追随传统、社会法令、他人的看法。你追随宗教组织的信念和教义，或者你追随教士或神圣经书的话语。我们实际就是这么做的，而且我们从不追问自己为什么这样做。现在，我问自己，我也希望你们问自己，为什么追随呢？

提问者：如果通过自省，我认识到自己为什么追随，那么也许我会停止追随，会以我认为正确或自由的方式行动。然而，我践行的自由或许对他人来说是有害的。

克氏： 如果您不介意的话，让我们慢慢地研究它。事实是我追随，我想要知道我为什么追随以及它的内在本质。我想要发掘、揭露让我追随的心理因素。用世俗的眼光看，追随的原因很明显。有了一份工作，我知道我必须按照老板说的做。这么说就相当清楚了。但是我们在讨论的是，在心理上，我们为什么追随另一个人呢？

提问者： 您认为您体验过这种自由吗？

克氏： 我可以回答这个问题，但与我们所探讨的不相关，不是吗？如果我说"是"或"不是"，它会有什么意义呢？你怎么判断？你只能依据你自己的标准，依据你的心理上的好恶来判断。但是请注意，这不相关，也不重要。我们，我们每个人，想要直接发现的是在心理上我们为什么追随。如果我们慢慢来，一步一步来，我们将开始看到我们自己思考的过程，我们头脑和心灵中正在发生的事情，而现在我们还意识不到这些。

提问者： 您是在说个体通过分析自己的经历可以发现表达的自由？

克氏： 不是，先生，我根本没有那个意思。我质疑我们称为经验的全部累积，不管它究竟有没有正确性，因为经验只是调节过的反应。但是现在我不想谈论那个。我们正在探问我们自己为什么追随。这是习惯吗？

提问者： 我不追随，我领导。

克氏： 那么你就是领导者。如果你是心理方面的领导者，那就必然有要你领导的追随者，而且做领导的人也是追随者。

提问者： 先生，您没认识到追随一个人必然要成为他的追随者吗？

如果有人把他看作里程碑，那个人就不是他的追随者了。

克氏：我想要发现的是为什么你我在心理上追随。

提问者：我们不是在寻找个人证明吗？

克氏：你扯得太远了。

提问者：当直觉被唤醒时，我们不追随，我们服从直觉。

克氏：请问，当我们谈到直觉、内心的声音时，我们是什么意思呢？内心的声音可能是完全错误的。请注意，我不是在诋毁你的直觉。我是在要找出直觉是真实的还是虚假的才这么说的。当然，除非你了解欲望的整个过程，包括有意识的和无意识的，否则你不能依赖直觉，因为欲望或许会给你带来一些根本不是"事实"的伪事实。下意识地想要成为或不成为什么的欲望让你接受或拒绝，因此，你必须首先明白你欲望的整个过程，而不是说"直觉告诉我这是真的"。

让我举个简单的例子你就明白了。我们都会死亡，幸运地或不幸地，我想要延续生命的欲望非常强烈，这也是大多数人的欲望。当我听到"重生"这个词时，我的直觉说："是的，它是真的。"但它是我的直觉呢，还是我的欲望呢？我想要延续的欲望如此深入骨髓，如此强烈，以至于它采取了所谓直觉的形式，而这根本毫无意义。然而，如果我能理解这种叫作欲望的非凡的东西，那么死亡就会具有全然不同的意义。

哦，让我们言归正传。为什么你我会在心理上追随呢？我们能够意识到我们所追随的不只是某个人，还包括教义、理想吗？我已经制定了一种完美的人、完美的生活、完美的目标，我追随这个理想，为什么？不要仅仅听我说，而是观察你自己头脑的运作。你知道，你可能并不想向自己提出这个问题，因为一旦你追问自己为什么追随，很多你日常生活中的东西，如大师、老师，指导者，哲学家，你的书籍和理想就无法再被接受了，它们需要被调查，也就是说，一定都有调查、发现的自由。

那么，你为什么有理想呢？你为什么会追随？显然，你追随是为了有所得。你们有指导者，不是吗？困惑时，你有某种老师——他也许身在印度，或者现在正站在讲台上，或者它也许是你认识的住在附近的什么人——他告诉你做什么。请明白这一点。一个人只会有感到困惑、痛苦、自相矛盾时，他才会向他人寻求帮助。

提问者：也许是那个人有自卑感。

克氏：这不是自卑感或优越感的问题。我正在观察感到困惑的这个事实。我困惑而你不困惑，至少我认为你不困惑，所以在我困惑时，我追随你——你就成了大师、救世主、领导者。我在困惑时做出了选择，因而我所选择的不管他是什么人也必定是困惑的，包括政治家。那么困惑时我该怎么办呢？当然，我要理解自己的困惑，不要找别人帮我摆脱困惑。

提问者：但是一个人仍然可以追随，却并不敢感觉困惑。

克氏：如果我不困惑的话，我会追随吗？

提问者：一个人可以在他赞同另一个人的观点这层意义上追随。

克氏：对不起，你没有理解我的要点。

提问者：我是不明白。

克氏：那么你就跑题了。先生，这不是辩论。请认真对待这一点，它不是一件可笑的事情。如果我不困惑，那么我就无需追随任何人；那样的话，我就依靠自己，虽然发生了某些事，但最终我把从混乱中解救出来。但是大多人都不是这样的状况。我们感觉困惑，有巨大的悲痛，无法解决的问题，我们向他人寻求帮助以摆脱困惑；但是，这个选择本身就是困惑的产物，所以结果就是更加困惑。这很好理解，对吧？

现在，如果我不追随，如果我不寻求他人的帮助，而是说"让我来弄懂这个困惑"，那会发生什么呢？我不会到处奔波寻求帮我的人。我意识到困惑，就保留困惑。我知道是我制造了这些困惑，除了我自己，别人根本解决不了——这不是说我是与众人分离的、孤立的，而是说我根本上就是独立的，我的整个态度是我愿意与别人讨论。我不追随任何权威，因为我想要解决这个令人困惑的问题，所以我开始着手解决，发现困惑究竟是什么。

所以，让我继续看这个问题，我们为什么追随？是因为我们害怕吗？大师、老师、教士或者神圣书中所说的极乐状态，我们都想得到它；因而我们去追随，我们练习某种体系的瑜伽，或者做些其他什么。所以，只要人在心理上有成为某种东西的迫切欲望，只要人想要不困惑，让自己进入开心、安全的状态，那么它明显就要去追随。这应该清楚了吧？

请注意，你不只是在听我说的，你在觉知你的困惑或你想要成为某种东西的欲望。

提问者： *我们追随的是我们认为比我们懂得多的人。*

克氏： 你看，就是这么回事。你追随某人，因为他被认为更完美，那意味着你和那人之间有距离、有差距。是这样还是说这只是头脑错误的臆想呢？当有爱时，你还会说"他爱得多，我爱得少"吗？只有爱意满满的心态，不是吗？你说你追随某人是因为你认为他知道的比你多。他是知道得比你多吗？他知道些什么呢？不要回答，而是请你与我一起思考答案。他知道些什么？如果他真的是一个活生生的人的话，那他就只知道很少的东西，他知道爱，也就是不嫉妒、不贪婪、不野心勃勃，行为做事抛开"自我"。他可能在可能不在那种状态，而你沿路来了，想从他那儿寻求些什么。你看到他双眼闪烁的光芒，向你微笑，你想变成像他那样的人，所以说，那是你起了贪念。因为困惑，你才找到他，说"请告诉我你是怎么到达那种状态的"，即使他也一样困惑不解，但是仍会告诉你，因为这样的人自认为他已经抵达那种状态了。事实是，只有那种每天忘记自己所知道和体验到的人——只有这样的人才能有真正平静的头脑和纯净的心。但还是让我们言归正传吧。

如果我们都很认真地对待这些问题的话，那么对我们所有人来说，觉知到我们自己的活动并调查、探寻它们的合理性岂不是很重要吗？我们是出于习惯才去追随他人的，不是吗？这是数世纪的传统。每本宗教书都告诉我们去寻求和追随，但是它们也许全都是错误的，而且可能就是这样，我对任何书都不能依赖。我必须亲自找出这其中的原因，这不是说我比别人伟大，或者以自我为中心、自以为是、骄傲自大。我必须找出，我必须知道自己是困惑的。所以我开始探究，不是通过追随理想、传统、大师、书本、教士，或者我的妻子或丈夫，而是通过客观观察真实的自己。

我对自身并不确定，我感觉痛苦、困惑、不开心，我想找出摆脱所有这些混乱的方法，于是迷恋上了一些象征物、例证和某些人的学说，希望通过它们求得我想要的。如果我很警觉，能觉知的话，很容易理解这种心理过程。如果我意识到没人能帮助我，这种帮助无处不在，并不在某个特定的方向，那么，当我沿街行走，哪怕只是看了某位路人一眼、瞥见一片飘舞的叶子和一个开心的微笑，都可能在无意识间受到启发，发现其中所蕴含的许多道理。但只要头脑说"我的领袖，我的老师会帮助我"，只要它固执地依附于一本特定的书或紧随选定的道路，就不可能有此顿悟，而意识到发生在自身的这整个变化过程就是在开启自由和智慧。

你从书本、老师那里学不到智慧。智慧是头脑、心灵的发现，是一种自我认知。这也是为什么不接受任何东西，只理解自己非凡的思考过程非常重要的原因所在。你需要极大的敏锐去发现自我运行的方式，而头脑只要是在追随、训练、控制、压抑时，它就不可能敏锐——这也不是说你必须走另一个极端，选取它的对立面。

你们看，所有这一切中的困难就是我们不会简单地看待任何事物。这个问题很复杂，但在处理这样复杂的问题时必须简单，不然你根本不可能把它解决。要简单你就必须了解自己，你不能通过教士或他人所说的去做。你只能直接地理解自己，这个过程并不困难，它不是专为某些人预留的天赐礼物，天赐理论全是无稽之谈。如果一个人想要发现自己在想什么，如果一个人持续观察头脑的每次构想，观察它、把玩它，对每种自然的反应都保持开放和包容的态度，那么，自我认知就会由此而来，这就是冥想。

然而，追随者注定不会拥有智慧，因为他只是一个模仿者，约束自我也是缘于贪婪。模仿而怯懦的头脑，一心复制和追随的头脑绝不会有自知之明，而没有自知之明，一切都会变成牢笼，不是吗？是头脑创造了高低之分。实际上根本就没有高或低，只有存在的状态，而为了抵达那种状态，在一开始，不仅仅最终，就必定存在自由。

（悉尼的第三次公开演讲，1955 年 11 月 16 日）

正确的理解死亡就不会再有恐惧

今天晚上我将要谈论一个非常复杂的问题，我认为对该问题的理解在很大程度上取决于给它什么样的注意。我想要谈论根本性变化的问题，以及努力、约束、意念是否能导致这样的变化。很明显，我们每个人都必须要有根本的、彻底的变化；这种变化如何而来呢？可以通过意志行为、深思熟虑、强制力吗？在什么意识层面会发生这种变化？它是在表层意识还是深层意识中出现？或者，变化是发生在所有意识层面之外吗？

在我们开始探讨这个问题之前，我认为重要的是正确理解注意意味着什么。如果一个人只是从一种排他的体验这一角度思考问题的话，也就是倾听并接受所说的作为一种方法并以此获得一个特定的结果，那么这种方法就会与另一种方法相对，排他性也由此产生；而排他性很明显是有害的。然而，如果能够摒弃这种思维方式——你的方法和我的方法对立，或者你的特定路线和我的不同——只是倾听，以找出事物的真谛，那么这个真谛就既不是你的也不是我的，也就没有排他性了，这样一来，你也不用只读某一本书或追随某一老师去找出何为真实了，我认为理解这点很重要。从根本上来说，没有通向真理的道路和方法，你、我的方式都不行。当然，在真正的宗教体验中是没有排他性的，既不属于基督教、印度教，也不属于佛教。一旦有任何排他的感觉，邪恶就会从中产生。所以我想建议你倾听是为了发现，而不是仅仅用一种论点、观念或思维方式来反驳另一种。

我认为，很明显，自身必须要以某种形式进行根本性的、深刻的变化。

这种变化如何发生呢？这就需要我们每个人都做出改变，这样才能带来全然不同的人生观，一种真实的生活方式，这种真实不是根据任何特定的人而论，而是在任何时间、任何地点都是真实的；怎样才能带来这种变化呢？理想是经由个人自身或他人的经历得以确立；任何理想都会带来这种变化，这种彻底的转变吗？我认为理想是虚构的，不真实的，它们是头脑的幻想而已，其自身并不具有任何真实性。我们希望头脑会通过追求理想而有所改变。那就是为什么我们都有理想，要拥有美德，变得非暴力，等等。我们希望通过持久地实践、追求、顺应这一理想，就能带来彻底的变化，或者至少是变得更好了。

既然如此，那理想带来变化了吗？或者说，它们只是头脑为了推迟行动而做的合理猜测？请问，我可以要求你们不要拒绝这种说法，而只是听我说吗？我们中的大多数人都是理想主义者，我们都有某种形式的理想，由习惯、风俗、传统和自己意志力共同构成，我们希望通过遵守这种理想以让我们彻底发生改变。但毕竟，理想只是与现实相对的一种反映。作为一个残暴之人，我树立非暴力的理想，试图根据这样的理想改变自己的暴力倾向，这就会在我本身和我应当成为的人之间不断制造冲突。

我们认为想要带来改变，冲突和努力是必要的。很明显，这种努力意味着训练、控制、不断的练习，把自身调节到应该成为的状态。我们中的大多数都习惯于这样想，我们的活动、人生观、价值观都建立在它的基础上；那种应当成为，那种理想已在我们的生活中占据特殊的主导地位。在我看来，这种思考方式是完全错误的，而且既然你们在这儿想找出说话者一定得说些什么，那就请听一听，不要贸然反对。

我认为，彻底的改变只会出现在无需努力，头脑无所图，不力求崇高的时候——但这并不意味着头脑一定得不道德。只要努力去践行美德，就会有自我的延续，是这个"我"想要变得高尚，这个"我"只是所受制约和对现实改良的另一种表现。在这一过程中涉及谁付出了努力、他在追求什么的问题，这很显然是在追求自我完善；只要刻意去完善自我，美德便不复存在。也就是说，只要有任何形式的理想，就必定要努力去遵循理想、调整自身以适应理想，或者让自己变成那个理想。如果我是残暴的，我却确立了非暴力的理想，这样的话，在实际的我和理想中的我之间就会发生冲突和斗争。这种斗争与冲突就是暴力的体现。可见，头脑并没有摆脱暴力。

现在，我能观察这种暴力状态而不树立任何向善的理想吗？当然，我其实只关注暴力，而不是怎么样改过向善，因为改过向善的过程本身就是一种形式的暴力。所以，我能看到暴力而不去想刻意把它变成另一种状态吗？请耐心听我讲完。我能看着我称之为暴力，或贪婪，或嫉妒或其他什么状态而不试图去缓和或对他们有所改变吗？我能看着它而不做任何反应，不去评论，也不为其命名吗？

这一切你们能明白吗？请以我说的去检验并即刻领会我的用意，我是说现在，而不是你回家以后。

作为一个残暴的人，他能看到这种暴力的状态而不对之做任何谴责呢？不谴责是一种极端负责的过程，因为在用言语表现这种情感之时，"暴力"这个词本身就属于具有责难之意的词汇。一个人能不能看着被叫作暴力的这种情感，这种状态而不去给它命名呢？当不给它命名时会发生什么呢？词语是头脑创造的，不是吗？所有的思考都是用言语表达的过程。当不给这种感情命名的时候，当不把它叫作暴力的时候，个人对于这种情感的注意依然会发生深刻的变革吗？

让我们换种方式看看。头脑把自己区分为暴力和非暴力，所以可能存在两种状态：它想要得到的状态，以及它现在所处的状态，这是一个二元对立的进程，我认为只有当这种二元的过程完全停止，也就是当整个意识系统和头脑将全部注意力投注到事物本身的时候，才会发生彻底的改变。如果有任何谴责的念头，任何改变事物的想法，任何用言语表达和为之命名的欲望，头脑都无法给予全部的注意力。当注意力全部集中于此，你会发现这种注意力就其自身而论就是美德，这种美德并不刻意把现实变成他物。

我想这是对一个非常简单事实所做的非常复杂的解释。只要头脑有改变的愿望，任何改变就只是对现实的一种延续改变，因为头脑无法想象彻底改变。只有当头脑给予事物本身全部注意力的时候，才会有彻底改变。如果有任何形式的命名、谴责、辩解或评论，注意力都无法集中。

你们知道，当有问题提出，我们中的大多数人都会期待一个令人满意的答案，我们想要被告知怎样到达那儿，或应该做些什么。恐怕我无法提供这样一个答案；但我们能做的是观察这个问题，共同研究，发现事物的真谛，而在考虑这些问题的同时我们要牢记：想要寻找一个令人满意的答案，想要知道怎样到达那儿或做些什么，实在是一种不成熟的思考方式。但如果我们可以检视这个问题，共同研究，在问题得以推进的过程中，我们就会发现什么是真实的，然后真理就会自行运转，而不再是我们操控真理。

提问者： *作为一名家长和老师，认识到你所说的自由的真理，我该如何看待和帮助我的孩子们呢？*

克氏： 我认为首要的问题是，是不是真正深入理解了自由是在开始时，而并非出现在结束。如果作为一名家长和老师，我真正理解了这个真理，那我与孩子的整个关系就会发生变化，不是吗？那就没有附属关系了。有附属就没有爱。但是如果我知道自由出现在开始而非结束这一真理的话，那孩子就不再是保证，不再是我取得成就的途径，也就是说我不会再在孩子身上寻求自己的延续。那时，我的整个态度就已经发生了巨大的改变。

孩子堪称各种影响的储藏室，不是吗？他不仅受到来自你、我的影响，还包括他所在的环境、就读的学校、当地的气候、所吃的食物以及他所阅读的图书对他施予的影响。如果他的父母是天主教徒或共产主义者，他就会被精心地塑造和调教，这也确实是每位家长、每个老师以不同的方式在做的。我们能意识到这些多重的影响，也帮助孩子意识到这些影响，以帮助他在长大成人的过程中避免陷入其中的任何影响吗？所以说，重要的当然是在孩子成长时不要把他们调教成基督教徒、印度教徒或澳大利亚人，而是做一个完全理性的人。这只有当你，作为老师或家长，认识到自由必定出现在最初的真理时，才会发生。

自由不是训练的结果。自由不出现在调整心态之后或在调整的过程中。只有你、我意识到决定心态的所有影响因素，并帮助孩子们同样意识到这些影响，以使其避免纠缠于其中任何一种影响时，自由才会现身。但是，大多数家长和老师认为孩子必须遵守社会规则。如果不遵守他会做什么呢？对大多数人来说，遵守是必要的、基本的，不是吗？我们已然接受孩子必须适应他所在的文明、文化、社会的这种想法。我们想当然地认为如此，而通过教育我们会进一步帮助孩子遵守社会规则、适应这样的社会。

但是孩子有必要适应社会吗？如果家长或老师认为自由是必要的、基本的，而不仅仅是适应社会，那么当孩子长大时，他就会意识到决定他心态的这些影响，因此他就不会遵从充满贪婪、腐败、暴力、教义和集权主义观的社会；而这种人将有能力创造一个截然不同的社会。

我们说乌托邦有一天会实现。理论上它十分美妙，但是它并不会真的存在，我觉得教育者可能像家长一样，也需要被教育。如果我们只关心训练孩子适应特定的文化或社会模式，那么我们就要持续现在的状态，即我们自己与他人永恒斗争，继续同样的痛苦。但是，如果理解了正确关注的问题，不从孩子开始而从家长和老师开始，那么，可能我们将会帮助头脑免于任何影响，这并不是一个不可能的任务。只有当你，作为家长或老师，认为它不可能，它才是一个不可能的任务。但是，如果你洞察到那种必要性、紧迫性，以及所有这一切的真谛，那么这种洞察本身就会给你自身带来变化，因此，你将会帮助孩子成为一个有智慧的人，所有这些不幸、冲突和悲伤将由他来结束。

提问者：所有的生命都是一种庆典，教堂里的仪式是生命庆典的一种神圣表现形式。你当然不是谴责所有这些。或者说，你所谴责的，并不是仪式本身，而是从僵化头脑中产生的腐败，是这样吗？

克氏：不管他们是不是神圣的，我想问的是，为什么我们如此喜欢庆典、仪式，为什么它们对我们如此重要？对我来说，这整个对生命的庆祝方式，包括教堂及其典礼，全都是不成熟的、荒谬的。庆典没有任何意义，它们只是无谓的重复，尽管你可能赋予教堂典礼神圣的意义。说"庆典是我的方法，不是你的"就是在滋生邪恶，所以，不如让我们冷静地观察它，以发现事情的真谛。

睡觉、起床、上班，做某些事，这类事情每天都在重复，你会把它叫作庆典吗？我们赋予这一切特殊的意味和神圣的意义了吗？我们把它看作可以从中获得启发的东西吗？显然不会。有各种日常行为会变成习惯，但是可能我们想理智地把它们看清，而不是纠缠于其间。但是，当我们举办庆典和教堂的仪式等等的时候，我们不会希望从中得到启示吗？举行庆典时，我们感觉良好，感受到了美感，体会到了内心的宁静。重复麻木了我们的头脑。仪式吸引我们，暂时把我们从自身处带走，我们都喜欢这种感觉，所以才赋予这一切以非凡的意义。这些是简单、明显的事实。庆典也被用于剥削，用来控制人们，给他们带来他们并未感受到的团结感。当今社会是一个分裂的社会，但在教堂、在仪式中，通过无谓的重复，人们暂时地……（中断）

请问，你们介意坐下吗？这不是一场讨论。我只是在讨论，不是在攻击，所以请不要辩护。我只是向你们指明事实。你们可以接受也可以不接受。这对我不重要。

提问者：你所说的不是真理。

克氏：如果你认为庆典是必要的，就请进行好了。但是，如果你愿意审视整个问题，那我们不妨深入探究，你就会认识到头脑是如何被习惯、无谓的重复、各种感觉和听从权威所困。所困于习惯的头脑显然是不自由的，而这种头脑无法发现何为真实。

通过习惯——此刻我说的不是身体的习惯——头脑寻找一种感觉，它在心理上与特定庆典形式联系，从这种庆典中衍生出一种满足感，一种安全感。这样的头脑显然不是自由的，它发现不了真理。只有自由的头脑才能发现，充斥着信仰、教义、恐惧的头脑，不断要求获得安全感的头脑则不能。

数百年来，每种宗教都有某种庆典和某种礼仪，以把人们汇集在一起。在庆典中，人们自己找到某种安逸，忘掉令人生厌的日常事务。他们的日常生活单调，而宗教仪式，比如国王和王后的队列，则提供了一次放逐的机会。但是，寻求解脱的头脑则无法发现永恒不朽的东西。

是哪个教堂说庆典神圣，这无关紧要，它们仍然是头脑的虚构，是头脑受到束缚的虚构。这不是你、我的道路不同的事情，亦不是有人通过仪式触摸到真理，而其他人则通过不同的方式抵达真理的问题。存在的只是真理，没有你的方式或我的方式。用你的方式和我的方式来思考是错误的，因为这样易于产生排他性，而所有排他性事物都是邪恶。

提问者：我们被教导去相信个人死后会不朽、个体生命将得以延续。这对你也是真的吗？

克氏：人死以后会不朽吗？"自我"，带着经验、知识、品质和关系的累积，会得以延续吗？我死后所有这些都会继续吗？如果无以为继的话，这整个过程的价值何在？如果历经挣扎、欢乐、痛苦而培养起来的品质，在死亡之际只能走向终结的话，那生命又有什么意义呢？

现在，让我们一起探究。这不是我信仰什么、你信仰什么的问题，因为信仰与发现真理没有关系。被信仰所困的头脑，不管信仰轮回还是上帝，都没有能力去发现或体验真理。我认为，如果你愿意重复，理解这一点实在重要，因为头脑相信什么、不相信什么都是被教导和束缚的结果，这就是世界正在发生的事。共产主义者不相信永生，他说这是无稽之谈，因为他所接受的教育和制约是让其不相信，把自己奉献给国家以实现个人的价值，这对他来说是唯一向善之事。一些人相信来生，他们希冀以某种形式复活或重生。所以你问我"你也相信吗"时，我觉得，恐怕这根本不是问题，因为，如果你愿意注意，就会发现事物的真理。

"我"，作为个人的"我"会延续吗？什么是"我"？各种秉性，人物特点，信仰，知识和经验的累积，对疼痛、欢乐和折磨的记忆，我爱、恨的感觉——这些都属于此刻的"我",而意识这是一个转瞬即逝的"我"，我们断言在它之外还存在一个永恒的灵魂、某种神圣的东西。但是，如果那个事物是永恒的、真实的、神圣的，它就是超越时间的，因此就不会从死亡或延续的方面来想问题。如果有灵魂，或者你用其他词来形容它，那它就是超越时间的，超乎你、我思考范围的，因为我们的思维是受到制约的。我们的思维是时间的结果，我们根本想不出超越时间的东西。所以，我们的恐惧是时间的产物，不是吗？

再强调一遍，这不是我的方式和你的方式的问题。我们都在审视，试图发现究竟什么是事实真相。我们能只是观察现实而不信仰某种超越现实的东西、不信仰某种大家都想要的东西、不信仰某种超永恒的东西，即所谓永恒的精神实体吗？我们想知道我们是否会永生，我们问这个问题重要是因为我们害怕死亡。那么，我们做什么呢？我们试图永久性拥有我们的财产，不是吗？我们整个社会都基于此。你、我的财产会传给我们的孩子，这其实是通过孩子来实现的一种永生。此外，我们还通过名字、成就、成功寻求永生，我们想要让自己得以延续，无限地实现自我价值。知道了我们终将死去，死亡不可避免，我们说："什么能超越死亡？"我们想要确保生活会延续，所以我们相信来世、重生、复活，相信任何能避免我们称为死亡的那种超常状态。我们虚构了数不清的逃避方法，因为没有人愿意死，我们提出的所有关于个人永生的问题都是希望能找到躲避我们所害怕之物的一种方法。但是，如果我们能理解死亡，就不会有恐惧，那样的话，我们将不会在此处或来世寻求个人永生。那样的话，我们的观念，我们的整个人生观就会发生彻底的变化。所以，信仰和发现真理没有任何关系，我们现在就去找出关于死亡的真谛。

什么是死亡？活着的时候能体验死亡吗？我们能体验死亡吗，不是在由于疾病或事故而停止一切思考时，而是在我们还活着的时候，在我们生气勃勃，能清楚而完全意识到的时候？你我能发现死亡意味着什么吗，我们能在坐在这儿观察整个问题时就进入死亡之屋吗？

去死意味着什么？显然，意味着放弃所积累的一切，放弃每一次经历、每一段记忆、所有对他物的攀附。死亡就是不再做自我，即不再做"我"，不是吗？它意味着"我"及其所有的记忆、伤痛、报复感、实现抱负和改变自己的欲望的不再延续。若此刻自我不在了，那还能有对此刻的体验吗？此后，我们当然就知道死亡是什么了。头脑是已知，是已知的结果，已知是无数昨天的经历，只有当头脑从已知以及未知的部分中解脱出来时，它才不会害怕死亡。此后，根本就不存在死亡，头脑也不再追寻个人的永生。那时就是未知的状态，未知也自有其存在。但要发现未知，头脑必须摆脱已知。你也许有无数的信念，它们给你舒适和安全感，但是只有从已知中解脱，才不会有恐惧那种噬人的痛苦。可以延续的东西绝不可能有创造力。只有未知的才有创造力，而只有当头脑摆脱已知的永恒这种想法时，未知才能出现。

你看，我们大多数人的困难都在于我想要某种延续，于是就创造了虚幻的信仰。毕竟，信仰只是解释，而我们也满足于解释。除了对于某种希望拥有安全感的人以外，解释的意义都不大。要发现何为真理，头脑必须拒绝一切解释，不管是教堂的、牧师的、书本的，还是那些想去相信的人。

当头脑摆脱了所有的解释，摆脱任何已知时，你会发现未知就是死亡，然后就不见了恐惧。那种状态截然不同，头脑被束缚在已知范围内，永远也想象不出那种状态。只有当头脑摆脱已知，未知才会登场。

（悉尼的第四次公开演讲，1955 年 11 月 19 日）

实现超越需从已知中解放出来

今天晚上我想讨论的问题也许相当复杂，但我觉得我们可以把它简单化。你们知道，我们的头脑里满是各种信念、知识、体验，被这些已知事物挤得满满的。已知包括各种事实、斗争、悲伤、日常生活中的贪婪，以及人类数百年来累积的体验，头脑有可能摆脱这些已知吗？有没有可能头脑既能辨识出这些由已知所构成的事实，又不为其所扰，由此可能生成其他的状态呢？

当一个人的头脑充满了各种信念、假设、体验、幸福、劳苦以及尾随了人整整一辈子的悲伤时，他就失去了去看新东西的自由。例如，如果在听我说话的时候你对我做出某些假定——你知道我却不知，或者我知道而你不知——或是你的头脑被所读过的东西限制、束缚了，这样的话，你在听的时候已经有了先入之见、结论和背景知识，你的头脑已不再单纯；而在我看来，要想找出除了头脑的产物以外是否还存在其他什么，恰恰需要的是单纯朴素。

如果像大多数人那样，头脑一直在已知的领域里运作，我们会发现这个领域非常局限和狭小，也因为如此，头脑会开始产生新的想法、幻想和错觉，以此来逃离现实。大多数宗教都能提供这样一种逃避，所谓的宗教人士满脑子都是各种奇异的想法、信仰和教条。

所以说，头脑一直在已知的领域里运作，对吧？这是事实，我们不应予以否认或弃之不顾。问题是，这样的头脑能否探究和接受一些新事物，那些超越了已知的体验或结论的新事物？人不可能忘记曾经走过的路、曾居住过的街道名称等等，不然就太荒谬了。但头脑会习惯于已知的事情并形成一些习性，陷入某些结论、假设和假定之中，所以我们想问题总是跳不出这个领域；头脑不可能脱离束缚变得纯粹质朴，依我们之见，学习得越多，阅读得越广博，祈祷得越全面，或者践行某种特定的冥想，我们就更可能发现某个超然之物。

所以问题是，头脑作为剩余物，已知的知识和体验的产物，能把自己从已知中解放出来并实现超越吗？如果你们愿意，我想与你们一起讨论这一点，因为我觉得这是一个重要的问题。当我们谈论宗教体验时，我们的意思是超越自我、超越"我"、超越已知事物，不是吗？也许大多数人不会想到这些词，但在我看来，我们想得越周全、越警觉、越有意识、越深入研究这个问题，就越能看出唯有虔诚之人才能掀起真正意义上的革命。虔诚之人不是信奉、遵循某些特定教条或践行某种特定冥想之人。对我来说，虔诚之人是意识到已知但不允许已知干涉他探寻未知的人。

这就是我今晚想和你们讨论的问题，希望我把这个问题说清楚了。

提问者：*为什么关注未知，不管它是否真实，比关注真实的和眼前的已知事物更重要呢？*

克氏：在我所有的演讲中，我一直坚持认为头脑必须从已知事物的束缚中解放出来，以找到一些可以称为未知的东西。如果我对你有先入之见和假设，那我肯定不理解你。那么，头脑能够从所有这些假设、信念、教条和思维习惯中解放出来吗？换句话说，头脑是否能变得简单，进而获得全新的体验呢？这种体验并非建立在旧有事物的基础之上，也不是体验的投射。头脑能否向未知敞开接纳之窗，不管这个未知究竟是什么？头脑能否意识到眼前的已知事物呢？这个问题表述清楚了吗？如果表述清楚了，那么让我们一起来讨论它。我认为这是一个需要弄明白的重要问题，因为如果不明白的话，我们就会在原地打转，并认为我们在经历非常真实的东西，而其实它仅仅是我们自己意愿的反映，而我们只是生活在自己想象的虚幻世界里而已。

所以，虔诚之人是内心摆脱了已知束缚的人，对吗？

这一切对你有任何意义吗？毕竟，作为基督徒、印度教徒、穆斯林、佛教徒，或者是其他宗教教徒，我们自幼就被某些教条、传统和信仰熏陶着，头脑被这样的背景束缚了，以致所有的经历都自觉或不自觉地成为这种束缚的产物。作为一个印度教徒，我可能会有对各种神灵的幻象，这是印度教文化对我的影响，正如你在一个基督徒的家庭长大，可能有关于基督的各种幻象等等。这些幻象，我们称为宗教体验，但实际上，从心理层面上讲，到底发生了什么？头脑仅仅是通过图像、符号投射它所继承的出身背景的特点，不是吗？因此这根本不是真实的体验，头脑受到了束缚才是真的。

现在，一个留有某个文化、传统烙印，或受到基督教、印度教、佛教教条影响的头脑，能知道自己是被束缚的吗？它能意识到这一点并摆脱这种束缚吗？头脑总是在已知领域内发挥作用，如果它能摆脱束缚的话，就会知道是否在自己之外还存在什么东西。

我觉得现在这个问题很明确，我们不妨讨论一下。

提问者：不管一个人受到什么束缚，也会有真实的体验，而这种体验是和他所受到的束缚不相关的。这种体验也证明某些东西是真实的。

克氏：请慢慢来。不要假定你对了我错了，或者你错了我对了。这需要彻底的研究和调查。

除了自身的束缚让我切身体会到他人所言是真实的以外，我还有什么其他体验吗？也就是说，我认识到自己所受的束缚，但除了这种束缚，我还体验到了一些东西，而且这些东西向我证明了这种束缚的正确性。

现在，还有什么体验与我受到的束缚不相关吗？例如，如果我是一个佛教徒，我体验到佛的幻象或佛家的状态，这种体验与我被佛教徒这个身份所束缚的事实不相关吗？这样的体验使很多人相信他们受到的束缚是正确的，认为他们所相信的是真实的。如果我碰巧是一个共产党员，不相信神灵和其余所有无意义的东西，很明显，我根本没有那种体验。也许我有很多奇妙的关于乌托邦国的幻象，但不会是佛或者基督。背景和束缚创造了意象、幻觉，而这种体验只是让我更加确信我所相信的是真实的。因此，当我们分离体验与思想背景的时候，这种区分肯定是无效的，没有什么意义。

提问者：不受成长背景影响而产生的体验会是什么性质的呢？

克氏： 问对了，先生，这当然这是个问题。脱离成长背景的体验是什么性质的呢？会有这种体验吗？我们不能假设任何事情。如果我们要找出事情的真相，就不能有假设，不能有屈服于权威的意识。

问题已经被提出来了，什么样的体验并不是由背景决定的？什么样的体验并不是背景的产物？现在，有人能描述一下这样的体验吗？我不是想回避问题。你或者我能够向别人传达这种不是背景产物的体验吗？显然不能。首先，我们必须认识到这样一个事实，我们所有的体验都是背景决定的，我们无法想象自己正在经历的事情是脱离背景的。

我在这里建议那些记笔记的人不要再记了。现在，你们和我都试图直接体验我们正在讨论的事情，如果你做笔记，你就不是真正在听。如果你做笔记，你是为了明天再思考。但是现在直接思考比明天再去思考意义更大，所以我建议你不要因为记笔记而使他人和自己分心。

如果一个人想找出是否有体验不是来自头脑所受的束缚，这个人是不是会先看到这样的事实呢？事实是，个人所有当前的体验要么是他的背景及他所受到的束缚的产物，要么是他在质疑自己对那个背景所做的反应。这个事实你看到了吗？你意识到自己的头脑已被限定为一个基督徒、一个社会主义者、一个共产主义者或你所希望的任何人了吗？你意识到你所有的体验和反应都来自于这种束缚了吗？事实就是这么回事，不是吗？

提问者：一个人是否是基督徒，或属于其他宗教，在很大程度上是由命运决定的。

克氏：请不要引入像命运那样的词。那就偏离主题了，它不是我们现在要讨论的。这并不是说我们不可以在别的时间讨论它，但我们必须紧抓重点。

提问者：您用"体验"这个词真的不是指理解或者知识吗？

克氏：这三个词，体验、知识和理解是相互关联的，不是吗？

提问者：但它们是不一样的。

克氏：是的，当然不一样，先生。它们是相互关联的。如果我不仅想了解你在说什么，还想了解你的全部，就不能对你有先入为主的看法，也不能对你有偏见，不能记住你可能曾经伤害过我或是奉承过我。为了了解你，我必须撇开这一切，对吗？只有当我用全新的眼光看你，而不是通过以往的体验的时候，我才能了解你。

这是一个十分复杂的问题，所以我们不要让它更加复杂。如果已经清楚了我们所说的理解、体验和知识，那不妨让我们继续。

我不知道我的头脑是否会根据所受的限制做出反应。当然，这是相当简单的。那么人们有没有意识到他们是根据自身所受到的束缚而做出反应的呢？作为一个基督徒、一个共产主义者、一个社会主义者或任何其他身份的人，你意识到自己是在捍卫宗教或非宗教的某些信仰吗？你有没有意识到你的头脑是过去的产物并且受到了限制呢？还有，你有没有意识到头脑所选择或者体验的东西也受到了限制呢？

提问者：自发的爱或情感依赖于背景吗？

克氏：先生，我们知道自发的爱是什么吗？爱不是束缚、动机、社会道德、社会义务感或责任感的产物，你和我知道这一点吗？我们知道爱是没有附属条件的吗？或者，我们有没有在书本上读到过这样一种状态并想沉浸其中呢？

回到刚才的重点，你和我，我们是否知道自己的头脑是如此复杂、如此受束缚，以至于我们在自身根本找不出任何原创的成分呢？如果我可以用原创这个词而不被误解的话。我们是否能进行富有创造性的理解呢？是否能够体验没有被污染、没有被触碰的纯洁之物呢？还是只当留声机，重复我们读到过的或者背景向我们灌输的东西呢？恐惧和欲望不是能控制一些幻想、想象和希望吗？人可以脱离这一切吗？当然，只有当人意识到自己的幻象、希望、信念是他自己欲望和某种特殊限制的产物，他才能够自由。

这一点都清楚了吗？

观众：清楚了。

克氏：现在，你们说的"清楚了"意味着什么？请不要起急，也别一笑而过。你们是只接受了解释，还是除了解释，你们也直接意识到了自己是被束缚的这一事实呢？你们能看到这两者之间的区别吗？

观众：能。

克氏：请别忙着下结论。

提问者：随着我们越来越觉知到现在的状况，这种觉知就会创造出即将而来的新生力量，是这样子吗？

克氏：这位先生，我不是在谈论一种新生力量的到来或消失。我所说的很简单。你知道自己受到了束缚吗？当你说"是"，这么说只是表明你在口头上理解了一种口头所做的解释呢？还是你真正意识到自己受到了束缚呢？是哪一种情况？

提问者：我意识到自己受到了束缚。

克氏：请耐心点。这是很重要的。

提问者：如果我受到了束缚，我能意识到自己受到了束缚吗？

克氏：我能意识到自己是个民族主义者，并且还持有一定的信念、教条和偏见吗？这些我能知道吗？当然能，对吗？所以，我是否知道因为自己有假设，有偏见，某些体验是受到制约的，因而头脑也是非常局限的呢？不是从理论上，而是从实际角度上讲，这一点我认识到了吗？我有没有直接体验到自己头脑是受到束缚的这一事实呢？

提问者：一个人只能说他曾经受到过束缚。

克氏：你的意思是，来到这个演讲现场之前，你受过束缚，而现在你不再受到束缚了吗？

提问者：只有在已经经历过以后，我们才会知道自己也是有突破性体验的，而这时头脑又被已知事物占满了。

克氏：拜托，这是一个非常复杂的问题，如果慢慢地研究它，你自己就会发现我们所谈论的全部意义之所在。作为人类，我们没有创造力，我们的头脑负载了记忆，悲伤，贪婪，教条，民族主义精神，等等。头脑有没有可能意识到这一切并解脱自己呢？当然，只有当人们意识到自己并不自由、自己被束缚了的时候，才能获得自由。我知道这一点吗？我正在直接体验着这种束缚吗？我真的看到了自己有偏见，有许多假设吗？我们假设有神或无神，有不朽或覆灭，有复活或轮回，以及许多其他事情；人们能够意识到这所有的假设，或至少意识到其中一些假设吗？

提问者：当你说"我们"，你的意思是你们的和我们的头脑都被这些塑造我们的传统和贪婪束缚了吗？你用"我们"意指什么？

克氏：这是一种说话的方式。我们在研究你的和我的头脑。不妨让我们暂且这样说。

提问者：只要我们觉得满意，会有什么问题吗？

克氏：只要你觉得满意，只要你说成为一个基督教徒、印度教徒，或一个共产主义者都可以的话，这就不是一个问题。

提问者：那么，我们必须得感到不满足。

克氏：不，这不是说你必须感到不满足。但是，你是觉得不满足，对吗？

观众：是的。

克氏：你看，不满足或不满意的问题是很不同的。如果我不满足，我就会想办法满足自己，我一般就不接受目前的状态，眼前的状况。

提问者：你是在暗示言语表达会阻碍理解和直接体验吗？

克氏：显然是的，因为头脑的整个运作过程要用言语表达。我可能不用一个词，而用一个图像或符号代替。如果我心中有一个符号，心中有印度教或基督教看待现实、上帝、或其他什么东西的理念，即使我不用语言表达出来，这个符号也会阻碍我对真相的理解。

拜托，我们不要研究各种问题，即使它们是相关的，让我们还是只坚持研究一个问题。当你们和我坐在这里的时候，我们有没有意识到自己被束缚了呢？我们能够清醒地、充分地认识到这个事实吗？

观众：能意识到。

提问者：这些同人类的基本需要，如食物、衣物和住所有什么关系呢？

克氏：这位先生，我们都需要足够的食物、衣物和住所，我们每个人都需要这些，但也有上百万人，几乎遍布整个亚洲，还没有得到他们。我们的贪婪心理、民族主义和宗教差异阻碍了我们对生活必需品的公平分配。从心理层面上讲，我们用这些必需品来炫耀自己。如果我们慢慢地研究我们正在讨论的事情，你们不用问我就能自己找到答案。我们在这里试图要做的是彼此解放，这样你们或者我才能做回富有创造性的自己，真正的个体，而不是（受到束缚的）大众集体。

那么，如果理解了这一点，我们是不是可以说，"我知道自己被束缚了"了呢？

提问者：是的，我知道自己被束缚了，而且我必须得做点什么了。现在，我该如何使自己脱离束缚？

克氏：这位女士说她知道自己被束缚了，在已知的领域里被束缚了。她知道她的偏见、假设、有意识和无意识的欲望、期待、冲动，她了解这一切并问道："我能做些什么，我应该如何打破这一切？"这也是你们大多数人要问的吗？

观众：是的。

克氏：好的。让我们一步一步来，请耐心些。我意识到自己被束缚了，我马上就会有"我该如何让自己脱离束缚"的进一步反应，所以我说："我如何才能脱离束缚？要通过什么方法、体系、过程才能脱离束缚？"但如果我实践一种方法，我就会成为这种方法的奴隶，而这又会形成另外一种束缚。

克氏：这位先生，先搁置一下这个想法。意识到自己被束缚了，意识到我很贪婪，我想知道如何摆脱它。而想要摆脱它是由另一种形式的贪婪所引起的，不是吗？我可以每天都不贪婪，但想要从贪婪中解脱的欲望仍然是一种贪婪。请慢慢来。那么，"怎样解脱"解决不了问题，只是让问题复杂化。但这个问题是完全可以解决的，你马上就会亲自看到。

如果我充分认识到自己是贪婪的，这种意识不就使头脑从贪婪中解脱了吗？如果我知道蛇有毒，这就够了，是不是？我也不去接近蛇。但我们不知道贪婪是毒药。我们喜欢它的快感，我们喜欢被束缚后的舒适感觉。如果我们试图使头脑摆脱束缚，我们可能会有反社会的倾向，可能会失去工作，可能违背整个社会传统，所以在不知不觉中，我们会收到警告，然后会在内心问自己："我该如何摆脱它？"因此，"如何摆脱"仅仅是晚一些认识到现实而已。清楚了吗？

那么，重要的是，头脑为什么需要一种方法。你会发现有无数方法，它们声称"每天做这些事情，你就会达到目的"。但采用了某种方法，你就形成一种习惯，变成这个习惯的奴隶，你不再是自由的。然而，如果你意识到自己被束缚了，被已知的事物所束缚，因而害怕未知。如果你充分意识到这个事实，那么你会发现，这种意识正在发挥作用，且已经在一定程度上带来了你没有刻意追求的自由。实际上，不是从理论的角度阐述，当你意识到你受到了束缚，一切努力就都停止了。任何想要有所成就的努力都是另一种束缚的开始。

　　因此，重要的是理解这个问题而不是找到问题的答案。问题是这样子的。几个世纪以来头脑都被束缚着，它是时间的产物，在已知的领域里活动着。这是事实，是我们日常生活中发生着的事情。我们所有的思考、记忆、体验、幻象、内心的声音和直觉，本质上都是由已知事物产生的。

　　现在，人们的内心能够意识到自身受到了束缚并不再试图抵抗它吗？当头脑意识到自身受到了束缚而不再抵抗，只有这时，头脑才能自如地将所有的注意力都放在所受到的束缚上。意识到束缚而不分心去试图做些什么，这是困难之所在。但是，如果头脑不断地意识到已知的东西，意识到偏见、假设、信念、欲望、日常生活中虚幻的思考，如果头脑意识到这一切而不试图脱离它们，那么这种意识本身就带来了自由。那时或许头脑可以获得真正的平静，不只是某种程度上的刻意的平静，而内里却激动不安。只有当头脑理解了这种束缚，理解了它是如何被束缚的这所有问题之后，才能获得完全的平静。而要想理解这些问题就意味着要去观察思维的每一次运动，何时开始何时结束，要意识到各种假设、信念和恐惧。那样或许头脑能得到完全的平静，某个超越头脑的东西才会产生。

　　　　　　　　　　　　（悉尼的第五次公开演讲，1955 年 11 月 23 日）

现实与理想的鸿沟无法通过时间来跨越

今天晚上，我想要讨论时间的问题，如果这个问题我们能够真正理解，我认为我们的许多问题都将迎刃而解，不仅如此，我们想要寻求和发现真理的无尽渴望及冲动也可能因此彻底终结。对我而言，通过时间寻找真理没有任何意义，如果我们能够理解想要发现的欲望和动力，那么也许我们就会以完全不同的方式看待时间问题。

我们认为，在现实与理想之间，在丑与美之间存在一定差距或间距。在我们看来，时间是找到真和美的必要条件。我们因而努力，不懈地追求，为的就是找到一种弥合这道鸿沟的方法。我们追随古鲁、大师，我们自我控制，接受最不可思议的想法，做这一切都是希望缩小这段差距。我们认为，为了抵达绝对的、真正的、真实的境界，沉思默想和纪律约束是必要的，这正是我想要深入探讨的问题，我希望在我简要谈论之后，你们可以跟我一道探讨。

现在，我们接受了这个过程，不是吗？所有的传教者和圣书都向我们如是宣讲，所有的宗教活动也都是基于这一点：我是这个样子，必须成为那个样子。但是，这个过程也可能是完全错误的。可能根本就不存在这样一道鸿沟，它可能纯粹是一种幻想出来的阻碍，是头脑因渴望抵达某处而臆造的一个完全不真实的区分，我觉得认识到这点非常重要。我们都认为，真理必须通过时间和多方努力来实现，但这个想法也许只是一种错觉，我就这样认为。或许所有我们能做的就是察觉到这种假象，把它看作真正存在的事实，而不是一种哲学思想；或许没有什么可以通过时间实现，没有逐渐变成什么而只有原本就在那里；如果我们有任何最终达到目的企图，我们就不会成功，这点我们应当理解并认识到，不管那是什么状态，时间都无法带我们最终抵达。我们必须能非常简单而直接地思考，在我看来，做到这一点对大多数人来说都不是件易事。为了实现目标，我们如此习惯性地通过实践、训练以及时间的推移付出努力，以致从未想过我们这样看待努力可能只是一种错觉。

今晚，我们可以用完全不同的方式看待这个问题吗？可以不去关心它"如何不同"吗？可以抛开古鲁、大师、条条框框、瑜伽体系和其他一切束缚，轻轻松松地看待这个问题吗？我们能否摒弃这些东西，一下子领悟到那种所谓的真理、上帝和爱呢？

我们所面对的困难之一是，我们已经接受了这种想法，即我们必须历经长时间的努力才能获得成功。这个想法是基于现实的呢，抑或只是一个幻觉？我知道导师、哲人、瑜伽信徒、众多的哲学家和传教士都一直声称努力是必要的，他们强调正确的努力加上恰当的训练，和我们一样，他们也认为现实与我们自身是存在差距的；或者如他们所说，现实在我们心里。接受了这种观念，我们自然会问："我该如何触及那个事实真相呢？"

那么，我们可以抛开所有的假设，抛开成功必须历经一段时间的努力才能实现的观念吗？如果这整个过程都被看作是错误的，那么是不是不存在一种可以不通过任何媒介能被瞬间直接感知的状态呢？这不是给自己催眠，不是说"我就在那种状态里"，这种说法根本没有意义，这仅仅主观臆测和传统束缚的产物罢了。

我们一起探究这个问题好吗？

提问者：*体力劳动也是虚幻的吗？*

克氏：你觉得呢，这位先生？

提问者：你所说的时间是什么？

克氏：请等一下。我建议，我们相互倾听一下，而不是仅仅想着我们自己的问题。这位先生问体力劳动是否也是虚幻的。他需要问这个问题吗？如果我们不做出身体上的努力，会发生什么呢？这是显而易见的，不是吗？所以，他提这个问题或者是带有讽刺意味，或者是他真的想知道哪里没有体力劳动，而即使某个地方没有体力劳动，也会有其他的东西。

在精神层面，我们正在努力，对吧？我们的全部愿望就是在心理上获得成就感。我们希望自己有良好的品德、平和的心境、宁静的头脑、充实的生活。这就是我们心愿，我们觉得这需要在内心付出巨大的努力，所以我们十分认真地对待这种努力行为。如果一个人这样努力着并且一直坚持，如果他执着于一个理想、一个目标，坚守着所谓的生活目标等等，我们就说他具备良好的品德。但我不知道这样的人是不是真的具备良好的品德，又或者他所追求的是不是只是被美化了个人欲望？

现在，如果人们能够理解这种心理上想要改变的欲望，那么也许体力劳动就具有完全不同的含义了。目前，心理欲望和体力劳动之间存在着冲突，它们的指向并不相同。我们中的许多人虽然每天都去上班，但实际上对此已经完全厌倦，因为我们在内心都想变得与众不同。所以，如果能在心理上去除这种想要有所突破的欲望，那也许会出现一种身心和谐的状态，我们就会以一种完全不同的态度对待体力劳动。

你刚刚说的什么，这位先生？

提问者：我很想知道您用时间意指什么。

克氏：按先后顺序发生的这个意义上的时间显然是存在的，这是事实。但是，我用"时间"这个词是指其在心理学上的意义，指的是跨越现实的我和理想的我之间的鸿沟，超越头脑所创建的现实的我与上帝、真理或者其他什么之间的距离所需要的时间。尽管头脑创立了这种"心理时间"，并且坚持认为它是进行各种训练、获得天赐之福、抵达天堂或其他类似终极之物所不可或缺的，但我却对此存疑，我希望你们也要质疑这么说的正确性。我怀疑这是不是一种幻觉。

如果不努力去抵达预设的目标、去实现理想或变成自己期待的样子，我们就担心自己会停滞不前，日子过得单调乏味，对吧？但我们会那样吗？在我们努力让自己出人头地的时候，我们就没有颓废、堕落吗？事实上，我们正在通过努力和时间去弥合现实与理想之间的差距，这让我们陷入不断的挣扎之中，这整个过程建立在恐惧与模仿之上，而并不是基于顿悟或直接的感知和理解。

所以，我们的困难之一是，头脑——显然是时间的产物——虚构了一道鸿沟，这道鸿沟使得人们对出人头地的欲望和愿望始终念念不忘。意识到那个欲望是时间进程的一部分，我们努力让自己变得无欲无求，这样一来，再次出现了这种为改变而做的努力。

现在，我对这整个问题产生了质疑，虽然我们在生活中已经对此习以为常。对我来说，这种生活方式并没有什么意义。有一种毫不费力一下子就能感知的状态，而恰恰是努力在阻止这种状态的出现。如果你说"心理上不做任何努力我怎么能生活呢"，那么你就根本没有理解这个问题。这个"怎么生活"的问题又一次引出了时间问题。你也许觉得生活就是要伴随着努力，认为那才是正确的生活方式，然后头脑会立刻问："我怎样才能到达那样的状态？"这样一来，你就再次被卷入了时间的进程。

我不知道你是否有这样的经历，但确实会有所有努力都彻底停止的时刻，那时，人们发现生活异常充实，充满了爱。这不是虚无缥缈的理想，而是不必通过时间即刻就可以被感知的现实。

你看，这就引出了另一个问题。知识是这种感知所必需的吗？想要建造一座桥，我必须要知道该如何建造，我必须能够正确评估某些事实，还有很多诸如此类的事情。如果我知道怎样阅读，我可以翻阅能够提供所需知识的任何书籍，但我们所做的是从心理上积累知识。我们追随各位大师、圣人智者、宗教领袖和瑜伽修士，希望通过积累知识和培养美德来弥合这一鸿沟。但是有没有一种不同形式的释放和解脱，不是解脱也不是针对某个事物，而只是解脱自身呢？

这太抽象吗？

听众：不抽象。

提问者：如果我们认识到我们与上帝在一起时，我们就已经自由了。

克氏：这位先生，这是一个假设，不是吗？头脑为了达到目的而做出假设。结论可以帮助人们朝着这个结论努力。无论我们说"我与上帝在一起"还是"我只是环境的产物"，这都只是一个假设。可一旦有了假设，我们便试图生活在这种假设之上。你看，这就是我说的"知识"的意思。你可能会说，"我与生活融为一体"，但是那有什么意义呢？所有通过自己或他人的努力形成的种种假设都可能是完全错误的。那么为什么人们要假设呢？（当然）这样说并不意味着一个人的头脑一定是空洞的。

提问者：难道欲望本身包含某种恐惧吗？

克氏：有令人恐惧的欲望吗？让我们来简单谈谈这个问题。什么是恐惧？当然，只有在事情出现偏差时才会感觉恐惧。我是这个样子，我不喜欢，或者我不想让你了解到这一点，所以我要离这种样子远一些。这种远离就是恐惧的表现。（人们）有欲望，有致富的欲望，还有很多其他欲望。在如愿以偿和求之不得之间就产生了冲突，于是就会有感觉恐惧、沮丧、痛苦，我们想要躲避欲望所带来的痛苦，但又想紧紧抓住欲望所带给我们的快乐。我们就是想这么做，不是吗？我们想要抓住欲望带来的快乐又想躲避欲望带来的痛苦。所以，我们的冲突是，乐于接受或抓住一个，同时又想躲避另一个。当我们问"我怎样能远离悲伤，我怎样才能获得永久的幸福与平和"时，这在本质上与上面的是同样的问题。

提问者：请问您能告诉我们有什么更好的方法能超越头脑，与万物实现合一呢？

克氏：拜托，你没在听我说。这种想与万物合为一体的愿望和想要成功的愿望是一样的，不是吗？只是你没说"我想要发财，我怎么能办得到呢"，而是说，"我要认识上帝、真理，想与世界合一，我该怎么做？"两者是同样的问题，不存在一个优于另一个或有一个比另一个更神圣之说，因为两者的动机是相同的。请听我说。你说一个是世俗的，另一个是脱俗的、神圣的，但如果你仔细研究其动机，它们在本质上根本没有区别。追求金钱的人可能会仰慕那个声称"我希望得到精神上的净化，我想追随上帝"的人，因为这种精神上的追求被认为是高尚的。但如果你认真研究这个问题，你会发现这两种追求本质上是相同的。想要喝一杯酒的人和想要追随上帝的人，其本质是相同的，因为他们都想得到某样东西。一个人去酒馆可以马上得到一杯酒，而其他人（没有去酒馆）得到了空闲的时间，这两者之间并不存在根本的区别。

我这么说是非常严肃的，并不是在开玩笑。我们都陷入了一样的挣扎之中。有没有可能在现在——不是明天，也不是通过时间——就在现在，领悟到圆满与现实的非凡意义，拥有完美之爱呢？有没有一种直接的感知，就是说能让人们即刻感悟到所有错误的思想，让人们认识到追求"如何实现"是错误的呢？

提问者：时间难道不是这种感知所必需的吗？

克氏：时间难道不是感知现实所必需的吗？你看，我们都会这样假设，它是公认的事情，也是我一直质疑的事情。朋友们，这不是要对"你走你的路，我走我的路"这种说法做"是"或"否"的判断，完全不是那样子。我们正试图理解这个问题，我们正尝试深入探讨这个问题。我们不是在做什么假设，订立什么教条，或在武断地下什么断言，而是想要搞清楚这个问题。只有当我们不再顽固不化的时候，我们才可以知道问题的所在。你可能会去调查，但如果你固执己见，你的固执会让你的调查有失公正。

这位女士说，她觉得时间是必需的。为什么呢？你明白我们所说的时间指的是什么吗？不是指表示先后顺序的时间，而是由我们的欲望、我们内心的意图和追求创造出来的时间。你说时间是实现真理的必要条件，你已经将其视作不可避免的过程。但是有人站出来说这个过程可能是不必要的，可能是完全错误的、虚幻的，那么就让我们找出你认为时间是必要条件的原因。

提问者：*我认为时间是实现自由的必要条件。*

克氏：这位先生，别急，不妨让我们深入地思考这个问题，这样可能就会领会。为什么我们认为时间是必要的？这难道不是因为我们认为真理在那边而我们在这边，因此我们说这段距离、这道鸿沟必须要通过时间才能弥合吗？这是原因之一，对吧？理想的状态在对岸，而我们需要时间到达彼岸，时间就成了填补鸿沟的一个过程。你能跟上我的思路吗？

提问者：*有点儿跟不上，不是很明白。*

克氏：让我换种方式。只要拥有改变的欲望，心理上就需要时间。只要我野心勃勃，不管是对世俗层面的东西还是所谓精神层面的东西，我就必须要有时间才能实现这种野心，难道不是吗？如果我想致富，我必须有时间。如果我想成为好人，想要明白真理、上帝或其他什么，我也必须有时间。事实不就如此吗？这似乎是显而易见的事情，当然也是我们正在做的和正在发生的事情。

提问者：没有时间，一切都不会发生。

克氏：这位先生，这实在是一个非常复杂的问题，需要深入调查，不是我们接受或拒绝的简单断言。那样没有任何意义。

提问者：头脑是完全不受时间控制的，是不是？

克氏：是吗？这难道不是一种假设吗？

朋友们，我们究竟在谈论什么？我们在试图找到什么？你看，我们都在遭受痛苦，我们生活在（各种）关系中，与社会或与他人陷入无休止的冲突之中，这是一种痛苦。对人心的迷惑和对头脑的巨大限制正在通过所谓的教育、各种宗教教义和政治学说在蔓延。了解到人类深深的不满，无尽的孤独、悲伤和挣扎，不是从理论上而是从实际中了解到了这一切，人们可能想知道是否存在一种完全不同的集体生活方式。你有没有问过自己这个问题？你有没有问过自己，救世主、老师、古鲁或者戒律果真必不可少吗？它们现在就能使人类摆脱所有的痛苦吗？不是十多年以后？

提问者：时间是问题的症结所在，对我来说，过程似乎是不可避免的。

克氏：这不是在你看来我在我看来的问题。一个饥饿的人并不思考时间的问题，不是吗？他会说，"我饿了，给我点吃的吧。"但是恐怕我们大多数人都不饿，所以才创造了时间这个术语，即我们实现目的所需要的时间。看到人类痛苦、挣扎、堕落、艰苦劳动的全过程，我们想要找到一条出路或者一种改变的方法，而这又意味着需要时间。但是，或许会有一种完全不同的生存状态能够解决所有的混乱？这并非一个抽象的理论、一种纯粹的语言表达或者模仿？

提问者： *为什么爱似乎是一个负担呢？*

克氏： 这是我们正在讨论的吗？朋友们，如果我们能理解至少这一件事情，那么所有这些演讲都是值得的，你们就没有冒雨来这里浪费时间。我们真能理解（其实）并不存在老师、古鲁，也没有戒律吗？它们之所以存在是因为我们想借此区分理想与现实。如果头脑能够觉察到这整个过程是一种假象，那么自由就来了；这里的自由不是说想做什么就做什么的那种随心所欲，或者摆脱了某些事而不再受束缚，我是说无所负担的那种自由。

提问者： *我们都不是完美之人。我们必须学会爱。*

克氏： 这位先生，爱、善良以及美丽是要通过努力才能得到的东西吗？让我们简单地思考一下，好吗？如果我是个暴力的人，如果我心中充满仇恨，我怎么能心中有爱呢？是通过努力，通过时间，通过告诉自己"我必须练习去爱，我一定要善待别人"吗？如果你今天没有得到爱，你能通过练习在下周或者明年得到爱吗？这样爱就会来了吗？又或者只有当人们不再努力时，当人们不再说"我是恶魔，我必须要变成好人"这样的话时爱才会到来吗？"我是恶魔"的认识与想要变成好人的愿望相似，因为它们来自同一个源——"自我"。这个说"我是恶魔，我必须要变成好人"的实体能够不通过时间立刻就实现这一点吗？这意味着不成为任何东西，不试图成为什么或者不成为什么。如果人们真的能够认识到这一点，这个简单的事实，直接感知它，那么其他一切就都是幻象。然后人们就会意识到，想要让某种状态永恒存在的愿望是错误的，因为"努力"被卷入了这种愿望之中。如果一个人能深刻认识（人们）追求永恒的欲望，希望持久存在的欲望，看到了这种欲望的虚幻之处，一种截然不同的状态就会现身，这种状态与欲望并不对立。

那么，我们能够不通过时间而直接感知吗？当然，这是唯一变革性的东西。没有任何变革是通过时间、通过不断追求成功而遭受痛苦才产生的。但那却是每一个追寻者都做的事情。他被困在忧伤的牢笼中，他总是想推倒、扩建、装潢那座牢笼，但他始终被困在牢笼里，因为他的内心总是燃烧着想要改变的欲望。难道我们就不能在看清这个真相后，从此放弃追逐欲望吗？这不是要在嘴上说"我想要变成小人物"，然后询问如何才能变成那样，那样实在太荒诞、幼稚、不成熟。我们要直接看到事实，而不是通过时间（慢慢看到）。

提问者：有一句名言说，"静下心就会了解上帝。"

克氏：你看，那是生活中十分神奇的事情之一：你做过大量阅读，你的脑海充满了他人的知识。是有人说过"静下心就会了解上帝"，但说过后，问题就来了，我怎样才能做到平心静气呢？所以你又回到了原点。内心平静，到此为止。只有当你明白这整个追逐的过程，当你把那些他人告知你而你也接受了并已经为之付出全部努力的事实看成是种幻觉的时候，你才真的可以做到内心平静，不是口头上这么说，而是完全、彻底的平静。

当你把这个转变的过程看成是幻觉，另外的过程就会成为幻觉，而并非它的对立物，这是完全不同的事物。

当然，这不是一个能否接受的问题。你可能无法接受我所说的。如果你接受了，那根本就没有意义了。这需要每一个人独立地、直接地感知，完全摆脱传统、古鲁、老师和瑜伽教义，彻底摒弃因追逐成功而带来的复杂物。只有那样，你才会找到自由，而不是追逐欲望。欲望纯粹是一种追求自我实现，因而是悲哀的，而自由却包含了爱、真相和一些不能用头脑测量的东西。

（悉尼的第六次公开演讲，1955 年 11 月 26 日）

PART 05

贝拿勒斯，1955 年

被广泛接受的思维方式往往是错误的

　　如果我们能探讨一下什么是教学和学习这个问题，我认为这可能具有重要意义；因为毕竟你们聚集在这里是为了学习一些东西，不是吗？你们参加会谈，一般是为了收集信息，学习一些你们可能还没有意识到的事情。因此我认为讨论我们在学习什么和正在被教授什么是重要的，我希望这次小型会谈结束后，我们可以一起研究这个问题，以便我们每个人都能明确当我们参加这种会谈时，我们在努力做些什么。

　　你们来到这里是为了从发言者那儿学到东西吗？你们可能是抱着去学习正在被教授的东西这种观点来的，但如果那根本不是发言者的意图，那么发言者和听众之间就没有直接沟通，因此你们最终将失望地离开，并且会问自己从中得到了什么。

　　为了彻底防止这种情况发生，我们必须讨论教与学这个问题，我希望你们能和我一起探讨它。要消除认为我们正在学习这种想法是非常重要的，因为我认为学习这个概念存在着巨大的危害。

　　通过学习，人们可以直接感知到一些事情可能是真实的、实在的，并非头脑中形成的东西吗？你们理解我的意思吗？我们能够通过学习、通过知识获得直接的感知，还是只有当没有学习、知识这种阻碍时我们才能获得直接的感知？

　　学习指的是什么？你们想找到幸福、真相、宁静、自由——这是你们大多数人在追寻的东西。当你感到不满，对事情、关系、观念有所不满的时候，你就会寻求超越这些的东西，你会去找一位哲人，一位古鲁，或某个其他人，你认为这些人具有你在寻找的那种特质。您想了解如何达到人类意识整体性的非凡融合，所以你来到这里，就像抱着学习的意图去找任何一位宗教老师一样。毕竟，这是这里大多数人的意图，如果你愿意关注谈话的内容，我相信这会是值得的。

那么，直接感知能够被教授吗？通过知识、学习和方法，会产生这种融合的整体性与清晰的感知吗？学习一种技术或是遵照一种特定的系统能实现它吗？对我们大多数人而言，学习是获取新技术，用新知识取代旧知识。我希望在这个问题上我表述清楚了。

你们熟悉各种方法，你会采用其中的一个或其他方法做法，希望借此直接感知一种叫作现实的东西，这种状态不会变化，只是就那样存在着。同样的，你来这里是为了学习，对吗？你想了解发言者会提供什么方法揭示这种非凡状态。您想了解如何通过练习某种禅修的方法，通过培养美德和自我修养等等，一步一步地接近这种状态。但我认为没有任何方法能带来清晰的感知；相反，方法意味着时间，不是吗？当你采用一种方法的时候，你需要时间去弥合现实和理想之间的差距。要解决头脑创造的这种理想与现实的差距，时间是必不可少的。我们的整个意识形态是基于这种通过时间带来的成就感，所以我们就开始获取、学习，因此我们依赖大师、古鲁、教师，因为这些人会帮助我们到达那里。

那么，对现实的感知或直接体验是时间的问题吗？必须通过学习知识的过程才能弥合的差距存在吗？如果存在，那么知识就显得格外重要。然后，你知道的越多，练习得越多，越自律，诸如此类，你到达现实彼岸的能力就越强。我们理所当然地认为时间是必要的。也就是说，如果我是暴力的，我就说我需要时间达到非暴力的状态，我必须有时间来练习非暴力，来控制和训练头脑。我们已经接受了这个想法，而它可能是一种幻觉，可能是完全错误的。感知可能是即刻就能获得的，不需要时间。我认为这根本不是时间问题——如果我可以用"我认为"这个短语来表达真正的事实，而不是表述一个观点。人们可能会感知到些什么，也可能感知不到，并不存在一个学习去感知的渐进过程。基于知识的经验的缺乏带来了感知。

这太困难或过于抽象吗？让我换种说法来讲述这个问题。

我们的活动、我们的追求是以自我为中心的。说得通俗些，我们的行为和思想是自私的，与自我有关。我们读到过或听说过，自我是一个阻碍，因此有必要终止自我——不是较高层次或较低层次的自我，而是"自我"本身。它有一个野心勃勃的、会感到害怕的、会用狡猾的手段追求贪婪和寻找依靠的头脑，这个头脑是时间的产物。那样的头脑是以自我为中心的，这种自我关注可以立即被洗刷掉，还是必须通过积累知识、经验的渐进过程，经过相当持久的时间，它才能被一层一层剥掉？朋友们，你们明白这个问题了吗？

如果可以，我再将这个问题谈论片刻，我们会进行讨论，因为毕竟我们来到这里是为了体验，而不是学习。我想区分一下学习与体验。你可以体验你所学的东西，但这种体验会被你所学的东西限制。很显然，你可以学习一些东西，然后体验它。我可以阅读有关耶稣生活的书籍并变得非常激动与兴奋，然后体验我所读到的东西。我可以读《古兰经》，获得各种思想，并体验它们。有意识的阅读和无意识的学习都会带来某种体验。你可能没读过任何一本书，但因为你是一个印度教徒，几个世纪以来都被印度教教义所束缚，你的头脑已经自觉或不自觉地成为某些传统和信仰的仓库，这些传统和信仰可能会产生你非常看重的体验；但实际上，当你审视这些体验时，它们仅仅是被束缚了的头脑的反应。

现在，在这次演讲和之后在此举行的演讲中，我们要努力寻找是否存在一种脱离了所有知识和经验的束缚的直接的感知。那样的感知是真实的，而不仅仅是人们所受到的印度教、佛教、基督教或者其他愚蠢教派的束缚的反应。只要感知是通过某种方法获得的，它就不是真实的。

因为方法显然会产生自身的体验。如果我信奉基督教或者其他宗教，我就会按照那种宗教信仰去践行一种方法，让它引导我走向真理。当然，通过这种方法所获得的体验就没有有效性可言。这是一种建立在自身的信仰、狭隘、局限性之上的体验，所体验到的东西只是某种特定方法的产物，而我所说的是完全不同的东西。

如果我们认为方法是错误的，是一种假象，是时间的产物，时间不能使人获得直接的体验，那么，这里说的感知就从时间中解放出来了。然后我们的关系就完全不同了。你们理解了吗，朋友们？我们来到这里不是学习一种新的方法或技术、一种新的生活方式或其他此类东西。我们来这里是为了去除头脑中的幻觉而直接感知，这需要对我所说的话给予极大的关注，不是像听其他演讲时那样随意地相互交谈。重要的是让头脑摆脱知识、方法、基于知识的练习，那些只会将我们引向我们渴望的东西。这就是为什么理解我所说的话非常重要，即将头脑创建的错觉当作获得、学习、实现、完成所需的时间。

不要马上说，真理、上帝、阿特曼和其余那些都在我们心中。事实并非如此。这是你的想法，你的臆断，你受束缚的思考方式。你说，上帝在我们心里，而从小接受不同理念熏陶的共产主义者却说上帝根本不存在，你说的话是无稽之谈。你的思想因受到束缚而按照一种方式思考，他则按照另一种方式思考，所以你们都一样。然而，这次演讲的焦点是看看头脑能否立刻脱离这种信念、这些知识、这些束缚，从而获得直接的感知。一个人也许会拥有一千次生命，他进行着自我约束，他可能会牺牲、征服、思考，但这决不会导致直接的感知。只有自由时才会有直接的感知，它不是通过控制、征服、严格训练获得的，而只有头脑很快意识到它受到的束缚，终止这种束缚，自由才会出现。

现在，我们可以讨论下这一点吗？

提问者：通常我们如此认同我们所受的束缚，以至于我们根本意识不到它的存在。

提问者：一方面我们完全认同这种束缚，另一方面我们又总是想要从这种束缚中逃离，两者无休止地发生，这种冲突令我们的神经衰弱，使我们的身体和头脑迟钝。如果我们想要像您说的那样去探究，一种身体和头脑上的警觉是绝对必要的，这么说正确吗？

克氏：当然正确，这位先生。如果我想要参加赛跑，我必须吃适量的食物；如果我想要高效做事，我必须吃健康的食物，不能使胃有过重负担，还要进行适量的运动等等。我的头脑和心灵必须格外警惕。

提问者：除非我们之前能想得周全些，否则就不会有这种警觉性。一旦我们坐下来认真思考，我们就必须要坐端正，否则就会胡思乱想，无法投入地思考。当你说直接的感知不能通过任何形式的训练获得，只有当拥有了最大限度的自由，我们的头脑立即进入一种懒散的状态时，才会有直接的感知。在我身上发生过这样的事。很显然，像严格的纪律、正确的姿势、有节律的呼吸这样的东西不会带给我们直接的体验，它们的确带给身体一定的警觉性，使头脑既不会慵懒迟钝，也不会盲目追逐。除非一个人能够生活在这种警惕的状态中（这是一种常见的对头脑的束缚），你所说的任何话都会令人匪夷所思。

克氏：我明白了，先生。但我认为这个问题有所不同。一个人或许能让身体处于正确的姿势，能正确地呼吸以及做其他所有事，但这对我们正在谈论的事情来说，没什么意义。

让我换种说法。如果我知道我讨厌某样东西，我是会立即喜欢上它还是说必须等讨厌被慢慢冲淡，我才可能最终喜欢上它？这就是问题所在。你明白吗，这位先生？头脑可能会立即转变看法，进入喜欢的状态吗？

提问者：请允许我引用您之前关于记忆的说法，这暗示了我们的许多心理活动只是关于记忆的纯粹的机械反应，通过这种认同，我们大多数人总是在爱恨中迷失，而没有意识到这一点。即使我们意识到了这一点，这种意识不也是机械的，是努力的结果吗？这与你正在谈论的有没有关系呢？

克氏：我不确定这是否有关联。问题是这样的。一个人意识到自己充满了野心，他足够警觉、聪明、机敏，另一方面他又知道这种意识是多么荒谬、多么可怕。野心，包括精神上的野心，显然意味着一种没有爱的状态。想得到精神上的成就感，想成为非暴力者，这仍然是野心。认识到了这一切，人们有没有可能不经过持久的探究、分析、训练、理想化的斗争和其他的努力，马上就能消除野心？头脑能马上消除野心转化为另一种状态吗？这可能吗？不要同意这个观点，朋友们。这不是同意或不同意的问题。你是否思考过这个问题呢？

提问者：我们的头脑总是试图修正我们的局限性。

克氏：如果这对你而言是一个问题，就坚持我的观点。或者是我令它成为你们的问题，因而，这其实并不是你们的问题？你们认为呢？

提问者：我们想要知道应该怎样做。

克氏：这位先生提问应该怎样做，这就是整个事情。首先请看一看这个问题本身——"应该怎样做"。我野心勃勃并且想要心中充满爱，因此我必须消除野心，那么我该怎样做？请听我说。这个问题涉及时间，不是吗？从你问"怎样做"的那一刻开始，你已经引入了时间的问题——弥合差距的时间，达到所谓爱的状态的时间——因而你永远无法达到那种状态。你们明白吗，朋友们？

提问者：你谈到了直接感知的状态。探究那种状态是否是不合理的呢？感知涉及三个因素：感知主体，感知过程，感知对象。这是我们对感知的理解。您说的是与这不同的官能吗？

克氏：我对这些也非常擅长！什么是感知主体？感知主体能与感知对象分离吗？思考者能与思考活动分离吗？这就是你所说的，不是吗？但是，这不是我们现在讨论的问题。不要误解我，我不是想……

提问者：你用了"直接的感知"这种说法。

克氏：我们可以换种说法，这不重要。让我换种方式。

我知道我野心勃勃、残忍、愚蠢，随便你怎么形容。通过缓慢而渐进的努力，我能超越现在的自己变得更好。人们会普遍认可这一点，经书、惯例、大师的信条和进化论的观点也支持这一点。我知道哪些因素涉及其中：努力的人、努力本身和努力的目标，这是一个完整的心理活动过程。见此情景，我对自己说，"我有没有可能完全放下野心，达到那种可能被称为爱的状态？"我不是要去描述那种状态是什么。我的问题是，我是非常暴力的，我有可能立即彻底丢弃我的暴力吗？

提问者：这可能是机会的问题还是努力的问题？

克氏：来思考一下，先生。如果是努力的问题，你就会回到原先渐进的阶段。如果仅仅是偶然的机会和好运，那么就没有任何意义。如果我可以这样说，我认为你没有真的在面对这个问题。我带有侵略性、野心勃勃，我看到我周围的整个堕落的社会也不同程度地具有野心和侵略性。所有一切都是非常庸俗、愚蠢、虚荣的，然而我却陷入其中。是否有可能完全放弃野心、离开它、永远不再碰触它？你明白我的问题吗，这位先生？但是这不是我的问题，如果你曾经处理过这个问题，那这就是你的问题。还是你会说"我很有野心，但我会在明天或者我的来生，通过自我约束、通过使用真言、通过践行觉醒，慢慢消除野心"以及所有冗长的废话？先生，这是你的问题吗？如果不是，我不会将其强加于你。但如果这是你的问题，你会怎样处理呢？

这位先生，听着。我们大多数人都没有爱，不管那是什么品质。我们可能有一种我们称之为爱的暂时的感觉，但是这几乎是与恨相同的一种感觉，不是那种非凡的体验。也许我们当中有些人已经拥有了这种会开花、能提供补给、有创造力的东西，但我们大多数人还是处在困惑和悲伤中。现在，有人能不经历"试图改变"这一极其复杂的过程，不去争论感知主体是否与感知对象分离等问题，就能彻底放下这一切而变成另一种状态吗？

提问者：它会再次涉及时间。

克氏：你会做什么，先生？

提问者：什么都不做。

克氏：这位先生，你们现在正经历些什么呢？要么我们抽象地谈理论，以便一起通过讨论来打发整个下午的时间；要么我们真的想要找到些什么，去体验而不仅仅是一直停留在言语上。我们每个人对这个问题的真实回答是什么？如果我们能够讨论，讲清楚真正在发生的事情以便回答这个问题，那么这是有意义的，但是仅仅玩弄文字和理论是没有价值的。

提问者：这整个讨论只不过是口头讨论。

克氏：这对你意味着什么？不要理会别人。这位先生，我不是在攻击你，为难你，但当你面对这个问题的时候，你如何来应答？

提问者：*存在就是存在，不能用任何言语来描述。*

克氏：我明白，先生。但这里有一个非常严重的问题，涉及对思想的彻底颠覆。它意味着不再有领袖和古鲁，不再有任何方法，是不是？当人们面对这个问题的时候，会发生什么？

也就是说，当我们意识到我们在仇恨并且我们希望从仇恨中解脱时，我们通常会做什么呢？我们试图从书本中、从古鲁那里，或者从别的地方找到一个摆脱它的方法。现在，人们明白实践方法是一种幻觉了吗？还是人们说方法是必要的？这是第一个问题，（答案）很明显。你有什么感觉，先生？你并非在被我强迫着说一定没有方法，这将是另一种错觉，仅仅是一种语言或姿势的重复，这将没有任何意义。但如果你真的认识到，任何一个用来摆脱仇恨的方法实践都是一种错觉，所以它根本是无效的，那么你对仇恨的看法就经历了一个彻底的转变，不是吗？

现在，当我们审视仇恨的时候，我们会说，"我怎样才能摆脱它？"但如果我们能在审视仇恨时不去想"怎样摆脱它"，那么我们对我们所感知到的东西就会有相当不同的反应。因此，我们必须知道我们对这个问题的反应是什么。你明白了吗，这位先生？

拜托你们，你们能否听进去我说的话，先找出仇恨，而不是询问如何摆脱仇恨。我不关心如何摆脱它，那是无关紧要的事情。问题是这样的。我们意识到了我们在仇恨，因而我们现在会说："我怎样能够摆脱它，我要怎么做才能脱离这个毒瘤？"我们一旦产生那样的反应，即怎样摆脱，我们就引入了几个完全无效的因素。其一是，仇恨会通过一段时间慢慢淡化；另一个因素是我们可以通过努力摆脱仇恨；还有一个因素是我们可以指望某个人告诉我们该怎样做。这些都是以自我为中心的活动，也是一种形式的仇恨。我不知道你们是否明白了。

那么，还有人仍然在思考怎样摆脱仇恨吗？怎样摆脱，或者摆脱仇恨后会发生什么，这不是问题，问题是人们是否仍在想"要怎样摆脱"。

提问者： 那么"如何摆脱"就没有那么重要了。

克氏： 在你身上究竟发生了什么事，这位先生？当你面对这个问题的时候，到底发生了什么？如果你能够诚实地面对自己，你会看到你依然在思考"如何摆脱"这个问题。这表明你的头脑仍然想要达到一种状态，不是吗？实现是一个需要时间的过程。例如，一位正在通过做实验发现某个结果的科学家显然需要时间，但是仇恨能被时间驱散吗？瑜伽士，大师，精神导师，宗教领袖——他们都说仇恨能被时间驱散，但他们可能都错了，很可能错了。为什么不会呢？我想弄清楚是否存在一种看待这个问题的不同方式，而不是接受传统的做法，我觉得按照传统做法看这个问题，总会退化成平庸。仅仅接受传统是愚蠢的。即使上万人说某个东西是真实的，也不代表他们是正确的。所以我的问题是：有没有可能现在就摆脱仇恨，而不是在将来？

提问者： 如果我可以问一个直接的问题，我想知道你演讲的目的是什么？

克氏： 演讲的目的是什么？是交流，不是吗？否则，人们就不会说话。现在，我试图传达给你们的是什么呢？我想向你们传达一个事实，那就是某种被广泛接受的思维方式是错误的，它根本没有任何依据。但是，要实现交流就需要有人倾听，需要有人说："我真的在听你讲话。"先生，你在听我讲话吗？在听吗？你认为倾听是什么？我不是在为难你。你真的曾经倾听过吗？或者你只听了一部分？如果你的头脑仍然只关心"如何"，你就不是在倾听。只有当你的注意力完全集中时你才会倾听，只要你还想着一定有一种方法，你就没有集中精力地听，因为那样的话你的头脑不能自由地看待说话的内容。只有当一个人说"他可能是完全错误的，他可能是胡说八道，但至少我会找出他正试图传达的东西"的时候，他才是在集中精力地听。你是在这样做吗？这本身就是一个非常困难的事情，是不是？因为要投入全部的注意力就是要了解爱，有一种总体的感觉是，一个人要了解另一个人所说的东西，既不接受也不拒绝——这并不意味着我将成为你们的权威。你是那样给予关注的吗？

提问者：这可能吗？

克氏：如果不可能，交流就无法实现。这就是困难所在。这位先生，听着，如果你在告诉我一些事情，而我想找出你想传达的是什么，我必须听你讲，不是吗？我不能自认为你在谈论一些陈词滥调，或者你是这样或那样想的，或者到时间离开了。我一定要对你说的话给予完全的关注，头脑中没有任何语言上的或者其他的障碍。我们是这样倾听的吗？

提问者：完全关注的状态与一般关注的状态不一样吗？

克氏：你看，你根本没有听我在说什么。你想知道什么是完全的关注。我可以描述，但是这有什么要紧呢？最要紧的是，你在听吗？你知道对我们大多数人而言，真正去探究、寻找、倾听是多么困难。你不是必须特别地听我说，因为不管你听不听我说，那都与我无关。但是既然你已经不辞辛劳地来到这里，我会说，看在上帝的份上，你们就听吧。不只是听我说话，也听听你们的头脑的工作机制，你们的头脑现在面临着一个问题。这个问题是，仇恨能立即消融吗？要找出你如何回答这个问题是有效的。如果你说"是的，我在听"，但你的意图是要找到一个方法去摆脱仇恨，那么你就不是在关注这个问题，因为你只关心"如何摆脱仇恨"。但是在心理层面上，存在"怎样做"这个问题吗？你们跟得上吗，朋友们？这是一个非常复杂的问题，所以不要只是说"是"或者"不是"。在技术领域里，如建筑、烹饪、组装喷气飞机、高效地洗碗等等，存在一个"怎样做"的问题，而且你越警惕，做事的效率就越高。但在心理层面上，存在"怎样做"的问题吗？是有这样一个渐进的演变、变化的过程，还是只有即刻的转化？

提问者：那么，怎样处理心理问题呢？

克氏：这位先生，看看这个问题。我不得不说到这里了。像这样的谈话，你只能吸收不超过一个小时的内容。

还有死亡的问题。我们都在走向死亡。头脑能处在一种没有死亡的状态里吗？本质上这是同样的问题，只是我用了一组不同的词语来表达。头脑意识到它将要死去，所以它转向了各种学说、知识和实验，它相信轮回，它阅读《奥义书》等等，所有这些都是建立在想要继续存活的渴望之上。是否存在一种没有死亡的状态？我能否直接为自己找出这个问题的答案，而不是依赖留着一些大胡子的绅士告诉我死后会发生什么？这与野心勃勃、暴力、贪婪、嫉妒和有没有可能完全抛弃（这意味着要明白自己是否在追寻一种方法）它们是同样的问题。你在寻求一种方法帮助你化解仇恨吗？方法是必要的，你们大多数人都将其看作事实。因为我现在质疑你们已经接受的事实，你们会抵制我说的话。但是，如果通过质疑，通过审视问题，你自己意识到实践一种方法是一个绝对的错觉，那么你看待仇恨的方式已经发生了翻天覆地的变化，这种对错觉的感知显然不是通过努力获得的。

朋友们，我们还会再见，我不知道多久能见一面。（下次再见时）我们能否有所变化，像真正倾听了问题并试图找出真相的两个人、两个朋友一样研究这个问题，而不只是我自己在这里演讲？我们不会反对对方，你们也无需接受我所说的，因为在这种寻求中没有权威，没有大师和领袖，没有古鲁和所有那些废话。在这里，我们都是平等的，因为在试图寻找真相的过程中，会产生真正的平等。朋友们，请倾听我告诉你们的话。只有当你没有看到真相的时候，才会有这种虚假的大师和信徒的区分。当然，有爱的地方就没有不平等。当我们寻求时，必须要有爱，当我们将别人视作信徒或者古鲁时，我们就不是在寻求。因为要想寻求真理，必须终止一切知识。有爱的地方就有平等，不管是个子高的人还是矮个子的人。

（贝拿勒斯^①的第一次公开演讲，1955 年 12 月 11 日）

---

① 译者注：贝拿勒斯，今名瓦拉纳西。

真的寻求不能依附于任何教条

如果可以的话，我想与大家共同探讨下追寻的问题，严格意义上它指的是什么。当我们说我们正在寻求的时候，我们是什么意思？所谓的信教者都应该寻求真理、上帝。（"寻求"）这个词意味着什么呢？（这里说的）不是字典里的解释，而是寻求的内在性质是什么、心理过程是怎样的？我认为如果我们能深入探究这个问题，这将是很有意义的。我要再次提醒在场的诸位，事实上他们应该通过描述或口头解释去体验到我们正在讨论的东西，否则将没有什么意义。如果你仅仅把这些东西记下来，把这些新思想融入你的旧思想中，那将没有任何价值。

那么，让我们看看能否一起来研究下人们在寻求什么这个真正的问题。（人们）通过寻求可以找到新的东西吗？我们为什么要寻找，我们在寻找什么呢？是什么样的动机，什么样的心理过促使我们去寻找？当然，这也将决定我们会发现什么。我们为什么要寻求真理、幸福、和平或那些超越精神层面的东西？是什么样的动力，什么样的欲望迫使人们去寻求？不理解这种欲望而只是单纯去寻求，意义不大，因为（那样的话）一个人真正在追寻的可能只是某种满足感，而与现实无关。但是，如果我们可以发现这个寻求过程的整个机制，那么我们就可能会到达一种不再寻求的境界，也许这样的境界才是新事物发生所必需的。

只要头脑还在寻求，就一定要付出努力和精力，这些努力总是基于一种意志，不管怎样雕琢，这种意志是欲望的产物。意志可能是许多欲望综合作用的结果，也可能只是出于一个单一的愿望，意志能通过行动得以体现，不是吗？当你说你正在寻求真理时（这种寻求的背后包括所有的冥想、奉献和各种条条框框），就一定存在这种意志和欲望。为了实现这个愿望，为了获得内心的平和，为了找到上帝与真理或者为了抵达这种非凡的充满创造力的境界，你必须要认真对待。

人们可能会寻求，但如果没有这种认真，寻求就会受到阻滞与干扰而难以为继。认真总会与你相伴，你们中的大多数人来到了这里，因为你们是认真的，这一点很显然。周日下午是划船的好时光，但你们没有去划船，却不辞辛苦来到这里听我演讲，这也许因为你们是认真的。你们对传统的、惯常的观念感到不满，你们正在寻找并希望通过倾听找到一些新的东西。如果你对现状完全满意，你就不会在这里，因而你来听我演讲就意味着你对现状有不满意。你正在寻求一些东西，你的寻求显然是基于一种想要在更深层次上得到满足的欲望。你所追求的这种满足感更高贵、更精致，但你的寻求仍然（只）是在追求这种满足感。

也就是说，我们要找到我们的整个身心的完全融合，因为我们从书上读到过，或从别人那里听到过，或自己想象过，那才是唯一存在不受干扰的快乐和持久的平和状态。因此，我们变得非常认真，我们读书，希望从哲学家、分析师、心理学家、瑜伽士那里得到启发，希望找到这种融合的状态，但我们这样做的动力仍然是实现愿望，找到满足感，找到一种头脑永远不会被打扰的状态。

现在，如果我们真的要探究此事，我们的探究肯定是建立在否定或质疑式思考的基础之上，这是思考的最高形式。如果我们的思想被任何肯定的指令或公式束缚住，我们就无法探究。如果我们接受或假定任何东西，那么所有的探究都是徒劳的。只有当我们能够用否定的方法思考，而不是只沿着肯定的思路思考时，我们才能探究和寻求。我们大多数人都深信，要想找到真理，肯定式思考是必要的。肯定式思考，我指的是接受别人或自己的经验，而不理解我们用以思考的大脑是受到了限制的。

毕竟，我们的思想是基于目前的背景、传统、经验和我们已经累积的知识。我认为这是相当明确的。知识为我们指明了思考的方向，我们希望通过这种方向的思考能找到真理、上帝和你想要找到的东西，但其实我们发现的是基于经验和辨认的过程。

当然，新的东西无法被辨认。辨认只能源于记忆，即我们称之为知识的被累积起来的经验。如果我们辨认出某些东西，它就不是新的，只要我们的寻求建立在辨认的基础上，我们所发现的任何东西就是体验过的，因而都来自记忆。我认得你，因为我以前见过你。绝对新的东西是不能被识别的。上帝、真理，或者任何来自一个人的整体意识完全融合的产物都是无法被识别的，那一定是全新的；而寻求那种境界则意味着一个辨认的过程，不是吗？

我不认为我所说的像听起来那么困难。这实在是相当简单的。我们大多数人希望找到一些东西，让我们暂且称之为上帝或真理，不管那意味着什么。我们怎么知道什么是真理或上帝？我们知道那是什么，或许因为我们曾在书本上读到过，或许因为我们曾体验过。当那种体验到来的时候，我们能辨认出那就是真理或上帝。这种辨认只能源自以前的知识背景，这就意味着所辨认出的东西不是新的，因此那不是真理，也不是上帝。它是我们所认为的真理和上帝。

所以，我问自己，并且我希望你们也问问自己，我们所谓的"寻求"是指什么？我已解释过关于寻求的全部问题意味着什么。当我们聆听一位又一位大师的教诲，当我们践行各种条例，当我们花费很多时间去思考或以某种方式训练思维，这一切努力背后的动力是渴望找到些什么，所发现的东西必须是能被识别的，否则将不能被发现。这样的话，人们所发现的东西就会受到其自身背景的限制，只能是这种限制的产物。倘若人们一旦明白了这个事实，那么寻求就不再具有我们先前所认为的意义，可能就有了完全不同的意义。人们可能会完全停止寻求——这并不意味着接受了寻求本身的束缚、艰难和痛苦。毕竟，是头脑本身创造了一切的痛苦，当头脑开始明白其自身运作的原理，那么另外一种状态（不管是什么状态），一种无须费力寻找的状态就可能从此生成。

现在，诸位，让我们来讨论一下。刚才所说的这个问题对你们而言是问题吗？是我把这个问题强加给你们了？你一定看到过无数人在寻求，每个人跟随一位特定的大师或者践行特定的冥想体系，或者求教于一位又一位老师，分别参加一个又社团，一直不停地在寻求、寻求、寻求，当然这也可以成为一种游戏。因此，你可能问过自己，这一切意味着什么。你读了《奥义书》或《古兰经》，或者听了一个演讲，这个演讲给予了一定的解释，描述了某些状态，他们会说"要这样做，不要那样做，你就能找到永恒"。某种程度上，或强或弱，我们所有人都在寻求，我认为重要的是找出寻求意味着什么。我们能否非常简单而直接地问自己，我们每个人（不管我们是否正在寻求），如果我们在寻求，这种寻求背后的动机是什么？

提问者：不满足。

克氏：你确定这是你自己的经验而不是别人的吗？如果这是你自己的经验，你的寻求是基于不满，那么你会做什么，这位先生？

发问者：我们会去聆听一位又一位大师的教诲，直到我们找到满足感。但即使如此，我们也不知道未来会发生什么。不满迫使我们这样做，我们的生活处于这样的状态。

克氏：随着年龄的增长，你在寻求的过程中会变得越来越认真。但你从来没有质疑过是否真有这样一种满足感存在。

发问者：人总是感到口渴了，然后想要止渴。

克氏：这位先生，如果你总是喝水后感到口渴，你是不是无法知道有没有止住口渴呢？而如果满足只是暂时的，那么为什么要赋予精神导师、牺牲、戒律、圣人和其余的人和事如此重大的意义？为什么要为了短暂的舒适而打破自己的教派，与道友或者所在的社团产生冲突？为什么要信仰印度教或者基督教，如果这仅仅是一种暂时的缓解？你可能会说，我知道这一切只给予暂时缓解，我并不十分在意这一点。但你真的去找你的精神导师并且说你只是为了寻求暂时的缓解了吗？难道你不是不允许探究这一点吗？如果一个人的心顽固不化，还会有（这样的）探究吗？心中的固执阻止了这种探究，不是吗？

让我们从这里开始。如果我的思维方式非常固定，这就是所谓肯定式思考，如果我的心认定了某种信念、意见或判断，我还能探究吗？你会说不能。我们都同意这点，但是我们的心难道不是被一些信念和经验束缚了吗？因此探究不只是带有了偏见，几乎变得不可能。

朋友们，我们能否深入思考并且唤醒自我认识呢，能否对这一点给予稍微的肯定？我们能否看看自己是否被一些心中认定的惯例、信念和经验所束缚了？

发问者：（人们）总是有希望找到最终的满足。

克氏：首先让我们看看我们的头脑是否被一些信念或信仰禁锢了，这些信仰或信念会让我们在深层意义上变得顽固且不肯让步。我只想从这里说起，因为只要心中的固执不改变，怎么会有探究？我们读了《古兰经》《圣经》《奥义书》，这样或那样的书籍，这令我们的头脑有了一定的偏见与信念。这样的头脑能探究吗？我们大多数人难道不就是这个样子吗？我们的头脑在开始探究之前不是应该摒弃比如印度教、通神论、天主教或者任何其他宗教信仰的影响吗？为什么我们没有脱离这些束缚？当我们内心有束缚然后去探究，这就不是探究，仅仅是一种观念、判断、信念的重复。那么，在今天晚上谈论的时候，我们能否抛开这些信念呢？

当然，即使是最伟大的科学家，在发现新东西之前也必须抛弃他们所有的知识，如果你是认真的，就必须真正抛弃知识、信仰和经验。我们大多数人都会比较认真地对待特定的信念，但我认为那根本不是认真。那没有任何价值。一个认真的人，一定能够放弃（原本）所有的信念，因为他认为只有那样，他才能够探究。

提问者：*我们可能会说，我们已经抛弃了所有的信念，但它们又再次出现了。*

克氏：我们是否知道我们的头脑依附于某个信念呢？我们是否意识到头脑被某个特定信仰所限制了呢？这位先生，让我说得简单些。我的儿子死了，因为悲伤，接触到了轮回这种观念。这种观念（令人）充满希望，所以满脑子都是这种想法。现在，这样的头脑除了探究是否有来世，还能探究关于死亡的所有问题吗？我能放弃这个信念吗？如果要找出真相，我的头脑难道不是必须放弃这个信念吗？不通过任何形式的强迫或奖励，只是真正的探究要求我必须放弃它。如果不放弃，那就说明我并不是认真的。

女士们、先生们，请不要对我提出的如此显而易见的问题感到沮丧。如果我的头脑被信仰、经验或知识捆绑住，就无法走得深远。探究意味着要脱离那些束缚，不是吗？如果我真的在寻求，那么这种被束缚的状态就必须结束，必须要有所突破，我必须要剪断捆缚自己的这些绳索。而我们从来都没有探问过如何剪断这些绳索。只有当（人们）摆脱了固守和信念的束缚时，才有可能去探究。感知到这个事实，这种感知就会让头脑获得解放。

而今，这为什么没有发生在我们每个人身上？

提问者： 有这些绳索在，人们反而会感到更安全。

克氏： 就是这个原因，不是吗？当头脑受到束缚候，你们却感到更加安全，进而也没有了冒险和探险精神，整个社会结构也是这样。我知道所有这些问题的答案，但你们为什么不放弃你们的信念呢？如果你不放弃，你就不是认真的。如果你真的在探究，就不会说，"我在沿着一条特定的路线寻求，我也必须容忍任何不同的路线"，因为那时整个思维方式已经废弃了，已经不存在你、我路线之分了，那些神秘隐蔽的东西，以及那些想利用他人之人的所有愚蠢的解释也都会被弃之不顾。

提问者： 寻求本身也会被搁置一旁吗？寻求什么呢？

克氏： 这不是我们现在讨论的问题。我的意思是当头脑被捆缚的时候，就不会有寻求。我们大多数人说，我们正在追寻，而且一定去追寻其实是去获取。我想问，只要你的心还依附于某个信念，你还可能去寻求吗？显然，当你问自己这个问题的时候，你会说，"当然不行"。

提问者： 你能想象有一天，（世界上）不再有任何教堂或寺庙吗？如果教堂和寺庙都还在，我们有可能让头脑摆脱束缚吗？

克氏：（所谓的）人们就是指你们和我。我们在谈论自己，而不是别人。

提问者： 但是，只要还有教堂，我们可能让头脑摆脱束缚吗？

克氏： 为什么不能，这位先生？我能说些什么吗？不要理会他人、教堂和寺庙。我问你，你的心被束缚了吗？你的内心是否顽固不化，是否依附加于某些经验，以及某种形式的知识或信仰呢？如果是的话，那么这样的头脑是无法寻求的。你可能会说自己在寻求，但显然你并非在寻求，难道不是吗？如果头脑被束缚了，如何能自行运作呢？我们说自己在寻求，但其实根本不是寻求。寻求意味不依附于任何教条、经验、任何形式的知识，因为只有那样头脑才能彻底地思考。这是一个事实，不是吗？如果我想要去贝拿勒斯，我就不能被困在一个房间，我必须离开房间才能去。同样，你的头脑现在被困住了，你说你在寻求，但我认为只要你的头脑被束缚了，你就无法追寻或者寻求——你完全承认这是事实。那么，为什么头脑不去挣脱（这些束缚）？如果不这样，你和我怎么能一起寻求？这就是我们的困难，是不是，朋友们？

提问者：只要教堂和寺庙立在那里，就难以挣脱它们的束缚。

克氏：这位先生，谁建造了教堂和寺庙？是和你、我一样的人。

提问者：他们不像我们，不像我。

克氏：你和我可能没有建造一个外在的寺庙，但我们在内心建造了寺庙。

提问者：这是一个非常高深的概念。对每个普通人来说，是不可能寻找到内心的自我的。

克氏：恐怕我们说的不是一回事。这不是一个寻找内心的自我的问题。我是说如果还依附于任何教条、经验、任何形式的知识，就根本不会有寻求。这是显而易见的。如果你还按照天主教、基督教、佛教或印度的思想去思考，你的心显然是无法寻求的。当你认识到这样的现实，为什么头脑还是难以脱离束缚开始寻求呢？你坐在这里聆听，想要找到些什么，想要寻求，我认为如果还有任何形式的依附，即头脑还被任何信念、任何教条、任何知识或经验所捆绑，你都无法寻求。这是完全正确的，你也同意这一点，但你不会说，"我要抛弃所有的束缚"，那才真正暗示着你不认真，不是吗？你们可能会说应该认真一些，但我认为只要你们的心仍然被束缚，这个词就没有任何价值，没有任何意义。你可能会在四点钟起床，打坐，控制你的言语、手势，遵守所有的戒律，认为你非常认真；但是我认为的这些都只是表面的奉行。一个认真的人能意识到头脑的束缚并且抛弃束缚，开始寻求。

提问者：有什么方法能打破对信念的依附？

克氏：这位先生，有这样的方法吗？如果有，那么你就被这种方法束缚了。（笑）我知道，你们觉得好笑，但是那不仅是一个要了点小聪明的陈述。朋友们，自由难道不是隐含在寻求中吗？这是为什么自由往往存在于开始处，而并非在结束时。当你说，"为了获得自由，我必须遵守所有的戒律"，这就好比在说，"通过醉酒我会知道什么是清醒"一样。当然，只有拥有了自由，才会开始寻求。因此，必须一开始就有自由，如果不是这样，即使你所做的从社会和传统的角度上讲是令人满意的，那也没有什么意义。对那些追求安全感的人来说，这有一定的价值，但这不能帮助找到什么新东西。虽然这些人早早起床，严格遵守戒律，我认为他们并不是认真的。意识到头脑被经验或信仰束缚了并打破这种束缚（这是你不想做的），这才是认真的意义所在。那么，探究这一点不是很重要吗？否则，你只来到这里只是聆听，日复一日，年复一年，那样没有什么意义。

提问者：您说自由先于寻求存在，但我们希望能寻求到自由。

克氏：这位先生，如果你的心被束缚了，你要怎样寻求？这是正常的推理，是常识。如果你的精神导师说"就是这样子"，你被他的话束缚了，你怎么能超越它呢？你去找精神导师是为了寻求，你却被他的话所束缚，被他的个性所迷惑，你卷入了他参与的所有事情。你最初的动机是寻求，但那种动机是出于你心中对某种美好、满足和所有那类东西的渴望。所以我说，寻求必须首先要自由而不被束缚。我颠覆了你的整个思考的过程，那个过程显然是错误的，即使经书典籍都那样说。

提问者：寻求之后会发生什么？

克氏：这只是一个思考性的问题，如果我可以这样说。你难道看不到吗？你想知道之后会发生什么，这只是理论上的。人们喜欢玩弄文字，喜欢主观臆断。我认为你们会看到的。这就像一个囚犯说，"我离开监狱后会是什么样子呢？"为了找到答案，他必须离开监狱。

提问者：大师，我们坐在这个大厅里的是有各种崇拜、信仰和信念的人，我们在聆听您的演讲，即使我们并不真正理解。你说的话对我们大多数人而言都很新鲜，我们从来没有听说过，尽管这听起来很悦耳，我们却无法理解。是什么令人们静静地（在此）坐了一个小时，认真地听取他们并不能理解的东西？这样是不是一种寻求，意味着头脑没有被信念所束缚呢？如果头脑被一个信念束缚了，我们就不会想要寻找一种不同的生活方式，而这些人也不会来到这里，又或者他们只是收起自己的耳朵，然而他们来了而且非常专心地听了。这难道不是某种想要寻求的自由吗？

克氏：是什么让你们聆听的，朋友们？是什么让你们聆听一个人的话，而他所说的却与你们所信奉和坚守的完全相悖？是他的人格、名声，还是所做的大肆宣传呢？是那些让你们聆听的吗？如果是的话，你们的聆听意义就不大。究竟是什么让你们去聆听的呢？事实上，也许是你听到了一些事情，而这些事情又恰好是真实的，尽管你的头脑被束缚了，但还是忍不住去听，然而听过以后，你又会回到受限制的状态。是这个原因让你去聆听的吗？或者你是不是真的在听呢？你理解了吗？你是真的在聆听，还是你习惯了在有人讲话的时候安静地坐着，因为你喜欢听别人演讲？

这些都不是无意义的问题。当说出真相的时候，却没有即时的反应，我的确在试图找出为什么会是这样子。这是我真正想问的问题。你们说，或者我说，没有自由就没有寻求，这显然是正确。这是一个事实，不管是谁说的。现在，为什么这个事实无法直接引发敏锐的反应呢？或者这个事实自有其神秘的运行机制，不能立即被表达出来？有人说要寻求就一定要有自由，从束缚中得以脱身而获得的自由，这个事实你听说过。不管你听了多少，听到这个事实，它就会在你的头脑里生根，因为它富有生命力。它的种子会开花，不是在某个期限内，但是它会开花，这可能就是为什么听取事实很重要的原因，不管你是心甘情愿地听，刻意地听，或者只是左耳进右耳出。但这毕竟是宣传的方式。有人不断重复，"要买如此这样的肥皂"，你最终就买了这样的肥皂。这就是发生在现实中的事情吗？如果你总是听到一个事实被不断重复，你马上就会按照这个事实而行动，这种行动与事实本身会引起的行动完全不同。

朋友们，我们不得不说到这里。我不会让你们再三思量，因为只是反复思考没有任何意义。但如果你真的想要探究关于寻求的全部问题以及什么是认真的话，那么，你必须弄清楚如何寻求，以及寻求是什么。任何假设、信念、对知识或经验的依附，对寻求都是一种阻碍。只要头脑还被信念所束缚，寻求就是一场艰苦的斗争，一个努力奋斗、努力突破的过程。但如果你认识到"只有有了自由，才会有寻求"这个事实，那么寻求就有了完全不同的含义。如果一个人意识到这一点，他就决不会是任何权威、任何教条、任何信仰的奴隶。那么你们就能一起寻求，我们就可以合作，一起做事，一起生活。但是只要一个人的头脑还被束缚着，人与人之间就会产生"你的方式"和"我的方式"，"你的观点"和"我的观点"，"你的道路"和"我的道路"的区别以及许许多多更为细密的区分。

（贝拿勒斯的第二次公开演讲，1955 年 12 月 18 日）

头脑对已知事物的摆脱便是冥想的开始

我认为如果我们今天晚上可以研究一下是什么让我们的头脑退化的问题，这将是非常有趣，也是很有意义的事情。当我们年轻的时候，我们满腔热情，但是这么多热切的革命思想，慢慢地却被某些活动束缚了，热情也渐渐消失。我们看到这类事情总是发生在自己身边，发生在我们自己身上。有没有可能阻止这种退化的进程？这肯定是我们应该解决的主要问题之一。无论是社会主义或资本主义，"左"倾思想或右倾思想，都应该要为世界谋福利，现在已经有了这么多成果——我不认为这是问题。我认为问题存在于更深的层面，那就是，头脑是不是可以获得解放，并总是处在自由的状态，因此不会出现退化呢？

我不知道你们有没有想过这个问题，或者是否注意到自己头脑里的活力与热情是怎样渐渐消退，头脑又是怎样渐渐沦为机械性行为和信仰的工具，每天只是例行公事般地重复做事的。如果我们想过这个问题，我认为这对我们大多数人来说的确是个问题。随着年龄的增长，过往的负荷、记忆的负担、希望、挫折、恐惧，这一切都闭锁了头脑，使它不再产生新的东西，只是日复一日的重复，感受着焦虑，一次又一次地自我逃避，最后衍变成想要找到某种缓解与宁静的渴望，面对这个请求，上帝能完全满足吗？

现在，如果我们能够研究下这个问题，我认为是很有意义的。头脑可以摆脱这整个蜕变的过程并超越自己吗？不是不可思议地，或奇迹般地发生，不是明天或者未来的某天发生，而是立即、马上就发生？找到解决这个问题的方法可能就是冥想的方式。那么，为什么我们的头脑退化了呢？为什么我们自身不存在任何创造性的事物，只是机械地重复，缺乏持久的创造力呢？这些都是事实，不是吗？是什么原因引起了这种退化？头脑能阻止这种退化吗？我们现在就来讨论下这个问题，我希望你们能参与这次讨论。

只要有努力就一定有退化，我认为这一点显而易见，可以观察到我们的全部生活都建立在努力之上：努力学习、努力获取、努力去拥有、努力有所成就，或者努力改变现状，以有所突破，总是挣扎于想要成为什么或改变什么，或者有意或者无意，或者是自愿或者为莫名的欲望所迫，这种内心的挣扎难道不就是头脑退化的重要原因吗？

正如我所说，我讲完这一点之后，我们将讨论所有的问题，所以请不要只是听我说。我们将一起试图找出退化的浪潮为什么总是紧跟着我们。我知道食物、衣物和住所的问题很迫切，但我认为，如果我们想要解决这个问题，我们必须从不同的角度看待它。即使是我们中那些食物富足，穿得暖、住得好的人，也有另一个更深刻的问题。人们知道世界既有完全的暴政，也有相对的自由。如果我们只关注食品和其他产品的平均分配，那么完全的暴政可能对此有所帮助。但在那个过程中，人类的创造性发展就会遭到破坏。如果我们关注整个人类群体，而不是仅仅关注社会或经济问题，那么我认为必然会出现一个非常基本的问题，那就是为什么会出现这种退化的过程，难道不能发现新的事物吗？这种退化不是在科学领域，而是在我们自身。为什么我们失去了创造力？

如果你观察到所发生的事情，不管是在这里，在欧洲，还是在美国，我想你会看到我们大多数人都在模仿，都在遵从过去的传统。作为个体，我们从来没有深入地、从根本上为自己发掘什么东西。我们像机器一样活着，这带来了痛苦的感觉，是不是？我不知道你们到底有没有想过这个问题，但在我看来，这种因循守旧的主要原因之一是我们想要使自己在内心获得安全感。想要在心理上感到安全，就必须要独占，想要独占就必须努力，努力有所成就。这可能是阻碍我们每个人发现新事物的因素之一。我们可以讨论下这一点吗？（停顿了一下）

好了，朋友们，让我们从不同角度看这个问题。人们可能知道冥想是必要的，因为通过冥想，人们可以发现很多东西。冥想能让我们有非凡的体验，幻想的和现实中的体验。我们总是询问如何冥想，是不是？我们大多数人或者通过阅读，找到书中所规定的冥想方法，或者指望老师告诉我们如何冥想。然而，我们现在想要找出的，不是如何冥想，而是什么是冥想。探究什么是冥想，这本身就是一种冥想。但是我们的心太过急切地想知道如何冥想了，结果适得其反，头脑邀来了退化。

如果头脑可以深入探究自身并自我呈现，从不纠正只是一直密切观察，从不谴责只是一直探求，那么那种内心的状态就可以称为冥想。这样的头脑，因为没有被束缚，便可以发现新的事物。对这样的头脑而言，退化不会发生，因为没有累积。但是，那些声称"告诉我怎样能变得平和，怎样做到那一点，我会试着去做"的人，他们显然是在模仿，没有新意，因此造成头脑的退化。

我们大多数人所关心的是"怎样做"，这种获得安全感的手段。不管这种手段多么高尚、多么激动人心、多么有规律，不管它做了什么允诺，都只会导致墨守成规。一个因循守旧的人，即使自己再努力，也只是使自己沦为方法的奴隶，因而失去发现新事物的非凡能力。自身不存在任何原创的、新鲜的、未经污染的东西，即使你可能有生产和销售物质必需品的最完美组织，你也仍旧像一架机器。所以这是你的问题，不是吗？被习惯束缚住的，充斥着过往的缺乏自主创造能力的头脑有可能摆脱过去的束缚而发现新事物吗？发现那个我们称之为上帝或随你怎么给它命名的那个事物吗？我们能就这一点讨论一下吗？（停顿了一下）

朋友们，这对你们来说是一个新问题呢，还是你们从没有从这个角度思考过这些事？不妨让我再次用不同的角度来看看这个问题。

你们都精通《奥义书》《古兰经》《圣经》，熟悉基督教、印度教、共产主义等哲学。这些哲学和宗教显然不能解决人类的问题。如果你说"人类的问题没有解决是因为我们没有严格遵循《古兰经》的指示"，显而易见的回答是，任何对权威（不管这权威是多么高贵或专横）的服从都会令头脑僵化、失去独创性，像一台留声机一样一遍又一遍地重复，那样子你不会感到高兴。

现在，意识到了这一事实，你将如何开始去亲自发现真相呢？你们知道吗，朋友们？上帝、真理，不管是什么，都必须是全新的，独立于时间和记忆之外，不是吗？真理、上帝不可能存在于过去，或是被告知、被猜测出来的东西。那么，该怎样找到它呢？只有当头脑摆脱了过去的束缚，当头脑不再构建任何意象、符号的时候，你才会发现它。若头脑还在构建意象和符号，这不正是它退化的原因之一吗？而这可能是在印度，以及世界各地都在发生的事情。

我是在解释这个问题吗？或者说，这对你们来说并不是一个问题吗？

提问者甲：头脑无法超越自己过去的体验。

提问者乙：当头脑被束缚的时候……

克氏：这位先生，那位先生刚刚问了一个问题。

提问者：那是一个问题还是一个陈述？

克氏：他可能是把它看作一个问题。不幸的是，我们大多数人的心中都预设了提问的方式或者我们自己看待事物的方式，以至于我们从来没有真正倾听对方。这位先生刚才说到，头脑不能脱离过去的束缚，难道这不是我们和他共同的问题吗？

提问者：如果他想知道如何摆脱过去，那才是一个问题，而并非一个陈述。

克氏：这位先生，拜托，我们在这里不是为了炫耀口才或者证明谁对谁错。我们其实是在试图找出为什么头脑从来没有发现任何新东西。现在我们所指的专家不是指科学家、物理学家等，而是作为普通人的我们。为什么我们自己从来没有发现什么新东西？

提问者：关于那位先生提出的头脑是否可以摆脱过去，我想问一问，过去是什么意思？

克氏：过去指的是经验、记忆、知识、传统的影响，赞扬、侮辱、阅读过的图书、曾经的快乐和死亡留下的印记。所有这一切都属于过去，是时间。

提问者：你说头脑被过去束缚的，但是，头脑真是被过去如此紧紧地束缚住了，以至于无法进一步探究吗？

克氏：这位先生，什么是头脑？请不要根据你在书上读到的理论回答这个问题。你能和我今晚在这里认清头脑是什么吗？

提问者：头脑是过去的结果。

克氏：你的头脑是过去的结果吗？你说的过去指的是什么？

提问者：现在我心里装着的东西都源自过去。

克氏：你能单独从头脑中撤除过去吗？拜托，让我们一起来审视头脑，不是理论上的头脑，而是我们在场每个人的头脑。你的头脑是很多影响，包括集体的和个人的影响，共同作用的结果，不是吗？我们的头脑是教育、食物、气候，许多世纪以来的传统的结果，它是由你的信念、欲望、记忆、你读过的图书等共同构成。这就是头脑，难道不是吗，这位先生？每天都在运行的有意识的头脑和那个更深更隐秘的头脑都是过去的结果。在人们看来，头脑的全部都是过去的结果。你可能相信有上帝，或者相信没有上帝，你可能会觉得有一个较高的自我和一个较低的自我等等，但所有这一切都是你所受到的教育和束缚所导致的。也就是说，你的头脑是过去的结果，不是吗？那同一颗头脑在试图寻找新的东西，它会说"我必须知道什么是上帝，什么是真理"。这难道不是你们正在做的事情吗，女士们、先生们？我说那是不可能的，那是矛盾的。

提问者：*我想大多数人并不在乎神。我们关注的是生活中的问题。*

克氏：关注生活中的问题意味着有对立、痛苦、挫败，希望得到权力、地位、声望，因为别人拥有你想要的，你会嫉妒等等。这些都是生活中的问题，不是吗？想获得宠爱，想要更多的钱，想通过这样或那样的制度改善不好的生活，有一种与日常存在相悖的信仰或理想，并试图弥合现实与理想之间的距离——所有这一切都是生活。

提问者：*生活意味着更多。如果我是老师，我想更好地教学。*

克氏：这件事也没什么不同，都属于生活中的问题，在解决其中任何一个问题的过程中你都会遭遇到这个主要的问题。你说你想更好地教学，过一种和谐宁静的生活，诸如此类。在用更好的思考意指什么？它是一个获取更多信息的过程吗？你如何找出什么是更好的？

提问者：*深入思考。*

克氏：什么是深入思考？你认为思考是什么？如果你不知道思考是什么，你就不能深入思考。思考是什么？请你告诉我。

提问者：思考是众多联系错综交汇的过程。

克氏：我在问你思考是什么，如果你观察自己的头脑，你会发现自己对这个问题的反应——这就是思考，不是吗？你能跟上我的思路吗？

提问者：这太专业化了。

克氏：只要观察你自己，你就会明白。我在向你提问。我在问你什么是思考？

提问者：无论你问什么是头脑，或者什么是思考，那是同样的事。

克氏：我想找出思考是什么。现在，这个问题在你内心所引发的心理活动是什么？

提问者：当我们开始考虑"思考是什么"的时候，思维就停滞了，没有答案。

提问者：思考是自发的，以至于我们不知道那是什么。

克氏：我在问你，思考是什么？现在，当向你提出这个问题的时候，你的心在做什么？你难道不想知道你的头脑是如何运作的吗？当面对这种问题的时候，内心会发生什么？头脑犹豫了片刻，因为之前可能从来没有想过这个问题，然后它查询记忆的仓库并且说："让我看看，《奥义书》这样说，《圣经》那样说，罗素有不同的观点，我该怎么想？"所以，你在从以往的记忆里寻找答案，不是吗？

提问者：我们不会想起罗素。

克氏：可能不会，但当向你提出问题的时候，你的头脑就是这么运作的。如果问你一个你非常熟悉的问题，你会立即给出答案。如果有人问你你住在哪里，你会马上回答，因为对此很熟悉，你跟它的联系是稳定的。反之，如果问你一个你不熟悉的问题是向你提出，你就会犹豫，而犹豫表明你正在寻找答案，不是吗？你去哪里寻找答案呢？显然是从你的记忆中寻找。所以，你的思考是记忆的反应。不是这样子？

提问者：这是否意味着如果一个人失去了记忆，就不能思考了？

克氏：彻底的忘记是所谓的失忆症，一个人失忆了就不得不重新学习所有的事情。

提问者：有记忆是好事还是坏事？

克氏：如果你不知道你住在哪里，你会做什么？如果你不知道通往你住所的街道名称，那是好事还是坏事？

这位先生，我们正在试图找出什么是思考。对于我们大多数人而言，思考是记忆的反应，是不是呢？因为我知道我住在哪里，当有人问我的时候我能迅速应答，当问我一个更微妙的问题时，我在我的记忆中搜寻答案。但记忆是长久以来的经验，所以我的回答必然是有局限的，要进行调节。当然，这很显然。

这位先生，如果你是位印度教徒，我问你是否有轮回这件事，你的本能反应是说有，而这种反应是基于你父母、经书、生活环境施与你的影响。你根据自己被告知的情况做出反应，你的思考是这些影响的结果，因此显然是有局限性的。现在我们扪心自问，头脑可以摆脱过去的影响发现真相吗？

提问者：您似乎把头脑描述为过往经验的集合体，我想我们都认同这种说法，但是，现在您问头脑有没有可能完全摆脱过去的影响，这是什么意思？

克氏：你是在问我呢，还是在问你自己？

提问者：*我在问自己，也在问你。*

克氏：这样更好。你是在问自己，不是问我。头脑是时间累积的结果，这样的头脑有可能发现任何永恒存在的新事物吗？这位先生，你明白我的问题吗？我认为我的头脑由过往的经历构成，但它是唯一能观察和发现的工具，可以观察和发现。那么，头脑需要做什么呢？没有其他可以发现的工具，然而这个工具由过往的经历所组成——这是一个事实，任何讨论或否定都不会影响这一事实。这样的头脑有可能发现新事物吗？或者，是那些已知的事物、那些过往的经历在一直持续发生作用，虽然我可能没有意识，所以只能是已知事物以不同的形式在延续？如果头脑永远无法体验未知的事物，无论未知的事物是什么，要是让我们修正已知的事物，让我们来美化它，让它变得更为巧致，积累更多的信息，头脑总是在已知的范围内才会这样做。你明白了吗，先生？头脑处于一种无望的状态，它从来都走不出自己的领域，因为它是已知事物的结果，这种假定可能是头脑不断退化的原因。你明白我说的吗？如果你接受了我的观点，那么很明显，你必须不断地修正、检查、磨练头脑，填充更多的信息，等等。这样的话，你就没有什么问题，因为你生活在已知的领域。可是，一旦你开始探究未知的领域，你就会遇到问题，你难道没有吗，先生？

提问者：*你从提问什么是思考说起。在我看来，思考总是与一些东西有关，没有纯粹的思考。*

克氏：思考是对质疑的回应，不是吗？没有孤立的思考。只有当有质疑的时候，你才会回应。即使是在你自己的卧室，你觉得那里没有外在的质疑，思考也仍然是对自身内在质疑的回应。质疑和回应之间有稳定的关系，因为你的回应总是受到你的信念、你的生活环境和其他事情的影响，你的回应总是有局限的，狭隘的。

现在，我们正试图找出思考止于何处，新事物（这不是思考）源起哪里。

提问者： 你问的是思考止于何处、冥想从哪里开始。

克氏： 好的，这位先生。思考在哪里结束？等一下。我是在探究思考是什么并且我认为这种探究本身就是冥想。并不是思考先终止，之后才开始冥想。请一步步跟上我的思路，女士们、先生们。如果我能找出思考是什么，那么我就永远不会问如何冥想，因为在寻找思考是什么的这个过程中，就会产生冥想。但是，这意味着，我必须给予这个问题全部的注意力，不能只是关注它，那样其实是一种分心。我不知道我有没有表述清楚。

在试图找出思考是什么的时候，我必须投注完整的注意力，那样的关注中没有刻意的努力和冲突，因为努力和冲突会令人分心。如果我真的想发现什么是思考，这个问题本身就会带来一种没有偏差和冲突的关注，不存在"我必须去关注"这样的感觉。

那么，什么是思考呢？我认为，无论在哪个层面上，思考是对记忆的有意识或者无意识的反应；它总是对头脑已知事物、对过去的反应。头脑认为这是事实。之后，头脑会拷问自己，是否所有的思考都是用语言和符号表述的，是对过去的反应呢？有没有脱离语言文字和过往经历的思考？

现在，有没有可能找到一种不受过往影响的头脑活动呢？你们明白吗，朋友们？我是在探究，而不是在假设任何东西。头脑认为自己是过往累积的结果，并追问自己是否有可能摆脱过去的影响。如果头脑以这种或那种方式给出答案，如果说这可能或不可能，那么，那种假定就是来自过去的结果，不是吗？请一步一步跟上我，你就会明白了。头脑认识到自己是过往的结果，问自己是否能摆脱过去的影响，头脑认识到自己做出的可能或不能的任何假设都是过往的结果。那么，与过往没有联系，不做出任何假设的头脑是什么样子的呢？

提问者：*那就不再是那个头脑，那个我们所知道的受到限制的头脑。*

克氏：我们还没有得出那个结论，我想慢慢地说。

提问者：*现在的问题是，谁是思考者？*

克氏：我们知道谁在思考，这位先生。头脑把自己划分为思考者和思想，但显然它仍然是头脑。思考者从思想分离的整个过程仍然发生在头脑区域，头脑是时间和过往的结果，现在头脑问自己是否可以脱离过去。

提问者：*如果我们这些在听你说话的人质疑你所说的真实性，我们之前受到的束缚将会延续下去。相反地，如果我们相信你所说的，那么我们的头脑将再次被束缚住。*

克氏：我不是要你们相信。我只是在观察我自己的头脑是如何运作的，我希望你们也能做同样的事情。我们在观察头脑的运作，找出这个过程。这是我们正在做的事，但它并不意味着你应该相信或者不相信什么。我们正试图找出我们的头脑是如何运作的，这就是冥想。

提问者：*一位科学家怎样发现一个新东西？*

克氏：如果你和我是科学家，我们可以讨论这个问题，但我们不是科学家，我们是普通人，我们试图找出头脑能否不断发现新的事物？过程是怎样的，这位先生？我们不得不讲到这里了。我能只稍微地说下这一点吗？

　　我在观察我的头脑的运作。这就是一切。有质疑和回应。回应总是受到他的成长环境中的文化、价值观、传统的影响，这些影响是我们现在所说的局限性。人们意识到了这一点并问自己：是不是所有的回应都产生于这种限制与束缚？有没有超越这些束缚的回应？我不说这可能或者不可能。头脑只是在质疑自己。说这是可能的或是不可能的，这都是头脑所做的假设，仍然是对过往的回应。这一点很明确，对吧？所以人们只能说"我不知道"，这是对"头脑能否脱离过往的束缚"这个问题的唯一正确回答。

　　现在，你会在什么层面、什么深度上说"我不知道"呢？这仅仅是一个口头的声明还是代表着说"我不知道"这句话的这个个体的整个存在？如果你是作为个体的整个存在由衷地说"我不知道"，这意味着你不再从记忆中寻找答案。那样的话，头脑是不是就脱离了过往的束缚呢？这整个探究的过程不就是冥想了吗？冥想不是一个学习如何冥想的过程，而是一个探究什么是冥想的过程。为了探究什么是冥想，头脑必须摆脱它已经了解的关于冥想的东西，这种头脑对已知事物的摆脱是冥想的开始。

　　（贝拿勒斯的第三次公开演讲，1955 年 12 月 25 日）

PART 06

马德拉斯，1956 年

意识是多重影响的产物

当我们审视这个世界，尤其是这个国家的状况时，我们每个人其实都很清楚，一场根本性的革命必然会发生。我用"革命"这个词想表达的是，这并不是表面化的、修修补补式的变革，也不是受某种特定思想模式煽动而引发的具有预期风险的革命，而是只有当我们开始认识到头脑的全部重要性时才得以在最高层次发生的革命。如果不能理解这个基本问题，我认为，任何一个层次上的变革，尽管它可能暂时带来益处，但注定会导致进一步的痛苦和混乱。如果讲话者与听众之间要建立某种关系，我觉得他们一定要对这一点具有清晰的认知，因为我们大都关心某种形式的社会变革。贫穷、无知、恐惧、迷信、盲目崇拜还在社会上大量存在，祷告者还在重复那些无用的祷文，与此同时，人们在积累大量科学知识，还有那些从所谓圣书中收集的知识。所有这些人们不用游历许多国家就能看到，他们只要沿着这里或者欧洲、美洲的大街走一走就可以看到。在物质主义泛滥的美国，物质产品或许很丰富，人们可以买到任何东西。但是，当人们来到这个国家时，也能看到残酷的贫困，还能看到阶级斗争——我并不是指共产主义里的"阶级斗争"，而只是如实表达自己观察到的某种社会现实，并没有对其做任何诠释。人们看到许多宗教，如基督教、印度教、穆斯林、佛教，每一种宗教又各有分支，它们全都嚷着要转变，或者为人们指出一个不同的方向、不同的道路。机器使得生产上出现奇迹，尤其是在美国；但是在印度这里，所有资源都是有限的、紧缺的。在这个国家，虽然我们还在说"上帝"，虽然我们在祈祷、举行宗教仪式、进行其他形式的宗教活动，但我们跟西方一样崇尚物质主义，区别仅在于我们把贫困看成了一种美德、一种必然的状态，并且去忍受它。

看到了这些富有与贫穷、主权政府、部队、最新大规模杀伤工具所带来的异常复杂的模式，每个人都会自问，这些混乱将带来什么，它们又将去向何方。答案是什么？如果一个人是严肃的，我觉得他一定已经问过自己这个问题了。作为个人以及集体的我们，将怎样处理这个问题？因为感到迷茫，我们大多数人都求助于某些模式，宗教的或社会的；或者我们求助于某位领袖，让他来引导我们走出混乱；或者我们坚持回到古代的种种传统。我们会说，"让我们借助圣人教给我们的，就是《奥义书》和《古兰经》里说的，让我们做更多的祷告、参与更多的宗教仪式、跟随更多的古鲁、更多的大师。"这些其实就是现在正发生的，难道不是吗？

世界上既有极端的独裁也有相对的自由。现在，看看整个这混乱的状况——不是从哲学角度，不是仅仅作为一个观察者看着事情一件件发生，而是作为一个被激起同情心、被唤醒怜悯心的人。我相信我们中大多数人都是这样的人，你们该怎么面对这种境况呢？你们对这个社会该承担怎样的责任呢？抑或你们只是被卷入了社会的车轮，不得不遵从由某种文化（西方的或东方的）设定的传统模式，所以才对整个问题视而不见的吗？如果你睁开双眼，是否只关心社会变革、政治行动或经济调整？解决这个如此复杂问题的方法是否就是从那个地方下手，还是应该在一个完全不同的方向？这个问题是否只是单纯的经济或者社会问题？或者因为我们大多数人并不关心更深层的生命问题和人类的全面发展问题，所以混乱和持久的战争威胁依然还存在？我们接受的教育是错误的吗？表面上看，我们被教导着获得了某些技能，连同这些技能而来的还有它自成的文化，我们似乎对此很满意。

现在，看到这种状况——我坚信你们都已非常清楚地意识到了这一点，除非你的感觉非常迟钝，或者努力将其屏蔽掉——你的回答是什么？请不要根据共产主义、资本主义、印度教或者其他思维模式在理论上回应我，那只是一种骗术，因此并不是真的，它们剥夺了头脑所有自发的即刻反应，以及发现什么是个体应有的反应，也就是说，做何反应都是被教导的。对于这个问题，你有什么良策吗？

如果你向一名共产主义者提问这个问题，他会给出一个非常确切的答案，天主教徒、正统的印度教教徒或者穆斯林也都会这样做。但是，他们的答案显然是受条件约束的。他们所接受的教育使他们总要按照或宽或窄的条条框框思考，这些条条框框是一种社会或者文化规定的，跟头脑的全面发展毫无关系。而又由于他们是根据自己受限制的思维给出的回应，这些答案毫无疑问是互相矛盾的，因而总会产生敌意，我认为这显然又是很明显的。如果你是印度教徒、基督教徒或者其他什么教的教徒，你的反应一定会基于你受限的背景、你成长的文化。这个问题超越了所有的文化，超越了任何一种模式，然而我们却希望通过一种特定的模式来找寻答案，因此我们会感到更加困惑、更加痛苦。因此，除非能够彻底打破所有的束缚，与之完全决裂，否则，就算我们或许拥有好的出发点或者十分虔诚，显然也只能制造出更多的混乱。

在我看来，问题大体存在于一个完全不同的层面上，为了理解这一点，我们应该采取一种完全不同于社会主义、资本主义或者共产主义模式的行动。对我而言，问题在于去理解头脑的思维方式；因为，除非一个人能够洞察、理解自己的思维过程，否则他就不会得到自由，因而他就无法走得深远。对于大多数人而言，头脑并不是自由的，而是在意识和无意识上把自己局限在某种形式的知识、数不清的信仰、经历和教条共同构建的范围之内；这样的头脑怎么能够发现、探索到新事物呢？

显然，每个挑战都会有新的应答，因为今天的问题完全不同于昨天的问题。任何一个问题都是新的，它一直在经历变动。每个挑战都需要一个新的回应，如果头脑是受到束缚的，那它就不会做出新的应答。因此，自由并不只是在结束时出现，而是在一开始就存在。革命一定会发生，但不是发生在社会、文化或者经济层面，而是在最高层面；而对这最高层面的发现就是问题所在——问题是发现最高层面，而不是去接受一个所谓的最高层面。不知道就这一点我是否已经解释清楚了。一个人可以被古鲁、一些聪明人告知什么是最高的层面，他可以重复自己所听到的，但是这个过程并不是发现，只是对权威的接受，而我们中的大多数人接受权威是因为我们非常懒惰。所有这些都已经被别人思考过了，而我们只是像留声机一样重复它。

现在，我了解了发现的必要性，因为显然我们必须创造一种完全不同的文化，这种文化不能建立在权威之上，而是建立在每个个体对何为真理的发现之上，而这种发现又需要绝对的自由。如果头脑受到束缚，不管束缚它的绳子有多长，它只能在有限的半径之内运转，因而它是不自由的。因此，重要的事情是去发现革命能够发生的那个最高层面，这要求我们有高度清晰的思维，有一个好的头脑——不是一个只会重复的伪头脑，而是能进行深度思考，能够清晰地、富有逻辑地、理智地进行推理。一个人必须具有这样的头脑才可能有所超越。

因此，革命在我看来，只能在最高层次发生；这一最高层次必须被发现，而这一发现只有通过自省的方式，并不能通过从古书里搜集知识，或者从现代分析师的书籍中获得知识的方式。你必须通过与之建立关系的方式发现它，发现它而不是重复你所读到或者听到的东西。之后你会发现你的头脑变得格外清晰。毕竟，头脑是我们拥有的唯一工具。如果头脑被阻塞了，变得琐碎、恐惧，其实现在大多数人的头脑都是这样，那么它对上帝的信仰、崇拜、对真理的探索，也就没有任何意义了。只有能够进行清晰认知的头脑，才会变得非常平静，才能发现真理是否存在；只有这样的头脑才能掀起最高层次的革命。只有虔诚的头脑才真正具有革命性，而这样的头脑不会重复别人的话，不会去教堂、寺庙，不会每个清晨做礼拜，也不会遵从某位古鲁或崇拜某个偶像。做那种无聊之举的头脑其实并没有宗教信仰，它真的是个愚钝、受限制的头脑，因此，它永远不能自由地应对挑战。

这种自我认知是不是可以从他人那里学得。我无法告诉你什么是自我认知。但是人们可以认识到头脑是怎样运转的，此处的头脑并不只是每天处于活跃状态的头脑，而是头脑的全部，既包括有意识的，也包括隐藏起来的头脑的无意识部分。头脑的所有这些层面都需要被感知、研究，但这又与自省不同。自我分析并不能揭示头脑的整体，因为分析者与被分析的事物之间总存在着隔阂。但是，如果你能只是观察自己头脑的运转过程，而不去进行任何判断、评价、批判或者比较，仅仅只是观察，就像观察一颗星星那样，冷静地、安静地观察，没有任何焦虑感——那么你将发现，自我认识并不是一个时间的问题，并不是一个探索潜意识以消除所有动机的过程，或者去理解各种驱动力和强制力。创造时间的当然是比较，而且因为我们的头脑是时间作用的结果，所以它们总是在思考"更多的"问题，这就是我们所谓的进步。

所以，作为时间产物的头脑总是在思考成长、成就的问题；头脑能够从不断追求"更多"中解脱出来，从而真正彻底与社会脱离吗？ 毕竟，我们的文化是建立在嫉妒与占有的基础之上的，难道不是吗？我们想占有的并不只是物质，还有所谓精神层面的东西，我们想要有更多的美德，想距离大师、古鲁更近。所以，我们的整个思维结构就是基于对"更多"的追求，当一个人完全理解了对"更多"的需要及所有的结果，才能坚定地彻底与社会脱离；而只有彻底与社会脱离的个体才能反过来作用于社会。一个穿着遮羞布的人，或者穿着僧侣袍只是成为一个和尚的人，他并没有脱离社会，还是社会的一员，只是他对"更多"的追求处于另一个层次，他仍然受限于，并且因此也被束缚于一种特定的文化。

我认为这才是真正的问题，问题并不在于怎样生产更多的产品以及怎样分配产品。现在他们拥有生产人类需要的所有东西的机器与技术，公平分配生活必需品、停止阶级斗争可能很快就会实现，但是最基本的问题仍然存在。最基本的问题在于人类没有创造性，他没有为自己找到这种非凡创造力的来源，这来源并不是头脑的一个虚构。只有当人们发现了这种亘古的创造力时，他们才会拥有极乐。

提问者：我来到这里是为了学习、得到教导。你能教教我吗？

克氏： 这真是一个非常有意思的问题，我们不妨深入探讨一下。你所谓的学习指什么？我们学习一项技能，我们学习怎样高效地谋生，或者完成某种身体上或精神上的任务。我们学习计算、阅读、说一门语言、建造桥梁等等。学习是弄清楚怎样做事，并发展做这些事的能力。除此之外，还有其他形式的学习吗？请跟我一起思考这个问题。

当我们谈论学习时，我们是指一种积累，不是吗？如果存在任何形式的积累，头脑还能够学习吗？只有当人们为了获得能力时，学习才是必要的。如果我不会说一门语言，我就不能与人交流；为了说这门语言，我不得不学习，我必须在头脑中储存词汇及词义，这个过程就是对记忆的培养。人们也在使用类似方式学习去建设公路、操作机器、开车等等。

现在，提问者并不是指这些，他来这里不是为了学习怎样开车或者任何此类的事情。他想得到指导，想学习怎样去发现所谓的真理或者上帝，是吗？当你去向古鲁或宗教老师学习时，你学习到的是什么呢？他只能教给你一个系统，一种思考的模式。这就是你希望从我这里学习的。你想学习一种新的行为、举止模式，或者新的生活方式，这又是另外一种形式的记忆的培养。如果你清晰、细致地观察这个过程，你就会发现这其实会阻止你进行学习。这其实很简单。

你们都是印度教徒，或者不管你是什么，当一个新事物摆在你面前时，会发生什么？你或者以旧思路解读这个新事物，因而它不再是新的；你或者排斥拒绝它——这种事情其实是正在发生的。因此，一个积累知识、按照模式思考、充斥着所谓知识的头脑，一个为了学习一种新的思考或行为模式的头脑当然是永远不会学到什么的。

那要学习什么呢？请听我说。究竟去学习什么呢？你想了解轮回、上帝、真理吗？当你说"指导我、教我，我来这里是为了学习"时，这些都是什么意思？有可能教会吗？教什么？怎样才能意识到？你其实很清楚怎样才能意识到。当你对某件事感兴趣时，你完全能够意识到。当你希望成为一名律师去赚钱时，那时你必然能够意识到。当你对一件事情产生浓厚的兴趣，并且这个兴趣对你来说至关重要的时候，你就会将全部精力投入其中。

注意力并不是可以教的东西。你能够被指导着如何集中精力，但是注意力并不是集中精力。你知道的，头脑总是在模式中思考：怎样做计划，怎样搭建桥梁，怎样打牌，怎样更快地阅读、怎样开车，怎样规矩地走路，怎样合理安排饮食。与此相似，你想学习通向上帝、真理的途径，你希望有人能够指引你通向那种非凡的状态。其实，并不存在通向那种状态的途径，因为那种状态并不是静止的，任何说存在这样一种途径的人都是在欺骗你。一条道路只能通向静止的、无生命的地方，通向真理之路既没有许多，也没有唯一；根本就没有什么道路可以通向那儿，这就是它的魅力所在。但是，头脑拒绝接受这个事实，因为它想要得到安全感，它将真理视为终极的安全，所以它探寻通向那种安全的通道。

现在，如果你能看到这全部过程，还要学习什么？你能通过学习而获得自由吗？请跟我一起把这个事情想清楚，不要接受或者拒绝它。这是你的问题。一个正在学习、积累知识的头脑是自由的吗？如果头脑从未自由，它怎么能够去查明、发现呢？当然，发现是最基本的，因为去发现、去查明是人类有创造潜力的表现。所以，头脑必须摆脱所有权威的束缚——那些所谓宗教或宗教领袖毒害人的权威。只有这样，头脑才能够发现什么是真理、上帝和极乐。

先生们，如果你们真的重视我们正在讨论的事情，没有将其与你们之前的所学进行比较，或者担心它会影响你们的责任、既得利益、社会地位以及其他所有毫无意义的东西，你们即刻就会领悟到自由和发现的来临。

学习无法使我们靠近真理。只有当头脑踏上无尽的发现之旅，不再累积，放弃所有昨日累积的东西，因而变得清新、天真、自由时——只有这样的头脑才能发现真理，才能在这个世界上掀起一场革命。只有这样的头脑才能拥有爱和激情，只有这样的头脑才不会根据一种自私自利的模式实践爱和激情，不会去培养美德。

我担心现在回答另外一个问题为时已晚。

如果我们懂得应该去关注什么，那么即使没有去关注，深刻的革命依然可能发生。如果我们每个人都只是单纯去关注，而不是想要制造什么结果，或者转变自己，那么我们将能发现头脑并不是时间的产物。只有当比较存在时，时间才会出现；而进行比较的头脑并不是专注的。你是否注意到，观察某个事物，仅仅是观察一种特性、一个人、一个主意、一种感受，而不对其进行任何否定、批驳或评价的态度有多难吗？当头脑能够这样观察时，你会发现做何反应已根本不具任何意义。在那种专注的状态下，意识的全部内容都可以忽略不计。

毕竟，我们意识的全部是多种影响共同作用的结果，包括气候、饮食结构、教育、种族、宗教、我们阅读的书籍、社会以及我们自己的意图和各种欲望。我希望你们在专注地听我讲话，不要只是记下我说了什么，而要体验意识是多重影响的产物这一事实。话说回来，这些影响都是人为的，受之束缚的意识有可能发现超越其自身的东西吗？无论怎样努力的话？很明显这是不可能的。它只能将自己的状态以另外一种形式呈现出来。所以意识是受限的，而那种意识萌生的任何事物都是无法获得自由的；然而只有自由的头脑才能去发现。

现在，当你意识到，在任何层面发生的思维过程，不管是深刻的还是肤浅的，其实都是受到制约的，你意识到思维并不是一个可以解放头脑的因素；但是你也一定会非常清楚地思考，为的就是发现思维的局限性。然而，任何由受到制约的头脑萌生出的想法仍然是受限的。当这样的头脑思考上帝时，上帝其实就是那个受限头脑的反映。如果头脑能彻底意识到这一点并能投注自己的全部注意力，那么，你就能领悟到自由的来临。那样的话，头脑将不再受社会的操控，也不再是人类记忆东拼西凑的产物。只有那时，头脑才能体验到超越自身的东西。

（马德拉斯的第一次公开演讲，1956 年 1 月 11 日）

对权威的追随势必带来恐惧

　　如果每天观察发生的事件，我觉得很容易就能发现，每次尝试去解决许多困扰我们的问题，结果总会制造出更多的问题；在我看来，如果我们不理解思维的过程，并且因此无法净化头脑的话，问题必然会不断升级，数量也会越积越多。虽然每个人的表达方式不同，但是每个有智慧的人都知道头脑需要净化，简而言之就是说，除非向人发出做事指令的这个身体部位，即头脑是清醒的、公允的，不受各种各样、有意识或无意识的偏见、恐惧所束缚，除非头脑摆脱了所有束缚，否则，我们的问题就会越来越多，这点我们都懂，每个宗教也都以各自不同的方式这样宣称。但是，为什么我们好像总是无法净化自己的头脑呢？是不是因为我们的制度不够多？或者是因为正确的制度尚未建立好，还没有被应用于生活？抑或是因为缺少进行这种净化的方法或制度？的确，所有的制度和方法都在灌输传统，让头脑变得平庸，而当一个平庸的头脑面对严峻问题时，它一定是依据自身所受的束缚去解读问题。

　　我们发现，在解决任何一个有关人类的重大事件时，清醒、无偏见的头脑非常重要，为了净化头脑，我们必须确立一套制度、一个方法、一种惯例。然而，如果一个人很警觉，他会发现每项制度在实施的过程中，总会约束我们的头脑，头脑因此难能获得自由，无法从制度中得以解脱和净化。受困于这种制度，头脑会根据自身所受的束缚去解读问题或者回应挑战。对此，如果你深入探究下去，会发现这又是显而易见的。

　　在我们生活的所有层面都存在很多问题，为了应对这些问题，头脑必须保持清新、热切、警觉。为了造就这样一个警醒、清新、天真的头脑，我们都承认有必要建立一套制度。但同时我们也意识到，就在那个制度得以实施的过程中，头脑必然会被压迫得变形、受到限制、遭到扭曲。由此可以清楚地看到，制度并不能解放头脑，今晚，在深入讨论之前，我认为有必要先透彻地了解这一点。

我们中的大多数人都认为，方法、制度、惯例终将给头脑以自由，或者可以帮助头脑清楚地思考。但是，头脑非常清楚地思考问题，不带任何偏好，摒弃了那个以自我为中心的"我"、自己，这是任何制度能够帮得到的吗？实行一项制度不就是在鼓励自我吗？尽管认为这个制度可以帮你摆脱自己，挣脱那个"我"、自我，或任何可以用来指代头脑里以自我为中心的思想活动，但是，我们实行制度的这种行为本身不就是在强调以自我为中心吗？只不过这是个与以往不同的方法而已。

所以，制度永远无法解放头脑。大多数人的头脑都被束缚在了体制当中，这是传统的做法，必然导致中庸，此类事件几乎在我们所有的人身上都发生过，不是吗？头脑依据或古或今的习惯和传统，也就是我们所谓的"知识"来行事，头脑面临一个巨大的问题，问题总在不停地变化。不管是私人还是公开的，集体的还是个人的，任何问题都不是静止不动的。没有变动的只是头脑，它被困在传统和习惯的小树林里，耽于一种特定的思考方式，所以，在头脑的僵化不动和问题的持续变动之间，始终存在着矛盾。这样的头脑无法面对问题，也解决不了问题——这在我看来相当明显。

毕竟，你作为一个印度教徒，可以用印度教的文化传统来应对问题，好比天主教徒、共产主义者也可以根据自己特殊的状况来应对不同的问题一样。但是，大多数人都赞同头脑必须被清洁、净化，认为这样才能迎接新生命，找到上帝、真理或者你梦想的。

既然我们想要面对挑战，发现新事物，难免会说，必须实施一套制度来净化头脑；但是，当我们非常仔细地研读了正在实施的制度，却发现它严重扭曲头脑，根本无法让头脑获得自由。所以，下一步该怎么办呢？这是我们所有人都面对的问题，不是吗？这个挑战，正如当今的世界，是全新的，提出的要求也是新的，我们不可能用陈腐的传统、思维、记忆和旧知识来应对新问题。我们看到就在实践一种方法当中，头脑受到了摧残，就在培养美德的过程中，自我被进一步强化。美德的确必不可少，因为美德可以催生秩序，但是，如果美德是被培养出来的，而且每天都践行，那就不再是美德了。认识到这种情况，头脑应该怎么办呢？

显而易见的是，为了应对挑战，为了应对这个忧愁、矛盾、挫折都越来越多的异样的世界，头脑必须变得鲜活、纯净、无邪；那么，怎样才能让头脑到达那种状态呢？时间办得到吗？就是说，通过追求纯净、无邪、澄明的理想，浑浊、愚蠢、中庸的头脑能否通过时间达到那种理想状态呢？能够通过对理想状态的追求把现实转化为理想吗？当头脑说"我在此，还需要些时日就能抵达理想状态，理想就在那儿"时，头脑做了什么？它虚构了现实之外的理想，那么时间一定能缩短它们之间的距离吗？——至少我们都说这样可以。也就是说，证明时间有必要的理论我们早就提前准备好了：进化、成长必将带来发展，等等。但是，如果你非常仔细地研究这种说法："时间是实现理想的一种手段"，你会发现，极其懒惰和狡猾的心态才是导致把探究一拖再拖的根本原因。

从小我们就是在理想、榜样、终极完美这类概念的影响下成长，对于实现这些，我们都说时间是必要的。但是，时间是否能解除"自我"，即不再进行任何以自我为中心的活动呢？这些是所有伤痛和苦恼的根源。时间意味着实践，一步步走向理想；但是，那个所谓的理想却是头脑陷入自己所编织的痛苦和自身所受束缚的反映，也就是说，应该如何的理想状态是头脑受到制约的结果，是处于忧伤中的头脑对此一无所知、满脑子都是以自我为中心的思想活动的反映，因此，理想中所包含的只是现在的萌芽；如果能非常仔细地观察，深刻地思考，你会发现时间并不能涤荡"自我"，使之纯净。那么，头脑该去做什么呢？

你明白吗？没有任何一个制度能够解决上述这个问题。即使实施这种制度长达数千年，自我还会存留，因为实施体制的这种做法本身就会强化自我。理想也不能解决这个问题，因为（尽管普遍认为）实现理想需要时间，随着时间的推移，现在如何的现状就会发展为应该如何的理想状态；但是对应该如何的理想状态的追求又会妨碍对现在如何的现状的理解。所以，只有当头脑完全摆脱理想、摆脱随着时间推进会有所进步的观点时，才能真正理解什么是现实。然而，你有的也只是这两种手段，不是吗？你用理想作为杠杆来摆脱现实，或者你实行一个制度，这必然导致中庸；而中庸的头脑不可能应对一个高度活跃、需要你投注全部注意力的挑战。所以，头脑下一步该做什么？

我不知道你是否已经考虑过这个问题。在我们生存的各个层面，如经济、社会、情感、智力的各个层次都存在很多问题，我们总是从传统或是理想的角度来解决这些问题。我们用理论处理事实，可以非常清楚认识到：一个陷入公式、结论的头脑，只消一件事就能编出一大套理论，因此不可能理解事实。事实与理论之间总是存在冲突，而当我们冥想、牺牲、实践，这么做虽说都是在培养美德，但却永远解决不了这个问题，因为培养美德就是去强化自我，这个"我"只是变得越来越得体，仅此而已。看到这些，头脑能做什么呢？也许今晚我们该做个试验。目前为止，你们显然都在跟着我的思路，我觉得你们不会有异议。其实没有什么能够赞同或者反对，因为这些都是事实；不管你多抗拒一个事实，事实总是存在。而困难在于我们大多数人仍困在传统之中——传统就是沿袭下来的或者业已获得的知识、经验——我们以为我们有这样的头脑，就能接近事实——根据我们的情况否定或者诠释。我敢说，我们在场的各位现在都是这么做的，只是程度不同、强度不同罢了。

就像我所说，今晚我们能尝试一下吗？只是聆听，别总是回忆，去除头脑中的传统，摒弃通过聆听而有所得的出发点，汇聚你全部的注意力。如果一个人能以这样的方式聆听，那么改变会立即发生——不管是长时间或者短时间的，这并不重要。时间长短并不重要，重要的是是否能投注全部注意力去聆听。如果头脑中能去除所有传统、观点、评估、比较，而只是去听都正在讲些什么，倾注了全部注意力，你会发现，任何问题都将迎刃而解；因为在那种全神贯注中已不存在问题。问题都是由漫不经心造成的。注意就是美德，但是美德并不能由头脑培养——头脑被传统、环境，以及各种各样的影响所束缚。重要的只是去关注，既不诠释，也不评价；但是这种关注你可能无法练习。如果练习的话，你将再次蜕变至平庸，关注也会沦为一种传统做法。但是，如果头脑面对问题时倾注了全部的注意力，你会发现问题早已消失得无影无踪，因为那时头脑已经变成了一个完全不同的实体；它不再是时间的产物；而只有这种头脑才有能力接受永恒的事物。

我们绝大多数人遇到的困难是我们从来没有为任何事情投注过全部注意力，即便是当我们对某事感兴趣的时候也没有。当我们对某事感兴趣，它会吸引我们，就好比玩具吸引孩子一样；但吸引并不是注意。如果你能全身心地倾听，不去做任何诠释、比较、评价，那么所有传统都会被超越，头脑也会变得异常清醒、天真、纯净；这样的头脑就能解决有关生命的问题。

提问者： 甘地以斋戒作为改变他人心灵的手段。他的事例受到很多印度领导人的追捧，他们都争相仿效，把斋戒当成净化自己以及周围社会的良方。但是，自找的痛苦会净化人心吗？是否存在间接的净化方式呢？

克氏： 怀着对任何事都既不接受也不否认的态度，让我们不妨一起去探查下这件事。据说，受苦受难是净化头脑的必要手段。所有的哲学和宗教都基于这个思想，为你经受苦难之人就是帮你净化之人。会是这样吗？我们用苦难意指什么？导致苦难的原因可能是饥饿、衰老、疾病、生理退化。基于贪婪和嫉妒的社会必然会制造身体上的折磨：不管你是贫穷还是富有，这份苦难谁都逃不过。这很显然。此外还有精神上的痛苦。如果我爱你，而你不爱我，我就感觉痛苦。如果我雄心勃勃，想通过谋得高位实现自我价值，却因为发生了某件事而落空，我就会失意、难过。我们都说遭受苦难是个必然的过程，去接受好了；所以我们永远都不质疑，从不探问是否有必要在心理上忍受这种痛楚。我受苦受难，能为他人赢得好处吗？我能通过自己树立的榜样改变社会吗？如果有榜样的话，又会怎样？权威一旦建立，对权威的追随势必带来恐惧，恐惧则会让人碌碌无为、目光短浅。

我们就是在这种思想的熏陶下长大成人的：榜样、英雄、圣人、领导、古鲁都必不可少；我们由此都成了没有动力的追随者，留声机般不停地重复相同的旧有模式。当我们仅仅追随，丧失了所有独立存在的感觉以及作为独立个体所具有的透彻理解力时，我们的问题显然没有办法解决。

而且，如果你必须斋戒，为什么一定要在公众前斋戒？这样大吹大擂，这样大造声势，这样公开宣传，这样拼命敲鼓，到底为了什么？因为你想要给人们留下深刻印象，而且人们很容易被感动。然后呢？他们改变了吗？斋戒的目的是为了打动人心，还是为了发现自己内心所处的状态？如果你想给他人留下深刻的印象，那么它的意义其实很小，这只是一场政治秀，其间隐藏着剥削。

但是，如果你是想自我净化、自我了解，那还有必要斋戒吗？必要的倒是头脑敏锐、澄明，并且时时刻刻都保持这种状态，而不是一年只在几个阶段，这是你在与他人交往的过程中要充分意识的。这种意识会让你知道自己是谁。大肚便便显然会让人头脑愚钝；但愚钝的头脑也会为了清醒而实践某个方法。践行美德显然也会导致头脑迟钝；但是，为了让社会发生变化，我们认为苦难、斋戒、榜样倒是有必要的。当然，榜样会导致权威，不管榜样是高尚还是愚蠢，或者可能历史上如何斐然；一旦出现榜样一统天下的局面，头脑就只会屈从于某种模式。那种模式可宽泛，也可能狭窄，但是这仍然只是一个模式、一个框架，对某种模式紧追不舍的头脑必定不会有深刻的洞见。

遵从显然是一个原因。但是，遵从能让头脑获得自由吗？是不是头脑一定要墨守成规才能自由，或者自由一定要从一开始就存在吗？自由并不是人在生命终结时获得的回报，自由不是人生的目的，因为如果现在头脑无法获得自由，它将永远发现不了何为实相。

社会并不能借助榜样的力量来改变。社会可能会让自己发生改变，可能通过政治、经济改革带来某些变化，但是，只有虔诚之人才为社会带来根本性的变化；虔诚之人并不以挨饿的方式让自己成为榜样，并以此打动他人。虔诚之人根本不关心社会，因为社会基于占有欲、嫉妒、野心、恐惧。就是说，简单的基于社会模式的改变只能改变社会的表面，引发更加令人生畏的野心。但是，真正的虔诚之人并不在社会之内，因为他没有野心，没有嫉妒心，不遵守任何礼仪、教条或者信仰；只有这种人，而不是改革者，才能从根本上改变社会。成为榜样的人只能加剧冲突，加深恐惧，带来各种形式的暴政。

我们崇拜榜样、偶像的方式很奇怪。我们不想要本身纯净、真实的东西，却想要通过诠释者、榜样、大师、古鲁这些媒介来获得——他们的言论其实纯粹是无稽之谈，只能愚弄大众。如果我们每个人从一开始就能清晰地思考，那么这些榜样、大师、古鲁、制度都没有必要，但他们却实实在在地存在于我们的生活。

你看，不幸的是，世界给我们大多数人的压力太大了，我们所处的环境太压抑，家庭、国家、领导、工作不仅让我们失望，还把我们控制于股掌。尽管茫然，但我们仍然希望找到幸福，只是这种幸福绝不会稀里糊涂地走来。如果你被社会所压制，被环境所钳制，幸福就会远远走开。只有当头脑获得解放——这并不是说可以任思维天马行空地驰骋，只有那时，幸福才会来敲门。思想从来都不是自由的，但头脑却可以享受自由，那种自由到来的原因并不是通过深入探究无意识的诸多层面，或分析某些事件和经历留给我们的记忆；要体会自由的到来，我们唯有全情投入。在分析自我的过程中，一定存在分析者，但那个分析者也属于被分析的一部分，正如思考者也隶属于思想，即只是部分思想的载体一样，如果弄不明白这个中心问题的话，你将只会遭遇更多的问题，体会更深的痛苦。

任何方法都无法让头脑变得清醒、纯净而天真，即使用纪律约束或践行美德的方式也不行。美德是必要的，但是被培养出来的美德其实并不是美德。显然，我们还必须理解苦难。只要心中想着自己，"我""自我"，就必会遭遇苦难。人人躲避苦难。但是，就在躲避苦难的过程中，"自我"却会被强化，以自我为中心的人做任何事，推进任何改革，都只会导致更多的争执与悲伤。如果你真的仔细想想，这可不又是显而易见的嘛。

所以，要获得自由，我们必须在行动上完全跟社会脱离，在思想上不被社会所玷污，只有那样，一场真正的革命才有可能到来——这种革命与在经济、社会或其他层面所进行的浅尝辄止的改革不同。真正的革命必定发生在人自身，只有这样的头脑才能解决社会上涌现出的越来越多的问题。

现在，听完了所有这些，你是什么态度？赞同还是反对？正如我说，没什么好赞同或反对的。这些都是事实，知道这些事实你又能做什么呢？当然，发现这些很重要。发现以后，你还会回归这个社会牢狱甘愿做它的囚徒吗？或者，你现在是在全神贯注地倾听吗？如果是的话，那么，这种集中注意力本身自然会让你有所行动，你什么都不用做。就像爱一样，有爱，就会有行动；没有爱，不论你用什么方法——练习、训练、改革——心灵也不会变得澄澈，这也是正在这世上发生的事情。我们有榜样，有纪律，还有惊人的科技，然而，我们的心灵却是空虚的，充塞其中的都是头脑中的各类琐事；如果我们的内心空虚，我们许多解决问题的方法也相应无效。只有能投注全部注意力的头脑才懂得如何去爱，因为那种注意只产生于自我消失的时候。

（马德拉斯的第二次公开演讲，1956 年 1 月 15 日）

传统总在一成不变地孕育平庸

我们面临的重大问题之一，我认为，就是要做什么，在这个文明社会应该采取什么样的行动。这个问题如此让人困扰、矛盾，要处理好实在需要技巧。我们当中的很多人受教育是一回事，真正想去做的是另外一回事。政府想要高效的士兵和官员，家长希望孩子融入社会、赚钱谋生，这或多或少是在全世界范围内都遵循的模式。个人的职业在很大程度上是由他所受的教育和社会对他的要求所决定的。

如果你不介意，我想在今晚探讨一个更为复杂的问题。要是你愿意积极配合，对此稍加关注，我想你就会发现一种自然而来的行为，这种行为不是某种特定的文化所能培养或塑造的；这种行为可能就是解决我们生活当中复杂问题的方法。

我们对这种自发性行为，以及应该去做什么自然都很关心，应该去做什么通常由我们的周边世界而定。也就是说，我们都知道我们必须得在自己的能力范围内谋生，或者当个工程师、科学家、律师、职员，或者其他什么；我们肤浅的文化和教育都局限其中。我们把一天的大部分时间都用来考虑如何养家糊口，怎样迎合社会的发展模式。我们所谓的教育受限于技能培养和死记硬背一系列事实信息，这么做能帮助我们通过某个考试，谋得某份工作；我们所有的努力都止于那个层面，所有的行为都依据一个特殊社会，即正在筹划战争的社会基本要务而定。工业化需要更多的科学家、物理学家、工程师，所以，头脑在这一特殊层面应该想什么是被规划好的，这也是社会所热衷的。

事实上，如果你仔细观察，会发现这件事也是我们大多数人所关心的，即调整自己以适应社会的需求。所以，在所谓头脑被教导去关注的事情和头脑在无意识深层所关注的事情之间总是存在矛盾，我们当中意识到这种矛盾的人并不多；但如果意识到了，我们又会仅仅追求一种满足感，在面对自己不得不在某个行业谋生，同时却希冀在其他领域闯荡所带给自己的痛楚时，我们就会满足于找到一种简单易行的解决办法。不管你对此是否有所感悟，这就是实际发生在我们生活中的事情。从头脑受教育的浅表层面所发出的行为指令显然只会让人瞻前顾后，其中所折射出来的犹疑躲闪总是与人类彻底无所束缚的行动相矛盾。我认为这是很容易看出来的。

　　把人教育成为职员、律师或者从事其他职业的人，社会只在乎这一点，而政府和工业则需要科学家、物理家、工程师，需要为战争做准备、增加生产力，等等。所以，人们接受教育，如愿进入了某个行业，但是，完整的人格却并没有被发掘出来，相反，全都被遮蔽了，所以，人在自身内部总是存在纠结。如果我们仔细观察社会和政治行为以及人们的宗教追求，我认为，这点可谓昭然若揭。在平日的生活里，我们大多数人做事都与自己内心真正的诉求背道而驰，总是有各种各样的责任束缚我们，让我们窒息得想从中逃离，而这种逃离常常表现为推测上帝是否存在、研究有关上帝的理论以及各种宗教仪式，等等。这些包括酗酒在内的逃避的方式不可胜数，但是，这些人当中的任何人都没能去除内心的冲突。所以，我们接下来该做什么？

　　不知道这个问题你是否问过自己。在内心矛盾时采取行动注定导致更多的争执与不幸。世界上的政客们正在这么做。不管这些政客多精明，除非他们懂得头脑是被某些东西占据了，而且也领悟到了那种完整的人格，否则他一定会制造争端，由此便引出我想讨论的问题：是否会存在一种自然促发的，它既不是因为受到了影响，也并非缘自任何动机的行为呢？

请跟上我的思路。在影响之下而采取的行动是受到限制的。我们的头脑就是在数次历经各种自相矛盾的影响之后形成的，而在矛盾状态下采取的任何行动也一定是矛盾的，基于这种矛盾的社会和文化，无尽的冲突和不幸必定相继产生，这点又是很明显，不管你喜不喜欢，它都是个无可辩驳的历史事实。我们可以看到，虽然日常琐事占据着头脑的表层，但存在其深层的却是各种数不清的动机，比如想得到满足感，或是因为贪婪和嫉妒，以及难以遏抑的激情和恐惧，等等，它们全都齐聚于头脑，虽然我们可能并未觉察。已经抵达了这个层面，那么，头脑还能更为深入地继续探讨吗？

换言之，头脑在专注于什么？请记住，这可不是我的头脑，这是你的。现在问问自己，你知道自己一门心思都在想些什么吗？白天都忙些什么显而易见，你在办公室埋头处理日常工作。但是，撇开浮于头脑表面的这些日常琐事我们去深入探查，会发现头脑内部所执着的完全是另外一个事物，它可能是自我保护、安全感，也可能是个人抱负，等等，总体来说，这在一深一浅两个层面所专注之物是相互矛盾的。

为了让这次讲话既值得，又有意义，可以的话，我建议你通过倾听的方式去观察、去亲自发现究竟是什么在占据头脑。我想深入探讨下这个问题，因为我觉得，如果我们能完全理解这个问题的话，这种理解自会让人恰当地行事，而且，这样恰当行事因为并不是意志力使然或受到了训练，所以举手投足间散发着和谐。我说清楚了吗？

也就是说，除非你理解自己头脑所关注的全部，否则便不可能独立去做事。白天，表面上看你的头脑专注于工作和类似的活动，但在另一个层面和方向，它却被其他事物所吸引。所以，在头脑不同层面之间一直矛盾重重，我们想通过约束、统一，以及各种调整恐惧心理的方式来克服矛盾；因此，行为做事一向显得矛盾不安，这就是发生在我们所有人身上的事情。由此可见，怎样去做并不是问题，如果你追问应该做什么，答案必然与占据你头脑那个层面的想法相符，这样的话，将只会产生更深的矛盾。

那么，你头脑现在被什么所占据着？请继续探讨这个问题。你知道头脑每天都专注于什么吗？头脑每天都忙着处理日常活动，这点你很清楚。深入探究头脑，你知道它还被什么所吸引吗？你能觉知到头脑在深层的关注吗？如果能的话，你会发现这种深层关注与头脑在日常处理的惯例是矛盾的；或者，是头脑勉为其难地让自己去依从、适应日常的追求，又或者，这种矛盾如此不可调和以至于冲突从未间断，这样就会让身体罹患各种疾病。

先生们，现在不妨再看看，行动产自哪里？我想在这个世上有所作为，却不得不养家糊口、努力工作；或者我想去画画、写作，做个思想家、一个信奉宗教的独立个体。我想通过某种方式了却心愿，既然这样想了，相应必会有所行动。但是，这种行动的指令源自哪里？是哪个中心发出的呢？这是个问题。我发现，头脑各个层面都有所关注，顺应头脑的关注采取行动，注定制造矛盾和痛苦。

在一个家庭主妇、律师和追随上帝之人所采取的行动之间其实并无差别。从社会意义而言他们可能有所不同，但在现实生活中根本没有区别，因为家庭主妇、律师、追随上帝之人都在专注做事。某种专注就社会意义而言可能优于另外一种，但从根本上来说所有的专注都是一样的，没有更好的专注。

所以，行动指令源自哪里？从哪个中心出发，行为做事才不会产生矛盾，不会导致不和、痛苦与腐败呢？会不会有一种源自正宗出处的行动，而并非按照头脑所专注的而有所行动呢？我表达清楚了吗？可能没有。正如我所说的，这是一个非常复杂的问题，希望我没有把它说得太复杂。

让我们换个说法，你的头脑是有所专注的，不是吗？这很明显。那么，为什么头脑会执着于某些事物？如果任何事物都不专注会怎样？如果一个女人不总是一心想着厨房、一个男人不忙于事业，他们会去做什么？对这个问题的直接反应就是说，如果头脑并没有专注于处理当前的事务，那么它必将专注的是什么呢？——这也表明头脑是需要有所专注的。头脑如果无所专注就会感觉失落，因此它总会去追随专注。它的这种专注，发生在不同的层面，总是制造矛盾和争执，而争执出来以后，我们就会关注如何消除争执，至于头脑在专注什么、为什么而专注的这类问题从来都是漠不关心。但是，如果我们能够理解头脑在不同层面上的专注，那么，我们就会发现，当头脑无所专注时人们自然而为的行动，反倒不会制造任何争端。

你是否探究过头脑对某些事物情有独钟的原因？先生们，现在不妨试一试，即使只是为了找点乐子也好。但是首先，你要知道自己的头脑是有所专注的——这不难发现，对吧？你被自己的事业、升职、失败，或者与妻子之间吵来吵去等事情所困扰；托钵僧，即使这类所谓信奉宗教人士，他们也一样是心有所执的，为了让自己符合一个理想的模式，他们总是诵读经文，口中喃喃有词、吟唱圣歌不说，还反复参加各类宗教仪式，整天忙着自我训诫。

各种事情充塞了我们的头脑，不是吗？为什么？为什么它们会进驻到头脑里？头脑的本质就是任由这些或高尚或低俗之物来自己的王国安营扎寨吗？如果那样的话，它将永远无法发现真正的自发行为。头脑能观察，能参与，能发现，但做这些都不是在它忙碌不止的时候，而只在它有能力摆脱各种事情侵扰的时候。如果头脑只专注于某些事物，它在那种状态下无论发出什么行为指令都必定是受制约的，不但束缚人，还令人迷惘。试一试，你就会明白拥有一个尚存些许自由空间的头脑是一件多么微妙而不易的事情。在这个疯狂、令人迷茫和充满苦难的社会，如果我们迫切想要知道如何才能在这个世上恰当行事，那么，你就必须得面对这个问题。

我们的问题就是，为了避免出现矛盾、令人困惑的局面，我们采取行动时应该依从哪个源头、哪个中心的指令呢？社会改革者并不过问此类问题，因为他们想的就是行动起来、实施变革——然而，恰恰是在变革的过程中出现了争端。所有的政客和宗教领袖都在这样做。然而，大量诵读经书、遵从和适应社会根本解决不了我们的问题；相反，只会使问题增多。知道了这些，我们就必须探究为什么会出现这种令人迷茫和伤感的状况。究其原因，就是因为我们都想立即按照想法去做；而这种行为只发生在意识的最表层，它缘于进驻到头脑中的思想，来自所谓的受过教育的头脑。

现在，有哪个行为既不属于努力实践的结果，也不是主观意愿推动的结果吗？意志力行为也是受欲望驱使的。欲望，无论是否经过教化，受没受过约束，它都被限定在意识自相矛盾的层面。各位，你们注意到了吗？当你想要做某件事情的时候，矛盾马上就会现身，为了阻止我们，它或者向我们发出恫吓、提出要求，或者摆出失败的例证，同时还会以训诫的口吻说，"不要这么做"，这样一折腾，你就陷入了矛盾之中。纵观整个人生，我们就是这样被牢牢地困住了。从童年时代一直到老迈离世，这种矛盾和统一的问题一直如影随形地跟着我们。意识到这种现象，头脑可以发现一种产自身心和谐状态的行为吗？这种行为既不是遵从的结果，也不是影响的产物？我认为这是最应该探讨的大事，也是适合探讨的问题；一个人只有认识并理解头脑是被进驻到其自身的想法完全占据了，这种自发行为才可能被发现。

你知道自己的大脑在想些什么吗？层层深入，你会发现头脑里已没有一方乐土没被侵占。当你深入到无意识层面去探究到底是什么驻扎在头脑里的时候，即使那时是头脑表层正在检视无意识，头脑表层也自有它所关注的琐事。所以应该怎么办呢？每个人都想找到占据头脑的所有事物，因为他意识到，不找到盘踞头脑的所有事物，任何行动都必会制造矛盾，带来更大的痛苦。

那么，你现在知道是什么占据了头脑吗？你的头脑，如果它空无一物，会怎样呢？在发现自己头脑空空如也时，你会不会感到恐慌？所以，是头脑在热切地希望被占据。只消试一试，你就会发现，头脑里根本没有过一刻是处于空净状态的。如果你真的偶尔体验过头脑里空净无物的时刻，那么，如何返回现状或者保持那个状态又会成为你头脑所关注的新动向。

所以我认为，只有当头脑了解到各种杂念已遍布自己的每一处，有意识层面或无意识层面莫不如此，而且还知道头脑会在哪些时刻空净无物时，那种真正展示身心的和谐的行动才会自然而来。你会发现，只有在所有杂念移除头脑的那些时刻，人在行为举止上才能体现身心合一。当头脑里没有杂念进驻，它既没有受到社会的污染，也不是无数影响的产物，这样的头脑不属于印度教、基督教，也不属于共产主义、资本主义，因此，它自身体现了身心运动的完全一致，它当来则来，你既不用关注它，也不用为它思量。

如果你一直在尽力认真地倾听，如果你还没有昏昏欲睡，仍然是在全神贯注地聆听，那么，你即刻就会体验到头脑里无所进驻的空无状态。当一个人说话或倾听时，如果他能觉知到各种想法进驻到了头脑的不同层面，也能觉察到它们相互之间是何等矛盾；随着觉知到意识领域里难以调和的矛盾本质，头脑就会在自身内部发现一种空无一物的状态。这个发现进而就会带来全新意义上的行动。然后你就什么都不必去做，头脑会自发行动起来。

提问者： 我有一种强烈的不满足感，我一直试图通过某种方式减缓这种感觉。商羯罗和拉玛努金等老师都建议我追随神祇，或培养美德，以我们的老师为榜样。但是，您似乎觉得这种努力根本没用，能请您解释一下吗？

克氏：我们为什么感觉不满足，这种感觉有错吗？简单地说，感觉不满足显然是因为我们想要有所得。如果我是个知名画家，我画画是为了更加有名；如果我是位诗人，我会因为写不出好作品而郁闷，所以会致力于提升。如果我是所谓的宗教人士，在那个领域我也想有所作为。我追随圣人，以他们为榜样，希冀拥有如他们一样好的声誉。从小我就被教导以某人为标杆，一定要像他一样好，甚至比他还要好。可以说，我是在比较、竞争、抱负等观念的熏陶下长大的，我的整个人生因此随处可见不满足留下的痕迹。说到底，不满足就是嫉妒。我们的文化、宗教和社会都建立在这种观念之上。我们被激励即便是为了神，也要出人头地。一方面，在此刺激下，我们产生了不满足感；另一方面，我们则寻觅良方来解决这些不满足。对于经济或社会意义上的不满足，我们希望借助宗教手段弥补这种缺憾，于是为了消除不满足、寻找到安宁，我们开始冥想、自我约束。我们平时就是这么做的。而在我看来，所有这些都是徒劳之事，根本毫无意义。去追随、模仿，在宗教事务中树立权威是一件邪恶之事，就像政府的独裁一样，因为在那样的环境中完全看不到个体的存在。

现在你并不是个体，只不过是会模仿的机器，是某种特定文化或教育的产物而已。你隶属于集体，并不是个体，这不是很明显吗？你们全都是印度教徒或基督徒，属于这个团体或那个组织，相信某种教条或信仰，这意味着你们都是集体的产物；所以不是个体。如果是个体的话，你一定会带着满腔的不满足去寻找如何让自己满足，社会可不希望你变成那样，否则，你的重要性就太大了，你就会开始去质询、搜索、发现，因而也就变成危险分子了。

不幸的是，你们大部分人心生不满足都是基于对满足感的需求。一旦你感觉满意了，不满足就会走开，然后，你就会萎靡、衰退。你难道没有注意到吗？不管人在年轻时多么苛求，一旦找到一份好工作，他们的不满足感就会消失。给共产主义者们一份好工作，一切问题就解决了，这招对宗教人士也一样奏效。别笑，对你们来说也没什么两样。你想找到正确的大师、古鲁和训练方法，但是，这些都会变成牢笼，令你窒息，把你毁掉；而这种毁灭却会被冠以探索真理之名。也就说是，你想要永远心满意足，以为这样的话，你就不会再有困扰，不会再有不满足，也不会再想质询，这就是正在发生的事情。文化越古老，破坏性就越强，因为传统总在一成不变地孕育平庸。

所以，正如我们现在所知，不满足只是因为想找到永恒的满足感。那么，是否存在永远的满足感以及恒久的平和状态呢？或者说，是不是凡事都变幻莫测呢？只有处于变化状态、敢于质疑一切的头脑才能发现何为真实；因为真理并非静止不动的，真理总是全新的。头脑若杜绝任何知识积累、拒绝所有经验，它因而也会变得清新、年轻、天真，只有这样的头脑，才能领悟到真理。

那么，存在没有目的，也没有缘由的不满足感吗？这么问你懂吗？头脑的不满足如果有原因的话，它就会找到一个使自己满足的结论，最终毁弃自己的不满足。这样的头脑就会退化，会衰败。我们所有的不满足都基于某个动机，不是吗？但是，我们现在在问一个截然不同的问题。存在没有来由的不满足吗？你们不应当调查一下然后找出来吗？当然，这样的不满足都是必要的——或者，让我们换个不同的词，用什么词表示无关紧要。让我们称之为没有动机的举动。我认为，确实存在这样的举动，这并不是单纯的猜想，也不是一个给人以憧憬的想法。当头脑理解了没有动机的不满足，理解了诞生于因追求满足和恒定而在内心升腾起的不满足——当那种不满足的真相被看穿——那样的话，另外那个神秘之物的面纱也就被揭开了。但是，如果怀有动机，我们就无法理解并体验那个神秘之物。就目前来说，我们所有的不满都是有动机的：我得不到自己想要的，我的妻子不爱我，我没有人前显示得那么好，所以我一定要与众不同，等等。这样的因、果陈述不断叠加，由此便形成了我们称之为不满足的东西。

现在，如果头脑意识到整个过程，彻底地弄明白了，看清楚了其中的真相，那么，你就会发现一个根本没有任何动机的举动。这是一个举动，一个行动，它不是静止的，可能被称为神、真相或其他什么。在这个运动之中蕴含着无限的美，可以被称作爱；因为毕竟，爱是不需要理由的。如果我爱你，却想从你身上得到什么，那就不是爱——尽管我给它冠以那个名字——因为这背后隐藏着动机。社会或宗教的活动都基于动机，尽管被称为服务，其实根本不是服务，而是自我实现。

所以，能明白什么叫没有动机地去爱吗？这需要去探索而不能被实践。如果你说："我要怎样才能得到那份爱？"你就是在问一个没有意义的问题，因为你想要得到就意味着你怀有动机。当你为了得到爱而使用了某种手段时，那个手段就只能强化那个动机，也就是"你"。那样的话，你就变成重要的了，而不是爱。

如果你愿意非常深入地研究这个问题——这需要相当努力的工作，其本身也可以称为冥想——我认为，你会发现有那个没有动机、没有理由的举动；就是这样的举动，而不是你那个有原因的不满足之举，才会为世界带来和平。没有理由，却能做出这种举动的人，才是真正虔诚的人。他是个胸中有爱的人，因而也是能随心所愿的人。但是政客、社会改革家，这类人为了快乐而培养美德或者为了理解神祇，无论在各个层面所做的努力，都是有动机的，他们的这些举动都只能引发仇恨、敌意和苦难。

这就是为什么重要的是我们每个人亲自去寻找，而不要去追随商羯罗、罗摩衍那、弥陀或者基督的原因。要想亲自有所发现，探得某物，我们必须无所约束；但是，如果我们只是引用商羯罗或是其他权威，那又说明我们是不自由的。如果追随他们，我们将永远无法找到答案。所以，自由是一开始就要有的，自由从来不在末端。解放应该始自现在，而非将来。解放意味着摆脱权威、野心、贪婪、嫉妒，解放意味着以带有动机和要求结果的不满足来摆脱真正不满足所带给我们的窒息感。

必要的是掀起一场超越社会常规模式的革命，让革命发生在我们每个人中间，这样我们就成了完全独立的个体，而不是小商羯罗、小弥陀、小基督了。我们必须亲自走完这段旅程，完全独自一人，抛开一切支持、影响、鼓励或劝阻，去除所有动机。这趟旅行本身就是动机，只有踏上这趟旅程的人才能带来全新的事物，一种从未被世界玷污过的事物——社会改革家、行善之人、大师及其弟子们、兄弟会的传教士们，全都不行，这样的人永远不能给世界带来和平，他们只会制造麻烦。内心平和之人是那些摒弃权威，理解野心和嫉妒表现的人，是把自己与这个贪婪的社会结构和与传统有关的所有事物彻底隔绝开的人。只有这样头脑才是鲜活清新的，为了找到神、真理或其他心之向往的事物，你需要一个清新澄明的头脑，一个避免让文化和所处环境共同作用和影响的头脑。

（马德拉斯的第三次公开演讲，1956 年 1 月 18 日）

解放头脑是可以立即实现的

在我看来，我们面临的最困难的事情之一是发现我们到底在追求什么，无论我们是作为集体还是作为个体在追求。有些人或许想要按照社会主义、共产主义或者其他模式来改善这个社会，想为所有人带来经济上的平等机会，希望能以此使人类乐享安康。或者，也许作为个体的我们正在努力探讨人生到底意味着什么，为什么我们要受苦，为什么我们拥有的快乐时光如此短暂。世上还存在一个被我们称之为死亡的不可避免的终点以及对彻底消亡的恐惧，所以我们的大脑总是希望找到一个补救办法，一个经济的或者宗教的体系来解决我们的诸多难题，至少是在现阶段。另一些人正在努力找到更好的养育和教育孩子的方法，以便让人类不再为竞争、比较而斗争，也不再为贪婪、妒忌、情欲而挣扎。

所以对我来说，弄清楚我们到底在追求什么是很重要的，无论是作为个人还是集体。当你坐在这里倾听的时候，你到底在听什么？促使你不仅现在倾听，而且永不停歇地探寻、奋斗的动机、目的以及强烈的推动力又是什么呢？这种探寻是个人意义上的，还是集体意义上的呢？也就是说，我们都想得到某些东西，我们都在探索着某种结果。有些人认为我们已经找到了能够解决世界问题的经济系统，只要人们愿意倾听并且能够被组织起来。另一些人并不关心众人，他们正通过理解他们自己，或者通过对上帝、真理或其他事物的认识来创造一个更好的世界。所以，认识到我们在追求什么以及为什么追求是很重要的，难道不是吗？直到我们努力弄清楚我们的头脑在追求什么，我们为什么要参加各种各样的组织，跟随某一位古鲁，或者在生活中遵循某个承诺能够带来秩序井然社会的模式——直到意识到这整个过程的重要性，我认为，我们所为之奋斗的、所找到的东西才会具有些许意义。

大部分人都希望生活在一个秩序井然的社会，而不是一个基于野心、贪婪和嫉妒等价值观的社会。任何一个有智慧的人都想创造一个这样的社会，此外，他还想发现是否存在比身体存活更深层的东西，那些超越了头脑运行和反应的东西——你可以称之为爱、上帝、真理或者其他什么。我认为大部分人都想要一个理性的、有序的、平衡的世界，那里没有贫困与剥削，没有富裕的少数人，也没有以无产阶级的名义而变得强大、暴虐的少数人，以及其他什么。我们想要创造一个不同的世界。当然，这是所有有智慧、敏感以及富有同情心的人们想要的、正在努力去创造的社会。我们也感受到生命不仅仅是生产与消费这类事而已，不是吗？生命应该是更重要、更有意义、也更有价值的。

既然这就是我们大多数人想要的，那么我们应该从何着手呢？如果我感受到这对于全部人类都十分重要，那么我工作的最终目标是什么？我应该用我的生命、能量、活动致力于创造一个理性、有序、平衡的世界，一个其中没有独裁、没有贫穷，少数人不能通过暴力、集中营等等指挥大多数人生活的世界吗？我应该从关心改善现今的世界以及人们的经济福利开始吗？还是我应该从致力于改变人们的心理这个目的出发？这个目标最终会变得比另一个（即物质追求）更重要吗？即使我们想要创造一个有序而公正的世界，难道那些追求权力，拥有地位、威望，具有心理操控欲的人们就不会再制造混乱与苦难了吗？那么，我们应该从哪里开始呢？我们到底是要把重点放在心理上，还是物质上、经济上呢？

这是我们都会面临的问题，我并不是要把这强加于你。显然，革命是一定会发生的。这革命应该是经济上的还是宗教上的呢？这真的是一个问题。考虑到这个世界的异常状态——充满暴力、苦难、困惑以及各类专家的吵闹之声，如果你真的诚恳地、积极地想要亲自发现，发现自己作为一个个体是否能为这场最根本的革命做出贡献的话，这不就是你应该关注的问题吗？如果这场革命仅仅是经济变革的话，我认为它并没有多大意义。我认为这革命应当是宗教意义上的，也就是心理层面上的。对我来说，这场革命最主要的就是要能够带来一种不同的思维方式，而且要对头脑进行最彻底的革命。因为，毕竟我们关心的是头脑，而头脑可以用任何系统来让自己获益。无论你引进什么法律和制裁手段，头脑总是会继续为了自己的利益而运转。我们已经从历史上一个接一个的革命中看到了这一点。

那么，对于我们这些认为头脑革命迫在眉睫的人来说，这场宗教革命应该如何进行呢？我用"宗教的"这个词，并不是指谨遵教义和传统，或接受这个或那个教条、信仰。对我而言，这些都不是宗教的。那些践行某种宗教仪式，系圣线，即前额上系着什么东西的人，或者每天苦思冥想几个小时的人，根本就不是笃信宗教的。他们只是在接受权威，然后不假思索地服从它。宗教当然是完全另外一回事

现在，这场头脑革命应该如何进行呢？我认为只有当我们理解了意识的整体性之后，这场革命才会发生。而这件事比较复杂，如生命中的几乎所有其他事情一样。只有头脑能够完全理解它自己的运转状况，它才有可能摆脱集体主义，从而在内在引发一场革命。

现在你并不是一个个体，是吗？你也许拥有一栋独立的房子，一个与众不同的名字，一个属于自己的银行账户，还有一些特定的品质、气质及能力，但是这些能使你拥有个性吗？还是只有在我们明白了头脑的集体化过程之后个性才会产生？头脑毕竟是集体的产物，它由社会所塑造，在无数条件作用下形成。无论你是印度教教徒、穆斯林、基督徒还是共产主义者，你都是周围环境、教育、社会、经济以及宗教等共同影响下形成的，这些东西让你有了特定的思维方式。所以你是集体的产物。

那么头脑可以让自己脱离集体吗？当然，只有脱离了集体，头脑才有可能彻底重新思考，不再考虑什么宗教或什么主义，不再考虑西方的或东方的。我们的问题传统方法是解决不了的，根据某种模式或是思维体系也无法解决。所以问题是，头脑能够让自己脱离过去，脱离它所受到的所有影响，从而发现一个全新之物，一个过去从未经历的东西，比如现实、上帝或别的什么吗？我表达清楚了吗？

我们有一系列非同寻常的挑战要面对，不是吗？挑战总是新的，而如果头脑会受制于信仰、传统以及某种特定模式，它能够恰当地应对全新的挑战吗？显然它不能。但是我们大部分人都处于这种状态。政治家们、专家们，还有所谓的有宗教信仰的人们，都是根据一个受限的背景做出回应的，这就意味着他们的反应总是不恰当，也因此制造出了越来越多的问题。我们接受这些问题是不可避免的，是生活过程的一部分，并且忍受它们；但是，或许还有一个不同的办法可以解决这整个问题。

那就是，头脑可以让自己摆脱限制吗？请听着。不要回答"是"或"不是"，让我们一起来探讨整个头脑是否可以摆脱限制，这个头脑不仅包括被日常活动所占据的有意识部分，还包括在一些更深层面，习惯于按照一直被教养的传统方式思考的头脑。这种自由是假以时日就能实现还是可以立即实现的呢？一个受制约的头脑会坚持说摆脱限制需要一段时间，需要循序渐进地进行，但这种论断可能是它受到限制的另一种反应。

请大家跟着自己的思维进程，不要只是听我在说什么。对此一笑而过，或者接受，或者否认，显然都是荒谬的，因为这个问题会继续出现。由于自己的头脑受到了限制，所以我们大都认为，头脑必须历经逐步跨越几代人的过程，而且需要纪律约束等等，才能摆脱限制。现在看来，这样想问题的方式或许是最不正确的。解放头脑，恰恰相反，是可以立即实现的。我认为它可以立即实现——这并不是个观点问题。如果你审视一下头脑的整个思维过程，你会发现，头脑是时间、累积的经验、知识共同作用的产物，所以它做任何回应总是依据这一背景。因此，当你坚信头脑只能循序渐进地摆脱自己所在的环境，这是个时间问题，那你只是在依据自己受到的限制在回应。然而，如果你完全不做回应，只是因为自己不知道而在认真聆听——你的确不知道头脑是否能够立即摆脱所处的环境或受到的熏陶——那么，你就有可能发现问题的真相。

有些人认为头脑永远也不可能摆脱环境的束缚，所以，我们不妨改善它所处的环境。之前，头脑被限定于崇拜上帝，这是一个幻想、一个神话，是不现实的。那么，现在我们应该用一种更好的方式对它加以限制，也就是说去崇拜某种状态，作为少数的、掌握了这种或那种思想体系的专家的状态。对这些少数人来说，这个问题非常简单。他们声称，头脑不可能摆脱环境的限制，所以只关心如何改善所处的环境。但是他们的断言又只是教条主义，而且他们并不想发现真理。毫无疑问，头脑要发现真理就不能对任何事情下断言，不能接受也不能拒绝。

那么，什么是既不接受也不拒绝的状态呢？我希望你们现在正处于这种状态。显然，那样的话，你的头脑就可以自由地探究，而当头脑可以自由探究时，它不就是已经摆脱了各种限制了吗？当头脑探究时，不流于表面，不为了探究而探究，也不是出于好奇心太强，而是坚持用它全部的能力在探寻，这样的头脑显然已经摆脱了所有宗教和政治教条，它就不会属于任何宗教，不被任何信仰或意识形态牵绊，也不服从任何权威。有探究之处就不会存在权威。只有能够自由探究和发现的头脑，才能带来根本的宗教革命。自由的头脑才是真正虔诚的，因为它是鲜活的、单纯的、全新的，或者，这种头脑本身就是真实的。

提问者：你说传统的方式总会导致平庸，但是难道我们不会因为没有传统而感到迷失吗？

克氏：我们所说的传统指的是什么呢？传统是对信仰、习俗、经验或者知识以文字或口头表达的方式进行传承，包括科学、音乐、艺术、宗教，以及伦理道德。想必，这就是我们所指的传统。而当我重复这些流传下来的传统时，这种徒劳的重复却使头脑变得迟钝而平庸。知识在一些特定的职业中是必要的。要建造桥梁、分裂原子、驾驶汽车、生产许许多多现代生活中的必需品，知识是必要的。但是当知识变成传统，头脑就会停止创造，只能机械地运转。世界上有比人类计算得更快的机器，而如果我们只是在宗教或者其他方面接受传统，显然我们就会像机器一样，迟早会变得落后。传统能让我们在社会中得到一种安全感，我们害怕出离常规。我们害怕邻居的闲言碎语；我们有女儿要嫁，所以必须小心翼翼。我们的头脑按照传统方式运转，因此变得平庸，永远也摆脱不了痛苦，这显而易见。我们口头上承认这个事实，但是我们在内心深处，在行动上却不承认这一点，因为我们都希望得到安全感。而安全感是很奇怪的东西，当我们追求安全感的时候，却总是创造无法给人安全感的环境和价值标准。这恰恰是这个世界上正在发生的事情。我们所有人都在各个方面追求安全感，如经济方面、社会方面、国家方面，但是，就是这一追求安全感的欲望才导致了混乱与不安全。

所以，头脑在传统的限制之下运转是因为希望得到安全感，而追求安全感的头脑永远无法自由地去发现。你无法抛弃传统，但是如果你明白了这整个过程，这个过程给予我们的心理暗示，你就会发现传统不再具有任何意义，你将不必费心去抛弃传统，因为传统会像枯萎的树叶一样自主飘落。此后，生命就会具有不同的意义。

提问者：世界上有许多关于认识神性的冥想系统，但是您好像哪个都不相信。那您认为什么才是冥想呢？

克氏：人们认为冥想是什么并不重要，因为思想总是受到限制。当然，认识到思想是受限的这一点很重要。因为它是对记忆的回应，所以并不是自由的思考。如果你没有记忆，你将无法进行思考。对记忆的回应，是受到制约的，就是我们所谓的思考。因此这不是一个我们如何看待冥想的问题，重要的是揭示什么是冥想。

一个无法全情关注，即集中所有注意力的头脑——不是专心，而是汇聚全部的注意力——是永远无法发现任何新事物的。所以冥想是必要的，但是我们大多数人在乎的是体系、方式、实践、姿势、呼吸的方法，还有其他等等。我们不关心冥想是什么，只关心如何去冥想，我认为这两者具有极大的差别。对我而言，冥想正是发现冥想是什么的过程，而不是遵循一个体系，无论它有多么古老、无论是谁教给你的。当头脑遵循了某个特定的体系或训导，即使那个预期结果是有益、有成效的，它也显然已经受到了这个体系的制约，所以它就无法自由地发现什么是真理了。因此，我们正在努力探索冥想是什么，而不是如何去冥想。如果你愿意听，不仅仅是在口头上说愿意听，而是确实愿意听，你就会发现冥想到底是什么。

你知道冥想是什么吗？你只能知道冥想的体系，因为你想要得到一个冥想产生的结果。你想要开心，想要达到这个或那个目标，这样来看，你的冥想是预先计划好的。不要一笑而过，要仔细观察。你的冥想仅仅是重复，因为你想得到一个已经存在于头脑中的结果：变得开心、善良，发现上帝、真理、和平或者别的什么。你已经规划好你想要的东西，而且找到一个得到它的方法，而这就是你所谓的冥想。归根结底，你所规划的是结果，与你现在拥有的、与你现在所处的状态正好相反的一个结果。如果你暴力，你就想得到和平，然后你找寻一个体系、一个方法来获得和平。但是，就是在这个追求和平的过程中，你限制了自己的头脑，因而它无法发现什么是和平。头脑只是基于自己对暴力的理解构画了和平的概念。

我们当中的大多数人认为学习去集中注意力就是冥想，但这是冥想吗？当你给小孩子新玩具时，每个小孩儿都能聚精会神。当你工作时，如果你对你的工作非常感兴趣，你也会全神贯注；或者因为有赖于某份工作维持生计，你对之也会集中注意力。但是，并没有什么很重要的事情依赖于你所谓的冥想，所以你必须强迫自己集中注意力。你的头脑会走神，然后你挣扎着让自己重新专注，而这显然不是冥想，这只是学习一个窍门——如何让自己全神贯注于不太感兴趣的事情上。我们都知道，美德若是被践行的话，它就不再是美德。美德是不需要动机的。善良也同样不需要动机，如果有了动机，它就不再是善良。如果我是因为自己会得到回报而变得善良，那当然善良也就不再是善良；而为了摆脱得到回报和刺激的想法，我的头脑就要通过正确的教育经历一次彻底的革命。所有这一切都是冥想，它帮助头脑发现什么是冥想。

当然，没有自我认知，冥想是不存在的。而自我认知就是认识到头脑是如何追寻动机，如何使用体系和自我约束去得到自己所追求的东西，以及它希望获得什么。认识到这一切就是冥想，冥想不是仅仅努力营造头脑的平静。头脑的平静可以通过服用药物或者重复某个短语而轻易获得，但是在那种状态下，头脑仍然不平静。只有头脑认识到什么是冥想时，它才能真正沉静下来。沉静的头脑并不会昏昏欲睡，沉静的头脑异常警觉。然而，被迫让自己沉静的头脑则是迟钝的，而迟钝的头脑永远也不会领悟到超越自身的东西。头脑只有在明白自己的全部思维过程时才能发现或经历到底是什么超越了它自己。而要理解这些需要投注全部的注意力，要充分认识到自身活动的重要性。你无需练习某种强制自己的方法，对于头脑来说，能毫不扭曲地观察自身，就是令人震惊的在自我规约了。要做到不曲解自己所看到的，头脑必须摆脱所有的比较、判断和谴责之念，不是在最后，而是在一开始就要摆脱，这都需要凝聚大量的注意力。然后你就会发现你的头脑即使无人敦促也会完全沉静下来，不仅仅是表面上，而且在内心深处。一个人可能会偶尔经历这种沉静，但是这种经历反而会变成一种阻碍，因为它会成为一个记忆，一个了无生机之物，却累积起来。

所以，为了让头脑沉静，人们必须抛弃所有经验。而当头脑真正沉静时，这种沉静里自会蕴含无法用言语表达的东西，因为这其中不可能包含识别。所有可识别的东西都是已经被认知的，而当头脑沉静的时候，它完全摆脱了所有的已知。

（马德拉斯的第四次公开演讲，1956 年 1 月 29 日）

自知之明是智慧的起点

对于我来说，生活中最困难、最艰巨的事情之一就是把某件事看作一个整体，对众多事情有个全局观；而且，我认为很重要的一点是：我们要理解为什么头脑总将即刻的行为分解成一个个模式和细节，为什么头脑看来似乎无法一眼便领会存在物的整体意义。我不知道你们是否从这个角度考虑过。我们大多数人都用注重细节的视角，狭隘的头脑，被我们所在的社会及文化所制约、塑造的头脑去对待生活中的复杂性、难题、苦难和挣扎。我们似乎从未能够立刻领会到任何事物的全部意义。我们不能马上看到整棵树，相反的，我们好像只是先看树叶，然后自那儿才逐渐开始看到整棵树。因此，我认为，重要的是理解为什么我们的头脑从表面上看总是不能立刻看清事物的真相，为什么头脑无法影响真理，而只能任真理自己运作。毕竟，真理、上帝或随你怎么称呼，是不能被一步一步靠近的，它不能像轮子那样可以被一块一块地组装起来；对于真理，你们必须马上理解，否则就一点也理解不了。

我认为，我们中大多数人都习惯于通过累积知识、分析或培养美德的方式来处理这个问题。倘若一个人观察自己头脑的日常活动以及它所有的运作方式，以为这样就会让自己明白头脑逐步把各种事物汇集、学习、掌握和拼合在一起的方式，同时还希望借此捕捉到某种超越这种累积过程的事物的话，他这么想可能就是大错特错了。

我们大多数人都在寻求什么？不管我们是印度教徒、基督教徒还是其他什么，我们都在努力寻找某种超乎纯粹的思想活动的事物，不是吗？

这种寻求就是我们所谓的宗教。我们践行各种约束自我的方式，我们根据某些体系进行冥想一直期望领悟到那个超越头脑预先策划的结果。不过，当然了，要想理解或者体验超越头脑的事物，一定不是精心策划的摈弃自我、"我"及"我的东西"的一出戏，而应该是未经任何策划地完全抛弃自我。我不知道在这一点上我是否讲明白了。尽管我们认识到了摈弃自己、"我""本我"的重要性，但是我们所有的活动、思想、行为及宗教律条实际都在鼓励自我。认识到分析者与被分析者所做的徒劳之举，感知到各种形式的替代物、各种纪律约束都只是在以一种微妙的方式加强"自我"，因而是种障碍，头脑是否还能够抛弃那整个过程呢？换句话说，我们的思想是受制约的，不是吗？我们成长所在的社会及文化，还有其他各种影响因素，从孩童时代就开始塑造我们的思想，使我们成了印度教徒、共产主义者等。头脑的整体，包括显意识和潜意识，能否立刻——而不是逐渐地，一步一步地——摆脱制约呢？当然，那是我们的一大问题。我们的头脑是被塑造的、受制约的，被限定在一个框架之内；不管头脑可能多么努力地想打破制约它的框架，这种努力却正是它自己制约的结果，因为思考者与他的思想是不相分离的；努力要逃脱自我之囚笼者也是自我的一部分，不是吗？而当我们认识到这点，意识到它的真相，头脑是否能彻底摈弃这种受限制的思维方式呢？

我认为，我们此时应该思考一下倾听的意思。当我们倾听别人说话时，我们是怎么听的呢？如果我们在倾听时带有目的，带着找寻、发现和学习的欲望，那么，显然，我们并没有在倾听，因为我们关心的是获得，这样倾听便成了一种没多大意义的只是浮于表面的听。但是，如果我们在倾听的时候能够去除有所得的目的，那么，我认为某种革命性的——出乎意料、未经预谋的事情就会发生。

先生们，你们知道，正如我前几天所说的，我们每个人都在寻找某个东西；而我们中的大多数人并不知道我们真正在寻觅什么。要去寻找，去探究，首先就得获得自由；可是，显然，我们是不自由的，因此，我们的探寻根本没有任何意义，仅仅是为了获得更大的舒适度、更强的安全感，所以说，我们是自己欲望的囚徒，寻寻觅觅也是为了实现自己内心的憧憬，这样的探寻已不再是真正的探寻。如果观察自己，我们会发现自己一直在渴望找到某种和平、拥有永久的舒适和绝对的安全；而这种渴望从一开始便让我们成了囚徒。

因此，在我看来，重要的是理解自己头脑的运作过程，而不在于探索是否存在真理——或其他事物。没有自知之明，不了解自己，所有的探寻显然都会徒劳无益。那么，认识自己很难吗？自我由个人的欲望、贪婪、野心、动机、嫉妒，以及头脑所坚守的信念所组成；而认识这整个过程——有意识的、无意识的，在发现新事物之前无疑是必需的。尽管如此，我们还是对此漠不关心。我们不热衷认识自我，不在乎是否了解自己的头脑。相反，我们总是在躲避这种认识，把我们试图据之生存的某些模式强加于头脑。

无疑，智慧的起点就是自知之明。倘若不了解自我——一个非常复杂的实体，所有的思考都没有多大意义。倘若头脑对自己持有的偏见、虚荣、恐惧、野心及贪婪无所知觉，它有怎样才能发现真理呢？它所能做的仅是思索什么是真的，拥有教义、教条，给自己设限，机械地思考，遵循传统，从而制造越来越多的问题。所以说，重要的是理解自己的行为方式；而理解自我并非为了改变自我，也并非是想否定或控制自我，而是去观察自我。倘若我想了解某物，我就不能评判它，不是吗？倘若我想了解一个孩子，我就不能谴责他或拿他跟别的孩子比较；我必须研究他、观察他，知道他所有的行为方式。类似地，如果我想了解自己头脑的整个运行过程，我就必须善于观察、保持警觉，不动声色地觉知自己的说话方式、手势动作及潜在的动机；如果我批判或对比，这些都不可能做到。我认为，人理解自己头脑的整体构成堪称生命中最重要的事情；

而人只有在关系中才能观察到头脑的运作，因为任何事物都不是孤立存在的。我们只能在关系中存活；关系是观察头脑活动的镜子。

因此，头脑是受制约的，是过去的产物，我们所有的思考都是过去的体现；但问题是，这样的头脑可否理解永恒的、超乎自身的事物呢？正如我几天前所指出的，我们需要的是宗教意义上的革命；而只有当我们每个人都从各种教条、教义及仪式中解脱出来，宗教式革命才能发生。无疑，只有到那时，头脑才有能力理解自己，从而达到无思无虑的境地——思考好比是过去在做运动。

现在，我们试着通过思想解决我们的问题——是思想引起了问题，因为思想反映的是过去的历程与结果。所有的思考都是受制约的。倘若仔细观察，你们会发现没有什么思考是无所束缚的，思考是过去在运动，是记忆的反应；我们已经把思想作为发现真理的手段。然而，只有当头脑完全静止的时候——不是被变得沉静，亦不是受到约束或强迫——只有在那时，真理才能够被发现。而只有在我们通过自我认识理解了头脑的整体结构时，这种静止状态才会出现。自我认识是通过觉知，通过思想的警觉性实现的，在认识自己的过程中并不存在观察思想的实体。只有当出现批判和指挥思想的欲望时，思想的观察者才会现身。毕竟，思考者是思想的一部分，不是吗？没有思想就没有思考者；但是，出于考虑自身安全的种种原因，我们将思考者从思想中分离开来，制造这种分离是因为我们想拥有一个永恒存在的实体，我们称之为精神实体；但是，如果你们观察得非常仔细，你们会发现根本就不存在永恒的事物，所有的只是思维，而思维又是过去、经历及知识在做运动。

请注意，只要思考者从思想中分离出来，就一定会有冲突，以及二元对立的过程，行为与想法之间就会出现差距。可是，难道头脑就不能实实在在地经历那种超凡的状态吗？——在那种状态里，只有思维，没有思考者，只有一种既无批判又无比较的意识。批判、比较的过程就是思考者把自己从思想中分离出来的方式。只存在思考，而思考并不是永久的。因为意识到了思考的非永恒性，头脑创造出了永久之物，如神我、高我及其他，但这仍是思考的过程。思考是受制约的，是过去、累积的经验及知识共同作用的结果，所以，它永远无法引向未知和永恒。毕竟，自我、"我"，只是记忆的集合体；即使你们赋予它精神的特质、永恒的价值，它仍处于思想的范围内，所以，并非持久存在。

对于大多数人来说，难处就在于摈弃头脑的这一"永恒的"特质——这特质其实是其自身的虚构。我们大多数人都想要以这种或那种方式存在的永恒，因而头脑赋予了它恒久的特性，我们称之为现实、上帝。当然，没有什么事物是永恒的。真理不是连续的，也不是永恒的，而是某种需要在当下发现的事物。当头脑对某种真实存在的事物产生了瞬间的体验，它就渴望将那个现实变成永恒之物，而永恒之物变成了过去，此后就会被拘役在时间的旷野里；但是，只有当过去死去，新事物方可存活。这就是为什么人必须拒绝累积每次体验的原因所在。只有当思维简单、鲜活、天真，卸去知识的重负时，它才能够进行直接的感知。

每种形式的体验都变成了进一步认识的工具，不是吗？我昨天遇见了你们，于是，我今天认出了你们。头脑就是识别过程的展示，通过这种认识的过程，我们试图体验真理；可是，真理以这种方式是体验不到的，因为真理是无法辨识的。倘若你们能够认出它，那它就是源自过去，被限定在了记忆中，记忆是已经知晓的，因而它并不是真理。所以，要发现真理，头脑必须处于那种没有体验者的状态，这意味着那个识别的过程必须终止。你们会发现这并不像听起来的那样不可思议。当你们看到美丽的落日时，会发生什么事呢？你们马上对这种美做出回应，而后你们开始比较；一周前你们看到的落日更为漂亮。因此，你们创建了一个连接，新的经历已经和过去的联系在一起了。这种比较的过程就是识别的行为，这种行为阻止头脑持续体验新的事物。

毕竟，头脑想是已知物的产物，它总是试图以已知的角度来理解未知。只有摆脱了已知的时候，未知物才有可能现身。已知就是"我"，不管你们把它放在最高或最低的层次，它仍然是"我"——由累积的经验和识别的过程共同构成。这个"我"无法理解我们称其为生活的这一非凡事物的全貌。这也是为什么世界上的人被分成基督徒、印度教徒、佛教徒以及穆斯林，这也是为什么我们把印度分解成若干语言片区的原因。所有这一切都是受限于已知领域的狭隘头脑的作为。要让未知物现身，我们必须摆脱已知事物。这是个事实，很显然是如此；因为现实或上帝或任何你所期待的，都无法被理解、无法被识别的。知识、识别，都是过去的结果，而头脑若想通过已知寻求未知，就永远找不到真理。只有当头脑摆脱了已知时，未知物才能出现。

请注意，当你们听着这一陈述，这一显而易见的事实时，会发生什么？如果你们对之付出你全部的注意力，你就不会问询如何才能摆脱已知。头脑永远无法使自身脱离已知；如果那样做了，它也只是制造了另一个已知罢了。然而，如果你们专心致志听这个事实的话，那么，你们就会发现，这个事实本身会开始运作，就像是种子里的生命开始破土而出一样。于是，头脑不必去做任何事。如果头脑影响事实的话，它只能操作细节，将许多小部件组合在一起建成一个整体而已；而把许多小部件组合并不能造就整体。整体必须是即刻被感知的。这就是为什么理解思维方式很重要的原因——不是通过读书，不是通过阅读《薄伽梵歌》或《奥义书》，而是通过观察你们与你们的妻子、儿女、邻居、老板的关系，通过观察你对你们的仆人、公交车司机的讲话方式来理解其思维方式。于是，你们就会开始发现思想受制约的深度，而在发现思想受制约时，你们也会获得自由。重要的是发现而非纯粹的重复。通过不断地发现自我之道，思想变得很平静，没有压抑，没有约束，没有受框限；而对于这样的头脑，因为它脱离了已知，未知就有可能形成。

提问者：在印度，我们几个世纪以来接受的教导都告诉我们要重视精神，而我们的日常生活就是宗教仪式和典礼的不断轮回。这是精神吗？如果不是，那么，什么是精神的呢？

克氏：先生，让我们找出精神的意义吧——不是指你们在字典里能查到的那个词的定义，而是说，现在我们都在这儿坐在一块，就让我们一起真正地体验一下那种境界——如果存在着那种境界的话。

如果思想被权威——不管这个权威是书本、宗师、教义，还是经验——所削弱，它就无法发现真理，不是吗？思想是否能从所有的权威中解脱出来呢？也就是说，思想能否停止在权威中找寻安全感呢？无疑地，只有不怕不安全性、不确定性的头脑才能够发现什么是精神。一个单纯接受教义、教条，践行宗教仪式、典礼的人是不能够发现什么是真理、什么是精神的，因为其思想被框在了传统、恐惧及贪婪的模式中了。

那么，受限于宗教仪式的思想是否能立刻抛弃它们呢？无疑，这只是一种测试，因为在抛弃它们时，你们会发现其中包含的所有后果；恐惧、敌意、争吵，思想不愿面对的所有事物，都会出现。但是，我们从不这样做。我们只是谈论精神。我们阅读《奥义书》《薄伽梵歌》，背诵咒文，玩弄着仪式，然后称之为宗教。

无疑，精神必须是不受时间限制的。然而，思想是时间、无数的影响因素、想法及强加之物的结果；是过去，即时间的产物。那这样的思想是否能够发觉到永恒之物呢？显然不能。它能够推测，能够徒劳地摸索或重复某些别人已有的经历；可思想作为过去的结果，却永远发现不了超乎时间的事物。所以，思想能做的一切就是完全静止——没有任何思想的流动，而只有到那时才能到达永恒的境界；到那时思想本身才是永恒的。

因此，宗教仪式不是精神的，教条、教义或某一特定系统的冥想也不是；因为所有这些事物都是找寻安全感的思想的结果。只有当思想没有了动机、不再寻求时，才能够体验精神的境界；因为所有的寻求皆是基于动机的。只有能够做到不询问、不寻求，一无所是的思想——只有这样的思想才能理解什么是永恒。

提问者：*我参与了最近的晨间讨论。您是想要我们不做任何思考吗？那如果我们得思考，我们该怎么思考？*

克氏：先生，完全不思考就会陷入健忘症、白痴的境地了。如果你们不知道你们的住址，不记得回家的路，这会出事的，不是吗？我们必须思考。我们的思考必须是清晰的、理智的、有目的的、直接的。思想是我们拥有的唯一的工具，我们要靠它进行思考来学会一门技术，使我们能够找到一份工作、谋求生计；但是，除此以外，我们的思想就变成了抱负、贪婪、忌妒，而我们的社会正是建于这些东西之上的。在我们的教育体系中，我们永远关心的是，帮助受教育者适应社会；所以，我们的思想，及下一代人的思考，关心的都是适应建立在贪婪、忌妒及占有欲之上的社会。然而，教育的作用并不是帮助年轻人顺应这个腐朽的社会，而是帮助他们摆脱社会的影响，这样，他们才有可能创造一个新社会、一个不同的世界。

思考是必需的；可当思想被贪婪、忌妒、整个的自我所占据时，那么，显而易见，思想就是腐朽的，而任何基于此种思想的社会必然会退化。如果在思想中，自我被训导成美德、体面及从众性，那么，它就会成为发现真理的一大障碍。这就是为什么在思想中进行一场革命——宗教改革是很重要的；而这只有在你们和我都不再属于这个社会时才会发生。这并不意味着裹上缠腰布、抛弃栖身之地，而是意味着使自己从内心上完全摆脱所有的占有欲。这意味着不贪婪，不野心勃勃，不追寻权力，这样就不会有渴望有所作为的自我了——不管是世俗上的还是精神上的。唯一的革命就是这场宗教改革，它与任何教堂、任何组织、任何教条或教义，都没有任何关系。这场革命必须发生在我们每个人身上；只有到那时，我们才有可能创造新世界。

（马德拉斯的第五次公开演讲，1956 年 2 月 1 日）

PART 07

玛那帕尔村庄，1956 年

不能用受制约的头脑去面对问题

当我们面临着很多难题时，当世界陷于战乱或正在备战时，当物品充足而饥饿犹存时，我认为，在人类这所有的难题中，最重要的就是要理解头脑。无疑，头脑是找到现存很多问题的正确答案的唯一工具，然而，我们很少考虑或研究思维过程。我们认为，现成的答案或某些思维模式会解决我们的问题。作为印度教徒，我们有某种思维方式并希望以此来解决我们的复杂问题；而如果我们是共产主义者、基督教徒或佛教徒，我们就有其他现成的答案。我们中很少有人真正思考过思维过程、头脑本身的运作方式；而在我看来，答案就在那儿，而不是用已受塑造或制约的头脑去面对问题。

所以，今天晚上，我想要——如果我可以的话——对什么是头脑进行思考；原因是，显然，如果没有深入研究这整个问题，没有理解头脑的构成与状态，那么，单纯的推测性思维，或对某一特定信仰的认同，都是完全没用的。我认为，在尝试理解头脑的运作进程时，正确地聆听是很重要的。我们大多数人都用已成形的、满负先入之见的头脑去听，而很少有人能够心无旁骛、自由自在地聆听；但只有我们自由地探寻，不受任何特定信仰的束缚时，头脑才能够认清问题的真相。所以，只有做到以下这点，这次演讲才会有意义：我们要能够正确地聆听——这是很难做到的，不能把这次演讲当作是某天晚上随意听听就抛在脑后的讲座。

正如我刚才所说的，除非我们理解头脑运行之道，否则，我们就可能无法理解生活这一复杂的问题。那么，什么是头脑呢？我们在努力探寻，而不仅仅是宣称或接受。为了探寻，你们在听取有关什么是头脑的描述时，就要观察自己头脑的运作。也就是说，尽管我在讲话，在描述头脑，你们还是要意识到自己的思维活动，从而自己找出什么是头脑。

让我们理清理解头脑的重要性吧。头脑是我们拥有的唯一的工具，是感知、理解及思考的工具；而如果没有理解头脑，我们为探寻真实、真理或上帝所做的努力都没有多大的意义。所以，我们要努力探寻头脑的实际运作过程，而不是仅仅接受或排斥所说的话。

无疑，头脑包括显意识和无意识，它包含公开的及隐藏的思维过程的整体。我们大多数人都完全被显意识——日常事件，抱负、斗争、贪婪，所占据；而我们对潜意识——也就是，位于显意识的日常活动下面的那部分头脑——所包括的内容却一无所知。我们必须理解头脑的整体，包括潜意识，否则，仅仅关注显意识将意义甚微。

我们知道，显意识被日常活动——工作、谋求生计、对眼前问题所做的反应及不断的调整——所占据。是显意识接受教育，学得了某种技术，积累了知识及所谓的文化。深入到这一表层头脑的下面有很多无意识层面，里面根植着种族上、文化上、社会上的推动力，以及宗教信仰和传统，还有基于我们成长所在社会的价值体系之上的本能反应。如果没有深入了解的话，这就是头脑的整体，不是吗？因此，头脑的整体受很多影响因素的制约、塑造及限制，这些因素包括，我们的饮食，我们所处的文化及风气，及社会的、经济的价值观念。

那么，通过这受制约的头脑，我们并不满意的头脑，我们试图探寻某种超乎头脑的事物。我们知道，头脑是很有限的，充满了困惑及矛盾，而我们试图通过这样的头脑理解不可知之物。毕竟，我们的头脑是时间的结果，而时间是已知的，是过去，是知识的累积；而通过这仍受时间制约的工具，所谓的虔诚之人士试图找到某种超乎时间的事物。因此，问题不可避免地产生了，即受制约的头脑能否理解或体验非其本身所造之物？这是我们的一大问题，不是吗？并且，无疑的，只要我们以印度教徒、基督教徒、或共产主义者的身份进行思考，我们就永远无法解决我们的问题，因为正是以这些方式进行思考给我们制造了很多问题。只有当头脑从所有的传统、价值观、信仰、迷信及顺从中挣脱出来，才有可能解决我们很多的人类问题。

然后，问题是，在一定的模式中成长起来、接受教育的头脑能否能从那种模式中解脱？也就是说，头脑可否摆脱基于权威及单纯的顺从之上的信仰、传统及价值观？头脑能否将这些都置之不顾，以便自由自在地去调查、去探寻？这是我们的问题，不是吗？事实上也就意味着，头脑是否有可能从它所依附的安全感中解脱？因为，毕竟，我们大多数人所追寻的——不管是外在的还是内在的——都是某种形式的安全感。如果我拥有外在的安全物，即地位、名声及钱财，那么，我就可能暂时心满意足；但有时候我需要内在的安全感，于是，我在教义、教条、传统，在某种思维模式中寻求心理上的港湾。那么，头脑，寻求安全感，需要安全、不受打扰的头脑，能否找到真理或上帝？显然不能够。渴求安全感的头脑只会找到它所寻求的东西，却不会找到真理。

那么，头脑能否从迫切寻求安全的欲望中解脱呢？无疑，有内在的、心理上的安全需求的头脑必定会在社会结构上造成外在的不安全性。比如，民族主义是头脑依附之以获得心理上的安全感的一种观念；而对民族主义的这种推崇却必定会带来外在的不安全性——这正是世界上正在发生的。

请注意，如果你们细心观察头脑的话，你们会发现它一直在试图找到某种永恒的事物，即所谓的和平、真理。那么，有什么东西是永恒的吗？然而，头脑却仍在创造它所假定是永恒的价值观，而这样的头脑永远无法自由地探寻。我认为，了解这一点的意义是很重要的，因为，毕竟，自由存在于开端，而不是终点。只有自由的头脑才能够探寻——而不是受束缚的头脑，不是受教义、教条及传统制约的头脑；然而，我们所有的教育都是基于这些事物之上的——不仅仅是在学校里的，还包括在生活中的，这也是教育的一部分。我们从不探究首先获得自由的可能性，因为这种性质的探究需要一种思维过程，这种过程不是开始于一种假设，或累积的经验——它自己的或其他的。因此，在我看来，为了找到不可预谋或推测的真理、不可知物，头脑必须从其所知的所有东西中解脱出来，必须摆脱它的许多陈年往事。只有这样，头脑才能变得天真无邪，从而能够找出真理。

此时有一些问题，我在想我们为什么问问题呢。是为了获得答案吗？答案存在吗，或者只有对问题的探究而没有对答案的找寻？如果我在寻找答案，那么，我的头脑就完全集中于对答案的探索，而不是集中于对问题的理解。我们大多数人关心的是解决方案、答案，所以，我们对于问题的注意力是分散的；因而我们从未理解问题，所以也就没有答案。探究问题时需要头脑不去找寻答案，而能够在既无判断也无批判的情况下进行研究。我们看待事物时是否能做到不比较、不判断、不批判？如果你们对此进行实验，你们就会发现这有多难，因为我们思维的全过程就是基于对比、判断及批判的。但是，如果我们探究问题时能做到不求答案，那么，问题本身就得到了解决，而无需再去找寻答案。

提问者： 如果没有统管世界的政府来建立与维持和平的话，世界上会有和平吗？这种情况如何才能发生呢？

克氏： 和平是外在的还是内在的？即便是统管全世界的政府，它能带来和平吗？它或许能建立起外在的秩序，使世界免受战争的持续威胁，但是，即便是这样，也只能在没有民族主义、没有政治或宗教这类划分时，才能发生。所以，我们必须很清楚我们所说的和平是什么意思。

和平是由政府当局——共产主义的、帝国主义的或资本主义的——创建的吗？和平是通过立法实现的吗？人们可以看到世界政府可能带来某种和平。它或许可以废除主权政府，及它们的武装力量——战争源头之一；然而，这当然不是和平的全部意义。和平是指头脑上的。只要头脑充满了野心、贪婪和嫉妒，它还能处于平和的状态吗？正是充满贪婪、嫉妒、占有欲的头脑制造了我们生活于其中的战火连连的社会，不是吗？我们的社会是建立在占有欲、嫉妒、贪婪及获得成就的勃勃雄心的基础之上的；所以，在我们的社会里，硝烟不断、冲突不停。

所以说，头脑上的平和是不能通过纯粹的立法实现的。在一个充满混乱和矛盾的社会里，暴政可能建立起某种秩序，而民主政府的议会活动也可以带来秩序；但是，只要存在着民族主义精神——正是它创造了主权政府及其武装力量，只要存在着边境和种族划分，战争就必定存在。因此，想获得和平的人不能够属于任何国家，也不能够属于任何宗教——因为目前的宗教只是有组织的教条主义机构。

我们所谓的和平必须从内在的角度进行理解，单靠立法、集合许多观点是寻求不到的。如果你们观察过的话，你们就会发现我们是如何宣扬民主主义、举着某一特定国家的国旗。我们将自己与印度整个国家相认同，原因是，我们同样的渺小、内心空虚，并都住在一个叫玛那帕尔的小地方，而称我们自己为印度人赋予我们某种自豪感，使我们的虚荣心得到满足；而且，为了那种自豪和虚荣，我们情愿去杀戮或者被杀。这种复杂的心理过程在每个国家都发生着，它应该为我们每个人所理解，而不是被立法禁止。这就是为什么真正的虔诚之人不属于任何宗教或任何特定国家的原因。

提问者： *您是一个印度人、一个安德拉邦人，您在这里——玛那帕尔村出生。我们为您及您在全世界的善行感到骄傲。您为什么不花更多*

的时间住在您的祖国，而却住在了美国？我们这里需要您。

克氏：你们知道，全世界都在发生一个独特的过程，即将自己与某一特定的国土或所谓的宗教相认同。你们出生在何处，讲的何种语言，成长于何种特定文化，这些很重要吗？看看这个国家所在发生的事情吧。我们正在分解成不同的部分，成我们自己为泰米尔人、泰卢固人、马哈拉施特人等等。这种分解的过程在欧洲也存在：德国人、英国人、法国人，还有意大利人，等等。当一个人推崇或认同某一特定事物时，他的困难变多了，不幸也增加了。只要我还是个安德拉人，属于某个特定的阶级或宗教，我的头脑就很狭隘、渺小、有限。无疑，突破所有这些限制并找到整体是头脑的职责。把所有的部分组合在一起并不能找到整体。只有不限于某一个部分，才有可能立刻看到整体。

提问者：我有个儿子，他是我的至亲。我看到他在家里和学校都受到很多不良影响。对此，我该怎么办？

克氏：我们都不是某一特定影响因素的产物，而是众多对立的影响因素的产物，不是吗？提问者想要知道如何是她的儿子在家和学校免受不良因素的影响。但是，无疑，这个问题比单纯找到一个方法来抵制坏影响要复杂得多。我们要考虑的是影响的整个过程，不是吗？毕竟，这个学生不可避免会受到很多因素——有好的也有坏的——影响。不仅受家庭的影响、学校的影响，还受他阅读的图书、收听的东西的影响，也受当地的气候、他所吃的食物，以及他成长于其中的宗教及文化的影响。他就是这些影响因素的综合，你们和我也是这样的，而我们无法抵制一些因素而接受其他的。我们所能做的就是，观察这些影响因素并探索头脑可否摆脱它们。然而，不幸的是，正如现在，我们的教育一直往学生身上强行施加所谓的好影响。这是其中的一部分，而另一部分就是往他的脑袋里塞满某些信息，以便他能通过考试，以他的名字发表一些文章，并找到一份工作。这就是在现在所谓的教育里，我们所关心的东西。

然而，正确的教育应该是完全不同的，不是吗？它不仅仅要给予学生能够使他找到工作的技术性知识，还要帮助他意识到所有这些影响因素并不陷入其中任何一个因素里。要做到这点，他必须有好的头脑，而好的头脑应是一直处于学习状态、而不是已经学过的状态；因为累积的头脑已经停止了学习。学习就成了某种源自过去的事物，从而，进一步的探究就不存在了。

那么，什么是正确的教育？它仅仅是从某本书里搜集来的定义吗？或者，它是持续不断的理解过程——理解那许多影响头脑的因素，以便头脑从一开始就获得自由，从而能够进行探究？无疑，能够进行真正的探究的头脑一直都在学习之中，而不仅仅是一个信息的储藏库。任何人，只要懂得阅读，都可以在百科全书里查询资料。教育中传授技术性知识显然是很必要的，这样，学生才能够找到工作；而目前，这也是大多数家长所关心的。他们想要孩子接受教育，以便能在现今的社会结构中找到一个好职位；想要孩子获得帮助，以便他能适应这个社会——而社会是建立在贪婪、嫉妒和野心的基础之上的。你们希望你们的孩子融入这个框架，不希望他是个革命家，于是，你们有了这所谓的教育——它仅是帮助孩子学会顺从、模仿和遵循。然而，这难道不可能吗——真正爱孩子的父母帮助他们理解社会中及他们所在的文化里存在的众多影响因素，以便他们长大时不会顺从某一特定文化模式，而可能创建他们自己的社会，一个没有嫉妒、野心和贪婪的社会？无疑，这样的人是真正虔诚的人。革命是宗教意义上的，而不仅仅是经济的。我此处所言的宗教不是接受某种教条、传统或所谓的圣书，这里的宗教是指找寻未知物的探究之旅。

（玛那帕尔村庄的第一次公开演讲，1956 年 2 月 12 日）

个人的问题就是世界的问题

我相信，我们大多数人都觉得，在这个满是混乱、痛苦与饥饿，战火纷纷的世界上，进行一场根本性的革命是必需的。我们觉得，应该出现某种变化，而每一个组织都有自己特定的万能药或方法来对付世上的种种不幸。共产主义者有一种模式，资本主义者有另一种模式，而所谓的宗教人士也有自己的模式。我们渴望进行变革——因为变革显然是必需的，于是，我们加入这个或那个不同的组织。我认为，我们要知道我们所说的变革是什么意思，这点是很重要的——不止是外部的变革、立法行为，而是更为根本性的、更为彻底的变革。我们知道，任何根据预想的计划进行的变革都需要一个执行机构来实施这个计划，那个机构就必须被赋予权威，而这一权威就必定会变得专横残暴——这就是现实世界中正在发生的事情。有少数人掌控的、组织良好的权威机构所施行的暴政，有某一特定宗教组织施行的暴政，还有某一拥有权威的社会阶层所施行的暴政。看到这些，你们和我，我们这些普通人，渴望进行一项能够带来好转的变革，这项变革能够使各地的人类都丰衣足食，有住的地方，使教育更为普及，如此等等。

请注意，正如我说过的，知道我们所谓的变革的意思，这点是很重要的。对于我们大多数人来讲，变革意味着对已有事物的持续改良，不是吗？虽然对社会进行彻底改革是所谓的革命者的想法，他们的态度、价值观念及准则都是基于过去，基于对已知之物的反应，而来源于此的变革——不管多么改良——都只是对过去的延续。他们开始时可能不是这样的，但是，最终结果还是这样；对我来说，这根本不是变革。变革意味着某种完全不同的事物；如果我可以的话，我想详细讲讲这个话题。

我们意识到，我们需要在思维方式上进行一场根本性的变革，一场头脑和心灵上的彻底变革。但是，单靠以改良的形式延续已有之物是不能带来这种非凡的变革的。现存的教育也无法带来这种头脑上的彻底改革，因为我们现在所谓的教育仅是学习一门技术以便可以谋生、顺应社会强加于我们的模式。那么，鉴于这一切，我们应该从何开始呢？显然，这种根本性的变革在社会秩序中是必要的，那我们要从何入手呢？无疑，个人的提问者就是世界的提问者。社会就是我们所创造的。有些人有，有些人没有；有些人知晓，有些人不知；有些人在实现抱负，有些人遭受挫败；社会上有各种各样的宗教，他们有各自的仪式及教条教义，社会上还有永无止境的斗争，彼此间无休无止的竞争，只为了取得成就、争权夺利。所有这一切都是你们和我创造的。法律或暴政都能带来社会改革；但除非个人彻底改变，否则，他永远都只是克服新的模式以满足自己的心理需求——这又是现在正在世界各地发生的事情。

在我看来，理解个体的全部状况是很重要的，因为，只有当个体彻底改变时，社会才会产生根本性的革命。在世界上掀起彻底的变革的从来都是个体，而不是团体或集体，历史证明，这又将会是如此。

那么，个体，即你们和我，能够彻底地改变呢？这一个体的变革，不是根据某一模式的变革，正是我们关心的；对我来说，这是教育的最高层次。正是个体的这种变革构成了宗教，而不是对某一教条教义的单纯接受，这根本不是宗教。受某一特定的模式——即所谓的宗教，不管是印度教，基督教，佛教或其他——制约的头脑都算不上是宗教的头脑，不管它多么虔诚地践行了所谓的宗教理想。

那么，你们和我是否在没有强制力或动机的情况下在我们自己身上进行一场彻底的变革呢？任何形式的强制力都是一种以自我为中心的活动，会使头脑扭曲，而动机总是基于自己、"我"，自我的过程。那在没有动机或强制力的情况下我们每个人身上能够发生根本性的改变吗？我认为，这个提问者值得深思和探究，不是轻易就能解决的，不是说说这样的改变能否发生就能解决的。真正认真的人会深入地探究这个提问者，在自己身上进行变革。无疑，这种内在的变革不是根据某一模式或宗教观念，而是通过自知之明来实现的。也就是说，如果我不知道自己意识的整体，自己的本性，那么，我可能拥有的任何的理想、观念或信仰，都仅仅是一种愿望、想法，没有根基，因此，这根本不是事实。除非有了对自我的认识，也就是说，除非我开始完完全全地认识自己了，否则，任何我可能参与的活动都会是破坏性的，只会带来更多的损害。那么，如果一个人完全不认真呢？如果一个人真的关心世上的混乱与不幸，那么，理解整个的自我难道不是至关重要吗？

那么，什么是自知之明呢？自知之明不是根据任何课本，不能通过任何个人的权威实现。我的思维方式必须是被发现的，而我只能在关系中发现它们；因为关系是我得以看清自己的镜子，不是理论上的自我，而是现实的自我。无疑地，正是在与妻子、儿女、邻居、仆人、上司的关系中，与整个社会的关系中我才发现了真正的自我；因为在这个关系之镜中我可以看到我的迷信、判断、思维习惯，我遵循的传统，以及我赋予经历和事物的相对价值。

通常发生的情况是，我们因为喜欢或不喜欢在关系之镜中所看到的，于是就接受或批评它。但是，只有当我们不带任何批评或比较，不带任何判断去照这面镜子时，我们才有可能发现思维方式、潜在的动机和追求，以及受某一特定社会制约的头脑的反应。只有到那时，头脑——显意识的及无意识的——才能从自身的束缚中解脱，才有可能超越自我的局限。毕竟，这是冥想，不是吗？

真正的宗教是让头脑理解自身的状况，即其抱负、嫉妒、贪婪和仇恨，因为正是对于事物的理解使它们在没有强制力的情况下消失了，这样，头脑才能自由自在地探索。于是，才有可能找到真实，真理，或上帝等等。但是，如果没有自知之明，仅是单纯地宣称或否定上帝或真实存在的话，那将是没有任何意义的。

我们可以看到，世界上一些地方的人相信上帝这一理念，而另一些地方的人则不相信上帝，而是相信并献身于国家，他们都受到了制约。那么，头脑有没有可能从所有这些制约、束缚中挣脱呢？无疑，只有头脑才能让自己摆脱束缚，使得自己能够行动——只有这样的头脑才能带来彻底的变革。这就是为什么你们和我这些个体从集体中解脱出来很重要；因为，如果一个人不是自由的，那他就不可能探索并找出真理。

因此，认真的人显然一定要探究这个提问者，而不仅仅是顺从某一思维模式。只有真正意义上的虔诚之人才能创造一个新的世界，一种新的人生观；真正的虔诚之人挣脱了某一特定社会的制约，因而是真正的革命者。

提问者：如果不相信有宇宙策划师，我会觉得生命没有意义。这种信仰有什么错的？

克氏：无疑，你所说的"宇宙策划师"指的就是上帝，只不过你用了一个不同的名字。那么，什么是信仰？我们说那个词是什么意思，不仅仅是字典上的含义，而是它的心理内容是什么？

促使信仰成为必须的头脑，其整体又是什么呢？是什么使你说，"我相信上帝"或"我不相信上帝"？使得头脑接受或排斥去相信上帝、宇宙策划师的心理动力是什么？除非我们发现了这个，否则单纯的信仰与否都是没多大意义的。

显然，如果你从孩童时代起就被告诉要相信上帝，那么，你长大时就会相信；同样的，另一个孩子如果从小便被告诉不要去相信上帝，那他长大时就不会相信了。一个人被称为信仰者而另一个人则被叫作异教徒，但这两个人都是受制约的。当你相信宇宙策划师时，那是因为你从小便受鼓励去信仰，你的头脑里便孕育了那种想法；否则，你就会觉得生活充满了不确定性，变化多端，而你的头脑却坚守着某种永恒之物——即你所谓的上帝或其他——赋予它某些属性、特质。这没有对错之分，而是头脑的实际状况。因为我们看到周围有着太多的不幸、混乱，很多事情都转眼即逝，不管是在内心还是外在都缺乏平和，所以，头脑便创造出并坚守着某种永恒之物，某种永远是那么美丽与和平的事物。然而，如果头脑相信或不相信，接受或排斥，它是永远也找不到上帝的。上帝必须是被找到的、被发现的，而不是被信仰的。为了找寻，头脑必须从信任与不信任中挣脱出来。无疑，我们所谓的上帝或永恒的实相，必须是某种全新的事物，而只有一颗自由自在的头脑才能发现它，而不是受某种教条或教义所束缚的心灵。

毕竟，如果你观察过的话，如果你思考过的话，你就会发现头脑是时间的结果——时间就是记忆、经验、知识。也就是说，头脑是已知之物、过去、几千年时光的产物。那么，如果我们试图带着那样的头脑去发现未知物，某种可能被称为上帝、真理之类的事物，它只能将已知物投射到未来。这样的头脑所持有的任何信念都是自身所受制约的结果；任何的推测准则或观念都是已知物的产物；这种头脑探究未知物的任何举动也是完全无用和无效的，因为这种头脑只能根据已知物进行思考。当头脑理解了这整个过程，于是能够挣脱已知物时，它就会变得非常安静，完全静止了；而只有到那时未知物才有可能存在。无疑，这就是冥想——不是已知物对未来的投射及对那投射的盲目崇拜。

提问者：世上并非善有善报。我们如何才能创造一个推崇善的社会呢？

克氏：对于知识分子来说，"善"是他们通常想避免的可怕词汇；不过，现在，甚至连知识分子之间也开始流行使用这个词了。那么，当它背后有动机时，善还存在吗？如果我有做好人的动机，那这会带来善吗？或者说，善是全无这种做好人的冲动——因为冲动总是基于动机的，对吗？另外，善就是坏、恶的反义词吗？每个反义词都包含着其本身反义词的种子，不是吗？有贪婪就有不贪婪的理想。当头脑追求不贪婪时，当它试图不贪婪时，它还是贪婪的，因为它想成为某物。贪婪意味着渴望、获取、扩张；当头脑发现贪婪没有回报时，它就想变得不贪婪，所以，动机还是一样的，也就是想成为或获得某物。当头脑想要做到不想时，想要及渴望的根源还是在那里。所以说，善非恶的反义词；它是截然不同的一种境界。那种境界是什么呢？

显然，善是没有动机的，因为所有的动机都是基于自我，是头脑以自我为中心的举动。那么，我们所说的善是什么意思呢？无疑，只有全神贯注时，才有善。注意力没有动机。如果有注意力的动机时，还有注意力吗？如果我集中注意力是为了获取某物，这种获取，不管是被称为好或坏，都不是注意力；这是种注意力分散。只有当聚精会神时，当不努力去做或不做时，才有可能有善。可能，你们对这些并不习惯。

在我看来，为行善而努力本身就是一个会带来恶的过程。一个人如果试图使自己变得谦虚，践行谦卑，就会孕育邪恶；因为你一旦意识到你是谦虚的，你就不再是谦虚的，你就是傲慢的。先生们，不要对此一笑了之。谦虚不是能被践行的；践行谦虚的人培养了傲慢。美德不是能培养出来的；因为一个人如果培养美德，他就培养了自我——只不过是以更为得体的"衣服"作为掩饰。正如谦虚不是践行出来的，善也不是可以践行出来的；只有当对你自己有了完整的认识，当你全神贯注时，善才会形成。

考虑一下，你们会发现正是践行非暴力带来了暴力。要摆脱暴力，你们就要理解暴力的所有含义；为此，你们必须全神贯注，而如果你们在追求所谓的理想的话，你们就无法做到这一点。当头脑能够给予什么是、哪一个是贪婪全部的注意力时，那么，你们就会发现头脑完全从贪婪中挣脱出来了。它不会变成非贪婪——而是脱离了贪婪，这是一个截然不同的境界。你们发现，我们用非贪婪这一理想来摆脱贪婪；而我们永远无法通过一个理想来摆脱贪婪。然而，一个真正理解必须摆脱贪婪的人是没有理想；他关心的只是贪婪，也就是说，他的整个注意力都集中于此。当你将注意力集中于某物时，在那种注意力中就不会有比较、批评或判断了。一颗对贪婪进行比较、批评的头脑是无法全神贯注的，因为它关心的是对比与批评。

所以说，善不是个反义词，不是种美德；而是通过自知之明而达到的一种没有动机的生存状态。

（玛那帕尔村庄的第二次公开演讲，1956 年 2 月 19 日）

头脑能否摆脱已知的束缚

我想，我们大多数人都觉得生活很无聊。为了谋求生计，我们不得不从事某种行业，而那会变得非常单调；我们年复一年地做着某种日常工作直至离开人世。不管我们是贫是富，尽管我们可能很博学，爱好哲学，我们的生活大部分还是很肤浅、空洞的。显然，我们自身有种不足感，意识到这种空洞后，我们努力通过学识、社会活动来丰富它，抑或，我们通过各种各样的娱乐活动来寻求解脱，或依赖于某种宗教信仰。即便我们有某种能力，很有效率，我们的生活还是很无聊的，而为了逃脱这种无聊，生活这种令人疲倦的单调性，我们找寻着某种宗教形式来丰富生活，我们努力追逐那种非世俗的境界，那种非常规的、或许暂时能被称为彼岸的境界。在找寻彼岸的世界时，我们发现有很多不同的体系，有不同的的路可以通往它。我们希望通过自律，践习某一特定的冥想体系，践行某种仪式或背诵某些词语等来到达那个境界。因为我们的日常生活是悲伤与快乐的永无止境的循环，充满着各种各样没有意义的经历，抑或是同一经历的无意义重复，于是，对我们大多数人来说，生活就是单调的例行公事；因而，丰富生活，追逐彼岸的世界——所谓的上帝、真理、极乐等，就变得很迫切了，不是吗？你或许生活富有、婚姻幸福，你或许有孩子，你或许能够智慧地、理智地进行思考，但是，没有了彼岸世界，生活就会变得非常空虚。

那么，人能做什么呢？人怎样才能抵达那种境界呢？又或者到底有没有可能抵达呢？现在，我们的头脑显然很狭隘、有限，受到了制约；

虽然狭隘的头脑能够对彼岸的世界进行猜测，那种猜测永远都是渺小的，或许，它能够规划出一种理想的境界，对彼岸的世界进行设想与描述，但这种设想还是受限于狭隘的头脑；我认为，这就是线索所在之处——即头脑不可能通过经历、构想或推测那种彼岸的世界来体验它。无疑，意识到这一点是一种深刻的领悟：因为头脑很有限、琐碎、狭隘、肤浅，头脑为达到那种境界做的任何举动，都是一种阻碍。意识到这一现实——不是推测性地，而是实质性地——就是以不同的方式解决这一问题的开端。

毕竟，我们的头脑是时间的产物，是成千上万个昨日的产物，基于各种已有的经验之上；这样的头脑是已知物的持续。我们每个人的头脑都是文化、教育的产物，不管其知识或技能培训有多么广博，它终究还是时间的产物；所以，头脑的活动范围是有限的、受制约的，以这样的头脑我们试图发现未知的事物。能够意识到这样的头脑永远都无法发现不可知物，才是一种真正非凡的体验。能够意识到一个人的头脑不管多么灵活、敏锐、渊博，都不可能理解彼岸的世界——这种领悟本身就会带来某种实质性的理解，我认为，它是一种生活观的开端，而这种生活观或许能够开启通往彼岸世界之门。

换句话说，头脑一直很活跃，它喋喋不休，不断地谋划，无比敏锐，善于虚构；这样的头脑如何才能安静呢？如果是通过训导使头脑安静，这样的安静是一种没有探究和求索的状态，不是吗？因此就无法带我们抵达彼岸世界，发现那个未知物。

我不知道你是否考虑过这个问题，或者，你只是想过传统的方法，也就是，树立一个理想，然后通过某种准则、践行某种纪律来实现这个理想。纪律总是意味着压抑、二元对立性的冲突，所有这些都在头脑的范畴之内，而我们沿着这条线路前进，希望找到彼岸世界；但是，我们从未理智地、清醒地问过头脑是否能找得到它。我们头脑必须是宁静的，但这种宁静一直都是通过纪律培养出来的。也就是说，我们确立这样一个理想——拥有宁静的头脑，而我们让头脑安静下来则历经各种方式的控制、奋斗和努力。

请注意，如果你探究这整个过程的话，你会发现这一切都在已知物的范围之内。头脑意识到自身存在的单调乏味，以及经历越来越多，却令人厌倦，于是，它总在努力找寻彼岸世界；但是，当我们发现头脑是已知的，不管它采取什么样的举动都是无法找到未知的彼岸世界的时候，我们的问题就转而变成了头脑是否能够从已知当中解脱出来，而不是如何发现未知了。"头脑能否摆脱已知"，我认为，这个问题所有意欲探索是否能找到彼岸世界的人都应该思考思考。那么，头脑作为过去、已知的产物，该如何挣脱已知的束缚呢？我希望我把意思解释清楚了。

正如我所说，现在的头脑，包括显意识和无意识，都是过去的产物，是种族、气候、饮食、传统及其他影响因素共同作用的结果。因而，头脑是受制约的——作为一个基督徒、佛教徒、印度徒或共产主义者而受制约——显然，这样的头脑反映的是它自己认为是真实的事物。然而，不管这种反映是共产主义者的——共产主义者认为自己知道未来，想强迫所有人都相信其特有的乌托邦模式，或者是宗教的——宗教人士也认为自己知道未来，教育"孩子"要沿着其特定的思路思考，但不管哪一个都不是真的。没有了真理，生活就会变得很无聊，现在大多数人的生活正是如此；我们的生活一旦变得乏味不堪，我们就会对彼岸世界、真理之国充满浪漫、感伤的情愫。

那么，当头脑了解了生存的整个模式而没有深究很多细节时，它是否能够从已知中挣脱出来呢——已知指的是对过去的心理累积吗？已知还包括日常活动，但显然，头脑无法从中挣脱；因为，如果一个人忘记了去往家里的路或借此谋生的知识，他就接近疯癫了。但是，头脑能否从已知的心理因素——它们因联想和认同而存在——之中解脱出来？

为了探究这个问题，我们应该找出思考者与思想、观察者与被观察物之间是否真的存在差别。目前，它们之间是有差别的，不是吗？我们认为"我"，体验的实体，与体验本身，即思想，都是不同的。思考者与思想之间存在着分歧，这就是为什么我们说"我必须控制思想"的原因。但是，"我"，即思考者，与思想不一样吗？思考者总是试图控制思想，根据他所认为的好模式去塑造思想；但是，如果没有思想，会有思考者吗？显然不会有。只存在思维，正是思维创造了思考者。你可能把思考者放在任何层次，可能称之为上帝、神或其他；但是，它还是思维的产物。思考者没有创造思想；是思想造就了思考者。思想意识到自身的非永久性，就造就了思考者，使之成为一个独立的实体，目的就是为了赋予自身永久性——而这也是我们所追求的。你可能会说所谓的神、灵魂、思考者，都是与思想、经验相分离的；但是，你知晓一个独立实体的方式只是通过思想，以及你作为印度徒、基督徒或其他身份所受的制约。只要思考者与思想之间存在着这种二元对立性，就会有冲突、努力，也就意味着意愿；而如果头脑有解脱自身的意愿，想着"我要从过去中解脱出来"，这只会导致另一种模式的产生。

　　因此，只有当一个人停止努力，放弃"我"想要有所成就时，头脑才能使自己得到解脱，而后，彼岸世界或许才会出现。然而，你知道，我们的全部生活都是建立在努力之上的：为向善、自律、建功立业等付出努力。我们所做的一切都基于奋斗、抱负、成功、成就；因而我们认为追寻上帝或真理也必定通过努力才可以实现。不过，这样的努力意味着为了实现理想而展开以自我为中心的活动，不是吗？这还是放不下自我的表现。

　　如果你意识到头脑的这整个状况，包括意识和无意识，如果你真的理解这个过程，那么，你就会发现头脑在不做任何努力时就会变得极为平静。由训导、控制及压制所带来的平静是死亡之静；而我所说的宁静是在人懂得头脑的整个状况后，无需努力便可进入的状态。只有这样，才有可能抵达彼岸世界，找寻到所谓的真理或上帝。

提问者： 难道您不承认引导是必要的吗？如果，正如你所说的，必须要做到没有传统或权威，那么，每个人就得开始为自己奠定一个新的基础。身体的存在是有开端的，同样，我们的精神及心灵不也存在开端吗？难道它们不应该从低到高一个一个阶段地成长吗？聆听您的演讲启发我们的思维，同样，难道不需要通过与过去伟人的思想进行接触来重新唤醒我们的头脑吗？

克氏： 先生，这是个老话题了。我们认为我们需要一位宗教领袖，一位导师，来唤醒我们的头脑。那么，这些意味着什么呢？这意味着存在着懂的人和不懂的人。让我们抛开偏见，把问题一点点推进。懂的人成了权威人士，不懂的人于是成了信徒；信徒一直在追随，希望能超越他人，达到大师的水平。请注意，要顺着这条思路想。当宗教领袖说自己懂时，他就不再是宗教领袖了；说自己懂的人，其实并不懂。为什么这么说？因为真理、实相或其他，都没有固定的附着点，显然是无法通过某条道路去接近它，而是要时时都去发现它。如果有固定的点，那么，那一点就是在时间的界限之内，通往那个固定的一点或许有条道路，好比有路通往你家一样；但是，对于一个活动着的、居无定所的事物，它既无开端也无终点，通向它自然也就无路可循。

无疑，一个说要帮你实现夙愿的宗教领袖只能帮助你实现你已经知道的事物；因为你所实现、体验的事物，必定是可以识别的，不是吗？如果你能识别它，你就会说，"我体验过了"，但是，你所能识别的并不是那个彼岸世界。彼岸世界是无法识别的，是未知的；它不是你所体验过的事物，因而无法识别。彼岸世界必须被一下子发现；为了发现它，头脑必须是自由的。先生，要发现任何事物，头脑都必须是自由的；受传统——不管是古代的还是现代的——所束缚的头脑，受教条、教义、仪式等束缚的头脑，显然都是不自由的。对于我来说能够唤醒你的其他想法并无根据。这不是一种观点，而是一个事实。如果另一个人唤醒了你，那么，你就处于他的影响之下，你在依靠他；因而你就不是自由的；而只有自由的头脑才能找寻。

那么，问题就是这样的，不是吗？我们想要那个彼岸世界，而既然我们不知道如何实现，我们不可避免地就会依赖于所谓的导师、宗教领袖、书本或者我们自己的经验。所以，依赖性就被建立了，而有依赖性就会有权威；因此，头脑就变成了权威、传统的奴隶，而这样的头脑显然是不自由的。只有自由的头脑可以找寻；而依靠另一个人来唤醒你的头脑就像是依靠药物一样。如果某种药物吃了以后能让你看事物时很敏锐、清晰的话，你当然可以服用。有些药物可以使生命瞬时变得更为有活力，一切也因此璀璨夺目——你每天所看到的色彩都变得异常绚丽，诸如此类。这可能就是你头脑的"觉醒"，但是，你会因此对药物形成依赖，正如你现在依赖于宗教领袖或某本圣书一样；头脑一旦变得有依赖性，就会变得毫无生气。在这种依赖性中存在着恐惧——对无法实现或得到的恐惧。当你依赖于另一个人，不管是救世主或其他人，这都意味着头脑正在寻找成功，寻找一个令人满意的目标。你可以称之上帝、真理或其他什么，不过，它还是你想要获得某物；因此，头脑就被困住了，就变成了奴隶，不管它做什么——自我牺牲、自律、这我折磨——它都永远找不到那个彼岸世界。

所以，问题不在于谁不是合适的导师，而在于头脑能否使自身保持清醒；你会发现只有当所有的关系都是一面镜子，而头脑可以从中看到真我时，头脑才能使自己保持清醒。然而，如果头脑对所见之物存有批评、判断，或任何形式的认同的话，它就无法看到真我。这些事物都使头脑变得迟钝，而当我们迟钝时，我们就想被唤醒；所以，我们期待某个人来唤醒我们。然而，正是这种渴望被唤醒的需求，使得本就迟钝的头脑变得更为迟钝，因为它也看不到自身的迟钝。只有当头脑懂得了这整个过程，不再依赖于他们的解释时，它才能够获得自由。

可是，我们是多么容易就满足于话语和解释！我们中很少有人能冲破解释、言语的屏障，自己找到真理。能力总是伴随着努力而来的，不是吗？但是，我们并不努力，因为我们满足于言语、推测、传统的回答及解释——这些是我们从小到大所接受的东西。

提问者：在所有的宗教中，祷告都被尊为一种必须。你对祷告怎么看？

克氏：问题并不在于我对祷告怎么看，因为这样只是会变成一种观点与另一种观点之间的对抗，而观点是毫无根据的；但是，我们所能做的便是找出什么是事实。

我们所谓的祷告是什么意思？祷告的一部分就是祈求、恳求、需求。当你身陷麻烦或悲伤时，你想要得到慰藉，于是你就祷告。当你困惑时，你就想得到解惑、清楚。书籍不能满足你，宗教领袖不会给你你想要的，于是，你就祷告；也就是说，你要么默默地祈求，要么就念念有词地祷告。

请注意，如果你念念有词、反复朗诵（经文），你就会发现头脑变得很平静。头脑表面上的平静可以通过反复朗诵获得，这是显而易见的心理暗示。那之后，发生了什么事呢？无意识或许就有了解决头脑表面骚动不安的解决办法。当头脑表面看似平静，无意识就能够宣告其解决方案，而后我们就说，"上帝回应我了"。想起来真是奇妙，小小的头脑陷入了自身所带来的悲伤，就期待着来自彼岸世界，无可估量、不可知晓之物的回应。但是，我们的祈求得到了回应，我们找到了解决方法，于是我们心满意足了。这是祷告的一种表现形式，不是吗？

那么，你高兴时也会每天祷告吗？当你看到了周围人的笑容与泪水时，当你看到蔚蓝的天空、巍峨的山峰、富饶的土地，以及飞翔的鸟儿时，当你心中有快乐、喜悦时，你还会沉浸于祷告吗？显然不会。然而，要想看到地球的美丽，感知饥饿贫穷，察觉我们周边发生的事情——无疑，这也是祷告的一种形式。或许，这更有意义，更有价值，因为这可能会将记忆、报复、自我所累积的愚昧等编织的蜘蛛网扫除掉。但是，如果头脑执迷于自身及其诡计，受限于已知的教义、教条，自身体会到的恐惧、嫉妒、抱负、贪婪等——这样的头脑就不可能感受到这一非凡之物，即所谓的生活。它受缚于以自我为中心的活动中；而当这样的头脑祷告时，不管它祷告得到电冰箱还是解决问题，它还是很狭隘的，尽管祈祷可能会得到回应。

这一切都提出了冥想的问题，不是吗？显然，必须有冥想的存在。冥想是种非凡的事情，而我们大多数人不知道冥想的含义；我们只关注如何进行冥想，冥想应践行哪种方案或体系，希望借助冥想实现我们所谓的和平或上帝。我们对找出什么是冥想、谁是冥想者从不关注；但是，如果我们开始探究什么是冥想，我们或许会找出如何进行冥想。探究冥想即是开始冥想。然而，要探究冥想，你就不能受任何体系的束缚，因为你的探究是受这个体系的制约的。要想探究什么是冥想这整个问题，就得抛弃所有的体系。只有自由的头脑才能进行探索；而解放头脑，使之进行探索的过程就是冥想的开始。

提问者： *如果相信来世，我才能接受死亡的想法，可是，你说，信仰是理解的障碍。请帮我找到其中的真谛。*

克氏： 对来世的信仰是人渴望慰藉的产物。不管是否有来世，只有在头脑没有从某一种信仰中找到慰藉的想法时，才能找到真理。如果我因为丧子而悲恸，为了克服那种悲恸，我相信转世、永生或其他，那么，信仰与我而言就成了一种必需；而这样的头脑显然是无法找出什么是死亡，因为它所关注的是拥有希望、慰藉及安心。

请注意，不管是否有来世是一个截然不同的问题。人们看到身体到了终点；在经过不断的使用后，身体器官消亡了。那么，来世是什么呢？是累积的经验，是知识，是名称，是记忆，是头脑对于自我的认同。但是，你并不满足于此；你说生命须以另一种形式、作为永恒的灵魂、神我，而持续下去。如果存在着使生命延续的神我，那它便是头脑的产物，而创造了神我的头脑仍是时间的一部分。因此，它不是精神的。如果你真想研究这个问题，你就会发现只存在着被认同为"我"的事物——我的房子，我的妻子，我的家人，我的美德，我的失败，我的成功还有其他——而你还希望那样的生命延续下去。你说，"我想在死之前完成我的书"或"我想完善我一直来努力培养的品质；如果最终只是存在着毁灭，我这些年来一直奋斗，以图有所成，这又有什么意义呢？"所以，头脑，作为已知物的产物，想要在未来得到延续；而正因为有所谓的死亡的不确定性，我们很恐惧，想要得到安心。

我认为，我们要以不同的方式来对待这个问题，也就是，亲自去发现是否有可能在生存的时候体验这种终极的境界——即我们所谓的死亡。这并不意味着自杀；而是指确确实实地去体验这种令人惊异的境界，这种与昨日的一切诀别的神圣时刻。毕竟，死亡是未知的，任何的辩解、信仰或不信，都不能带来这种非凡的体验。为了享有生命内在的完整性——这其中包含着死亡，头脑就必须从已知物中挣脱出来。为了让未知物存在，已知物必须消亡。

（玛那帕尔村庄的第三次公开演讲，1956 年 2 月 26 日）

PART 08

孟买，1956 年

自由出现在开始而非结束

自由出现在一开始而非结束时，我认为认识到这点很重要。人们认为自由是要获得的东西，而解放是通过各种实践头脑逐渐到达的理想状态。但对于我来说，这是完全错误的一种想法。自由是不能被获得的，解放也是不能被得到的。要探寻真相、事实，自由或解放是头脑必要的一种状态，所以自由或解放不能是一个理想，它一定要从一开始就存在。如果一开始没有自由，那就不会有直接理解的时刻或曰顿悟，因为所有思维都是受局限的、被制约的。如果你的头脑被限定在某些结论、经验、知识或信仰的范围之内，那它就是不自由的，而这样的头脑就不可能认识到什么是事实真相。

这是需要马上被感知和认识到的；不必为此无休止地辩论，因为这是一个事实。一个饱受摧残的头脑，一个受信仰、教条、知识和经验限制的头脑，怎么会有探索和发现的能力呢？所以说，自由对于探索什么是真实是非常必要的，而且只有不仅仅只是集体产物的个体才能获得自由。即使对于自由的头脑，显然也一定有应用——通过注意力而来的应用，这就是我今晚要探讨的问题。在我看来，必要的是知道如何去听，因为在倾听的那个动作中存在着心智的澄明。即刻的心智澄明无需通过辩论或比较知识就能来到我们的身边，但是在我们倾注全部身心去听的时候。将全部身心融入倾听之中是很难做到的，因为我们的全部注意力并不在那儿；但是，只有当我们全身心地倾听某件事时，才会出现一下子恍然大悟的感觉。

现在，你坐在这里，如果你仔细观察自己的头脑，你会发现你正在借助各种屏幕在听——呈现你已知事物的屏幕、呈现你所听到或者读到的屏幕、呈现你自己经验的屏幕。事实上这些屏幕都是变相的屏障，在阻止你倾听。你不曾真正倾听过，你总是通过自己的背景知识、偏见和已有的结论在解读所听到的。所以，其实你并没有听。而只有当一个人在倾听时投入全部注意力，不让已学过的知识来妨碍自己时，他才能发生转变。完全倾听时头脑里去除了一切判断和评价之念，因而你整个人都处于注意力高度集中的状态。而当你处于这样的倾听状态时，你会发现头脑立刻变得澄澈清明。这样的澄明就是永恒的自由与解放。

　　我认为我们必须区分学习和被教诲。我很肯定，你们中的大部分人来这里都是为了听听会对自己有所教益之人在讲些什么，你怀着讨教的期待走近演讲者。但是，我认为这里只有学习，没有什么指点迷津，明白这一点很重要。如果某个听众把演讲者看作能够教他的人，这种态度会造成学生与老师的区分，明晓之人和懵懂之人的区分。但是这里只有学习，从一开始就明确这点并在我们之间建立一个恰当的关系我认为是很重要的。说自己无所不晓之人其实并不知道；说自己已经获得解放的人其实远没有获得解放。如果你认为你将从我这里学到一些我知道而你不知道的东西，那你就变成了一个追随者。而一个追随者是永远无法找到真实的。这也就是为什么弄明白这点很重要的原因。

　　人只能拥有与已知事物相关的知识，不可能对未知事物拥有知识。未知的事物随时出现，它是无法被收集和累积的。作为永恒的事物，它无法被保存和使用。古鲁，即所谓的老师，坚持说他知道，但是他知道的只能是他经历过的，而他经历过的东西又都是受条件制约的，不是永恒的，所以他说的其实并不是真的。假如我们之间愿意相互了解，那么从一开始就建立正确的关系是很重要的。你们听的目的并不是让我教你们什么，而是为了自己学习到什么而听。人生就是一个学习的过程，但是只要头脑在累积，学习就无法发生。当你的头脑在考虑积累知识，考虑如何用新累积的知识再做累积时，你又怎么能学习呢？

各位，请跟上我的思路。当我们说"我一定要学习"时，我们指的是在学习的过程中，我们会储存学到的东西，以便学到更多，难道不是吗？这样的学习方法在技能学习中是必要的。如果你想要造一座桥，你一定要积累所需的知识；如果你是一个科学家，你一定要知道其他科学家过去做过的实验与发现。对于人类的物质幸福而言，这样的知识是必要的。但是我并不是在说这种意义上的知识。就算是在科学领域，你也不能崇拜或者追随某人，你要追随事实，而不是个别人。在科学领域，实验过程本身就可以产生其自己的发现。如果你是一个伟大的科学家，没有任何一个人来引导你在实验中的探索，为了得到某个发现，你就会不停地调查、舍弃、探索、询问。但是对于我们内在的、宗教意义上的生活，我们却从来不这么做。内心生活其实比发现科学事实更重要，因为科学事实会被以自我为中心的头脑，即关注自身和自身运作过程的头脑所扭曲和利用。

在这里，我们关心的是什么是真实，哪个是真正的宗教生活，好品质的生活。如果你听从一个坚持说自己知道、而你也认为他有些成就的人的教导，死心塌地地听他教导，这样，你在你自己和他之间就制造了一种分离，你们就总是老师与弟子的关系，老师在前面领路，徒弟在后面跟从，这就出现了不平等的状态。这种在精神上的不平等就是世俗的、不道德的，因为当你成为一个追随者时，你实际就把自己毁了。

请大家一定要理解这个简单的道理：只要你在追随另一个人，无论那个人是谁，你就永远找不到永恒，那个头脑无法理解的神奇之物。所以自由一定要在一开始就存在。这个自由不是指你们按自己的心意选择古鲁，而是在自由的心境下去调查、研究，也就是说你们不要追随他人。所以，根本不存在古鲁、老师、圣书。要找到何为真实，头脑必须是自由的。但是如果它背负了累积的知识和经验，它便无法获得自由。为了探索不断地舍弃你业已累积的，这个过程就是学习。

将头脑奉献给《薄伽梵歌》《可兰经》《圣经》或者其他信仰时，它永远无法学习，只能追随。头脑追随是因为它需要安全感。只要头脑希望能够永远安全，不受干扰，只要它通过某个信仰在寻求自己的永恒，它显然就无法发现什么是上帝，什么是真实。

只有当头脑宣布放弃时，即当它不停地放弃自己所学的东西时，它才能够学习。请认清这个事实：如果学习仅仅是附属品，那就没有学习。只要头脑在积累、收集，由于所学的总是依据业已累积的知识来解读，随头脑又怎么能学习呢？凡是有积累的地方，都不会有学习，因为只有当头脑可以自由探索时，它才能学习。如果头脑清楚地看到这个事实，不是通过说理，不是口头上承认，或所谓智力上理解了，而是深刻地而真正地认清了这个事实，这样的头脑就可以找到被称为极乐、真理、上帝或其他什么的终极之物。

所以，在我看来很重要的一件事情是，你们应该在演讲一开始时就明白，我并不是在教你们什么，否则就会南辕北辙。我除了知道如何开车、写信之类的事情之外，其他的真是一无所知。所以，我处于无知的状态，这也是我的头脑能够彻底探究的原因。一个已知的头脑是无法进行调查研究的，而头脑只有在摆脱了已知的情况下，才能找到未知。

这些演讲并不是为了指导你，告诉你去做什么，而是为了解放你的头脑，让它能够自己找到要做什么，而不是追随任何人。这就意味着要瓦解传统观念，抛弃所有为了找到上帝而崇拜某人的想法。我们是从小就被灌输了一个观念：古鲁是必不可少的，因为他知道而且会告诉我们该做什么。我们被禁锢在这样的传统里，但是，如果我们领悟到所有这一切，一定会马上抛弃这样的传统。你看，我们害怕没有领导者，因为我们感到困惑；而当我们为了摆脱困惑而行动时，困惑反而更多了。但是，这种困惑只能由我们每个人自己来解决，这就是为什么一个人了解自己如此重要的原因。只有了解了自己，行动才不会是在困惑中进行，也不会给别人带来困惑。所以自我认知是很必要的，但不是那种书本教给你的认知，因为那根本不是自我认知，而仅仅是徒劳的重复。有价值的事不是去臆想任何事——你是宇宙的灵魂，绝对的大我等等，而是日复一日地在通过与他人的交往去探索你到底是什么，对于自身你要了解些什么。但是，如果你储存着昨天所学的东西，你就无法了解你自己，因为你会拿昨天来跟今天比较，而这种比较会扰乱更深入的探索。自我认知充满活力，不是积累昨天所学的碎片。

如果人们能真能看清楚这个事实，那所有这一切也真是没什么复杂的！头脑一定要保持简单、天真，也就是说它不能残留对昨天所学的积累。人生现在很混乱、很痛苦，充满了暴力，只有这种头脑才能懂得整个人生过程的重要性。这就是为什么说重要的是从一开始就要知道人生不是一所只有老师和教学的学校的原因。人生的重要性一定要在生活中发现。一旦你开始累积，活力就会消失，生活就仿若成了一汪死水。所以让头脑像河水一样流动起来是很重要的，这也就意味着自由必须在一开始就存在。

在一起考虑这些问题之前，我们不妨再来理解一下我们的意图。我并不是在回答这些问题，因为原本就没有答案。请认识到这一点，否则你们听我演讲就只是在浪费时间。答案并不存在，存在的只是把问题展开，然后才有找到问题真相的美感。寻找答案的头脑永远不会调查一个问题，因为它只忙于寻找答案，而不让它忙于寻找答案也是很困难的，因为头脑总是想要被满足。大部分人总是想要为我们的问题找到一个轻松愉快的答案，但是今天我们不是要在这里回答问题，我们是在展开这个问题，揭示它的各个方面，探索它的精妙体现在哪里，辨明这个问题背后有何非凡之处。毕竟，头脑是我们思考的唯一工具，而当它只想着寻找答案时，它就自我封闭了。只关心结果、结论的头脑会阻碍自己的行动与生长，它会被自己的观点和坚定的努力所困住。所以，请记住我不是在回答这些问题。我们是要一起试着找到这些问题的真相，而不是答案。因为头脑想要被满足，它想要一个方便的、令人愉快的答案，这样的答案并不是真相。

提问者： 在热切地听了您演讲这么多年之后，我们都清楚地认识到自己所处的位置。这是否就是我们所能期待的全部呢？

克氏： 回答这个问题的困难之处在于，我们想要一个结果，确信自己确实已有所进步，我们已经被改造了。我们想知道自己已经到达了。可是，如果一个人到达了，一个人如果听了演讲就能得到某个结果，那么，他显然根本没有在听。（笑声）各位，这不是一个聪明的答案。提问者说他已经听了很多年。现在，他是投注了全部注意力倾听的呢，还是他为了抵达某处并意识到他已抵达而倾听的？这好比一个人在练习谦逊。谦逊可以被练习吗？当然，意识到自己是谦逊的其实就已经是不谦逊。你想要知道你已经到达，就表示你是为了到达某种特定状态而听，你想到达一个不会被打扰的地方，在那里你会找到永久的幸福、永恒的极乐，难道不是吗？但正如我之前所说，不存在抵达的结果，只有学习这项活动——这就是人生的美丽之处。如果你到达了，那生活也就仅此而已。如果你们所有人都实现了自己的理想，或者你不仅想在自己的工作上，还在你所做的任何事情上都到达自己的标准。因为做不到这些，所以你们才会不满足，才会感到失意、痛苦。各位，并没有需要到达的地方，只有学习这项活动，而学习只有在累积存在时才会变得痛苦。如果倾注自己的全部注意力，头脑将不再找寻结果，因为它在不停地开放自己的空间，就像一条河流，永远处于流动的状态。这样的头脑丝毫不会意识到自己的运动，也就是说并不存在一个永恒的自己和自我，在追求实现目标。

提问者： *无论从哪个方向观察，内在还是外在，我们都能看到煽动暴力的种种表现：仇恨、恶意、卑鄙、攻击，不仅在印度猖獗，在世界的各个角落，甚至人类的心中也很猖獗。您如何解答这种危机呢？*

克氏： 这个问题就像其他所有人类面临的问题一样，很复杂，并不能用"是"或"否"来简单作答。为什么我们作为个体是暴力的，作为一个组织、一个国家也是这样呢？看看这个小镇最近发生的事情吧。我们为什么发生暴力？为了什么？无论你属于是古吉拉特族或者是马哈拉施特拉族的，谁在乎呢？名字又能说明什么？隐藏在名字背后的是被压抑的偏见，狭隘、愚蠢、孤立的地方主义。你整夜活在仇恨里，用言语和刀子刺向你的邻居。我们为什么这么做？作为一群印度教徒，我们为什么要反对基督徒呢？作为德国人或者美国人，为什么又要反对其他族群呢？我们为什么会这样？你和我可以捏造了大量的借口和解释，而且我们越聪明，就会想出越有力的解释。但是除了给出各种解释，你知道你自己也是这样的人吗？某些政客想要得到更多权力，你也是基于相同的目的而去支持他们，因此你为了分割领土而对邻国发动了战争，你意识到了吗？你为什么会是这样的呢？穆斯林教徒跟印度教徒是互相对立的，为什么？你意识到自己也是这样做的吗？难道认识到你自己也是这样的不重要吗？难道认识到自己不切实际地假装非暴力不重要吗？这些都没有意义吗？事实是，你其实是暴力的，而且我认为问题就在于你并没有意识到自己是暴力的，因为你总是在假装自己并不暴力。你从小就被灌输了非暴力的理想，而这理想是虚伪的，它根本不存在。存在的是暴力的你。理想与现实之间的鸿沟导致了这虚伪二重性的存在，这就是这个国家最大的不幸之一。你们都是这么理想主义的人，总是在一边高谈阔论非暴力，一边将屠刀挥向自己的友邻。各位，不要笑，这并不可笑，这些是事实。你的意思是，如果你真的很仁慈，你会愿意接受印度每个城镇与村庄里的贫穷、堕落和恐怖吗？事实上，你并不仁慈，也没有同情心，那只是从理论上来讲而已。这就是你为什么过双重生活的原因。

一件事的真相比这件事应该是什么样重要得多。事实就是你是暴力的，而且你拒绝面对这个事实，因为你觉得你不应该如此。你谴责暴力，你驱赶它，但它还是待在那里。当你认识到你是暴力的这个事实，而不是追求非暴力这个并不存在的理想之后，你才能处理暴力这个问题。这时候你的注意力才没有被转移，才能被全部用来理解暴力，你才能为之做点什么。你才会非常聚精会神地、积极地考虑暴力、恶意、卑鄙、残酷等事实。这就是为什么彻底抛弃那个理想如此重要了。

你们都知道，残暴存在于这个国家的每一寸土地，不仅仅有对邻居的残暴，对村民的残暴，也有对动物的残暴。如果你意识到这个理想是虚假的，你的意思是说这个事实你无法面对也无法将其终止吗？如果意识到了，你们就会成为完全不同的人，你们会创造一种不同的文化、一个不同的社会，你们将不再是模仿西方，而必定是真实的、富有创造性的，绝非模仿而来。但是，只要你的注意力被那个理想所牵制，你就无法看到那个富有创造性的、真实的东西。

那个理想完全不重要，重要的是事实。你想通过那个理想来摆脱事实，但却根本做不到。我认为认识到这点也很重要。追求理想的头脑是耽于幻想的头脑，这个头脑只会逃跑，从来不想面对事实。但是，对于一个已经受训几百年，且接受理想是有价值的头脑而言，面对事实的确很难。你练习非暴力、不杀生，等等，这对我来说都没有任何意义，因为这不是事实。事实是你就是暴力的，事实也一再证明你没有同情心，你不能将同情心作为一个理想。你可能有同情心，也可能没有。暴力存在于这个世界上，因为它存在于你的内心。拒绝暴力是你唯一应该关心的事，而不是去追求非暴力这个理想。要拒绝暴力，你必须在日常生活中留意，你要留心自己的言语、手势，留心自己跟仆人、邻居、妻儿说话的方式。你的暴力说明了你没有爱，而这是事实。如果你能看清这个事实，这个看法本身自会带来改变，也会对事实有所帮助。

提问者： 假定宗教是人生最重要的事，那么真正有宗教信仰的人不会关心他同胞的困境吗？

克氏： 这取决于你认为什么样的人是有宗教信仰或虔诚的，以及你认为什么叫作关心。各位，请听。有宗教信仰的人应该忙于社会改革吗？这个世界到底在发生什么？这个所谓的有宗教信仰的人关心他同胞的苦难、麻烦、贫穷，这就是我所说的社会改革。这就是在印度以及其他地方发生的事情。

现在，我们知道，生产在增长，可以确定的是在五十到一百年后我们将会有足够的食物、衣服和住房，因为共产主义者正在为之努力，资本主义者也在为了他们自己的目的做着努力。我们都在通过提高效率、发明机器等方式来提高生产力，以努力缓解贫困问题。这些都在发生，而且会在更大范围内发生，应该是这样。但是，最重要的当然是去看看贫穷，去看看剥削，去看看人是怎样对待他人，这些都是骇人听闻的事情。除了看，还要感受，而不要询问该如何对待它。如何处理这个问题是后话。我们大部分人在试图改造一个人的时候就已经丧失了对他的爱。这个改造是要通过共产主义、社会主义、资本主义以及贫穷国家对富裕国家的压力来实现的。这种压力就会带来改变和革命。

现在，问题是，谁是有宗教信仰的人？一个有宗教信仰的人应该关心消除贫困并带来社会财富公正分配的社会改革吗？显然，消除贫困，拥有健康、足够的食物、充足的住房以及其他一切是必要的。而这一切都将通过立法、压制以及大量生产等方式来实现。

但是，到底什么样的人才是有宗教信仰的呢？当然，一个有宗教信仰的人应该帮助他人以及自身去除生命中的残忍和痛苦，这就意味着他不应该有任何信仰。他不应相信权威，不应该追随任何人，因为他就是自己的一盏明灯，这光明来自他的自我认知。当一个人彻底理解了自己之后，自由就会降临于他。有宗教信仰的人应该是有创造性的，这种创造性不是指在画画或写诗方面，而是他的内在应该要有一种持久、永恒的创造性。

现在，这个总是在探索的有宗教信仰的人会投身于社会改革吗？或者，他会置身于社会之外，帮助受困于无尽挣扎的人们吗？当然，真正有信仰的人是置身于社会之外的，因为他不信权威，他不是在追求一个结果，所以即使没有他，结果还是会出现。而这样的人是不会关心社会改革的。

请注意！社会改革很必要。有很多人热衷于社会改革，为什么呢？是出于爱吗？还是说，这一被称作社会改革的特定活动只是他们用来实现自我的一个手段呢？

虽然你可能积极参加社会改革活动，但是你做的一切关于社会改革的活动——留意街上的乞丐，去看看乡村里骇人的贫困与堕落，然后去感受它，对乞丐和村民施以爱和同情——并不能是为了自我实现社会改革。但是当你成为在社会工作中变成重要人物时，难道不是因为你在通过这项活动在实现自己的抱负吗？当你这么做的时候，你就停止去爱了。而去爱、去怜悯、去感受美丑，是远比在你称为社会改革的华而不实的工作中实现自我更为重要的。

所以，有宗教信仰的人应该是真正的革命者，并不是说他会在经济领域中带来革命。这个有宗教信仰的人不信权威，他不贪婪，也没有野心，他并不是在寻找一个结果，他不是一个政客，所以只有有宗教信仰的人才能带来正确意义上的改革。这就是我们应当作为个人而不是集体立即将自己从信仰、教条、贪婪和野心中解放出来的原因。然后你就能发现你的头脑变得异常有活力，这样的人就是另一个完全不同的意义上的革命者，他的举动具有完全不同的重要性，因为他帮助解放头脑，让头脑去探索，变得有创造性。充斥着各种想法的头脑是不会有创造性的，关心如何自我实现的头脑永远不会探索到未知。只有当头脑没有被任何想法所占据时，它才能探索和理解永恒，这样的头脑才能在社会中展开自己的行动。

（孟买的第一次公开演讲，1956 年 3 月 4 日）

在集体中保持个性

　　上周日我们讨论了个人从社会强加给他的限制及宗教对他的束缚中解脱出来的问题，因为，只有当一个人摆脱了这些束缚，他才能具有创造性。我所讲的创造性是指瞬间从时间中解放出来的状态，唯有那种状态才能引发正确的社会转变，以及全人类的幸福安康。

　　我想可能有人既不明白在集体中保持个性的意义，也不了解这么做的重要性。话说回来，个人有没有可能在集体中显现呢？毕竟，虽然我们的名字不同，有独属于自己的银行账户，住在各自的房子里，也都有与众不同的、只属于我们自己的特质，等等，但我们却并不是一个个独立的个体，我们仅仅是集体的一部分。那些我们自以为的独立思想，都是一个又一个世纪积累而成的传统价值观、信仰和教条根植于我们脑海中的思维方式和思想体系，不论我们意识到这些价值观、信仰或教条的存在与否。人的头脑是这些冲动和欲望共同作用下的产物，因此即使赋予它一个不同的名字，也不会使其显得不同。我认为人们并没有意识到把个体从这些条条框框中解脱出来是件多么重要的事情。只有当个人独立于集体，他才能成为一个有创造力的个体，而激发这种创造力是最根本的，因为只有这样，人们才能知道是否存在永恒的"真"（一种类似于上帝的存在）。仅仅断言它存在或不存在，一点价值都没有；真正有价值的是不让过去左右你自己的体验。

　　我在上次的演讲中说过，个体的自由必须在一开始就存在，并非发生在结束之时。自由是第一位的，而非最后一位，而只有当人们一开始就将头脑从过去的种种禁锢中解放出来，它才能获得自由。这很重要，我们每个人不仅应该寻求个人的自由，还要为我们的子女提供正确的教育，以确保他们的自由，等等。我今晚就和大家就这些问题跟大家讨论一下。

就现今来说，只要我们对他人有所依赖，我们显然就是不自由的。我们肯定可以不用事事都追随老师、古鲁（印度教的宗教教师或领袖），这意味着我们必须成为自己精神的领袖，不做其他精神大师的随从。然而，我们真的能做到不受那领袖、大师、古鲁们的影响吗？就像我们现在在讨论这个问题，我们真的能做到完全独立思考，不需要他人的指导吗？

所有这些所谓的宗教教义都创造了一个理想国，你们追随它，因此宗教教义可以说也是教师的一种形式。可以肯定的是，脱离领袖、教师以及关于所"追随"的任何一个概念而获得自由都是必须的；因为，追随大师其实就是知识累积的过程，只有当我们将这些知识全部摒弃，才能真正获得解放。毕竟，这些知识实际上都是我们在日常生活中累积的，不是吗？我们需要用这些知识去做事，去指导我们的行为，去引领我们走向成功，而恰恰就是这些知识成为了阻碍的因素。头脑可以从知识中解放出来吗？我认为这是个很值得思考的重要问题，而我们应该对其先进行深入研究，之后再做判断，而不应急着下定论说可能或不可能。

所有的"追随"实际上都是知识的累积，对吧？而哪里有知识的累积，哪里就有模仿。毕竟，当你被问到一个熟悉的问题，你能马上回答出来。当你被问到家住哪里、做什么工作、叫什么名字等等时，你的记忆会即时生成答案，因为你对那些东西都再熟悉不过了。但如果你被问到更复杂的问题，你就会犹豫一下，因为这时你需要在记忆库里搜索一番才能找到正确答案。如果你被问到一个你对其几乎一无所知的问题，你就需要参考书籍，或向你的意识（即记忆）更深层去搜索。总是你的记忆在指导你。所以记忆必须存在，否则你就不知道要怎么回家、怎么工作，或是怎么建造桥梁等诸如此类的事了。我们学习大量而必要的知识，显然这些知识不能被忘记。但是我所讲的是一种完全不同的知识，这种知识由心智逐渐积累，用以在未来保护自己，以及获取任何它想要得到的心理上、精神上的慰藉。正是这种知识使我们变得以自我为中心，因为我们的精神用这些知识去保持它的持续性，而这持续性正是"自我"的一种外扩。因此这种知识必须完全摒弃，唯一的真正的摒弃——不需要放弃一丁点儿财产、房屋或土地，也无需系上一条缠腰布。

我们为了让心智建立自己存在的根本，并让自己得以延续，逐渐累积了这些知识。头脑，作为过去各种经历的产物，能够摆脱这些知识吗？可以肯定的是，除非我们能够摒弃这些知识，否则我们永远不会发现新事物，不会具有那种永不过时的特质——创造力。你看，这个世界其实并不需要更多的物理学家、科学家、工程师、政府官员、政客，而是那些具有创造力的个体，因为这些人才是真正虔诚的人。他们不从属于任何社会团体，他们不是任何一类人。研究知识累积过程的重要性就在于此。在这里我所说的"知识积累的过程"体现为身份认知和意识评估。人的思想可不可以自由地不带任何评判去观察事物？可以肯定的是，所有那些评判、比较、谴责，都是在知识的基础上形成的，由这些东西支配的思想是不可能看到事物的本真的。

观察一下你自己思考的方式，你会发现大脑只是在不断地获取知识，因此找不到一刻安闲去停下来思考。我认为我们应该理解，或者说从这一刻就开始体会抛开过去、自由思考的感觉，而不是简单地断言到底能不能解放头脑。如果我们能够认真听他人说的每一句话，那么这就容易多了；因为这需要我们亲身去经历、去感觉，而不必为此争论不休。

毕竟，正如我们所知，我们的头脑是过去，即无数个昨日的产物。它是已知事物，即曾有的体验、词语、符号、名称等所有认知过程的残余。

这样的头脑必然无法去发现和经历未知事物。我们能思考，但这种思考仅限于我们已知的、在书本上读到过的东西。要体验那种终极的未知状态，我们必须摒弃知识，也就是说，那些与诸多体验相关的记忆，整个自我，即"我"的认知过程都必须走向终结。

现在，如果你在听我讲话的同时，能真正做到忘掉一切你已知的东西——所有那些结论、评判、决心、理想，你会发现自己的头脑将不再受记忆的限制，你会突然有种身心合一的感觉，这样完满和谐的体验你一定有过，但这种体验只在头脑因体会到自身完整性而自然进入平静的状态下才能获得。头脑只有通过自我认知，而非训练和强制，才能变得平静。在那种无际的沉静之下，有那么一刻你会觉得自己与过去毫无关联，而就在那一刻，所有的创新奇迹般地出现了。这种创造力很有必要，因为它将头脑从集体中解救出来，并赋予了它个性。

集体思维指的是头脑受限于社会及其无数影响因素，受限于绝大多数人支持的价值观和信仰（这些信仰即使极少数人反对也是为了自成另一种信仰）。意识到这些，头脑有没有可能轻而易举就抛开过去对它的影响呢？在没有抛开过去之前，头脑追随着传统，这种传统可以是昨天的，也可以是很久以前的；而追随传统的头脑是模仿性的，它依赖于某个老师的指导，这时就持续出现了不平等的现象，这种不平等性不仅体现在生理上，也体现在了心理上。对于这样的头脑，"创造力"这个词只是三个字，没有任何实质性意义。只有当个性以及内在的创造力得到释放，我们才能挖掘出一种不同的状态、不同的文化和生活方式，这样的话，一个新社会以及相关的价值体系才会应运而生。

提问者： *我觉得自己存在的每一天都毫无意义。到底活着是为了什么？活着有什么意义吗？*

克氏： 几乎所有人都有同样的疑问，不是吗？大部分人都对生命感到困惑。当我们探问生命有何意义时，我们希望得到肯定的回答，或者希望有人可以告诉我们，生命的目的是什么。

然而，生命有目标吗？有目的吗？问这个问题的人是出自什么心态呢？当然，这个问题比生命是否有意义这种问题更值得我们探讨。生命究竟是什么？我们的头脑是否能领会？生命有苦痛有欢乐，有微笑，也有泪水，还有无尽的挣扎；它既穷尽了万物的超凡深刻与美丽，也汇集了虚无的深切与唯美。生活是广袤无际的，一个小小的头脑是无法领悟的，但正是这个小小的头脑提出了这个问题。因为它困惑了，如我们大多数人一样，它也想知道生命的目的是什么。我们在政治上、经济上，还有精神上都感到困惑，在内心深处，我们渴求某个指令告诉我们到底该去做什么；当我们提出问题，所得到的回答总是令人迷惑不解，因为这些答案也由一个困惑的头脑提出并解答的。

因此，问题并不在于生命的目的和意义是什么——因为正如你的拳头握不住风，你不能将广阔的生命局限在一个小小的框架里，之后去顶礼膜拜。你所能做的就是看清你自己的困惑，并找出解决它的方法。一旦我们明白自己在困惑什么，我们就不会探问生命的意义是什么了，因为那时我们是在真正地生活，我们将不会为某个社会的专制模式所束缚，无论共产主义还是资本主义。而那样生活本身就将找到答案。

困惑的头脑即使追求明晰也只会变得更加困惑，情况就是这样，对吧？如果感觉迷茫，即使我找到了解决方法或指令，那个方法和指令也仍是令人糊涂不解。只有清醒的头脑才能找到正确的路，如果有路可循的话，困惑的头脑则不行。当然，这个道理很明显，不难理解。

现在，如果我意识到，只要我是困惑的，纵然寻求指导也是徒劳无益的，那么我是否还继续去寻找呢？因为我认识到，基于困惑而选择的古鲁、政客、某本书或某种价值观，一定也无法指点迷津，那么，我会拒绝去向任何人征询指导吗？我认为，必要的是作为一种切身体验，而非理论上，去了解一个人困惑的全部。

事实就是你很迷惘，只是你害怕承认罢了。你紧张、不安，因为如果你承认自己很困惑，你就不知道该去做什么了，所以你亦步亦趋，任由事态发展。但是，如果你明白了自己所有的困惑，那么会怎样？当你知道困惑时所做的任何举动都只能让自己更为困惑，你难道就不能停下来吗？那就停下来吧，别再找什么解决办法，而当一个困惑的头脑不再去寻找，困惑也就随之停止了。而由此则是一个新的起点。道理很简单，可是要向自己承认自己迷惘无知却很难。

所以，认真问问你自己，你现在是不是正陷于某种困惑之中？如果答案是肯定的，那么你就不会再问生命的意义是什么了。因为当你看到了自己的困惑，真正切实地体会到了，你就一定会停止提问、要求或找寻了；这种停止正是一种崭新探寻的开始。这时你的头脑会开始自主地探寻生命不凡的意义。

目前，我们想让别人带我们走出困惑，可是没有人能做得到。只要有选择，就会有困惑。选择本身就表明存在困惑。然而我们却常常为选择而感到自豪，因为这代表我们拥有自由的意志。能直接看到事物本真、不受任何曲解和影响的头脑则无需选择，也只有这种头脑才不会困惑，才会带领我们前进，去探索和发现未知的一切。

提问者：有没有什么方法能让我们友善起来？您能告诉我们怎样才能和平共处，而不是像现在这样处于强烈的敌对当中？

克氏：无疑，和平和友善是很难做到的。你们可以一起建造一座桥梁，或是共同在一个办公室工作，因为这时你们上头都有个老板在管着你们，告诉你们应该做什么；但是真正的协作是不能被强迫的，也不能靠遵照某个建筑师绘制的蓝本获得。只有当我们把地球当作自己的家，我们共同的家园，而不是共产党人的、社会主义者或是资本主义者的地球，才能做到和平与友善。我们使之富足并一同分享的是我们共同的地球，不是按国籍、种族划分的一块块领土，也不是按照信仰、教义或各种各样自成体系的宗教所规定的一个个群体。

请听听这一切吧，都是罪恶。这可不仅仅是一篇言辞激烈的长篇大论。如果你们真的想友善、和平地共处，你们必须消除所有的阶级划分和宗教壁垒——所有那些教义、传统习俗以及信仰的壁垒。你不能倚赖政府立法带来友善与和平，因为政客对于和平的理解和虔诚之人所持有的定义是完全不同的。真正的友善与和平是你每天都能感觉到的，那是一种真正愉快的感觉。你不会为那种"愉快"而感到羞耻，你也不会为了显示自己多么友善、和平而刻意投身于某个自诩为建设和平实际却为了自身的既得利益损坏和平的组织。当我们每个人都能体会到和平与友善，真正的和平与友善才会到来。可是很不幸，我们中大多数人不想去体会。大多数情况下，我们聚在一起不是为了爱、同情或怜悯，而是仇恨。仇恨让我们找到自己的群体，以此与另一个群体相对抗。当我们的群体因为战争而遭到来自另一个群体的威胁时，我们才站在一起并肩作战；而战争一旦结束，我们就又四处离散。这种情形每天都在发生。

所以，我们需要的并不是树立和平与友善的理想，而是真正去面对自己其实很暴力的事实。当你们把自己叫作马哈拉施特拉人、古吉拉特人或随便什么人时，你们是简单粗暴的，因为你们用一个词就把自己归类了，而这个词引起了对立，它在你和别人之间设了一道屏障。可是我们都是人类，本质上有着相同的烦恼、担忧、痛苦和磨难，而真正重要的无疑是要意识到这个明显的事实，然后轻松开心地抛掉那些狭隘的民族主义和琐碎的小组织、小团体观念，简简单单地做一个人。然而，大多数人宁愿成天猜想和讨论各自的上帝，以及所有那些书上看来的东西，做这些一点意义都没有的事。因此敌对就一直这样持续着。真正有意义的是彼此间的联系，如果我们能一起建立和平与友善的世界，我们必须停止空想，真正去摆脱那些荒谬、愚蠢的民族主义和地方主义，抛开信仰和虚荣心，从此自由、幸福地开始新的生活。

这不是一个鼓励你去做这些事的演讲或答案。一个聪明的人会缘于自己的领悟去做这些事。只有笨人才去寻求鼓励，而且即使他被鼓励了，他也仍然是个笨人。但是，如果他知道自己有些愚钝，那他就会为了改变而有所行动。如果他意识到了自己的小气、好妒和粗暴，并且认为追寻理想是愚蠢的另一种体现，那么他就能为自己带来转变。如果我知道自己很自大，那么我就可以针对自己的这个特点做点什么，或者什么都不做，看情况而定。但是，如果一个自大的人假装谦卑，或者设想自己是谦虚的，那他就是在犯傻，因为他逃避现实，而跑去非现实中寻求安慰。要让一个自大的人变得完全不自大是不可能的，但我们从小就被灌输现实和理想是没有交集的，这让我们变得虚伪。只有当那个人知道并面对自己很自大的这个事实时，他才能真正开始变得谦虚。

同样，如果我们真想一起建立和平友善的世界，爱是必不可少的。这种爱不是理想中的爱，而仅仅是爱心、友好、同情，这意味着我们要脱离小团体的束缚，消除所有民族、种族、宗教上的偏见。我们都是人类，共同生活在这个地球上，地球是我们共有的；要体会到这一点，人必须要超乎寻常地谦逊。我们需要怀着谦逊去深刻体会事物，而当我们追求完美时就谦逊不再了。

提问者：您刚刚说，如果我们想按自己的意愿做事，实相则永远不会到来，甚至这种想法都成了阻碍。那么，我们要怎么做才不会形成阻碍？

克氏：现在你不是在听我说，我也不是在回答问题，就让我们一起来探讨这个问题。问题在于，如果我们的头脑不能凭自己的努力捕获最本真的未知事物，我们要怎么才能去体验它呢？所以我们必须要了解自已的头脑本身，以及为什么我们要努力。

如果我们没有在生理上努力，我们就不会生存下去。如果我们没有努力工作，吃正确的食物，锻炼身体，等等，我们的身体便会崩溃。这是一个很明显的事实。所以我们努力是为了在生理上能够存活于世。

同样，我们努力也是为了在心理上能够生存，即为了获得我们所说的"实现"。我们认为事物的实现要从训练、控制、镇压以及各种各样的强制作用中取得。我们强迫自己的思想去遵从某种模式，希望借此得以"实现"。这一切都暗示，思想在持续不断地找寻安全感。因为害怕不确定，它便想去找寻确定性——那种永恒的，被叫作真实、上帝、真相，或随便你怎么给它命名的确定性。这是我们大多数人都关心的问题。我们想要抵达一种境界，在这种境界下，不存在任何形式的干扰，不存在结束，那是一种被我们叫作平和的永恒境界。我们的头脑就是在不断地努力想要达到那种境界。所以我们必须要理解这努力的过程。

我刚才说，正如我们努力去在生理上存活一样，我们也要努力让"我"延续下去。你能懂吗？只要我想在精神上存在，我就必须努力获去有所实现。那么，这个正在努力的"我"是什么呢？的确，你是一个拥有各种记忆和经历的名字，你有无数内在的动机和外在的追求，以及各种各样的特质、激情、恐惧和美德。所有这一切共同组成了"你"，不是吗？你想将这样的"你"继续下去，以实现你的心愿，所以你努力，你计划并实施了一些准则。无疑，只有当头脑停止努力，进入完全的平静的状态——没有劝说，也没有强迫，而是自发进入了平静状态，只有当头脑因为不再想要什么而停止经验上的找寻时，我们才有可能实现一些从未实现之事。

毕竟，我们的头脑是已知的产物，任何我们头脑所做的努力都是在已知的范畴之内；因此仅凭它的努力不能使我们发现未知之物的。没有一个在已知领域的活动能将我们带往未知领域。于是一切又简单明了起来。头脑的平静状态只有在我们摒弃所有已知时才会到来，在那种平静中不存在努力，也只有在那种平静中，我们才可能实现未知之事。

（孟买的第二次公开演讲，1956年3月7日）

谴责、辩护和比较不能解决问题

　　我们与人交流最大的困难之一就是理解他人用语言所要传达的内容和意图，不是吗？我们话语的深度无疑是由我们思考、感知和行为的方式所决定的。如果我们说肤浅的话，或只是一些抽象的语句，这几乎没什么意义。而如果我们所说的话不仅仅是抽象的，而是有一个我们彼此都理解的所指，一个我们在不带偏倚之心，在精神健全、头脑澄明情况下所共同确定的所指，那样的话，我们彼此之间的交流才会成为可能，而只有这样的交流才是有意义的。但是，由于你有某个所指，而我却有另外完全不同的所指；或者，我可能只是说些抽象的话，根本没有所指，这两种情况通常或造成交流的困难。而在这种情况下交流——即人与人之间在深层交换头脑——就几乎没什么可能了。所以我认为，同时在相同的层面交流是非常重要的，而且，只有当我们彼此都理解所运用语言的全部内涵时，交流才会成为可能。而理解无疑是即时发生的，不在明天，也不在你听完整个演讲之后。

　　要理解彼此，我们就不能被词语本身束缚。比如像"上帝"这个词，它对你来说是这个意思，对我很可能就是另一个，甚至根本没有意义。所以，除非我们彼此都有理解并超越词语本身的意图，否则，我们就几乎不可能交流。"自由"这个词大体上是表示摆脱某种禁锢，对吧？它通常意味着从贪欲、忌妒、民族主义、愤怒或别的什么中挣脱出来，然而，自由还可以是另一种意思，它意味着一种自由的感觉，不是"超脱于任何事物"，而是领会到处于自由状态的事实；我认为，理解这个意思是很重要的。

我们中的大多数人对自由的感觉并不熟悉。在我看来，我们必须得了解这种感觉、熟悉这种感觉。专制在世界各地横行，不管隐藏在什么面目之下，社会为了适应某个蓝图，变得越来越有秩序，这也意味着必然会有一个团体被赋予权利去执行这个蓝本，这时专制就会初现端倪。而社会必须秩序井然。所以，什么是自由这个问题是很复杂的，我觉得我们去深入研究这一问题真的是相当重要。

没有自由，显然不可能探索和发现何为事实真相。但是，让头脑自由，让头脑实际体验到那种状态，并非只是认为获得了自由，该是何其困难！想要去探索，去发现，头脑必须拥有自由的品质，这与挣脱某种禁锢所获得的消极状态不同。我认为，这两种自由之间是存在差别的。当我只是摆脱某种束缚时，由此所获得的那种自由状态是消极，是空虚，而当你意识到自由的真相时——并非摆脱了什么，那时的状态才是积极的。所以，我认为我们必须理解"自由"这个词的内涵。

我们从小并没有被教导去做无拘无束的人，而是一直被社会的各种条条框框所束缚和塑造。因为我们担心自由会让孩子走歪路、摔跟头，我们便按照父辈的方式制定了各种规章制度去束缚他们，告诉他们什么该做，什么不该做，以为这样就将孩子引上正路，带着他们走向极乐、上帝、真理等一切幸福。从一开始，我们就坚持认为头脑必须被束缚和塑造；所以我们从未深入探究自由的这个问题。如果我们曾经考虑过这个问题，那么我们的价值观、我们的行为，乃至我们对生命的全部理解都会变得完全不同。

头脑是无数事物影响的产物，它受我们读过的书籍的影响，受我们成长的社会、文化、宗教环境的影响，受使它成为今天这般模样的记忆的影响。问题在于，这样的头脑能获得自由吗——不是理论上或假想中的自由，而是真正摆脱过去的影响而得到的自由？而过去的连续性是什么？你能明白这个问题吗？

目前，头脑明显是一个记忆仓库，这个记忆仓库不断地在累积、聚合知识，并对事物做出认知和反应。有趣的是，现在一些机器也能做这些事，而且比我们的头脑快得多。这说明这些只是纯机械的过程。而一个陷于这种机械过程的头脑本身无疑也是机械的。一个如此机械的头脑，当它意识到这一切时，是否还能获得自由呢？

我不知道自己有没有将这个问题表述清楚，我觉得这个问题至关重要。在我看来，作为个体的我们的存在——好吧，如果非要这么说的话，因为我们其实可能不能算作个体——是机械的、重复的，那我们就是缺乏创造力的个体。我所说的创造力可不是狭隘的生产力，我所说的是完全不同的概念，现在就让我们来深入探讨一下这个概念。

现在，是什么让头脑连续运转，一刻也不得自由，仅仅只能自我修饰，做着机械的加减法呢？可以确定的是，头脑只有脱离记忆机器的摆布，它才能具有创造力。这虽然听起来很复杂，但我想你们能明白。如果你观察自己的头脑，会发现在背后操纵它做出反应的总是记忆。这样的头脑不会得到自由，也不会拥有随之而来的创造力。对我来说，这是再重要不过的问题了。因为只有当自由来临，头脑才能发现全新的、完全不受过去经历制约和影响的事物。

然而，是什么促使头脑在机械性地连续运转，又是什么让头脑害怕摆脱它的控制呢？是什么创造了时间——不是作为一个整体的时间，而是我们正在体验的，从昨天到今天再到明天做三段式分割、且正在流逝的时间？可以确定的是，只要头脑在找寻"更多"，它必然会一直持续下去。缘于对自己不满意，我想改变自己，而且我肯定会随着时间的流逝而做出改变。改变总是和想要"更多"联系在一起,而一旦我想要"更多"，头脑的持续性就必然出现。需求"更多"是嫉妒的表现，而我们整个社会体系就是建立在嫉妒之上的。这嫉妒不仅存在于俗世，也存在于我们对精神世界的渴求中。只要头脑想要"更多"，不管是精神上的还是物质的，都必然伴随着嫉妒。而要彻底摆脱嫉妒，只是简单地否定嫉妒或从中抽身出来是不行的，要想彻底摆脱它，唯有让嫉妒彻底消失，唯有不再挣扎着让自己不嫉妒。

我们还能更深入一点吗？你知道嫉妒的感觉，对吧？我想我们中的大多数都很熟悉那种感觉，而且可能也注意到了整个社会都是建立其上的。我们总是在努力变得更好，不仅要在等级森严的社会体系中更上一层，在精神上也有同样的要求。看到一辆车，头脑就想拥有它；见到了一位圣人，就想变成他。头脑这种总是刻意拥有或意欲变为何物的倾向就显示了我们对现实的极大不满。但是，如果我们能了解自己的现状，就不会总拿它和理想相比了。理解现实可是无法通过比较现实与理想来获得的。

我不知道你是否曾经对付过嫉妒的问题。嫉妒在我们平时的生活和工作中可以说是无处不在、肆意猖獗，它不仅表现在我们对有识者和对有权力、地位、威望的人的尊敬中，也表现在我们想要"更好"的持续努力中。我们都明白嫉妒的感觉，而只要有嫉妒，就必然有随之而来的沮丧和痛苦。

而头脑可以完全摆脱嫉妒吗？我认为这个问题很重要，因为如果答案是否定的，我们将永远生活在一个基于贪婪、野心以及所有那些令人恐惧的事物的社会之中，而敌对和抗争也将永无止境，我们也将陷于的毫无意义的努力中。所以，头脑到底能不能摆脱嫉妒？如果我努力通过某种训练或练习某种方法去摆脱嫉妒，那么我其实并没有真正摆脱它，而是让它以另一种形式继续存在。那种想要变成什么的欲望还在，我只是简单改变了欲望的客体。我想成为一个不会嫉妒的人，可这"想"也是一种欲望，需要"更好"的欲望。所以，如果我们意识到了这个事实，是不是头脑就可以摆脱嫉妒了呢？如果你慢慢地、一步一步跟着我的思路，我想你就能找到答案。

我会在什么时候有嫉妒的感觉？不是在做比较的时候吗？确实，我感觉到嫉妒是因为你有的东西我没有，这个比较的过程就是嫉妒的表现。我只是个微不足道的存在，而你却是千古圣人，而我想变得和你一样。所以哪里有比较，哪里就有嫉妒。仔细观察，你会发现我们从小就生活在这样的环境当中。我们的教育、文化和思考方式无不建立在比较和对能力的崇拜之上。而这些比较使我们有所理解了吗？或许，我们可以在比较中增长学识，而学识毫无疑问并不是"理解"。

"嫉妒"这个词暗示着野心、贪欲，以及想成为某物的欲望，不仅体现在社会方面，还体现在心理层面。我们的头脑能不能完全摆脱对"更多"的追求呢？为什么我们总是想要"更多"？这种需求使我们进步了吗？当我们需要电冰箱、更好的汽车等物品时，某种程度上这显然带来了进步。可是当我们需要更多的权力，更大的成就感和美德时，当我们想在心理层面上达到某种目标时，这种内在的需求便会毁掉技术进步带来的好处，而给人类带来灾难。只要我们心理上需求"更多"，我们的社会就会充满贪欲，暴力和冲突必然横生。但是，这并不意味着我们要放弃技术带来的帮助，和舒适生活说再见；而是，想要利用这些技术来进行自我扩张的强烈心理愿望，即对"更多"的需求，正在毁掉我们。

所以，头脑能不能嫉妒中解脱出来呢？只有当终止了比较，当头脑直面自己是嫉妒的这个事实时，它才能从中得以挣脱。先生们，你们能明白吗？去直面"我是嫉妒的"这个事实，与在比较之中意识到"自己是嫉妒的"可是大相径庭的。我希望你们不只是在听我说话，而是真正按照我说的在做——观察自己头脑的活动，明白自己是嫉妒的这个事实。

你在什么时候知道自己是嫉妒的？是只在比较的时候，还是在当你用"嫉妒"这个词的时候？当你看到某种你想要的东西时，当你想要"更多"时——更多的快乐，更多的威望、金钱和美德，等等时，你不觉得自己是嫉妒的吗？或者，当你不再需要"更多"时就觉得了吗？也就是说，头脑可以在没有这种需求时观察自身是嫉妒的这个事实吗？头脑可以摆脱"嫉妒"这个词吗？

毕竟，头脑除了其他事物外，也包含众多的词语。那么，头脑可以摆脱"嫉妒"这个词吗？做个实验，你就会看到诸如"上帝""真理""恨""嫉妒"这样的词对头脑有深远的影响，而我们的头脑可以同时在神经上和心理上摆脱这些词吗？如果不能，那么我们就不可能面对嫉妒的事实。当头脑直面了这个事实，不必等头脑努力去做出改变，头脑自己就会做出改变。但是，如果头脑一直想着要怎样摆脱嫉妒，它就无法集中精力，无法面对事实。我们通过词语进行认知，而当我从词语中认出了那种感觉，我就赋予了那感觉以连续性。可以确定的是，当一个人想要完全不嫉妒，他就必须好好研究这个问题。他要知道我们的整个文化背景都根植于嫉妒和贪欲之上，不仅是精神层面的嫉妒和贪欲，还有世俗层面的，那便是我们中大多数人想要在今世或来生变成什么的欲望。我们想要更高的地位，更多的知识、权力和美德，因此，作为"我"的头脑通过需求"更多"得以延续，这就是嫉妒。嫉妒也是依赖的过程。

现在，既然嫉妒有如此繁杂的表现形式，头脑还能完全摆脱它吗？如果不能，头脑便不能无拘无束地探索、发现、理解了。只有当头脑明白自己是嫉妒的事实时，它才能摆脱嫉妒；而只要它在谴责或比较，它便不能明白这个事实。这个道理不难理解。如果你要了解你的儿子，你肯定要研究他，对吧？研究你儿子意味着要观察他，不拿他跟他哥哥（或者别人）做比较。这意味你要直接地，而非相对地看待他。一旦你拿他和别人做比较，你就毁了他，因为那样的话，他人在你心里就比你儿子更重要了。

所以，头脑可以不带谴责或比较地看到自己的嫉妒吗？它可以在察觉到自己是嫉妒的这个事实时，不做任何反应吗？"做出反应"这件事本身也是嫉妒，因为这表示头脑想把事实变成另外一种样子。除非头脑能彻底摆脱嫉妒，否则我们将总是生活在束缚、苦难之中，而无论头脑做什么，它都只会带来更大的苦难。想要摆脱嫉妒，头脑需要意识到嫉妒的事实，而并非对事实做出反应。你会发现事实自动就能做出反应，这反应不是头脑脱离现实的反应，而是它能使你的头脑平静。控制或自我催眠不能为头脑带来真正平静。而头脑需要平静，因为只有这样它才可能发现和经历新事物。任何有连续性的经历都建立在嫉妒和需要"更多"的基础之上，所以头脑必须满足于它所学会、得到和经历的。到那时你便会发现头脑进入了平静状态，这种平静完全不受过去的搅扰，它有自己的运动规律，由此全新之物才可能产生。

集中思考这些问题的过程中，我再次觉得重要的是我们意识到答案并不存在，这种意识本身就是一个卓然的经历。但是对我们中大多数人来说，要意识到答案并不存在这一点很难，因为头脑总是在找寻答案。当头脑追寻某个结果时，它必会发现所追寻之物；但是，那个结果本身又制造了新的问题。

提问者： *听您的演讲让我觉得越来越茫然。八天前我一点儿问题都没有，可是现在我都被困惑淹没了。这是为什么？*

克氏： 这很简单。也许你以前一直都在沉睡，现在你醒了，开始思考了。你漫不经心地来到这里，坐在这儿听我演讲，或许你被逼迫到了绝境，受了刺激，所以你困惑了；但如果你只是单纯受了点儿刺激，那么当你离开这里以后你会立刻重回以前的老路。刺激只会令头脑愚钝，不会让头脑警醒。它也许能有一分钟或一秒钟警醒到头脑，但很快头脑又会回到惯常的愚钝之中。靠这些会面来刺激头脑就像饮酒：终会让头脑变得愚钝。如果你依靠某个人去激发你思考，那么你就成了他的门徒，他的追随者，他的奴隶，你所做的一切就会毫无意义，而且你还会习惯自己的愚钝。而如果你意识到了自己的问题——它们或许一时还不那么明显，可是它们确实存在，并且开始直接去对抗它们，那么，你便不需要我或其他人的激发了。而那时你也不用去到处找寻问题，因为你会在自身发现问题。你走在街上时也会自然而然地发现也会发生在你身上的一切问题：泪水、疾病、贫穷、死亡。

所以问题在于，如何去解决、处理这些问题。很明显，如果你想靠寻找某种答案来解决问题，那么那答案会制造更多的问题。你需要深入理解那些问题。而只有当你不带谴责、不带抗拒地看待问题时，你才能理解它。头脑不能在谴责、辩护或比较中解决问题。困难不在问题本身，而在于带着谴责、辩护和比较去解决问题的头脑。所以首先你要懂得自己的头脑是如何受限于社会以及周围无数影响因素的。你说自己是个印度教徒、基督徒、穆斯林或随便什么，这便说明你的头脑是被禁锢的，而问题正是来自被禁锢的头脑。当一个被禁锢的头脑找寻问题的答案时，它只是在不断地重复、做无用功。而你的头脑被禁锢是因为你爱嫉妒，是因为你喜欢比较、判断、评价，因为你被信仰和教条束缚了，而这些条条框框则产生了问题。

提问者：现在我能在积极投身政界的同时而不受这些政治活动的毒害吗？

克氏：先生，什么是政治活动？什么是政治？可以肯定的是，它是众多复杂事物中的一个，对吧？生活有很多方面，有政治、社会、宗教；如果你只着眼于一个方面，就是你所说的政治活动，而忽略了生活的完整性，那么不论你做什么，你都会被这些行为毒害。我觉得这是显而易见的。只有正在寻找、摸索，同时兼顾到生活所有方面的头脑，才能理解生活的完整性。一个以马哈拉施特拉人或古吉拉特人的思维思考的人不可能理解那种完整性的意义，他不明白地球是我们大家的。他只会从浦那或孟买的角度思考，这太愚蠢了；而他这种具有分离倾向的思维最终必会导致危害和杀戮，事实上这样的后果已经发生了。头脑不断在做着分裂性行为，分裂成印度人的、印度教徒的、穆斯林的、共产主义者的、基督教徒的等各种各样的头脑，而这种分裂，这种地方主义还在愈演愈烈，这导致了越来越多的苦难。然而，如果一个人不把自己定义成印度人、基督徒或印度教徒，而仅仅是人类中的一员，如果他的头脑则会具有生命的完整性，他的行为也不会有毒害性。但这对我们大多数人来说太难了，因为我们总是片面地思考，还寄望于把这些片段拼起来就能组成一个整体。那是永远不会发生的。我们必须要去体会生命的完整性，那时他才能有所改变。

不幸的是，有政治头脑的人只想搞政治，还把宗教引入到政治中；但那是不可能的，因为宗教和政治完全不同。宗教不是教条，不是仪式，也不是关于《薄伽梵歌》或是《圣经》或是其他书里的知识。宗教是一种体验，是一种不因时间变换而改变的精神状态。宗教的这种状态不受时间影响，政治则不是，社会总是在变革政治。但是，当一个人的头脑不受时间观念束缚时，无论他采取什么行为都会有完全不同的意义。你没有意识到，人是无法从部分看到整体的吗？并不存在通向真理之路，印度教不是，基督教不是，佛教不是，穆斯林也不是。真理必须由我们在当下探索，只有当头脑不受种种经历的制约时，你才能发现真理。

提问者：我们听你讲所有那些关于"过多"的论述。您会不会有时有这种"过多"的感觉，比如听得过多？过多的启发不会使我们变得愚钝吗？

克氏：有没有"听得过多"这种情况？当我们说"听"时，我们指什么？如果我聆听只是为了储存知识，并用储存的知识去指导行为，那么我们可能"听得过多"，因为这时"听"只能刺激我们做下一步反应。

这是我们大多数人的做法。我们是为了学习而听，为了获取知识而听；我们将这些学到的东西保存在头脑中，头脑便以之指导我们的行动。只要我们把"听"当成积累的过程，那么自然会有"过多"的时候；但如果我不去积累或储存，那么"听"就会有完全不同的意义。"听"是学习，但如果我把学到的东西存储起来，则不可能有学习。在积累的过程中，"听"变得令人厌烦，变得繁冗，而且和其他刺激物一样，让头脑马上变得愚钝。你如果知道我要说什么，那根本就不是"听"。"听"是一门艺术，它让我们去听有关一件事情的全部，而不仅仅是话语本身，这种"听"是永远不会过多的。

提问者：您觉得存在上帝吗？如果存在的话，能给我们讲讲上帝吗？

克氏：提这种问题的人应该是懒惰之人，对吧？这就好比一个人舒服地坐在山谷中，想知道山那边是什么样子一样。这就是我们都在做的事儿。我们满足于在所谓圣书中读得只言片语。读到他人对自己经历的描写就让我们高兴不已，觉得自己能够理解那些经历；可我们就是不曾激励自己走出山谷，爬上陡峭的山峰，亲自看看山那边的世界。这就是为什么我们需要重新开始，把所有书、指南还有老师抛开，自己去探索和发现的原因。上帝作为未知的事物，是需要我们亲自去探索的，而非由他人来告诉我们，或者任自己随意猜测。需要去推测的是已知事物的结果，而一个有缺陷的、负累重重的、充塞了已知事物的头脑永远都探索不到未知的事物。你大可以践行美德，一个又一个小时地坐在那儿冥想，但是你永远都无法探测到未知事物，因为未知只能通过自我理解来发现。头脑必须摆脱自身的连续性，即已知事物——然后你才不会追问上帝是否存在。说自己知道上帝是什么的人其实并不知道。他所知道的只是他的头脑在一秒前从过去经验中解脱出来时所感受到的未知事物。上帝或真理不会永远待在一个地方，它们不会被一直放在我们这些微不足道的头脑所形成的的庇护所下，这就是它们的魅力。它充满生气和活力，就像奔流不息的河水。只有不被任何宗教、教条或信仰禁锢，不被任何已知事物束缚的头脑才能探索到是否存在上帝。上帝是否存在是需要探索的，并非随便说说。但是，因为头脑本身并不是永恒的，它想确认的确存在永恒，所以便说，永恒必定存在。有时间限制的头脑创造了永恒的概念，然后对其任意揣测；然而，要了解未知之物，头脑必须摒弃时间的观念。

（孟买的第三次公开演讲，1956 年 3 月 11 日）

理想是头脑造就的幻觉

无论从理论上或口头上，我们都必须承认：个体从集体中解脱出来是很重要的，但我认为，我们并没有对这个问题给予足够的重视；因为只有当个体有了创新性的解脱时，才有可能发现并过一种与现在全然不同的生活。目前，我们的生活和头脑都是集体性的；我们是集体的一部分；在我看来，如果我们想建立一个推崇不同价值观的截然不同的社会，个体就必须去理解头脑几个世纪以来对于集体的印象。正如我所说，只有当自由出现在开端时，真正的个体才会出现。毕竟，我们大部分人都是环境的产物；我们的头脑、活动、信仰以及各种各样的追求，都受到身边诸多因素的制约；为了发现什么是真理，人就必须将头脑从各种影响中解脱出来，而这个过程是异常艰辛而困难的。我认为，我们对此并没有给予足够的重视。只有当头脑挣脱了这些影响因素，它才不会退化，才有可能发现某种全新之物——某种未经预先策划的事物，这种事物不是对自我的投射，亦不是任何文化、社会或宗教的产物。

政治宣传就是在培养偏见；我们所有人都是有偏见的。我们被教导着去接受或拒绝某物，但对于有关影响的整个问题却从不去探究。我们说自己是在寻求真理；但我们大多数人真正在追寻的究竟是什么？如果你们真的是头脑清醒、富于自我观察的话，就会知道自己是在追寻某种结果，某种形式的满足感，被我们依据成长环境不同而被冠以不同名称的内在的稳定感或恒久感。难道你们不是在追寻成功吗？你们想要在这个世上，乃至来世，都功成名就。在我看来，这种想要成功、想要有所实现或有所成的欲望都是错误的教育产物。那么，头脑能否完全从这种欲望中挣脱出来呢？

我认为，对于这个问题我们并没有问过自己，因为我们所关注的是遵循某种模式、体系或理想，我们希望它能产生某种结果，引导我们走向确定性，走向成功，走向明确而永恒的快乐、幸福或其他美好的终点。所以，我们的头脑一直致力于实现某事物；而只要头脑在追寻一个目标，一个能给自己完全满足感的结果，就必定会树立和追随权威。事实就是如此，对吧？只要我认为幸福、快乐、上帝或其他是要实现的目标，我就会萌生实现它的渴望；因而，我需要一位宗教领袖、一个权威人士来帮我实现这样的心愿。因此，我成了一个追随者，我变得依靠另一个人；而只要有依赖性，个体就不可能从集体中脱离，也不会知道什么是真理或哪些是该做的正确事情。

如果仔细观察，你会发现我们一直依赖都在寻求能有人为我们指点迷津。因为茫然，我们才去他人处征求建议。结果就成了我们总是在追随，因而在心理上树立起权威，而这必定蒙蔽我们的思想，阻碍创造力的产生——创造力是极其重要的。表面上看，在这个充满竞争和贪婪的社会里，我们雄心万丈、冷酷无情，不这样的话，我们就会被驱逐，被淘汰。就内在而言，就心理上论，我们也同样野心勃勃，也想达到某个高度，所以，我们追寻某个结果，或者是自我投射的，或者是他人创设的。认识到这一切，我们该怎么做呢？怎样做才能找到正确的行动呢？

无疑，对我们所有人来说，这都是个问题。在我们内心和周围都存在混乱；旧日的价值观、教义、教条，我们追寻的领导者，都无法再令我们满足，对我们而言，他们失去了控制力；看到这一团混乱，我们该怎么办？怎样做才是正确的？为了探究这个问题，我们必须追问自己：我们所谓的探索是什么意思，对吧？我们都说自己在探索——至少，我们当中严肃认真的人是这样的；但是我们在探索之前，无疑要弄清楚自己所说的那个词的含义，也要知道我们每个人都在寻求的是什么。

先生们，通过探寻你们能找到新事物吗？或者说，你们能找到只是自己已知的和自己投射到未来的事物吗？我认为，这个问题很重要。我们在寻求的是什么？还有，头脑在探寻时，可否找到超越于时间及自身投射的事物呢？也就是，我说自己在探寻真理、上帝和福佑；而为了找到它，我必须有能力识别它，不是吗？要是能够识别它，那我一定已经体验过它。过往的经历才有必要识别，我能识别的已经储存在头脑里；由此看来，所追寻的并非真理，而是我自己思想的投射。然而，我们大部分人恰恰都在这么做。当我们展开探寻，探寻的不过是我们早已体验过、想重新体验的事物；所以，我们真正寻求的是要永恒体验快乐感和满足感。所以，如果头脑是在探寻，显然它便找不出真理。只有当头脑不再探寻时——这并不意味着它变得迟钝、注意力分散——而是懂得这整个探寻的过程，它才有可能发现某种不是自身投射或评判的事物。

例如，你在《薄伽梵歌》或《奥义书》里读到了关于某种永恒之物、永恒的福佑或其他的描述；因为生命是短暂的，你的思维、活动及关系都是混乱不堪、令人不安、悲惨痛苦的，于是，你便有了想去曾读过的彼岸世界的想法，彼岸世界就成了你的探寻之物。在探寻彼岸世界时，你养成了接受权威的习惯，不自觉就跟随了某个承诺能引领你去实现理想的人。由此，你变成了追随者；而只要你追随，你就是集体中的一员。因为对彼岸世界已经有了认知，心里对此也有了构想，你便通过宗教领袖、冥想，或践行各种形式的戒律等方式来追随这个理想。其实，你真正探寻的是某种你已经知道、被教导过的事物，某种你读过的或模糊体验过的事物；所以，你的探寻就是为了延续一种令人满足的体验，或发现你希望存在的某种愉悦的境界，不是吗？而我说这种探寻从来不会使未知物显现出来；因而，所有的探寻都必须停止。

如果你们愿意的话，请仔细听听。正如现今，我们的生活中充满矛盾，肤浅、空洞，我们困顿迷惘。我们追寻这样那样的宗教领袖，相信这样那样的书中所言；身边到处都是被我们称为精神领袖的专家，他们每个都提供某种特定形式的冥想、训导，我们选择什么才是正确的？请注意，只要有选择，就会有困惑；在我看来，在我们选择、探寻之前，我们很有必要亲自找出什么是自由。因为只有自由的头脑才能去探究。这样的头脑不受缚于传统、摆脱了制约和影响，不寻求结果，也不满脑子只想做与预设未来有关的事儿。

无疑，我们必须亲自去发掘自由的全部意义，而不应将之视为一个目标、终点，而是当下应该做的事情。自由对于我们所有人而言是什么意思呢？只要头脑受社会、文化的制约，只要它还没有卸下自身孤独、空虚的重担，只要它是任何影响力的奴隶，它就不是自由的。所以，头脑能否完全察觉到存在于其自身内部及周围的影响力呢？这些影响力使得它朝某个特定的方向思考，因而让它无法进行直接的思考。只要在思考后面有压力，思考就永远不可能是笔直的；头脑能否移除所有这些压力呢？也就是，它能否挣脱动机，挣脱所有做这做那的冲动呢？我们可能意识不到头脑之后的压力、恐惧、动机、教义教条的强制力；但它们就待在那里。请注意，我们可否能完全察觉到这些影响，并允许头脑自主地、顺畅地、直接地进行思考呢？无疑，这是我们的最大的问题之一，对吧？我们可否找出促使我们头脑以某种方式思考及行动的压力呢？我们不妨以不同的角度看待这个问题。

你们住在这儿，住在孟买。你们是支持马哈拉施特拉邦还是古吉拉特邦？孟买要支持哪个邦呢？现在，你们都有所行动，表现出兴趣了，对吧？（笑声）这是很让人吃惊的。那么，你们要怎么做呢？如果你们说，"作为一个公民，我得选择"，然后，你们要么成为一个马哈拉施特拉邦人，要么成为一个古吉拉特邦人，这种行为必定会导致进一步的悲剧。反之，如果你既不当马哈拉施特拉邦人也不当古吉拉特邦人，而是就当一个人，不卷入这件事之中——这个事件当中充满了愚昧及狭隘的偏见，墨守种姓制度及其他荒谬之论——如果能置身事外，那么，你的行为显然就会完全不同。

所以，我们不得不探究压力是什么，迫使我们做这做那的动机是什么；因为除非我们懂得这些影响力并摆脱它们，否则，我们的行为就必定会导致更大的悲伤和困惑，这也是为什么了解自己是如此重要的原因所在。了解自己就是去了解自己的背景及所受到的制约，并一直挣脱它。你们看，当我们只关心即时见效的行为时，我们就会迷恋上它，而不会去探究头脑受制约的整个状况，也不会去探究头脑如何被塑造成了印度徒、基督徒或其他教徒；除非我们的头脑摆脱制约，否则，不论我们采取什么行动都势必给社会带来分裂，只会制造更多的混乱。所以，我们关心的不是选择这种或那种行为，而是要理解头脑是如何受制约的；因为，若将头脑从其所受的制约中解脱出来，自会生发清醒、理智而有智慧的行动。

那么，重要的就是我们自己去找出我们每个人都在追寻什么，不管我们寻求的是正确的，还是只是一种逃避。有自知之明、了解自己是很必要的——不是去了解神我或其他，而是要了解日常中的自己，也就是，要去观察自己是怎么思考的，理解思想背后的影响力是什么，并观察头脑的显意识和无意识的活动。这样，头脑才能够变得非常平静；而只有在这种平静中，真理才会到来。

提问者：印度教的一个核心观念就是这个世界是一场幻觉。你认为几个世纪以来，这种观念是导致今日的悲剧的重大诱因吗？

克氏：我不知道印度教的教义是什么，因为我不是一个印度徒；我也不是基督徒或佛教徒。但我知道，我们的头脑都有创造幻觉的能力。它可以对自己施催眠术，使自己相信树木、房子以及苦难都不存在；它拥有超常的能力去相信它所喜欢的一切，而不管事实如何——也就是具有创造幻觉的能力。幻觉有不同的种类，我们已经创造了理想的幻觉。我们说现世并不重要，重要的是来世，而现世仅仅是通往来世的一个通道。抑或，我们说，"我现在很富有，那是因为我前世生活很检点"。因而，我们都可以如是解释，但是，事实仍旧是，头脑具有创造幻觉的能力。

那么，头脑可否从那种能力中挣脱出来，看到真正的事实，而非对事实的看法呢？是否有可能做到在看到一个人残忍时，不去解释这种残忍或推测是什么导致人残忍的呢？人是否能够做到在看到饥饿、堕落、不幸、冲突及野蛮存于世时，不去解释这种现象呢？我们是否能做到只是纯粹地意识到我们不管外在还是内在，都是很野蛮、暴力和残忍的呢？如果我们仅是看到事实而没去解释它，那会发生什么呢？事实便会从开始操纵头脑，而不是头脑操纵事实。只要在我们对事实进行评估、当我们对事实有看法时，头脑才会操纵事实。因为我很残忍，于是，我便有了善良、怜悯的理想，这种理想在远方，远离事实。在远方之物是头脑创造出的幻觉；事实是，我很残忍。那么，头脑能否就停留在事实，不是病态地，而是单纯地停留在我很残忍这一事实上而不再前行？理想是头脑所造，完全是幻觉；其存在是因为我想脱离事实。然而，如果头脑脱离了幻觉，即其所谓的理想，那么，头脑就会受事实操纵。我们把这点讲得简单明了些吧。

我确信，你们当中大多数人都有理想；理想得以存在是因为头脑有能力创造它们。它们毫无根据，不是事实；它们是头脑对于理应如何的概念，与事实截然不同。事实就是事实，而非理应如何；但不幸的是，我们都很理想主义，于是就有了分裂的人格。我们总是在谈非暴力，谈论不杀生——我们是多么容易就说出这个词啊！——然而，我们仍是马哈拉施特拉邦人、古吉拉特邦人、泰卢固人，天知道还有其他什么人呢。（笑声）先生们，为什么要拥有毫无价值的理想呢？如果我们没有理想，那么，不幸、饥饿这些事实，以及我们沉湎于其中的、令人惊骇的残忍，就会迫使我们真正做一些事情。

只要我们隶属于任何宗教、任何种姓、任何一个特定团体，只要我们使家庭或国家成为最重要的单位，就必定会引发残酷；而我们却不从面对这一事实，从不正视它，只是一直试图实现理想，从不会有所作为。但是，如果头脑能从理应如何的想法中解脱出来，它就能看到真正的事实；然后，事实显然就会对头脑起到某些作用。如果我只是单纯地推测我房间里有条毒蛇，我就会继续无限期地进行推测，而不会有所为；但是，如果真的有蛇，我就会立刻采取行动，而不用去思考该如何行动。

所以说，我们并没有很关心社会上的悲惨状况及巨大的不幸，这其中部分原因可能就是因为我们所想的世界是虚幻的，或是把它当作通往更美好彼岸的敲门砖——但这并不意味着我们每个人都要立刻涉足社会改革的领域，这只会增加现世的混乱。重要的是发现我们的头脑是如何运作的，也就是说，认识到促使你做一件事的压力、强制力，并把头脑从所受的制约中解脱出来。只要头脑是以印度徒、婆罗门徒或天主教徒的方式进行思考，它所受的制约就会阻止它面对事实；而一旦它从所受的制约中摆脱出来面对事实，就会采取不受过去影响的行动。

先生们，这个问题很复杂。你们知道，头脑创造的任何想法都是其所在背景和偏见的产物；在这所有混乱和不幸之中，头脑若是想找出要做的正确事情，就必须理解这个背景并从中解脱出来——这比找出要做什么重要多了。理解了背景后，"要做什么"也就随之而来了。只要你们以婆罗门徒或非婆罗门徒的方式进行思考，只要你们追随这条或那条道路，由这样的头脑产生的任何行为不可避免地都会制造更多的混乱、战争和仇恨。但是，如果你们开始理解背景，就必定会有正确的行为；而要实现这点必须通过对关系的认识、对背景的理解才行。

提问者：能否做到东西结合，这不是在东西方之间架起桥梁的唯一方式吗？

克氏：先生，什么是东方，什么是西方呢？你们知道，我们在问一个错误的问题，却在试图找到一个正确的答案。除了地理上的东、西，世上存在着东方和西方吗？存在着东方文化和西方文化吗？存在着东方的思维方式和西方的思维方式吗？从表面上讲，可能是存在的；但是，是否存在被我们称作的东方、西方，共产主义或天主教呢？我们每个人都受成长于其中的文化的制约。你们在东方生活，而另一个人在西方生活。和你们一样，他受他所在的社会、气候、所吃的食物的影响，受其周围的无数影响和压力的制约。在西方，人们穿某种类型的衣服，而在这儿，人们则穿其他类型的衣服；然而，全球的人类都是一样的，不管他穿的是什么，不管他的肤色是褐色的、白色的、黑色的，或黄色的，人们都雄心勃勃、贪婪忌妒、渴望成功——尽管"成功"在那儿和在这儿可能是以不同的形式出现的。我们都是人类，不是东方人或西方人；这是我们的世界，不是共产主义者的世界，不是天主教徒或其他任何团体的世界——不管这些人多么渴望世界为他们所有。很多人有意受特定思维方式的制约。但是，世上没有"更好的"制约，只有受制约的头脑；而只要我们的头脑受制约，并按照所受的制约进行行动，我们就必定会制造纷争。只要你们认为自己是印度人，跟美国人、俄国人、穆斯林或其他是对立的，你们就必定会心怀敌意；只要你们认为自己是马古吉拉特邦人或哈拉施特拉邦人，你们就会变得令人发指般地残忍。

因此，不管是在这儿还是西方，都只有人类的心智，只有头脑；每个严肃认真的人的首要任务就是探究头脑的整个过程，因为所有的行为都源于头脑。没有头脑，就没有行动；而头脑现在被划分成印度的、欧洲的，这样的、那样的，也就意味着它是受某一特定文化的制约、影响和塑造的。头脑创造了自身的文化后，就会受制于那种文化和那种社会；

理解这一过程，探究它并消除它，是每个有责任感的人的职责。只有当我们将头脑从所受制约中解脱出来时，我们才会懂得什么是爱，什么是同情；而只要我们还是印度人、马哈拉施特拉邦人或其他什么人，谈论上帝、真理、爱情及怜悯就没有意义可言。

只有当我们每个人都觉得地球我们共同的栖息地，是你们的，也是我的，只有在这时，一个全新的世界才会诞生；如果我认为自己是婆罗门人或圣人，而把你看成一个小人物，一个可被虐待的仆人，那么，我们就不可能和谐共处。我们的总称是人类，心灵的变化要比立法的变化重要得多。法律无法改变心灵；野心勃勃的心灵或头脑，可以利用或绕开任何形式的法律来满足私欲。这就是为什么懂得这一切很重要的原因，也是为什么不能将世界分割为东方和西方的原因。

提问者：*如您所言，已知是无法发现未知的。那么，一个人怎样才能认识未知呢？未知就如此截然不同吗？*

克氏：无疑，头脑是已知的产物。头脑只把已发生的当作事实，从不会把还未发生的看作事实。头脑可以进行推测；但尚有无数的影响力在一直改变着未来，所以，没人能够说出未来是什么样子；我认为从政治上理解这点是很重要的。没有哪个组织的人，不管是共产主义者、天主教徒、社会主义者还是其他团体，可以知晓未来。假定未来能够被预知实际就是在制定某个模式，从而就会产生迫使把某人归入某个模式的力量，如果有人不愿意融入那个模式，那么就把他绞杀，或者把他赶到集中营里灭掉，或者用其他恐怖手段对付他。把能够被预知事物串联起来就是思维的过程。已知就是过去；认识就代表了已知运转的全过程。

实际上，提问者问的是："我能否认识未知呢？我能否体验到未知，并会认识到自己正在体验未知？"请注意，我们所说的认识是什么意思？无疑，我们只能认识我们所知道的事物。我以前见过你，于是，我认识你；

但是，如果我先前没有见过你，我就不认识你——即能辨认出你的名字、脸部特征及轮廓、讲话的方式、姿势等。所以说，认识的永远都是已知的产物。我认识，那是因为我之前经历过，知道这是一座房子，那是一棵树，这是一个男人、一个女人或一个孩子；我认识是因为有人这么告诉过我，也因为这是我个人经历的一部分。通过经历我认识了；因此，头脑是已知的产物。头脑在已知中预测未知，称之为上帝、真理或其他；但实际它仍是根据已知进行的预测。

所以说，通过已知能够体验未知吗？显然不行。这样的问题本身就是矛盾的、无效的。问题不在于头脑能否认识或体验未知，而在于头脑可否从已知中解脱出来。作为已知的产物的头脑，它可否从已知中解脱出来呢？这并不是个普通的问题，如果你真想亲自去探究的话。头脑因为是在已知中运转，所以变得毫无创造力，要想富有创造力，头脑也必须得像我们发明的电子机械一样，必须通过联想来运作。我们的头脑是已知的产物，如若不然的话，也就不存在头脑了；头脑由记忆，即过去的反应组成；这样的头脑却在问，"我能否知晓或体验某种永恒的、无限的、无法认识的事物？"答案，自然显而易见。

所以，我们能做的就是理解已知的运作过程，知道头脑是如何进行思考、感觉及探究——也就是冥想的；只有那样，头脑才会趋于平静。药物、训导及压制都可以让头脑趋于平静，但那并非冥想；那只是使用的一种伎俩，这样的头脑其实并不平静。只有通过探究已知，头脑才能平静下来，完全地静下来——整个头脑，包括显意识和无意识，而不仅仅只是念叨着"为了体验未知，我必须平静"的表层头脑。全部头脑都必须是平静的，也就意味着头脑的整个过程都必须静止；把它砍掉或操控它，都无法使其宁静，只有理解它才能办到。当理解了头脑的整个状况时，头脑就主动平静下来，这其中既没有体验者，没有被体验的事物，也没有运动；只有那时，才有可能认识某种超越于时间的事物。

由此可见，我们的职责并不在于探究未知，而在于发现头脑是否能够摆脱已知。如果你们真想亲自去探究这个问题，是要全身行动起来，而不是理论上谈谈就算了，那么，你们就会发现头脑是否能够自由。我无法告诉你们；应该由你们自己去发现事情的真相。你们必须亲自去探究，因为，正如现在的情形，你们的头脑在机械性地在运转，不断地重复被教的、已学的、已读过的，以及对已知一贯的道听途说。而只有当头脑理解自己，才有可能摆脱已知。

（孟买的第四次公开演讲，1956 年 3 月 14 日）

傲慢的头脑是无法聆听的

我们之前在这儿见过四次面，在这四次见面中，我一直在谈论以下话题——对于个人来讲，把自己从诸多社会的、文化的及宗教的影响中解脱出来，是多么的重要；因为只有那样，虔诚头脑的创新性才能被释放出来。在我看来，理解头脑的特性，令其好的部分发挥作用，是很重要的。但我们大多并不关心如何让头脑变得虔诚，而只是关心要做什么；行动变得比头脑的特性更为重要。而在我来说，行动却是次要的。如果可以的话，我想说行动并不重要，一点儿都不重要；因为头脑若是虔诚，就会富有创造力、富于爆发力，而从那种富于创造力的爆发性中就会产生正确的行动；不是"行为决定存在"，而是"存在决定行为"。

对我们大多数人来说，行动是至关重要的，因为如此，我们才受限于行动；但问题不在于行动，尽管表面上好像如此。我们大多数人关心的是如何生存，在某些情况下要如何去做，在政治上支持这个党派还是那个党派，凡此种种。如果仔细观察的话，你们会发现我们通常在探索的是如何采取正确的行动，而这就是为什么心存焦虑、渴求知识、追寻宗教领袖的原因所在。我们探究是为了找出要做什么；在我看来，这种对待生活的方式必定会导致很多的苦难和不幸，导致人们在内心及社会上必定遭遇挫折的矛盾。对我而言，行动必定是与存在共生的。也就是说，聆听的这种状态正是谦逊的表现。如果头脑能够聆听，这种聆听便会带来虔诚的头脑，从而引发行动。反之，没有虔诚的头脑，没有创造力那种奇异的、爆发性的特质，单纯的追寻只会导致心灵及头脑上的狭隘、肤浅。

我不知道你们是否注意到我们大多数人是如何关注该做些什么，很可能，我们的头脑因为遭受这么多的制约，从来就没有即刻感知到整体性。对整体性的感知是头脑自发所为，我认为理解这一点是很重要的，因为我们的文化使我们变得很肤浅；我们善于模仿，受缚于传统，而且，因为我们的双眼受即刻行动及其结果的蒙蔽，我们无法拥有广泛和深远的眼界。如果你们观察自己头脑的话，会发现你们是多么专注于做事；头脑总是关注做点儿什么，而这只会导致头脑的肤浅。反之，如果头脑关注对整体的感知——不是如何感知到整体，使用了什么方法，这又只会陷入立即行动当中——那么你们就会发现，是这种意图引发了行动，而并非与之相反。

现在，我们大多数人都在关心什么？我们关心暴力与非暴力，关心培养某些美德，关心自己属于哪个特定的种姓或国家，关心上帝是否存在，关心践行何种冥想，如此等等——所有这些都是在有限的小规模内进行的。因而，头脑在这些小事上迷失了；但这并不意味着人不能探究冥想是什么。发现什么是冥想，是件截然不同的事情。但是，头脑关心的是要用哪种体系的冥想才能实现目标，而这种对于某种体系的关注又使得头脑变得狭隘、肤浅、空洞——这就是发生在我们大多数人身上的事情。我们重复《薄伽梵歌》《圣经》《可兰经》，或某些佛教书籍，抑或，我们引用列宁或马克思的话，并认为已经解决了所有的问题。然而，在我看来，重要的是带来虔诚的头脑，即头脑即刻捕获感觉及存在的整体感的非凡特质；我认为只要在努力，头脑就不可能虔诚。只要人朝着任何方向努力，努力着去做或不做这个或那个，那么，就不可能有虔诚的头脑，能够感知全局的头脑。只有使头脑挣脱了尝试和努力，头脑才能理解存在的整体感。

我们为什么要努力呢？这是一个严肃的问题；让我们一起将头绪理

清楚。在我们生活的某一阶段上，努力显然是必需的——在校园里努力获取知识，努力学习技能等等；但是，为什么头脑努力想成为某样，想变得不暴力或变得平和呢？这难道不是因为头脑意识到自己很野蛮、贪婪、愚蠢，于是，就想改变那种状态而变成其他样子吗？头脑渴望从是什么变成应该是什么，渴望开启一段努力的过程，不是吗？我很无知，所以，我必须有知识；我很嫉妒，我必须变得不嫉妒。于是，意欲不嫉妒的想法便滋生了努力，即为实现某物所做的努力。对我来说，这种努力，即大多数人身陷其中的努力，是种恶化的因素。正如我所说，聆听这种行为就是谦逊；但我们不聆听。我们对自己说，"他在说什么呢？如果我什么努力都不做，会发生什么事呢？我该怎么生活？我该怎样找到一份工作或获得升迁呢？"我们所知的生活就是努力、奋斗、推动力、强制力；我们习惯了这种旋律，这种思维方式，所以，我们从不聆听。我们通过反对自己的观点进行聆听。

那么，我们可以那些都抛开，而只是聆听吗？当我们只是纯粹地聆听时，发生了什么事呢？聆听这种行为本身就是谦逊。这其中没有任何努力，头脑没做任何事就做到了谦逊；这就是谦逊。因而，头脑能够聆听。你们理解吗？因为我想理解别人所说的，所以，我不提出我的观点、异议或论点；我撇开了所有这些，聆听被人所说的内容。这种聆听本身就是谦逊；正是在这种行为中，头脑是谦逊的；因而就无需通过努力去做到谦逊。傲慢的头脑是无法聆听的。充满了知识、辩论的头脑，获得过、经历过的头脑——这样的头脑是无法聆听的，因为它充满了虚荣、自负。所以，问题不在于如何摆脱自负，而在于头脑是否能够聆听。当头脑能够聆听时，它就处于谦逊的状态，就能够认知全局，从而引起行为。然而，我们现在关心的是什么呢？我们大多数人关心的是积聚一点点美德、一点点知识，然后使之增加、变大、变宽；但这仍是个累积的过程。我们拥有知识，我们知道《薄伽梵歌》里讲的是什么、我们的宗教领袖讲的是什么，但是，好的头脑并不是这样的；因而，如果没有这种永恒的斗争，头脑就无法认知并理解全部。

所以说，在我看来，促成头脑恶化最大的因素就是这种意欲有所为所做的努力。毕竟，只要你渴望得到某物，你就是设立了目标，一个考虑的目标，你朝着那个目标努力，而你的整个生活也受其塑造；因此，你的头脑并没有关注自身的特质和深度，而在关注努力的结果。

一定要考虑这点，然后，你们就会发现在全世界，我们都是一样缺乏创造性。我们只会模仿，被社会的模式、某一特定文化的蓝图所塑造；这样的头脑能做到富于创造性、爆发性吗？显然不会。然而，我们都在关心要做什么。世上存在着饥饿，不管外在地还是内在地，存在着不幸和苦难，而我们关心的只是如何结束这一切。所以说，头脑被困在"如何"、答案及解释之中了：如何找到上帝，如何进行冥想，死后是否有来世，什么行为合适，谁是合适的宗教领袖，哪本书合适，等等。这就是你们所关心的一切，不是吗？你们关心的不是头脑的特性，而只是关心这许多的"如何"，这显然会使头脑变得肤浅。你们可能有最好的宗教领袖，遍览过圣书，非常有道德，但是，如果你们没有虔诚头脑所具有的那种富于创造力、爆发力的特性的话，你的美德就会变得很肤浅，因此也就没什么意义了，因为，美德本身并不是目标。

所以，在我看来，重要的是真正去探究虔诚头脑所具有的特质，虔诚的头脑是不爱模仿的，不只是单纯地跟随，而是真正地具有创造力和爆发力；因为，如果没有那种特质，你们的美德、知识，以及对真理的探索又有什么价值呢？那么，如果头脑肤浅、平庸，其接受的教育只是为了适应社会，如果头脑受过打击、伤害及摧残——这样的头脑还可以找到这种富于创造力、爆发力的特质吗？

先生们，首先，我们必须认识到我们的头脑是十分肤浅而空洞的；或许，我们可以用大量语言、书本知识来填满它，但它还是空洞的。那么，狭隘的、肤浅的头脑是否能够消除自身的狭隘和肤浅呢？它能够使自己变得广博而深沉吗？请注意，当你们问这个问题时，你是带着什么意图问的？是为了实现一个结果，找到一个方法吗？抑或，你问这个问题是自然而然的，就像一个园丁播下一颗种子，给它浇水，然后让它生长一样吗？我不知道自己是否把这个问题说清楚了。对我来说，解释头脑为什么很狭隘并不重要；重要的是让头脑找出它为什么问这个问题。

　　头脑意识到自己空洞后，做了什么呢？它进而获取更多的知识，努力去充实自己、丰富自己。因为头脑感到空洞，它想要变得深沉，于是，就出现了如何变得深沉的问题；所以，头脑就践行一种承诺要给它所需之物的方法，进而让头脑又陷入到另一方法中。对我而言，这完全是个错误的过程，这是最为有害的，因为这会导致更进一步的肤浅与空洞。限于一种方法中的头脑仍旧是狭隘的，因为它只关注丰富自身，却从未懂得自身。反之，如果头脑意识到自己很肤浅，问自己为什么自己这么肤浅，而不去寻求解释或答案的话，那么，就会发生完全不一样的事情。正如我所说的，这就像园丁播下一颗种子并浇灌它。如果水分和土壤都很好的话，如果种子有生命力的话，它就会发芽。相似的，如果头脑问自己为什么自己很肤浅，并且，不去寻求答案或试图找到丰富自身的方式方法，那么，这个问题就会使自行引发行动。到那时，你就会发现一个完全不同的境界：头脑不再挣扎着有所成就、日积月累了；而且，这样的头脑是不会退化的。目前，我们的头脑都在恶化，显然，重要的是，结束这种退化的状态。如果仅仅找出退化的原因并解释它是无法找到这一点的。然而，如果人意识到这种内在的退化后，不再去寻求答案，而是问自己为什么存在这种现象，那么，询问的行为就是一种聆听的行为。要聆听就必须做到谦逊，谦逊净化了充塞了过去经历的头脑；头脑因而变得清新、无邪，于是，它就能够认知整体、全局。只有这样的头脑可以带来秩序，创造一个价值观与现存社会完全不同的新社会。

提问者：*印度教书籍里提到了苦行，即通过修行让头脑进入宁静的状态，对此您是怎么看的？*

克氏：我认为，解读书本所告诉你们的东西是个巨大的错误。请理解，我并不是在说什么非理性的东西。书本告诉你们做这做那，而书本也有可能是错的；而且，思想也有可能是从不停止的。但是，不管思想是否会终结，你们能做的就是自己直接去探索，而不依靠于任何一个人或一本书。这要比践行某种可能带来头脑的静止的方法更为重要，也更有意义。你们为什么要让思想停止呢？是因为思想很令人烦扰、矛盾、稍纵即逝吗？你们怎么知道思想能停下来呢？是因为书本这样说，你们才知道的吗？抑或，你们的头脑正在探究思考的全过程吗？先生们，你们在听我说吗？我们的问题在于理解头脑思维的进程，而不在于如何停止思想。你们可以通过服药，或学习一些小技巧，即你们所谓的冥想，来终结思想；但是，头脑仍旧是单调而肤浅。反之，如果你们开始探究什么是思维，那么，你们就会发现思想能否终止。让我把这点说清楚吧。一种方法，不管是多么高尚，多么给人以希望，都只会扼杀思维，或让它处于停滞的状态；但这并非思想的中断。你只是抑制、限制了思维。然而，如果你开始探究思维的全过程，你就会发现那个过程是什么。思维，无疑是记忆对于挑战的回应——记忆是过去的延续。在思维背后的是某些压力、强制力，这些使得思想扭曲。当思维背后存在任何形式的压力时——压力包括动机、强制力、冲动——头脑就必定会扭曲的。然而，如果头脑能够从所有的压力、动机中挣脱出来，那么，你就会发现头脑变得异常平静，而从这种平静之中，就有你所谓的思维的中止。如果你只是希望思维中断，因为你希望这能解决你所有的问题，或因为书籍承诺会有这样的回报，你可能会成功地让你的头脑静止下来；但它仍是非常狭隘的头脑。所以，我们关心的不是如何终止思想，而是终止狭隘、浅薄；而为了让头脑不再狭隘，它必须从所有的权威、服从中解脱出来，这样，它才能够重新思考。

先生们，换句话说，集体信仰对个性是极其有害的。你们中很多人称自己为印度徒，这意味着你们仍受集体教条和传统的束缚，仍未摆脱把你们塑造如斯的众多影响因素。凡有集体信仰之处，就会有退化，就会持续上演摧毁个性的进程，这就是当今全世界正在发生的事情。我们都是共产主义者或社会主义者，印度徒或基督徒，这个或那个，这就是集体信仰，根本就不存在个性；这就是为什么认识到集体信仰是邪恶的很重要的原因。只有对那种邪恶有了认知，个性才会浮现出来。只有当头脑既不是共产主义者的、资本主义者的，也不是基督教徒和印度教徒的，只有当头脑里没有强制力、压力和动机时——只有这样的头脑才能够做到一无所想。随着思想停了下来，头脑便进入平静，这种平静好比流动的水域忽而变得风平浪静，其间依然暗自涌动着受压力、动机所负累的头脑所无法理解的一种大范围的运动，狭隘头脑不论采取什么行动也只会让自己变得更为狭隘，因为它不理解自身，没有意识到自己的狭隘；它可能会学习新的伎俩、方式、方法，但它依然是狭隘的。狭隘头脑所能做的就是意识到自己的狭隘，之后对它听之任之。当头脑意识到自己很狭隘时，它已经是竭尽所能把能做的都做了。

提问者：您说过去必须完全终止，这样的话，未知才能出现。为了挣脱过去，我已经尽了最大的努力，但是，记忆依然还在，吞没了我。这是否意味着过去是独立于我而存在的呢？如果不是，请告诉我怎样才能摆脱它。

克氏：首先，过去与"我"是不一样的吗？思考者、观察者、体验者，与过去有什么不同吗？过去即是记忆，人所有的经历、抱负、种族残留、继承的传统、文化价值及社会影响——所有这些都属于过去，都是记忆。不管我们意识到与否，它们都在那里。那么，是不同于"我"的所有这些的总和在说："我想要从过去中挣脱出来"吗？

请耐心听我说。记忆是延续的，它广阔而有深度，一直在对挑战作出回应。请注意，这样的记忆与"我"有何不同吗，或者说，"我"就是它所构成的吗？这么说你们理解吗？如果没有名称，与家庭没有联系，与过去、种族及所有这类事物都没有联系，那么，还会存在"我"吗？如果没有思维，会有"我"这个思考者吗？抑或，你会说在"我"之上有个"神我"——一个一直在观察的独立实体吗？如果存在独立的实体，无疑，有所依赖的头脑是无法知晓它的存在的。你跟得上我的思路吗？既不独立又属于过去产物说过存在神我——即存在于"我"之上的、自由而独立的观察者；但说这话的头脑依旧是有依赖性的；因此，它所谓的"神我"仍是头脑的一部分，仍处于记忆和传统的领域。这是相当显而易见的，对吧？你们被教导着通过传统、重复、阅读及其他种种方式，去相信存在着某种独立于这个"我"的事物，某种超越于记忆的领域的事物；但是，在苏联接受教育的人会说并不存在着这种事物，这都是胡说八道，只存在这个"我"。

所以说，我们都是自身所受教育的产物，不仅受过去的束缚，还受我们生于斯的文化，长于斯的宗教、政治及社会影响因素的束缚；因此，假定或假设在本我之上存在着某种更为高级的事物——尽管只是可能存在——其实是最为幼稚和不成熟的思维方式，这已经导致了很多的困惑及不幸。

所以说，没有与过去相分离的"我"。"我"就是过去，就是品质、美德、体验，就是名字、家庭关系，以及各种有意识的、无意识的倾向，以及种族遗传特性——所有这些共同组成了"我"，头脑与此是不相分离的。灵魂，神我，只是头脑的一部分，因为是头脑发明了这些词。

问题在于作为过去产物的头脑如何才能从自身的阴影中走出来呢？这么说你们理解吗？头脑是记忆的总和，那它如何才能挣脱过去的束缚呢？这么问问题没错吗，先生们？我认为，这个问题是错误的。头脑所能做的就是了解过去，知道是如何基于过去才会做此反应和回应的——要充分意识到这一点，不要去想如何改变它，从过去中汲取精华、弃其糟粕。如果头脑竭力去终结、去遗忘，或去改变过去，它就会从过去中分离出来，进而创造一种存在冲突的二元对立性；而这种冲突恰是头脑退化的表现。反之，如果头脑看到记忆的总和后，只是意识到它，而不采取任何行动，那么，你会发现某种神奇的事情发生了。过去，毫不费力地就消逝不见了。

也不妨尝试一下，不是因为我这样说了，而是因为你们将亲眼见到。作为过去产物的头脑无法通过自身的努力挣脱过去。它所能做的一切就是意识到它的反应，知道到它是如何蓄积愤恨，然后又达成谅解的；意识到它是如何获取，然后又放弃的；意识到它是如何进行选择，然后又在选择中迷惑的。进行选择的头脑是迷惑的头脑。要意识到所有这些，然后，你们就会发现头脑变得出奇的平静。到那时就不存在选择了，因为头脑认识到费力从过去中挣脱是错误的。对于这点的感知不会使头脑从过去中解脱出来，但会带来一种自由感，这种自由感便可以应对过去。

提问者： *所有宗教中最为根本的戒律是：爱你的同胞。为什么这一个简单的真理却很难实现呢？*

克氏： 为什么我们无法相爱？爱你的同胞是什么意思？这是一条戒律吗？抑或，这只是一个简单的事实，如果我不爱你，你不爱我，那么，就只有恨、暴力和破坏，对吧？是什么阻止我们看到这么一个简单的事实——这个世界是我们的，地球是你我共同的栖息地，不分国界、边界，在这里，我们可以幸福、有价值地生活，让生活中充满快乐、友情及同情？为什么我们看不到这点？我能够给你们许多种解释，你们可以给我更多的解释，但是，单纯的解释无法消除这一事实——我们并不爱我们的邻居。相反地，正是因为我们一直在解释，在找原因，我们才看不到事实。你给出一个原因，我给出另一个，然后，我们就原因和解释争论。我们被分成了印度徒、佛教徒、基督徒，这个徒、那个徒。我们说，我们之所以不爱，是由于社会条件所限或缘分不够，或者，是因为有人很富有，而我们却很贫穷。我们给出无数的解释，讲了很多话，而就在话语之网中，我们陷了进去。事实是，我们并不爱自己的邻居，而我们却害怕面对这一事实，所以，我们就沉湎于解释、言语，沉湎于描述原因；我们引用《薄伽梵歌》《圣经》及《可兰经》——任何事物，只为了避免面对简单的事实。

女士们、先生们，你们理解了吗？当你们面对事实，知道自己并不真爱你们的邻居时，会发生什么事呢？你的儿子就是你的邻居，所以，你不用舍近求远。你不爱自己的儿子，这就是事实。如果你爱他，你就会以截然不同的方式教育他；你会教育他，不要去适应这个腐朽的社会，而是要自力更生，要有智慧，要意识到他周围的影响力，这些影响力束缚了他、抑制着他，从不允许他获得自由。如果你爱你的儿子，也就是你的邻居，那么，巴基斯坦和印度之间就不会有战争，德国和苏联之间就不会有战争，因为你会想去保护他，而不是去保护你的财产，你的狭小信仰，你的银行账户，你那丑陋的国家，或是你那狭隘的头脑意识。所以，你不爱，这才是事实。

《圣经》告诉你要爱你的邻居，《薄伽梵歌》或《可兰经》也可能告诉你同样的东西，但是，事实是，你不爱。请注意，当你面对这个事实时，会发生什么事呢？你们理解这个问题吗？当你们意识到自己不爱，意识到这个事实，却不去解释，不对为什么你们不爱这一点给出原因时，会发生什么事情呢？显然，你们会坦然面对这个赤裸裸的事实：你们不爱，没有同情心，从未考虑过他人。你对你的仆人的那种充满鄙夷的讲话方式，你对你的上司所显示出的尊重，你向宗教领袖的那种充满虔诚的致意，你对权力的追逐，你对国家的认同，你对伟大之物的探寻——

所有这些都表明你不爱。如果从这点出发的话，你可以有所作为。先生们，如果你们瞎了，也的确知道这件事，如果你们不去想象自己能够看见，会发生什么事呢？你们慢慢地走路、触摸、感觉；一种新的敏感性就形成了。

相似地，当我知道自己不爱，也不去伪装去爱的时候，当我意识到我没有同情心，也不去追求理想——这是完全没有意义的——的时候，那么，面对事实后，就会出现一种不同的品质；正是这种品质拯救了世界，而不是某个有组织的宗教，或者由"聪明人"所制定的意识形态。正是当心灵空虚的时候，头脑里的东西才会充实它；而头脑里的东西，即描述其原因的言语，正是对这种空虚的解释。

所以，如果你们真的想停止战争，如果你们真的想结束社会上的冲突，你们就必须面对你们不爱的这一事实。你们可以去庙宇，向一些石像祭献鲜花，但是，这样做也不会给心灵带来同情，带来爱这种非凡的品质。同情与爱只有在头脑平静，没有了贪婪与忌妒时才会出现。当你们认识到你们不爱的这一事实，并且不试图通过解释它来逃避它或试图找出原因的时候，这种认识就会自发起作用；它会带来温和及同情。到那时，才有可能创立一个与我们现在称之为生活的这种混乱、野蛮的存在截然不同的世界。

（孟买的第五次公开演讲，1956 年 3 月 18 日）

善于探究的头脑不需要任何实践

在我看来，生命中最困难的事情之一就是理解生活的全部含义，理解生活是什么。生活中有快乐也有悲伤，有各种各样的经历，有冲突也有压力，我们称之为生活的这一宏大的过程由于这些而变得极其纷繁复杂，或许，我们中很少有人完全理解生命。在这个宏大的过程中，存在着许多问题，有些是客观的、与我们并不相关，而有些则与个人密切相关；可我们几乎却从未考虑过这些。为什么我们会这样行为做事，这么做的意义何在，会带来什么影响？如果存在某种绝对的、无法测知的事物，那么，这种广袤无垠的事物与我们的日常生活有什么关联？我们把这些东西储存在密封舱里，然后试图找出它们之间的关系。不幸的是，我们所接受的教育却告诉我们不必理解生活的全部意义，只要找份工作，立即行动起来，维持生计就够了；由此，头脑慢慢地就丧失了深入思考问题的意识和能力。

现在，我并不认为即刻采取行动的问题、不论在哪个国家应该做什么的问题，都与探索是否存在绝对的、无法测知的事物，是否存在超越头脑的事物密不可分；因为我觉得，如果不进行这种探究，只是单纯地行动，无论多么令人满意和必要，都只能导致更大的不幸。如果我们要理解彼此，我认为这点必须讲清楚。我们的根本问题不在于该去做什么，而在于如何唤醒个人的创造力；也就是说，如何使个人不那么专注于立即采取行动，因为这么做无疑是在否认或无视释放创造力的巨大意义。

话又说回来，我们聆听是为了什么？当然不是为了被告知要做什么，如果我们严肃认真、善于深思的话，聆听对我们来说就是与人一起去探索——不是以师生关系，而是以共同协作的方式——去找出头脑为何会陷入影响之中难以自拔，进而无法深入探索的原因。如果既没有深入的探究，也没有探索，人们可能照样会取得立竿见影的成效，暂时起到缓解作用；但是，这么做也可能会导致更大的不幸与冲突。

所以，我认为重要的是，我们每个人都亲自找出自己最终想要的是什么，找出是否存在终极之物，这点要是弄明白了，人们在当前进行的活动就会别具一番意义。对于我来说，有一点是敢肯定的，即只有在理解了终极之物——即所谓的上帝、真理、事实或其他——之后，当前的活动才会具有意义；如果脱离这点去关注当前的变化或改革，则根本毫无意义可言。

对于我们大多数人来说，生活首先是谋生的过程，这其中有来自经济、社会方面的持续压力，也有随个人关系而来的复杂需求。我们身陷这一进程之中，试图在这一领域有所作为——努力做一个品德高尚、没有暴力倾向的人，如此等等。对于这整个问题，我们似乎无法探究，也无法在更深层面找出其意义所在。那么，无法深入探究的原因是什么？我认为，这个问题我们所有人都应该扪心自问。为什么面对生活中更深层的问题，我们变得毫无对策？为什么甚至连最根本的问题我们都不曾问过自己？是因为我们所谓的教育、社会、人际关系、个人苦难及冲突等因素在起阻碍作用吗？阻碍这种探究的到底是什么？是我们遇到了阻碍，还是我们根本就无力进行真正的探究呢？

现在，我们正在努力探索个人是否有可能释放出创造力，如果可能的话，头脑就能不断探究，直至极其深入的地方，不是抽象地做理论上的探究，而是真正进行探究。但是，这种探索、深究的能力是否受我们思维的束缚呢？抑或，这种能力是不是在我们自身根本就不存在？

我们知道当自己遭遇阻碍时，阻碍那个词意指什么。具体点儿说就是，当我想做某事时，我能意识到社会、某些关系或某种特定行为在阻碍和阻止我；或者，我在下意识里也受到了阻碍，只是自己并未察觉。这种有意识的或无意识的阻碍或许就是妨碍头脑进行深入探究的因素。阻碍横亘在那儿，令我们无法从根本处探究，究其原因是我们的教育很肤浅吗？我们无法深入探究，也无法问寻真正根本性的问题，是因为我们所谓的智力培训很有限或太过专业化吗？

目前，我们的教育只是培养记忆力，教学生背诵词组、单词，学习技术；这样的教育方法与点灯照明一样肤浅。我们一边接受这样的教育，一边试图去探索；势必感觉受阻、问询不出真正严肃的问题并对之独立探究也就可想而知了。那么，感觉受阻是因为存在阻碍，还是因为我们不具备探究的能力呢？我认为，这两者是存在差别的。或许，我是因为无法承受各种恐惧和挫败等因素而自己堵上了探索之路；或者，也可能是我根本就没有能力去探索，去深入探究并发掘某种意义非凡的、能成为我日常生活指路明灯的事物。

我们所说的探究能力是什么意思呢？如果头脑接受培训和教导只是浅尝辄止式的思考，那么，它还有能力进行深入的探究吗？显然不能。毕竟，如果一个人读过《薄伽梵歌》《可兰经》等，并知道所有现成的答案，如果他比较过各种导师，并掌握了巧妙解答每个问题的方法，那么，他所习得的就是非常肤浅的知识。他在重复他人所写的东西，而这种重复，历来被推崇的传统做法，实际就会令思想肤浅。如果与一位博学之人交谈，这个博学之人饱读过所有圣典，熟悉佛陀和商羯罗教义，学富五车而又能言善辩，因而成了最高权威——如果能跟这样的人交谈，你会发现自己的思想实在太肤浅。但是，即使这样的人也从未问过自己根本性的问题，也从未自己找寻过真理；他总是援引权威的言论。我们也如那般在接受训导，因此，头脑自然更是非常肤浅、有限、狭隘；依凭这样的头脑，我们却试图去探究。这正应了我以前曾说过的，肤浅的头脑是无法非常深入探究，或提出富有深义的问题的。如此一来，人到底该怎么办呢？依我看，如果你真的要思考问题的话，这个问题你才应该好好想想。

我们不妨换个说法。看看自己周围的混乱局面，这种混乱不仅表现为专家之争和权威之辩，也存在于我们普通人之间以及我们的思维层面。世上有很多政治机构、社会机构，以及所谓的宗教机构，我们大都加入了这样的或那样的机构，投身于其中，因为我们认为这些机构能为我们提供最终的答案。于是，我们开始依赖机构或追随那些能给我们慰藉的领导者；他们无所不知，我们跟随、模仿，依附于不同的机构。所有这些都表明头脑并不是在凭借自己的力量在独自应对，头脑自己根本想不出这样的问题，因为它有依赖性；头脑一旦变得依赖，它便丧失了探究的能力，这就好比一个依赖母亲的孩子，这样的头脑是无法自由探索的。

所以说，由于对机构、权威的依赖，由于所谓的教育、文化，我们自己长久的抱负，对于权力、地位及声望的渴求，所有这些都在阻抑头脑去深入探究。如果你真正观察自己的头脑——我再次毫不客气地说一遍——你们会发现头脑为什么无法真正去探究所谓的真理或上帝。或许，你的头脑从未追问过生命是什么；当它确实询问时，它就会依据佛陀、基督、商羯罗、《奥义书》等给出答案，于是，它满意了。而只有独立的头脑、真正自由的头脑才能够进行深入的探究，不会再去寻觅某种愚蠢的结果。但是，我们的头脑并非如此，在我们的头脑变成那样之前，我们的生活都没有多大意义，只能制造出更多的战争、绝望与混乱——这种状况目前在世界上比比皆是。所以，不具备那种能力的你我有可能深入探究吗？没有这种能力，我们探究这一或许能解决我们所有问题的最终答案有何意义吗？毫无疑问，这个问题你们必须得问问自己。如果你们不问，那就由我现在来问一问。毕竟，如果没有探究的能力，那追随某人又有什么意义呢？通过这种追随，你变得更有依赖性，进而也就更没有去探究的能力了。为了能够从根本处探究，你需要一个完全独立的头脑——独立的含义是不因威压而偏向任何方向，同时还要抛开当前因想要立即行动、改革或寻求而生的焦虑感。那么，接下来该做什么呢？

你们知道，我们大多数人的困难就在于我们需要有形的证据来证明我们有所作为；我们需要有人跟我们担保结果，我们需要被告知我们已经有所改变，我们是好人，或我们是有用的社会实体。然而对我来说，所有这些都不重要，因为我注意到，探究的能力、发现真理的能力，是不可培养的。头脑能做的就是认识到它的无法探究性，从而终止对它的模仿。先生们，这就犹如让窗子开着，新鲜的空气随后就会飘入一样——如果确有新鲜空气的话。类似的，人所能做的就是让头脑之窗敞开——不要问如何才能让它敞开，真正让它保持开放的状态就好了。我希望，你们能看到两者之间的区别。如果询问"我该怎么做才能打开头脑之窗，以便让事实走进来"，只会使得你关闭这扇窗。当你想知道"如何"，即方法的时候，你就是方法的跟随者，你就成了受制于方法的奴隶。任何方法都只能产生自身的结果，而这并不是让头脑保持开放状态；一旦你真正理解了这点，头脑自然就打开了。然后，你就会发现你的探寻将不再有特定的目标；因为头脑是开放的，能够自由地接受任何体系，也能够接受某种终极之物。这种终极之物不能被随意漫谈，但是，如果只是被阅读和记诵，那么它的意义未免太渺小了。这种终极之物必须被体验；而这种体验则会给世界带来一种影响，没有那种影响，生存就全然失去了意义，只会引发更多的不幸。

所以话说回来，我们所有人都想要什么呢？生命转瞬即逝，其中牵涉着无数的变化、冲突，以及人生体验；而头脑却说："这就是生活吗？"当头脑问这个问题时，它通常会求助于一本书或某个人，因而，它陷入权威的圈套里，头脑很容易满足于文字。然而，当头脑不再满足于文字和解释，而是继续进行探究，自由自在地、从容不迫地、不带任何压力地进行探究，这时，某种非凡之物就会出现——管它叫什么名字无关紧要——随着它的出现，我们生命中所有复杂的问题都将迎刃而解。

先生们，什么是问题？难道不是在头脑提供了让其生根发芽的土壤后，问题才扎下根的吗？如果没有问题生根发芽的土壤，那么，你不就可以应对这样的问题了吗？目前，头脑中有很多根深蒂固的问题，头脑堪称滋生问题的温床。所以，问题不在于如何解决某一特定问题，而在于头脑是否有可能不提供问题滋生的土壤。头脑一旦给问题提供了生长的土壤，问题就会萌芽。请注意听这一点并细细领会。不要问如何才能移除滋长问题的土壤，而是要认识到，只有当头脑中存在供问题生根的土壤，问题就会扎根。只要我们能认识并理解这一事实，便足以把问题解决掉。

提问者： 从你上周日所说的话中，我推断你认为我们并不爱自己的孩子。先生，难道您不知道吗，对孩子的爱是最伟大、最根深蒂固的人类感情之一？显然，您还看出了我们个人在对待战争与和平上是多么无助。

克氏： 如果我们爱自己的孩子，就不会有战争，因为那样的话，我们的教育就会截然不同，我们就会建立一个全然不同的社会；但是，既然存在着战争，我们的社会内部就难免冲突不断，人与人之间存在分歧，所有这些都表明我们实际并不爱自己的孩子。这是我上周日所讲的，我认为这也是事实。你说你对孩子的爱是与生俱来的、伟大的；但是，事实是，你们经常发生争执。野心依然还在，只要心怀野心，心中的爱便不复存在；当一个人鼓励自己的儿子去攀登胜利的阶梯、抵达巅峰时，显而易见，他是在鼓励儿子变得无情。所有这些，毫无疑问，都表明爱是不存在的，不是吗？

毕竟，身为父母的你同时也是老师，因为你的孩子和你住在一起；

你培养了他，他跟随你，根据你的形象在塑造自己。学校里有老师，但是在家里，你才是老师，通过行为规则你来培训孩子，迫使他模仿、仿效，追随你的足迹，在社会上扬名万里。你所关心的是孩子的安全，其实是你自身的安全；你希望他受人尊敬，谋得生计，适应现存社会秩序的需求。你将其称之为爱；而这是爱吗？爱一个孩子是什么意思？显然，意思是不鼓励孩子变成你的小影子，不让他受制于社会和所谓的文化；而是帮助他自由地成长。他已经习得了某些癖好，从你身上继承了某些价值观，所以，他从一开始就不可能是自由的；所以，爱他就要从一开始就帮助他不断地解脱自己，只有这样，他才能变成一个真正的个体，而不仅仅是一台模仿的机器。

如果你爱你的孩子，你就会教导他不要去迎合社会，而是要创建一个属于自己的社会，一个或许与现今全然不同的社会；你会帮助他，不让他拥有传统的思想，而要让他的头脑能探究他周围的所有文化、社会、宗教及国家影响力，不受其中任何一个影响力的制约，这样的话，他的头脑才能自由自在地探索什么是真理。显然，这才是正确的教育。这样，孩子长大后会变成自由自在的人，自力更生、能创建自己的世界、一个完全不同社会的人；他会变得自信，有能力掌控自己的命运，无需你的财产、金钱、地位或名声。但是，现在的情况正好相反；你期待你的儿子继承你的财产、财富、名誉，而这正代表了你所谓的爱。

对于这些，个人能做什么呢？显而易见，只有个人才能改变世界，因为个人强烈地感受到必须实现一种新的教育方式，开始一种新的生活方式。这一切必须始自个人，从你们这些真正感受到这些事的重要性的人开始。或许，你们阻止不了马上就要爆发的战争，但是，如果你们自己能够看到，并帮助你们的孩子认识到阶级划分及社会冲突的愚昧性，你们就可以阻止未来的战争。然而，不幸的是，我们大都没能领会所有这些含义，这就意味着下一代是以一种改良方式在模仿我们，因而也不会创造新的世界。只有当我们真正爱我们的孩子时，我们才能创造一种正确的教育，从而让战争走向终结。

提问者：美是什么？

克氏：在探索这个问题时，我们是否在寻找一种解释，即字典里关于"美"的解释，或者，我们是在努力理解美的全部含义？如果我们只是寻找定义，那么，我们就不会对所谓的美敏感。要欣赏到美，显然，头脑必须变得很单纯。请认真听。我边思考边讲话，边前进边探索。头脑不仅要对它所认为是美的事物敏感，也要对丑的事物敏感；它要对肮脏的村庄、茅舍敏感，也要对宫殿和漂亮的树木敏感。如果头脑只对美的事物敏感，那么，它其实一点也不敏感。敏感的头脑必须对丑和美都开放。显然是这样的。追逐美丽，摒弃不美的，使得思想变得不敏感。为了感受丑的事物（它有可能是不丑的），感受美的事物（它有可能是不美的），就必须有敏感性——对于贫穷，对于公交车上坐着的肮脏的人、乞丐，对于天空、星星以及羞涩的新月，对于所有这一切，都要保持敏感。

那么，这种敏感性是怎么形成的呢？只有当人放逐自己时，敏感性才会形成——不是那种蓄意策划的放逐，而是当人不再追求实现自我时，自然而来的那种放逐。你们知道，没有苦行就没有放逐。但是，这不是指苦行者的那种经过训练的苦行，因为苦行者追求权力，因此，他其实无法做到放逐。只有当有爱存在时，才有可能出现放逐；而只有当"我"不再是主导时，爱才可能出现。所以，头脑必须是天真无邪的——不是那种人为的天真。通过训练、控制，以及任何形式的强制力或压制并不能达到天真的这种境界。只有当头脑里不再充塞许多个世纪以来的记忆时，头脑才能变得天真，才能出现清空的状态；显然，这就意味着在保持一种非凡的敏感性，不仅仅是对于生命中美的事物敏感，而且对于泪水、苦难、笑声，对于穷人的茅舍，对于广袤的苍穹——也就是，对于整个生命万物都保持那份敏感。

提问者：你在帮助我们理解我们自己的思维活动，看清我们过得多么缺乏才智；可是，在一个工业社会中，有可能将您所说的付诸实践吗？

克氏：先生，我所说的是不能实践的，没有什么可以实践。一旦你将某事付诸实践，你的头脑便会陷入其中，于是，它就会变得呆滞、愚昧。实践会养成习惯，不管是好的还是坏的，它终是一种习惯；而头脑如果仅仅是习惯的工具，它就会变得不敏感，无法进行探究和深入的探索。然而，你们的整个传统和教育都是实践，实践，实践，这就意味着你们关心的不是让头脑变得敏感、深沉，有更强的适应性，而是学习一些让自己免受干扰的小技巧。如果有人为你提供了这类技巧，你就会立刻践行，而在这种实践当中，你的头脑渐渐地就会变得木然、昏昏然。由此可见，警觉的、善于探究的头脑是不需要任何实践的。

我们在讲的是什么？我们说的是除非你了解你自己，否则，任何社会，不管是工业社会还是其他，都会摧毁你的个性——你会被摧毁、击溃，变得毫无创造力。除非你懂得自己生命的全部内涵，懂得你头脑的动机、驱动力以及思维方式，除非你懂得自己的思想的全部实质及深度，否则，你渐渐地就会变成另一台机器——这是实际上正在发生的。慢慢地，不可避免地，你们会被变成机器——制造问题的机器。

所以，重要的就是了解自己，了解自己的思维方式——但不是通过自省的方式，不是通过分析师或自我分析的方式，也不是通过阅读有关思想图书的方式。要了解头脑的运转之道，我们需借助日常生活里的各种关系，这意味着要透过这些关系之镜看看未经扭曲的真实自己究竟是什么样子。但是，只要我们进行比较或批判、排斥或接受，我们也就毁弃了认识真我的机会。头脑只有看到事实真相，才能让自己获得自由；

而只有在自由之中，所谓的上帝、真理，或如你所愿的终极之物才可能显现。

先生们，当人们开始理解自己时，这个开端便是自由来临的时刻；而这也是为什么不追随宗教领袖、不尊奉教科书为权威的很重要的原因——因为创造了权威、权力和地位的恰恰是你们自己。关键要了解自己。你可能会说，"哦，这点以前有人讲过，很多老师都讲过"，但事实上，我们并不了解自己。当你自己开始发现有关自我的真相时，全新之物就会现身，而只有通过在当下的那一刻发现自我，全新的品质才会生成。自我发现不具有延续性；为了再次对自己有新的认识，必须舍弃先前所有关于自我的发现才行。如果头脑真能这么做，一种具有特别品质的头脑——完全独立、不受影响、去除动机的头脑就会形成；只有这样的头脑才能够接收前所未闻的全新之物。要让未知降临，必须摆脱已知；这整个过程就是冥想。唯有冥想的头脑才能发现某种超越自身的事物。

（孟买的第六次公开演讲，1956 年 3 月 21 日）

自由的人从来不问应该怎样

　　在我看来，整个世界都缺少对个体的尊重。没有这种尊重，个体会被完全摧毁，这是现代社会中真实发生的事情。显然需要一个不同的社会环境，但我认为我们并没有意识到个体的自由是多么重要。换言之，我们没有认识到个体的探索、个体的追求和个体的解放的重要性。只有个体才能最终找到事实的真相，只有个体才能成为这分崩离析的社会的创造性力量，我认为作为个体的我们并没有充分理解为自己找寻一种脱离了那些围绕着我们的文化、社会和宗教影响的生活方式是多么迫切。如果我们真的感知到个体的重要性，就不会再有领导人和追随者之分。只有当浑然不觉独立的个体意识时我们才会追随别人。作为个体，只有在我们感到迷惘，同时又对自己的问题模糊不清，不知道如何处理时，才需要领导者。目前我们还不是个体，我们只是集体影响、文化渗透和社会限制共同作用下的产物。如果你仔细密切地观察大脑的运作，你将会看到你是按照传统、按照书籍、按照领导者和大师们的想法去思考。也就是说，个体已经完全消失了。诚然，唯有个体才能创造新事物。

　　现在，为什么我们失去了对个体的尊重？我们对个体的重要性谈论了很多，所有的政治家都在谈论它，包括那些在公有制社会和专制社会里的政治家们，他们就像各种宗教领袖谈论灵魂的重要性一样谈论着个体的重要性。但这究竟是怎样发生的？个体是如何在实践中被侵蚀以至于最后完全消失？我不知道这对于你们是否是一个问题，但今晚如果我们能给予这个问题足够的重视，或许我们能够摆脱巨大的集体影响，从中得到解脱并亲自发现什么是真正的个体，绝对完整的人。

　　我认为我们已不再是独立个体的根本原因之一是我们在追求权力。我们都希望有所成就，即便是在房子里，在公寓里，在屋子里。正因为国家导致了权力的产生，所以每个人总想要与社会有所关联，他希望被认为是一个伟大的人，一个有能力的官员，一个有天赋的艺术家，一个道德高尚的人等等。我们都想要有所成就，这种欲望来自于对权力的渴望。如果你审视自己，你会发现你想要的是成功和别人对你的成功的认可，不只是在今生，还有来世，如果有来世的话。你想要被认可，因为想得到这种认可，你将依附于社会。社会只会认可那些有权力、有地位、有声望的人，而我们大部分人所追寻的正是存在于权力、地位和声望中的虚荣与傲慢。我们潜在的深层动机是获得一种有所成的骄傲感，而这种骄傲感会以不同的方式呈现。

　　现在，只要我们正在寻求哪怕任何方面的权力，真正的个性就被粉碎了，不仅是我们自己的个性，还有其他人的。我认为这是生活中一个基本的心理事实。当我们想要成为伟人，就意味着我们渴望得到社会的认可，我们会因此沦为社会的奴隶，成为社会这台大机器的一个零件。如此，我们就不再是独立的个体。我觉得这是一个根本性的问题，不能迅速得到解决。只要人类还在通过宗派、知识、财富和道德等任何形式追寻权力，就总会滋生出一个会破坏个性的社会，因为这样以来人类是在一个鼓吹成功的环境中成长和接受教育。对成功的心理依赖破坏了原本独立的未被腐化的头脑，这是唯一能够不受社会和自身欲望影响而独立地看透问题的头脑。

　　那么，人们总是持续不懈地追求成功，从而提高自己的权力、地位和声望。对成功的崇拜使人们渴望有所成就，领导阶层就这样出现了，个体对其内心现实的深刻感知就这样消失了。倘若一个人真正看到这整个过程，那么他会不会从根本上停止追求权力？你明白"权力"的意义吗？

那是一种想要控制、占有、利用和依附别人的欲望，追求权力暗示着这一切。我们可以找到其他很多精妙的解释，但事实是，人们正在追求权力并在这个过程中丧失了个性。

对权力的渴求衍生出傲慢、骄纵和虚荣，现在，应该怎样收起这种渴求呢？人们总是不停地追求溜须拍马，总把自己当作重点，所有的活动都以自我为中心。人们怎样才能从根本上解决这个问题呢？我不知道你们是否想过怎样彻底地消除欲望这个问题，但是我认为如果我们开始做这件事，那是值得的。

想要有所成就，或者只是精神上想要有所成的欲望存在于这个世界上。现在，完全有可能做到根除这种欲望，那样我们就不再追随领导者，不会认不清个人的重要性，不再想要在政治或者其他领域建立功勋。我们可以默默无闻，即使生存的主流恰恰相反，即使从童年开始我们就被督促着要有所成就。所有人类的教育都是相对的，我们总是拿自己和别人比较，这样又形成了对权力和地位的追寻。这种比较的精神是否能消除——不是一点点地，循序渐进地，而是完全地瞬间地消除，像砍掉摧毁一棵大树那样？这能实现吗？还是说我们需要时间去填补现实与理想的鸿沟？

我觉得我们都意识到了追求成功的欲望的重大影响，这种欲望催生了模仿，破坏了真正的个性与清醒的观察，因此今晚我不需要进一步陈述详情。现在，这个欲望可以被摧毁并且瞬间清除，还是像我们所说的进化那样需要时间？因为我们目前还在接受教育，我们说那是时间的问题，我们会慢慢接近理想状态，在那样的状态里人们不追求权力并且拥有完整的思想。也就是说，我们在这里，而我们必须到达那里，到达远方的某个地方。两者之间还有一定的差距和间隔，因此我们必须斗争，必须从这里走到那里，这就需要时间。对我而言，渴望成功的欲望可以被时间慢慢根除的想法是完全错误的。欲望必须立即被清除，否则就永远不会被清除。如果你充分重视这个问题，你将会亲自看到，请注意，不只是我所说的，还有我说话的时候你脑海里想到的即你的反应和心理过程，都会被我说的话、我的描述所唤醒。

很明显，我们每个人都希望功成名就。我们看到追逐成功的欲望的确催生了对立、傲慢和罪恶。我们也看到这导致了一种鼓励欲望的社会结构，在那种社会里个人将不再存在，因为他们的思想被权力组织所禁锢。看到这整个过程，还能说追寻成功的欲望会彻底消失吗？当然，只有当人们能完整直接地思考，不受任何以自我为中心的活动的干扰时，才可以发觉真实的一切。思想被这种追逐成功的复杂欲望禁锢着，人们还有可能获得自由与解脱吗？如果这个问题及其影响是明确的，我们可以继续。但如果你说，"这将需要时间来摆脱成功的欲望"，那么你在看待这个问题时已经带有偏见，受到了一个所谓的受过教育的头脑的影响。你所受的教育，你的信仰，你的领袖告诉你这需要时间，因此当你接触这个问题时，你已经有了偏见。

现在，有可能瞬间消除追求成功的欲望，并且从此不再推举一个领导者使自己成为追随者吗？是追随者创造了领导者，否则就没有领导者。你一旦成为追随者，你就会沦为一个模仿的实体并且因此丧失个性。那么，人们能彻底扫除这种追随的意识，时间的意识和追逐的欲望吗？只有你全心地重视它时你才会扫除它。请看到这一点。你一心一意地关注它，仔细地观察它，完全意识到你正在追逐权力地位，想要有所成就，只有那时你才会自由。我会解释下我所说的完全的关注。

关注不是被强加到一起的，思想不会被驱使着去关注某些事。如果你乐意的话，请看看这个。你一旦有了关注的动机，就不会关注了，因为动机比关注本身更重要。要想完全扼制住追逐成功的欲望，必须要给予它完全的关注。但是如果有任何动机，任何有意消除这种欲望的行为以便获得些什么，你就不能给予完全的关注。我们应该学会从关注中得出结论，而不是学会怎样关注。只有当你有所得的时候你才会付出精力，但是这里的关注对得到而言是一种阻碍，我认为从一开始就认清一点非常重要。任何有目标的关注都会成为不关注并产生懒惰，懒惰是阻碍我们立刻消除所谈论的欲望的因素之一。人们只有给予了完全的关注时才能消除一个特定的欲望，只要人们执着于结果就不能给予完全的关注。那是导致不关注的因素之一，此外还包括任何的解释与辩白。换言之，只要人们还试图解释为什么追逐权力、地位和声望，就不会有真正的关注。当你试图解释这一切的原因时，那就是一种不关注。因而你将永远不能通过解释获得自由。

　　只要你还在比较各个权威人物（如商羯罗、佛陀、耶稣等等）对这个问题的看法，就不会有真正的关注。当你的头脑中充斥着别人的知识、经验，服从于别人的领导受制于别人的认可，就没有真正的关注。如果你判定或者谴责，也不会有关注，这是显而易见的。如果你谴责一件事，你就无法真正理解它。有理想就不会有关注，因为理想创造了双重性。请注意这一点。理想创造了双重性，我们会被这种双重性所制约，尤其是在这个不幸的、人人都有理想的国家。每个人都在谈论古鲁的理想，无暴力的理想，爱护邻里的理想，生命的理想，人们在生活中却总是否认理想。那么为什么不能放弃理想呢？一旦你拥有了理想，你就具备了双重性，在双重性的斗争中，思想被禁锢了。事实上，存在着追逐权力的欲望和获得成功的傲慢，它们只能被瞬间扫除而不能通过时间慢慢消除，也就是说，只有当人们不受理想的干扰并且能意识到这一点时，它们才能被清除。理想是一种干扰，引发了不关注。

　　我希望你们现在能给予这个问题完全的关注，不是因为我告诉你们要这么做，而是因为你们自己看到了这种追逐成功的欲望的巨大影响。如果人们对这个问题给予完全的关注，那不是制造对立，而会产生谦逊。事实是人们在世俗中或者精神上追求权力和地位，因此引起了世界上所有这些混乱、嘈杂、迷惑和痛苦。当人们真正认识到这个事实并且将会给予完全的关注时，你会发现骄傲和傲慢将不复存在，相较于渴望谦卑的欲望导致的状态而言，这是一种完全不同的状态。谦卑不是通过学习获得，如果它能通过学习获得，它就不再是谦卑，而只是另一种形式的傲慢。但是如果你能非常清楚直接地看待、全心地去关注这个问题，你会发现要想扫除这种对成功的渴望以及它所附带的傲慢、虚荣和轻蔑不是时间的问题，因为如果是那样这种渴望就可以立刻被消除。然后你会成为一个不同的人、一个可能创造不同社会的人。

提问者：在我看来，印度最著名的是普遍传播的永恒、和平和宗教的意识，您认为这种情况在现代工业社会中可以维持下去吗？

克氏：你认为谁创立了这种永恒、和平和宗教的意识？你和我吗？还是古代一些默默无闻安然生活，强烈感知到这些东西并可能在诗歌或宗教书籍中表达过的人们？因为他们强烈感觉到了这种宗教精神，它才得以保留。但是这种宗教精神不在我们的生活中，而在别处，它只是我们的一种传统。我们倾向于所谓的理想化，这其实是一件不幸的事。我们略带神秘地保留着永恒的意识或者我们不保留它，但是不管我们怎样它都继续存在。此时我们陷于这个现代工业社会中。我们在一个为贫穷所困扰的国家里用机器生产必需品是正确的，但是我们这么久以来一无所获，虽然我们本可以取得一些成就。如果我们不能很警惕，清楚独立的观察并且意识到整个问题所在，我们可能会比美国和其他西方国家更加物质化，而美国和欧洲可能更加注重精神，更加长久，更加仁慈，更有激情，那是有可能的。

那么，问题是什么？是怎样在这样一个现代的工业化社会里保留永恒、和平和宗教意识？这个工业化社会必须存在，产量还要继续增加，但是不幸的是，在扩大产量、在农业和工业被机械化的同时，我们的头脑也存在被机械化的风险。我们认为科学会解决所有的难题。其实不是的。我们解决问题不是依靠机器或者少数科学家的发明，而是取决于我们怎样看待生活。虽然我们可能谈论宗教，我们毕竟不是宗教中人，因为宗教中人是不受教义、信念、礼仪和迷信所约束的。他不被阶级等级所捆绑，这意味着他不受社会的约束。服从于社会的人是有野心的，他想要追逐权力地位，他骄傲、贪婪、妒嫉，这样的人不是宗教中人，尽管他可能大量引用《论藏》中的文字。宗教中人即使生活在一个工业社会也会创立永恒的意识、和平的意识，因为他的内心时刻为他所发现的永恒激动不已。但是这需要惊人的力量和清晰的头脑。如果你的脑海中混杂了许多来自《论藏》《薄伽梵歌》《古兰经》《圣经》《佛经》和其他经典的知识，你的头脑就不会清晰。知识是过去，是头脑中已知的信息，只要脑海中有知识，就不能发现真相。唯有宗教中人可以无限创造，他们的行动是缔造和平，因为和平反映了生活的深刻和充实。

提问者：在您的传道生涯中有新发现吗？

克氏： 你亲自去寻找这个问题的答案比我说"有"或者"没有"更加重要。这是你的问题，不是我的问题。对我而言，所有这一切都是新的，因为它们时刻在被发现，它们不能被发现然后被储存起来，它们不是那些像旧瓶装新酒一样经历过了然后能被记忆保存的东西。生活中的每一天都会有这样的发现，对发现它们的人来讲，一切都是新的。但是你总会把我正说着的和一些圣人如商羯罗、佛陀、耶稣说过的话进行比较。你会说，所有这些人以前都提到过这一点，你只是绕了个弯，用现代的语言表达一下而已，因此本质上没有什么新东西。只有当你停止比较，当你把商羯罗、佛陀、耶稣以及他们的知识、信息丢到一边的时候，你的思想才是独立清醒的，不再受现代人的心理或古代人的教化的影响、控制和驱使。只有在那时你才能发现是否有新的持久的东西。但是那需要力量而不是懒惰，需要与所读到的和听到的关于真理和上帝的所有东西断绝。永恒的新的东西是鲜活的，因而它不能永久存在，一个想要使它永久存在的人是不会发现它的。

提问者：听了您说的，有人感觉到您读过很多书，并且也直接认识到了真相。如果是这样，那么您为什么要谴责获取知识呢？

克氏：我会告诉你为什么。这是一场独自旅行，如果你有知识陪伴，旅行就不再是独自的了。如果你读过《薄伽梵歌》《奥义书》和现代心理学，如果你咨询过专家对你自己以及你要奋斗的看法，这些知识就是一种障碍。财富不在书籍中，而藏于你的脑海中，只有头脑才能发现财富。拥有自知之明就是知道自己如何思考，意识到思考的精妙与影响，那样你就不需要读一本书。事实上，我没有读过这些书。或许，在孩童和青年时代，我偶尔翻看过一些圣典，但是我从没有研究过它们。我不想研究它们，它们非常烦人，因为财富在别处。财富不在书中，不在领导者那里，而在你自己身上，关键是要理解你自己的思想。你必要理解自己的思想，不是根据帕坦伽利或一些善于解释的心理学家的说明，而是通过观察你自己，观察你的思维怎样运作，不只是有意识的思维，还包括深层的无意识的思维。如果当思维自发产生、自由穿梭时，你观察自己的思维并与它玩耍，多看看它，它将向你揭示无尽的宝藏，然后你会超越所有的书籍。但是，这又需要大量的关注、大量精力和强烈的追求，不是懒散的说明者的消遣。因此头脑必须脱离知识的束缚，因为一个被知识占据的头脑永远不能发现真相。

提问者：我已经尝试了冥想的各种体系，但我似乎并没有走得很远。您主张的是什么体系？

克氏：我不提倡任何体系，因为每个体系都会禁锢头脑，我觉得真正了解这一点是很重要的。你采用什么样的体系、使用什么样的姿势、如何控制你的呼吸等等，这都无关紧要，因为你的头脑会被你采取的任何体系禁锢住。但一定要懂得冥想，冥想是一种甜蜜的事情，它可以使人心境清明，思路清楚，揭示出生活本身的含意、充实、深刻和美丽。没有了冥想，头脑会变得浅薄、空虚、迟钝并且需要依赖外界的刺激。所以冥想是必要的，但不是像你现在所做的那样，那没有任何价值可言，那只是一种自我催眠。问题不在于如何冥想，或者采用什么样的体系，而是你应该亲自去发掘冥想到底是什么。

现在，我们正进入冥想是什么这个问题，所以不要闭上你的眼睛进入睡眠状态，就认为你是在冥想。我们是在探索，这需要高度的投入和旺盛的精力，不要闭上你的眼睛开始昏睡，当听到"冥想"这个词时你很可能会这样做。我们正试图找出冥想是什么，而找出冥想是什么则需要冥想。（笑声）先生们，请不要一笑而过。要找出冥想是什么，你必须要冥想，而不只是一些采用一些领导者如商羯罗、佛陀所传授的无聊体系。教育一旦变成体系就愚钝不堪。你和我正一起寻找冥想是什么，冥想又意味着什么，我们并不关心冥想将会通向哪里。如果你急于找出冥想将会通向哪里，那么你永远不会发现冥想是什么，因为你关注的是结果，而不是冥想的过程。

因此，我们将开启一段旅程去找出什么是冥想，为了找到什么是冥想，头脑必须脱离体系的束缚，必须是这样吗？如果你被一个体系所捆绑，不管是什么样的体系，你显然不能找出冥想是什么。你遵照这个体系因为你想从中得出结果，这就不是冥想了，而是像弹钢琴一样只是一种特定技能的发展。当你采用了一个体系，你可以学习一些技巧，但你的头脑被这个体系禁锢了，这将阻碍你找出什么是冥想，因此，要找出冥想，头脑一定要脱离体系的影响。这不是怎样摆脱体系影响的问题，因为当你说出"我要如何做才能摆脱禁锢我头脑的体系"的那一刻，这种"如何"的问法就变成了另一个体系。但如果你看到了真相，即头脑一定要脱离体系的束缚，那么头脑就脱离体系的束缚了，你不需要再问如何去做。

因此，摆脱体系的影响，头脑一定要探究集中精力的所有问题。这更抽象一点，但请跟上我的思路。当一个小孩子在玩玩具时，玩具吸引了他的注意力，令他全神贯注。他本身并没有注意玩具而是玩具吸引了他。那就是你们所说的集中精神的一种。同样的，短语、映像、符号、图片、理想这些东西吸引着你。至少可以说，你想要被这些东西吸引，正如孩子被玩具吸引那样。但是发生了什么呢？你不是像孩子那样被吸引着，很多思想向你涌来，你试图把注意力集中在选定的映像或符号上，这样你就有一场思想斗争。你矛盾着，挣扎着，不懈地努力着，但你从来无法完全实现它。这种努力就是你所说的冥想。你花费时间试图集中精力，而任何孩子一遇到感兴趣的东西就可以做到这一点。但是你并不感兴趣，所以你的集中精力是一种排斥。

现在，有没有一种关注是不包含吸引人注意力的东西？有没有一种关注是不集中于一个目标？有没有一种关注是不带有任何动机、影响力和强迫性吗？头脑能不能没有任何排斥地给予充分的关注呢？当然是可以的，那是关注的唯一状态，其余的都只是心灵的沉迷与技巧。如果你可以不被任何东西所吸引而去关注，并没有任何排斥的感觉，那么你会发现什么是冥想，因为那种关注中没有努力，没有分歧，没有挣扎，没有对结果的寻求。因此，冥想是一个从体系中释放头脑的过程，是一个不需要被吸引、不需要努力集中精力去关注的过程。

冥想也是一个从大脑自身的投影中释放大脑的过程。当头脑被过去占据时，投影就产生了。换言之，当脑海中充满了经历，头脑就不可避免地投射这些经历，头脑就会在过去的映像和意念中被捕捉到了，这些经历是过去的结果。投射拉玛、塞塔、基督、佛陀、玛塔吉的映像以及对投影的崇拜是一种自我催眠，它将带来一种非凡的视觉体验，一种恍惚的状态以及其他所有。但是冥想是从过去中释放头脑的过程，所以，根本没有这些投影。

那么，对投影的崇拜，不管多么高贵，也不是冥想。冥想不是祈祷，祈祷会请求，祈求或者乞求一些结果。追求美德也不是冥想，它是一个以自我为中心的活动。当头脑从过去的催眠，从对自身活动，自身投影的追求中解脱，当它不再体验已经掌握了的东西时，你会发现冥想是什么。然后，你将永远不会询问如何冥想，因为从早到晚，无论你在做什么，微妙的、不为人知的，冥想的气息无所不在。 但是，仅仅闭上眼睛，重复一些短句，抚摸一下珠子，是完全没用的。这些根本不能释放头脑。相反，头脑会沦为它们的奴隶。探寻什么是冥想而不是探寻采用哪种思考体系才有意义、有深度、有远见。只有那些愚蠢、自大的人才想要体系。自由的人从来不问应该怎样，而总是去主动发现、积极行动、活在当下。

（孟买的第七次公开演讲，1956 年 3 月 25 日）

独立自由的头脑不会退化

目前一系列会议已经结束，我不知道我们中的大部分人对这些会谈和讨论的了解有多少。我们了解了什么，对我们的问题的认知和理解有多么深入？我们听会的目的只是去找寻一个答案，一个解决问题的途径，一个切实可行的办法来应对日常生活中的痛苦和生存的考验吗？还是我们已经更广泛、更深入地认识了自己，从此能够独立自主地解决生活中不可避免出现的问题？我认为，一个人在听了这些会谈和讨论后，能发现他了解了什么、这种了解又能如何在日常活动中得到应用，这一点非常重要。显然，与行动分离的、单纯的听讲意义不大，我觉得只是出席这些会议而不能从中得出结论将是完全徒劳无益的。我们要得出的结论不是拼凑到一起的东西，不是逻辑上的结论或者经过系统思考得出的未来活动计划，而是突破那些阻碍我们看到事实真相的思想上的局限。听取这些会谈时，唯一重要的问题是能否突破这种局限，而非我们从中学到了多少知识；重要的是我们能找到自身的局限并且不自觉地、毫不费力地、几乎无意识地去突破它，因为我们不是刻意地进行思考和行动，而是不自觉地，几乎在毫无觉察间就突破了局限，进而解放了思想。

因此，考虑到现在极其混乱的社会状态——战争、不平等、各种形式的腐败、不断上演的内部及外部战争——我认为，那些严肃对待会谈的人应当思考我们自身是否发生了彻底的革命。因为，能够让一个人彻底发生改变的是他个人而非外部环境。当我们只是服从于环境的变化，便只是在非常浅表的层面上解决问题，因此显得幼稚，无法看到事实的全部。我认为只有全面地、整体地、不受外在影响地理解问题——哪怕被限制的头脑只是突破了一点点——这样才能解决问题。而解剖、分析一个又一个的问题，这个过程本身并不能解决问题。一棵树不是只有树干、树枝、树叶、花朵和果实组成，还包括深埋在地下的树根。不了解这些，没有对它的整体理解，你就永远领略不到树的丰满与美丽。

现在，在我看来，我们大多数人正在做的事是非常不幸的。人们试图孤立地理解日常生活中的挣扎和苦难，即通过逐渐积累知识去理解，而我们认为，我们应当从整体上认识生活。但是，将很多零散的部分拼凑到一起并不能构成整体。将树叶、树枝、树干和树根放在一起，你并不会得到完整的一棵树，而我们却正在那样做。我们孤立地对待生活中的各种问题，而不是将它们看作一个整体，但事物的整体是不能通过分析、积累知识而被理解的。知识很重要，但要发现全部、美好的真相，知识则是一个障碍，一个完全的屏障，因此人们必须保持头脑极其简单。

你们大多数人都关心自己需要做什么，你们想要知道听取这些会谈会取得什么实际的效果。我相信你们当中的许多人已经问过自己这个问题，而其他人把这个问题留给了我。我衷心希望你们并没有得到什么实际的好处，因为人们只有在进行涉及自身利益的活动时才会寻求实际的、可以利用的东西。"我怎样才能将我所听到的运用到实际生活中？我可以用什么样的方式使用它呢？"所有这些问题在我看来那么肤浅，只有不成熟的人才会提出这样的问题，那些看到生活的整体性和无限性，认清了生活中所有问题的人是不会这样问的。当一个人真正看到了生活的无限性，看到了其非凡的深度与广度，这种洞察力会使其产生与那些幼稚的人不一样的行动。那些幼稚的、头脑受限的人围在自己的空间里活动，他们的困惑因此越来越多。

为什么我们只能看到社会的一个个特定部分呢？你有没有问过自己这个问题？这难道不是因为我们的头脑被我们从小就接触到的文学作

品，我们受到的教育，以及文化和宗教的影响限制了吗？所有这些因素都束缚了头脑，正是这种束缚使我们不能整体地看待问题。我们认为自己是印度教徒或基督教徒，美国人或俄国人，属于亚洲或西方世界。在印度这里，我们将自己进一步分类，我们是 Malabaris（印度西南部喀拉拉邦人），Madrasis（印度南部人）或 Gujaraties（印度西部的古吉拉特邦人），我们分别属于不同的种姓，读过不同的书。

先生，现在请不要拍照好吗？我不知道你认为举行这些讲座的目的是什么。如果你需要被提醒这是什么样的聚会，那真是太糟糕了。当你们拍摄照片、看着人们进入、寻找的你朋友坐在哪里或互相交谈时，这一切都意味着一种不尊重，不是对我，而是对你身旁的人和你自己的不尊重。当你不能认真地、有目的地追求一种思想直至结束，你令自己显得多么肤浅。如果你愿意倾听，我能强烈感觉到你会在倾听中突破自身的限制；你需要做的只是倾听而已。事后的思考，即你在会上积累的知识以及离开后进行的思考，是不能解放你的。要解除思想阻滞，你现在要给予全身心的关注，如果你走神或心烦意乱的话，就无法全身心地投入其中。当你在收听喜欢的歌曲或心爱的音乐时，你无需花费什么力气，你只是倾听并且让音乐自然而然地在你身上发生作用。同样地，如果你现在用那种关注力、那种放松的心情去倾听，你会发现对你而言，倾听本身比任何刻意、努力的听取、解释，以及执行我所说的话更有意义。

我是在问，为什么当全世界人民都在与几乎同样的问题做斗争，有着同样的忧虑、恐惧和短暂的乐趣时，我们所有人都不能从整体上思考问题，而只想到了事物的一些方面。为什么我们不能将地球上神奇的生命看作一个整体，看作我和你都需要了解的东西，不是以印度人或者英国人，中国人或者德国人，共产主义者或资本主义者的眼光去看待，而是以人类的眼光去看待呢？我们总是无休止地争吵、斗争，互相摧残，这难道不是因为我们不能以整体的眼光去看待问题吗？这种片面的想法、有分歧的理解之所以产生是因为通过教育，通过社会影响，通过所谓的宗教指引，通过书本及其解释，我们的头脑被束缚了。只有无所束缚的头脑才是自由的。你不能刻意去解放头脑，你必须了解头脑被限制的整个过程，以及为什么头脑受到了限制。头脑的每一次行为、每一次思考、每一次运动都是受到制约的，我们就是试图用受到束缚的头脑去理解具备一切深度和广度的东西。

因此，问题不是去做什么或者一个人是否通过参加这些会议学会了任何实际有用的东西。我们不仅是试图寻找一个答案，一个解决问题的途径，而是通过倾听、讨论、深入探究，通过提出严肃的、基本的问题去突破思想上的局限。但这种束缚必须自动被打破，头脑本身不能做任何事情。头脑受到制约以后，就不能对限制本身发挥任何作用。一种试图变得宽广的狭隘头脑将仍然狭隘。一个幼稚的人可以想象上帝、真理，但它的设想只是自己鸡毛蒜皮小事的投射。他一旦意识到了这一点，就不会再想象上帝是什么或是要努力获取自由，他会对这一切弃之不顾，因为现在他只关心探索头脑被束缚的整个过程。如果你是认真的，你会发现这种探索已主动向你敞开了大门，你头脑所受的束缚随之就会暴露无遗并且会被打破。你并没有着力去打破这种束缚，但是你觉知到自己的头脑受到了束缚，这种觉知为你打破束缚注入了活力。但可惜的是，我认为这一点我们都没有看到。我很贪婪，我认识到自己的这一特点，这样的事实对打破贪婪自会输入活力。

因此，如果我们真的可以去探索和理解为什么人们总是难以从整体上思考问题，那么我觉得我们便已经发现了一个与我们自身有关的非常重要的事实，正是这种探究使不同的个体应运而生。目前我们不是自由的个体，我们受到社会的制约，只是听凭环境的摆布。但是，如果人们可以进行这种探究并由此让头脑摆脱束缚，那么就会出现自由的个体，他们不服从于他人，不相信权威，不追随领导，有了这种自由的思想，他们就拥有了创造力，这不是通过时间的积累可以得到的。

所以，我的建议是，不要询问你可以学到什么。如果你仅仅是为了学习而倾听，那你就给自己创造了一个需要跟随的老师。当然，重要的是你要清楚自己的头脑是受到限制和约束的，这个事实显而易见，以及不成熟之人所找出的任何解决方法都是幼稚的。当你认识到这样的事实——即，你的头脑是受束缚的，你的价值、观点、学习和判断都是幼稚、蠢钝、空洞的，你就会开始变得谦卑。不是人孕育了谦卑，而是简单、谦逊和总是处在无知状态中的人孕育了谦卑，只有这样的人才能发现未知的东西。追求美德或者体面，追求立世生存之道的人将永远不会发现未知的东西。但是那些明白了自身局限因而变得简单谦逊的人，那些不依靠积累获取思想的人，那些总是处在无知和不确定状态中的人，他们的思想却是鲜活生动的，只有拥有这样的头脑才能体验到未知的东西，才能允许未知的存在。

提问者： 我时常觉得，您呈现的是生活中阴暗的一面而非快乐的一面，您是故意这样做的吗？

克氏： 先生，我们的生活既令人感到沮丧，也令人感到快乐，生活中既有阴暗也有光明。如果生活中只有光明、幸福和快乐，或者只有阴暗，那将是可怕的、危害极大的。但是生活不是这样的，对吗？生活是多姿多彩的。但是不幸的是，你只想要抓紧生活中的光明、快乐和美好，而将其余的弃之一旁。"看，生活还有另一面，如果你真正理解生活，我觉得会产生一个完全不同的状态。"你觉得说这些话的那些人是忧郁的。瞧，你把生活分为快乐的和痛苦的，因而我们总是在这两者之间挣扎。我们知道，生活有时是快乐的，但是对我们大部分人而言，生活则是令人悲伤的。对那些有钱、有权、有地位、有尊严的人来说，生活可能是愉快的。但这种看法令人十分浅见，就像人类在现代文明所展示的那样。

然而，如果我们每个人将悲伤和喜悦的全部意义作为一个整体而非互相冲突的对立双方去理解，那么也许我们会发现，生活是既不悲伤也不快乐，而是并不具备这种二元性的完全不同的东西。如果我们从来没有体验或领略过那种状态，那是因为我们已经陷入了这种对立双方的无休止的斗争中。

超越对立的状态不是一个公式或一个单纯的概念，它必须是直观的体验，但是你看，只要人还在寻求快乐，就不能直接体验到这种状态。快乐如同美德一样，是一种副产品，是次要的。追求快乐的人将永远不会快乐，因为快乐来得很突然，不为人知，不期而至。你难道没有注意到，在你发觉自己很快乐的那一刻便已经失去快乐了吗？当你说"我很开心"的时候，快乐就结束了，没有了。快乐如同爱一样，是人永远不会意识到的东西。一旦人意识到了爱，爱其实已经离开了。一个刻意去体验某些东西的人会错失生活的全部味道，这很奇怪，也很有趣。这不应是个令人不切一顾的诗意表达，而是一个需要被认知的事实。人不能寻求任何东西，因为他寻求什么就会体验到什么，这样体验到的不是事实，因为在其寻求的时候，心里已经预设好了自己想要的东西。这种预设源于过去，他经历过，因而会有类似的预想。即使心随所愿实现了当初的预想，那也不是快乐，而是错觉，是一个自我催眠的过程。一旦你意识到这一点，如果你态度严肃并深感兴趣，你就会发现，你的头脑总是空的，总是在体验却一无所获。

但我们的头脑却被填得满满的，不是吗？满是我们学到的美德，一直孜孜以求于追随理想，寻求上帝、真理，这样或那样的事情，因此它们总是产生条件反射。所以重要的是了解到，人们在追寻的过程中其实是为自己制造了障碍，因为所追寻到的结果将是自己愿望的投影。当人深刻地认识到了这一点，所有的寻求就接近了尾声。人就会非常安静、警惕，然后进入一个完全不同的状态。当你开始理解悲伤，观察它是如何产生的，当你开始探究它、珍惜它，不只是抗拒它，那么你会发现你没有陷入悲伤或者它的对立面，因为这种头脑上的空是从"空"这个词的深层意义上来说的，而持续被某些问题困扰的头脑的空则是从表层意义而言的。我所说的当然不是这种表层意义上的空。我此处所谈论的"空"具有超凡的深度与广度。一个总是被问题困扰，并急于即可找到解决途径的头脑，是无法领略这种深层意义上的"空"的。

提问者：什么是心身疾病，您能提出治疗的方法吗？

克氏：我认为不可能找到治疗身心疾病的方法。也许寻找治愈心灵的方法本身就是在诱发疾病。找出或实践一种方法意味着抑制、控制、压制思想，这样便无法理解人的心灵。显然，心理的确会导致身体上的疾病。如果你在生气时吃东西，你的肚子就会感到不适；如果你非常讨厌某人，你的身体会不舒服；如果强迫自己信奉一个特定的信念，你就成了精神上或心理上的神经病患者，并且会引起身体的反应。这都是身心疾病的一部分。当然，并非所有的疾病都是身心疾病，但是恐惧、焦虑和其他心理干扰，确实会诱发身体疾病。那么，我们有没有可能拥有健康的心理呢？我们许多人都希望通过正确的饮食等方法保持身体健康，这是必需的；但很少人关注如何保持心理健康，如何让自己年轻、机敏，有活力，避免退化。

如果头脑不会退化，显然它一定从未跟从过他人，必定是独立而自由的。但是，我们的教育并没有帮我们获得自由，相反，它让我们深陷这个日益恶化的社会，头脑自身也因此退化。我们从小就被教育要有敬畏之心，被鼓励要有进取之心，要不断自省、注意安全。自然地，这样的头脑必定总是处于冲突之中，进而引起身体上的反应。所以，重要的是，我们凭借警觉之心亲自发现和理解冲突的整个过程，而不是依赖于任何心理学家或大师。遵循大师会摧毁你的头脑。因为你跟随他，想要拥有你认为他所拥有的东西，这样你就开始了退化的过程。在世俗中或精神上努力有所成就，这是另一种形式的退化，因为这样的努力会使你焦虑，产生恐惧、沮丧、不健康的心态，这反过来又会影响身体，这个道理我认为并不难懂。想通过他人治愈头脑的顽疾，我认为这也是在退化。

提问者： 您提到过仅仅通过觉知就可能改变。那么，您所说的觉知是指什么呢？

克氏： 这位先生，这是一个非常复杂的问题。如果你愿意倾听并耐心地一步一步地、从头至尾跟上我的思路，我会尝试描述一下什么是觉知。我要您倾听，不只听懂我在说什么，还要去体会我所描述的东西，也就是在我说话的同时你要注意自己头脑的运行状况。如果你只是听我所描述的，那么你就没有觉知到自己头脑在如何运作。仅仅听取就像是阅读一本旅游指南，并没有留意实地的景色；但如果你在听取的时候留意头脑的变化，我所说的就可以意义重大了，而且你自己就会领悟到什么是觉知。

我们所指的觉知呢？让我们从最简单的层面说起。你会留意到身边的噪音、汽车、鸟儿、树木、电灯、坐在你周围的人、静谧的天空和令人窒息的空气。你会留意到这一切，不是吗？现在，当你听到一些噪音或一首歌曲，看到一辆推车或其他东西时，你所听到的或看到的都要靠头脑去转换和判断，你就是这样做的，对吧？请慢慢跟上我的思路。每一种经验、每一个反应都可以根据你的背景和记忆做出解释。如果你是第一次听到一种噪音，你不知道它是什么；但你之前听过这种噪音十多次的话，你的头脑会立即转换它，这就是我们所说的思考的过程。你对一个特定噪声的反应类似于对一个推车的反应过程，这是觉知的一种。你意识到各种颜色、不同的面孔、态度、表情、偏见等等。如果你细细留意，还会意识到你是如何应对这些事情的，不只在表面上意识到，还从内心意识到。在你身上，你会具有不同层次的价值观、理想、动机和欲望，认识到所有这些都是觉知的一部分。你会判定什么是好的和坏的，什么是正确的和错误的；你根据你的背景即你从小接受的教育和所处的文化去谴责、评估其他事物。认识到这一切也是觉知的一部分，不是吗？

现在，让我们做进一步探讨。当你意识到自己是贪婪、有暴力倾向的人或对他人心生妒意时，会发生什么事情呢？让我们以嫉妒为例，并且坚持这样做。你能意识到自己是在嫉妒他人吗？请一步一步跟上我，并牢记你并不是在遵循一个固有模式。如果你进入了一个固有模式，这整件事情就失去了意义。我正在展示觉知的过程，如果你只是用心记住我所描述的，你就只会停留在现在的认识层面上。反之，在我解释的时候，如果你开始看到你的局限，意识到你头脑的运作，那么你就会明白哪里发生了真正的转变。

所以，你不只觉知到外部的东西和你对它们的理解，你也开始意识到自己的嫉妒心。现在，当你觉知到自己在嫉妒时会发生什么事呢？你会谴责它，对不对？你会说那是错误的，你不应当嫉妒，你必须博爱，可是那只是种理想的状态。事实是你有嫉妒心，而你应当怎样做是一种理想。在追求理想的过程中，你创建了一种二元性，所以你身上冲突会不断上演，而你也深陷其中难以自拔。

在我描述这个过程的时候，你有没有意识到只发生了一件事情，那就是你在嫉妒。嫉妒的对立面——理想——是无稽之谈，是不存在的。头脑要摆脱理想，摆脱嫉妒的对立面是非常困难的；因为从传统上讲，我们已经受到几个世纪的特定文化的熏陶，我们已经学会要接受英雄、典范、完美者的理想并朝着这个方向奋斗。那就是我们一直以来被训练要做的事。我们想要把嫉妒变成不嫉妒，但是我们从来没有找到改变的方法，所以我们陷入了永远的冲突中。

现在，我们意识到了这是嫉妒，"嫉妒"是一个充满谴责意味的词。

在场的各位，你们能跟上我的思路吗？虽然一提到那种感觉就会受人谴责，但是不使用这些词语人就无法思考了。也就是说，当一个特定的词语会使人产生特定的感觉时，那种感觉就再也无法摆脱那个词了。产生嫉妒感的那一刻，它就有了名字，所以你总是在用旧观念、旧传统去迎合新感觉。感觉总是新的，但它却总是用旧的概念转换而来。

现在，能否不要为那种像嫉妒一样的感觉命名，而是重新认识它呢？一旦为之命名，那种感觉便又成了旧的，被放入了旧的框架中。头脑能否不再为一种感觉命名，也就是说，不要再为一种感觉加上一个名字并因此谴责或者接受它，而只是把感觉本身作为一个事实来看待？

朋友们，反省一下自身，你就会发现不用语言来表述事实，不给事实命名是多么困难。也就是说，当一个人有某种感觉，他能做到不给这种感觉命名，只是纯粹将其看作一个事实吗？如果你有一种感觉，并真的去追求这种感觉，自始至终不给它贴上标签，然后你可能发现会有很奇怪的事发生。目前，人们通过观念，评价，判断，拒绝或接受来认识事实，这是你们正在做的。当人们产生了一种感觉，其实那是一个事实，人们就用语言、观念、判断、谴责的态度这些无生命的东西去认识这个事实。你们明白吗？那些东西是死的，没有价值，只是操纵事实的记忆。人们用死的记忆来认识事实，因而无法得到事实的真相。但是如果人们不去评价、判断、谴责、接受或者鉴定，只是去观察事实，那么就会发现事实本身具有、有巨大的生命力，因为它是新生的事物。新事物可以消除旧事物，因而人们不必再为摆脱嫉妒而挣扎，因为嫉妒完全被湮没了。是事实本身具有活力和生命力，而不是你对事实的判断与看法。认清事情始末的过程，就是觉知的整个过程。

提问者：为什么人们会恐惧死亡呢？

克氏：同样，如果可以，让我们一起重新彻底思考这个问题，不要半途而废或者走神。我们知道，身体机能衰退了就会死亡，心脏只会在这么多年里跳动这么多次，一直在被使用的整个机体组织肯定会不可避免地损耗直至死亡。我们并不害怕这一点，这是日常生活中很普通的事情，我们经常看到尸体被抬出去烧毁。然后我们会问，"就这样而已吗？我所积累的东西、我的知识、我的爱、我的美德也随着身体的死亡而消失吗？如果这一切都消失了，那么活着还有什么意义呢？"所以我们开始探索，我们想要知道人死后生命是会就这样覆灭还是会延续。

这不只对那些迷信的人或者所谓受过教育的人是一个问题，而是我们每个人面临的问题，我们必须为自己找出事情的真相，既不接受也不拒绝，既不相信也不怀疑。害怕死亡的人坚信有轮回，或者有这样或那样的想法，因而他们永远也不会找出事实的真相；而一个真正求知的人，一个正在试图找出事实真相的人则是完全不同的，这就是我们在做的事情。

那么，继续存在的是什么？你们知道吗，朋友们？你知道你的生命是如何从昨天延续到今天的？如果一切顺利、没有什么意外的话，你的生命还将从今天延续到明天？你只是通过记忆知道这些，对不对？让我们说得简单些，不要搞得那么哲学化，说得那么长篇大论。就是说，我知道自己存在，只因为我有记忆。仅仅声明自己存在是没有意义的，但是我知道自己的存在，因为今天我记得昨天曾经存在过，并且希望自己明天依然还在。因此，让事物得以延续的是记忆，它已累积了几个世纪，经历了许许多多的曲折、挫败、悲伤、欢乐和充满野心的无休止的争斗。我们希望这一切继续，因为我们不知道死后会发生什么，因此会对其产生恐惧。这是一个事实。我们为什么要区分生与死呢？区分它们可能是完全错误的。生活就意味着要走向死亡，或许那才是生活的美好之处。但我们大多数人还没有完全掌握或理解生是什么，死亦如是。因此，我们害怕生活，也害怕死亡。

那么，我们说的生活是什么呢？生活不只是上班工作、通过考试、生儿育女，或总为生计奔波，这只是其中的一部分。生活也意味着看看河边的树木、河上的阳光，看看飞翔的小鸟，穿透云层的月亮；生活也意味着欢笑和泪水、动荡和不安；生活意味着理解爱的意义，变得温柔而富有同情心，并感受到生命本身的深远意义。我们知道这一切吗？还是我们只知道由我们的奋斗、工作、家人、美德、宗教、种姓和国家所组成的那一小部分？我们所知道的都是"我"，即以自我为中心的活动，那就是我们所说的生活。

　　因此，我们并不知道生活是什么。我们区分生和死，这表明我们还没有明白的生命的深远意义，生也可能包括死。我认为死与生并没有分离。只有当我们每天摒弃了我们所获得的所有东西——我们的知识，我们的经验，我们所有的美德时，我们才可以生活。我们并没有获得生，因为我们是从昨天延续到今天，今天延续到明天。当然，只有那些会结束的东西才会有开始，但是我们从来没有走到尽头。需要说明，这不只是诗意的说法，所以请不要忽视它。我们没有开始，因为我们没有死去；我们从来不了解永恒，所以我们关注死亡。对于我们大多数人来说，生活是一个充满泪水的奋斗过程，我们所害怕的并不是未知的事物，即我们所说的死亡，而是失去我们已经拥有的一切。我们知道些什么？不是很多。这不是愤世嫉俗的说法，而是事实。我们真正了解些什么？几乎什么都不了解。我们的名字，我们微不足道的银行账户，我们的工作，我们的家庭，《古兰经》《圣经》或《奥义书》的教导，对肤浅生活的各种成见——我们知道这些事情，但我们不知道自己存在的深义。因此，我们用已知的去掩盖未知的，我们对已知的不敢放手，不敢放弃。但是为了找寻找上帝所做出的放弃并不是真正的放弃，这只不过是用另一种方式寻求回报。一个为了寻找上帝而放弃世界的人永远找不到上帝，因为他仍然想要得到某些东西。只有无欲无求，不再寄望于明天并抛弃昨天的一切的时候，才是真正的放弃。这时你会发现，你不需要害怕和躲避死亡，也不需要超越信仰。是已知的而不是未知的东西束缚着我们，我们的头脑中充斥着已知的东西。只有当思想不再被这些已知所束缚，未知才会出现。生和死合二为一，我们并不是只有因疾病或衰老或发生意外到了生命的最后一刻时体会到死亡；当我们活着的时候，当我们生命力很旺盛的时候，我们也在体会着死亡。

朋友们，你们看，永恒是一种精神状态。只要我们还在思考关于时间的问题，就会有死亡和对死亡的恐惧。永恒不是可以高谈阔论的东西，永恒需要直接的体验。只要一个人所获得的东西还在延续，就不会体验到永恒。因此，头脑必须摆脱所有的束缚，只有那样未知才会诞生。我们担心丢失已知，但是一个不能忘记已知、脱离已知束缚的人则永远无法体验到神奇的永恒状态。

（孟买的第八次公开演讲，1956 年 3 月 28 日）